把握人民的意願

葉選平

二〇〇九年卷

全国政协提案委员会 编

图书在版编目（CIP）数据

把握人民的意愿．2009年卷/全国政协提案委员会编．
北京：新世界出版社，2010.1
ISBN 978-7-5104-0798-7

Ⅰ．①把… Ⅱ．①全… Ⅲ．①中国人民政治协商会议－提案－汇编－2009 Ⅳ．①D627

中国版本图书馆CIP数据核字（2010）第008579号

把握人民的意愿（2009年卷）

编　　著：全国政协提案委员会
责任编辑：张世林　陈晓云
封面设计：翁　敏
责任印制：黄厚清
出版发行：新世界出版社
社　　址：北京西城区百万庄大街24号
邮　　编：100037
总编室电话：（010）68995424　68326679（传真）
发行部电话：（010）68995968　68998733（传真）
网　　址：www.newworld-press.com
www.nwp.cn
版 权 部：frank@nwp.com.cn
经　　销：新华书店
印　　刷：三河市杨庄长鸣印装厂
开　　本：1/16（787mm×990mm）
字　　数：520千字
印　　张：36.25
版　　次：2010年1月第1版　2010年1月第1次印刷
印　　数：1~3000册
书　　号：ISBN 978-7-5104-0798-7
定　　价：90.00元

序　言

郑万通

中国人民政治协商会议是中国人民爱国统一战线的组织，是中国共产党领导的多党合作和政治协商的重要机构，是我国政治生活中发扬社会主义民主的重要形式。政协提案是人民政协的参加单位和委员向政协全体会议或常务委员会提出的，经提案委员会审查立案后交付有关单位办理的书面意见和建议。它是人民政协履行政治协商、民主监督、参政议政职能的一个主要方面，是参加人民政协的各党派团体和广大政协委员为社会主义现代化建设和实现祖国统一大业建言献策，坚持和完善中国共产党领导的多党合作和政治协商制度的一种重要方式，是协助中国共产党和人民政府加强与各族各界人士联系，推进社会主义民主政治建设，实现决策民主化、科学化的一条重要渠道。

政协委员是各党派团体、各族各界的代表，来自政治、经济、文化和社会生活的各个领域，联系着方方面面的群众。广泛了解和反映社情民意，为促进国家的改革、发展和稳定建言立论，体现了他们围绕中心、服务大局的高度政治责任感，反映出他们不负人民重托、尽心尽力尽责的拳拳之心。在历史上，政协提案伴随着新中国的成立而产生，在共和国革命与建设的各个时期都发挥了重要的作用。当前，我国人民正在全面建设小康社会，随着我国社会主义物质文明、政治文明和精神文明的协调发展，政协的提案越来越受到党和政府的高度重视。各承办单位认真负责地研究、办理、落实提案，使提案基本上做到件件有答复，能采纳的尽量采纳，条件不具备暂时不能解决的认真说明理由。人民政协的提案工作已经走上规范化、制度化的轨道；办理政协提案也已成为中国共产党和人民政府发扬民主、广开言路、了解民意、集中民智的重要形式。

近些年来，社会各界对政协提案表示了广泛的关注，不少政协委员也希望把他们通过提案履行政协职能的成果结集留存下来。为此，2002 年我们选编了《政协第九届全国委员会提案及复文选》。十届政协期间，我们又逐年选编出版了《政协第十届全国委员会提案及复文选》。得到了政协委员的肯定和赞许。十一届政协期间，我们将继续逐年选编出版《政协第十一届全国委员会提案及办理复文选》。在编纂过程中，我们本着实事求是的原则，力求真实准确地反映出历史文件的原始风貌，除对个别词句进行校订外，没有对原文进行修改。当然，由于我们水平所限，在编纂工作中难免存在缺点和问题，敬请广大读者批评指正。

编委会成员名单

目　录

(2009 年卷)

一　经济建设

关于通过深化改革建立扩大内需长效机制的提案 ……… 九三学社中央(1)

关于进一步深化西部大开发政策的提案 ……………………… 陈　杰等(10)

关于将文化遗产保护纳入国民经济和社会发展“十二五”规划前期重大问题研究的提案 …………………………………… 张廷皓(15)

关于加快推进省直管县体制改革步伐的提案 …………………… 樊庆斌(18)

关于大力支持民营企业到境外投资能源矿业的提案 …………… 胡成中(22)

关于民生与内需的提案 ……………………………………… 迟福林(27)

关于加快我国太阳能开发与利用的提案 ……………………… 民盟中央(34)

关于加强水资源司法保护的提案 …………………………… 民革中央(39)

关于加强我国农村环境保护工作的提案 …………………… 洪梅香(47)

关于加强水环境标准制定和管理的提案 …………………… 农工党中央(55)

关于建立电子垃圾回收长效机制的提案 …………………… 孙贵宝(62)

关于加大三峡库区水污染防治的提案 ……………………… 金义华(70)

关于开通喀什至内地和周边国家航线打造丝绸之路精品旅游线路的提案 …………………………………… 代依米克·地瓦那等(76)

关于推广全生物塑料产品,保障能源环境安全的提案 ………… 李景源等(79)
关于建设北京近郊四大“绿肺”的提案 ……………………………… 刘秀晨(85)
关于加强核安全监管力度的提案 …………………………………… 刘　巍(88)
关于抓住世博机遇,促进旅游发展的提案 ………………………… 赵　雯(92)
关于在北京等大城市促进机动车行驶规则合理化的提案 ……… 贾　康(97)
关于完善农业科技服务体系的提案 …………………………… 民进中央(101)
关于进一步完善粮食生产补贴政策的提案 …………………… 民建中央(106)
关于加快推进集体林权制度改革,促进农民工返乡就业的
提案 …………………………………………………………… 致公党中央(113)
关于鼓励农民通过专业合作社流转土地的提案 ……………… 全国工商联(119)
关于尽快开工建设大藤峡水利枢纽工程项目的提案 …………… 彭　钊(126)
关于拟请国家扶持木本油料产业发展的提案 …………………… 陈　军(132)
关于促进中国糖业稳定健康可持续发展的提案 ………………… 葛俊杰(136)
关于建立林业基础建设投入保障制度的
提案 ……………………………… 全国政协人口资源环境委员会(145)
关于建立多层次农业保险体系,为新农村建设提供保障的
提案 ……………………………………………………………… 李钺锋(150)
关于加强草原生态保护建设,促进牧区可持续发展的
提案 ……………………………………………………………… 民革中央(157)
关于支持在内蒙古优先发展碳汇造林项目的提案 ……………… 闫　伟(164)
关于西部民族地区金融发展问题的提案 ……………………… 民建中央(168)
关于建立独立型环境税方案的提案 …………………………… 农工党中央(176)
关于建立海外孵化器帮助国内企业“走出去”的提案 …………… 冯　军(182)
关于理财产品须强制标注风险提示的提案 …………………… 田惠光等(186)
关于加大金融监管机构和商业银行对文化产业扶持力度的
提案 ……………………………………………………………… 吕建中等(192)
关于我国国库现金管理应加大力度扩大规模的提案 ………… 周秉建等(198)
关于进一步强化对青年创业的金融支持的提案 ……………… 罗　梅等(204)
关于规范中介组织管理、推动市场体制完善的提案 …………… 李微微(208)
关于进一步完善抵押资产拍卖程序的提案 …………………… 马蔚华(213)
关于采取有利措施发展我国物流行业的提案 ………………… 罗　霞(218)
关于加快西部铁路网建设,促进西部经济发展的提案 ………… 马志伟(223)
关于改革地方船检体制　规范船舶市场的提案 ………………… 薛光林(226)

关于推进“三网融合”,以信息化推动社会主义新农村建设的提案 …… 陈效达(230)
关于从源头严厉整治违法短信的提案 …… 张红武等(234)
关于挖掘铁路客运潜力的提案 …… 潘碧灵(238)
关于完善机场轮椅服务的提案 …… 吴德立(242)
关于改革出租车行业体制的提案 …… 汤燕雯(245)
关于大力发展太阳能光伏产业 构建能源安全供应体系的提案 …… 姚凯伦(248)
关于风电发展的资源规划和自主风电配套产业链的提案 …… 陈星莺(253)
关于改变水消费模式,建立节水型社会的提案 …… 刘 昕(258)
关于加大地质找矿力度 规范矿产资源开发秩序的提案 …… 陈春林(265)
关于加大力度,扶持中小型企业持续健康发展的提案 …… 林铭森(270)

二 科教文卫体

关于推进农村中小学标准化建设的提案 …… 赵 韩(280)
关于坚持教育公平,实行分类指导,推进我国教育均衡发展的提案 …… 司富春(284)
关于重视母语教育,提高汉语能力的提案 …… 秦 和(289)
关于重视中小学幼儿园自然灾害安全教育刻不容缓的提案 …… 李 崴(293)
关于科学合理地进行高等院校职称评定的提案 …… 黄维若(299)
关于加强当前农村教育有关工作的提案 …… 马立群(302)
关于加强青少年汉字书写教育的提案 …… 苏士澍等(306)
关于陶艺进入中小学美术教育的提案 …… 朱乐耕等(316)
关于进一步加强少数民族聚居区民汉双语教育工作的提案 …… 玉帕新(319)
关于推进产学研结合技术创新体系建设的若干建议的提案 …… 九三学社中央(323)
关于加强国家版图意识,规范地图管理的提案 …… 钟起煌(328)
关于成立“维护知识产权法制机构”的提案 …… 王刁三(332)
关于加强建设创新型国家理论研究的提案 …… 刘玉岭(336)
关于引导高校在国家创新体系中发挥更大作用的提案 …… 王修林(341)

关于加大对我国社会信息化基础设施投入　推动电子信息产业
　发展的提案 …………………………………………………… 严望佳(347)
关于实施地震灾区恢复重建现代服务体系科技行动的
　提案 ………………………………………………………… 孙林夫等(353)
关于促进民营企业发展文化产业的提案 ………………… 茅永红(358)
关于实现文化产业发展新突破的提案 …………………… 樊庆斌(362)
关于提升中国2010年上海世博会文化内涵的提案 ……… 屠　杰等(367)
关于改进救灾捐献宣传工作,加强救灾物资管理使用的
　提案 …………………………………………………………… 王同琢(372)
关于进一步鼓励媒体监督食品和药品安全的提案 ……… 石汉基(376)
关于发挥文学在对外宣传中的作用的提案 …………… 沙博理等(378)
关于新文化运动纪念馆增设相关复原和展览的提案 …… 夏燕月等(384)
关于设立国家文物安全专项经费的提案 ……………… 单霁翔等(388)
关于启动国家重要文物保护管理信息系统工程的提案 ………… 张　柏(392)
关于免费为农村妇女开展妇女病普查和把农村妇女妇科病
　免费检查纳入国家公共卫生服务体系的提案 ………… 简少玉(396)
关于重视和发展学校体育的提案 ……………………… 廖晓淇等(402)
关于将8月8日设立为中国体育节的提案 ……………… 林绍彬(408)
关于我国仿制药品的商品名称亟待规范管理的提案 …… 李大魁(412)
关于建立预防接种异常反应补偿救济机制的提案 ……… 王启仪等(415)
关于尽快解决市场上廉价药品短缺,保证百姓基本用药的
　提案 ………………………………………………………… 戴秀英等(419)
关于新时期加强群众体育工作的提案 ………………… 朱奕龙等(422)
关于实施适宜医疗,解决民众就医负担的提案 ………… 宋余庆(430)
关于进一步推动“体教结合”进程的提案 ………………… 叶乔波(435)

三　政治法律社会保障综合

关于修定《中华人民共和国义务教育法》的提案 ………… 吴　刚(440)
关于尽快制定《国家预防职务犯罪法》的提案 …………… 黄少良(446)
关于深入贯彻落实科学发展观　行政官员问责制科学化的
　提案 ………………………………………………………… 葛均波(455)
关于对预付费式消费卡实行强制监管制度的提案 ……… 郑惠强(459)

关于建立我国海外投资保护机制的提案 …………………… 何　悦(465)
关于完善看守所管理制度,制定《看守所法》的提案 ……………… 刘白驹(470)
关于出台"个人信息保护法"的提案 …………………………… 张礼慧(477)
关于积极应对我国人口老龄化问题的提案 ……………………… 民盟中央(481)
关于健全和发展社区志愿者组织的提案 ………………………… 台盟中央(488)
关于加快推进社会养老服务体系的提案 ………………………… 孙贵宝(493)
关于大力发展中小金融机构,切实解决小企业融资难问题的
提案 …………………………………………………………… 全国工商联(499)
关于加强大学毕业生创业服务的提案 …………………………… 胡旭晟(505)
关于加强对农民工进行职业技能培训的提案 …………………… 黄小同(511)
关于农村低保问题的提案 ……………………………………… 李竟先(518)
关于尽快建立和完善我国各级领导干部及公务员财产申报制度的
提案 …………………………………………………………… 骆沙鸣(526)
关于如何应对大量失业外来务工人员的提案 …………………… 盛昌黎(529)
关于加强对公众开展危机应对教育的提案 ……………………… 杨启儒(535)
关于建立涉诉信访长效机制的提案 ……………………………… 民进中央(539)
关于对侨资企业实行专项贴息扶持政策的提案 ……………… 致公党中央(544)
关于应加强政协对外政治交流平台作用的提案 ……………… 高　杰等(549)
关于扶持新疆柯尔克孜、锡伯、达斡尔三个民族发展的
提案 ………………………………………………… 法蒂玛·马合木提(554)
关于加强对彝族古籍保护工作的提案 …………………………… 安　南(558)
关于建议国家制定配套政策提高少数民族地区村、组干部工资
待遇的提案 …………………………………………………… 梁晓丹等(563)

全国政协十一届二次会议提案第0002号

案　　由：关于通过深化改革建立扩大内需长效机制的提案

审查意见：建议国务院交国家发改委会同国资委、人力资源和社会保障部、卫生部、教育部、工业信息部研究办理

内　　容：长期以来，内需不足已成为制约我国经济社会发展的瓶颈，此次金融危机使这个问题更加突出。导致内需不足的根本原因是深层次的制度问题。

我国国民收入分配格局很不合理。表现为初次分配中劳动者报酬份额逐年降低，从1998年的53.1%下降到2006年的40.6%；二次分配后，居民可支配收入从68.2%下降到57.8%；相应居民消费能力不断下降，20世纪80年代，最终消费占GDP的比重超过62%，到2005年下降为52.1%，居民消费率也从1991年的48.8%下降到2005年的38.5%，而世界平均最终消费率约为78%。不同群体间收入差距不断扩大。城镇最高收入户与最低收入户收入比从2001年的5.37倍扩大到2006年的9倍，据有关研究表明，实际差距甚至达到30倍。城乡居民收入差距仍在不断扩大。1998年城乡居民收入比为2.51∶1；2007年农村居民人均纯收入增幅之高为多年来少有，但仍然比城镇居民低2.7个百分点，当年城乡居民收入差距达到3.33∶1；相应地，农村居民消费支出占GDP的比重从1996年的18.8%，下降到2006年的9.5%。

造成这种情况的原因是多方面的。一是近年来国有垄断企业的垄断地位大大加强，从而压缩了中小企业的生存空间。2004年电、油、热力供应、黑色金属、化学原料及制成品、制造业、通信及电子设备制造业、交通运输设备制造业八大垄断行业利润总额占了全部工业企业利润总额的51.2%,2007年上述行业利润比重进一步增加超过60%,其中有80%左右来自国有垄断企业。国有垄断企业凭借行政垄断攫取了大部分利润,而其余行业的数百万中小企业只能争夺不到40%的利润,大多数处于微利和亏损的边缘,只能靠压低劳动者工资赚钱。需要指出的是,国有垄断企业取得的垄断超额利润,并没有真正转化为全民利益,相当一部分利润通过各种形式被内部人瓜分。二是企业负担重。2007年,我国财政收入达到5.1万亿元,占GDP比重突破了20%。但实际上,由于我国税制的特点,政府的财政收入包括预算内收入、预算外收入、制度外收入等渠道。税收只是"小口径"税负,财政收入是"中口径"税负,政府的全部收入才是"大口径"税负。而大口径税负为小口径税负的两倍甚至更多,超过高收入国家的水平。这其中还不包括普遍存在的种种"乱收费"、"乱罚款"、"乱摊派"以及形形色色的索贿受贿等实际由企业和老百姓负担的费用,从而进一步恶化了中小企业的生存环境,压缩了劳动者提高报酬的空间。三是推进城乡一体化的改革难以取得实质性进展。在允许农民自由进城务工的同时,原有的户籍制度、差别对待的社会保障制度基本上没有触动,致使农民工难以实现向城市的稳定转移。同时,在现行制度下,由于没有市场化的退出机制,农民最大的两项不动产——土地和宅基地不能流动,进城农民工难以获得原始积累融入城市社会。这些问题不解决,农民向城市的稳定转移就不可能大规模发生,我国城乡差距不断扩大的趋势就难以扭转,农村消费也不可能真正提高。

金融危机既给我们带来极大的挑战,同时也迫使我们必须正视长期以来内需不足的深层次矛盾。调整国民收入分配格局,应着力推进以下几个方面的改革。

一是深化国有企业改革。在推进国有企业产权制度、管理体制和分配制度改革的同时,制定反垄断法的配套法规,切实清除民营企业进入各种市场的壁垒;其次,用规定垄断企业最低产品供应量、最高限价、提高资源税和上缴利润等办法减少垄断利润。

二是进一步减轻企业负担。在减税的同时,要着力解决"三乱"

和商业贿赂问题，从而为企业特别是中小企业创造良好的经营环境；其次是建立真正的劳资利益谈判机制，使劳动者能够分享企业发展的利益。

三是加快推进城乡一体化的改革。采取切实可行的措施使在城市稳定就业的农民工逐步实现稳定转移，从而一方面使转移的农民实现生活方式和消费方式的根本转变，另一方面通过减少农民而大大提高农民的收入水平；中小城市应尽快完全开放户口，并在教育、社会保险、住房保障等方面对农民工实行一视同仁的政策；应进一步推进农村土地制度和宅基地制度改革，建立市场化的退出机制，使进城农民能够在城市定居。

四是扎实推进包括养老、医疗卫生、教育在内的社会事业的发展。只要解除老百姓的养老、医疗、教育等后顾之忧，将会释放出巨大的消费能力。中央在经济刺激方案中，将包括社会保障、教育、医疗在内的民生工程被放在了重要的位置，这无疑是十分正确的。但我们必须认识到，由于社会事业建设难度大、成本高、周期长，更由于这些事业不像投资其他领域可以增加GDP，有利于提高政绩，执行起来很可能被软化甚至走样。因此，应高度重视这些投资的执行监督，从而将各项民生工程落到实处。

主题词： **改革**

提案人： 九三学社中央

中华人民共和国国家发展和改革委员会2009年8月18日以发改提案〔2009〕263号文函复：

你们提出的《关于通过深化改革建立扩大内需长效机制的提案》收悉。经商国资委、人力资源社会保障部、卫生部、工业和信息化部，现答复如下：

改革开放以来特别是进入新世纪后，我国抓住工业化、信息化、城镇化、市场化、国际化带来的机遇，实现了国民经济的持续快速增长，但也出现了消费增长相对较慢，经济增长主要依靠投资、出口拉动的问题。“十五”时期以来，我国消费率从2000年的62.3%下降到2008年的48.6%，年均下降1.7个百分点；投资率由35.3%上升到43.5%，年均上升1个百分点；同时，净出口占GDP的比重从2.4%提高到7.9%。

分析表明，国民收入分配格局不合理是导致需求结构失衡特别是消费率偏低的重要原因。近年来，初次分配中劳动者报酬所占比重、二次分配中居民可支配收入所占比重均呈下降趋势，居民之间的收入分配差距也在扩大，这些都严重制约了居民消费的增长，进而导致消费率下降。造成这种情况的原因是多方面的，既与我国当前所处的发展阶段有关，也与发展模式有关，更与不少领域体制机制不健全有关。因此，我们完全同意你们所提出的关于通过深化改革建立扩大内需长效机制的意见。

近年来，特别是在这次应对国际金融危机的过程中，国家在深化国有企业分配制度改革、支持中小企业发展和努力改善民生等方面采取了一系列有针对性的政策措施，并取得了初步成效，对扩大国内需求特别是消费需求发挥了重要作用。

一、关于打破垄断和深化国有企业分配制度改革

近年来，国家在打破垄断、鼓励竞争方面采取了一系列政策措施，允许非公有制经济进入所有法律法规未禁止的行业和领域，包括公用事业、基础设施、金融服务业和社会事业等，支持民间资本参与国有经济结构调整和国有企业重组，今年上半年又出台了《国务院反垄断委员会关于相关市场界定的指南》等一批《反垄断法》配套法规，并启动了《境内证券市场转持部分国有股充实社会保障基金实施办法》。与此同时，不断深化国有企业收入分配制度改革、完善工资总额管理调控办法、规范收入分配渠道、强化收入分配调节，上半年又就规范金融类国有和国有控股企业负责人薪酬、规范国有企业职工持股和投资行

为出台了具体规定，并选择电力、石油石化、民航和冶金四个行业开展工资总额预算管理改革试点工作。据国资委反映，当前绝大多数国有企业已经建立了比较规范的工资总额确定办法和职工工资增长机制，近几年中央企业工资增长符合“职工工资总额增长幅度低于实现利润总额增长幅度、职工平均工资增长幅度低于按企业增加值计算的劳动生产率增长幅度”的“两低于”原则。

二、关于支持中小企业发展

中小企业对于保增长、保就业、保民生、保稳定具有重要意义。国家采取多方面措施，努力促进中小企业持续健康发展。一方面，大力减轻中小企业负担。全面实施消费型增值税，减轻企业总体税负。充分利用减轻企业负担部际联席会议机制，督促落实已出台的涉及中小企业的各项优惠政策和收费减免政策，严格执行涉及收费的审批、收缴和使用管理制度。年初，全国又取消和停征了一百项行政事业性收费。为应对国际金融危机带来的严峻挑战，国家允许有条件的地区在一定时期内一次性降低医疗、失业、工伤、生育四项社会保险费率以及阶段性缓缴困难企业社会保险费、扩大失业保险基金使用范围，这不仅有效减轻了企业负担，还起到了支持和鼓励困难企业尽量不裁员或少裁员的积极作用。另一方面，着力解决中小企业“融资难”问题。安排中央财政专项资金，加大对中小企业融资担保机构的支持。颁布创业板上市管理暂行办法，加快制定相关配套规则，支持具备条件的中小企业上市直接融资。

三、关于加快社会保障和卫生、教育等社会事业发展

近年来，国家不断加大民生领域投入，加快健全社会保障体系，积极推进城乡公共服务均等化，在推进城乡一体化、有效缓解城乡居民后顾之忧等方面发挥了重要作用。一是健全社会保障体系。根据城乡统筹发展和完善社会保障体系的需要，积极推进新型农村养老保险、城镇居民基本医疗保险、新型农村合作医疗和农村低保等项制度建设。坚持以非公有制企业、灵活就业人员和农民工参保为重点，加大社会保障扩面工作力度。截至6月底，全国基本养老、基本医疗、失业、工伤、生育保险参保人数分别达到22413万人、33679万人、12339

万人、14074万人和9794万人。不断提高社会保险统筹层次,截至6月底全国有25个省份实现了养老保险省级统筹,比去年年底又增加了6个省份。二是深入推进医药卫生体制改革。中央已经确定,今后三年内各级财政预计投入8500亿元用于医药卫生体制改革的五项重点工作。目前,基本医疗保障覆盖面持续扩大,中央财政安排一次性补助资金429亿元,将关闭破产国有企业退休人员全部纳入当地城镇职工基本医疗保险;县乡基层医疗卫生机构设施建设进展顺利;对15岁以下人群补种乙肝疫苗等6个重大公共卫生服务项目已经启动。三是大力推进教育公平。全面落实城乡免费义务教育政策。提高农村义务教育阶段学生平均公用经费基准定额,2009年小学、初中生平均基准定额分别提高到300元和500元。对家庭经济困难学生的资助力度不断加大,义务教育阶段,为家庭经济困难学生免费提供教科书和寄宿生活补助;职业教育阶段,设立了中等职业学校国家助学金;高等教育阶段,初步形成了奖、贷、助、补、减有机结合的资助政策体系。四是大规模开展保障性安居工程建设。国家把解决低收入群体住房问题摆在更加突出的位置,2009年中央财政安排保障性安居工程补助资金493亿元,比上年增长1.7倍,3年内解决约750万户城市低收入家庭和240万户林区垦区煤矿等棚户区居民住房困难的目标有望提前实现。

下一步,我们将继续围绕扩大内需特别是消费需求,加快推进改革,进一步完善政策,促进经济又好又快发展。一是按照党的十七大提出的"逐步提高居民收入在国民收入分配中的比重,提高劳动报酬在初次分配中的比重"的要求,加快健全有利于劳动报酬较快增长的工资决定机制。同时,强化再分配调节,加大政府对社会保障的补贴力度和对教育、卫生等公共服务的投入力度。二是为中小企业发展创造更加良好的政策和市场环境。进一步落实《中小企业促进法》和《国务院关于鼓励支持和引导个体私营等非公有制经济发展的若干意见》,放宽和规范中小企业市场准入,着力缓解中小企业融资难的问题,健全中小企业社会化服务体系。三是深化国有企业改革。继续推进国有企业股份制改革,完善公司治理结构。进一步推进中央企业工资总额预算管理改革试点工作，通过建立和完善工资总额增长调控线制度等措施，缩小行业、企业间的不合理的收入差距；进一步加强对高收入行业和企业及集团本部过高收入群体的调控，抑制其过快增长。四是加大对社会保障、卫生、教育等民生领域的支持。加快完善社会保障体系，适应统筹城乡发展新形势的需要，积极开展新型农村养老保险试点，制定实施农民工养老保险办法，加快解决历史遗留问题。推进各类社会保障制度整合，抓紧制定实施全国统一的各种社会保险关系转移接续办法，完善社会保障公共服务管理平台。加快制定和完善社会保障法律法规，增强社会保障的强制性、规范性和稳定性。坚持卫生事业公益性质，深入推进医药卫生体制改革。进一步落实和完善城乡免费义务教育政策，健全家庭经济困难学生资助体系，大力促进教育公平。

你们提出的相关政策建议，对于扩大内需特别是消费需求、促进经济全面协调可持续发展具有重要的参考价值，我们将进一步认真学习，深入研究。

感谢九三学社中央对扩大内需特别是消费需求问题的关注。

欢迎登录我委门户网站(www. ndrc. gov. cn)，了解国家经济和社会发展政策、经济建设和社会发展情况、经济体制改革方面的重要信息。

中华人民共和国卫生部2009年6月17日以卫办提函〔2009〕122号文函复：

九三学社中央提出的《关于通过深化改革建立扩大内需长效机制的提案》收悉。现就涉及我部职能的有关问题，提出以下会办意见，供你委答复时参考。

医疗卫生事业关系亿万人民的健康，关系千家万户的幸福，是重大民生问题。近年来，随着国家对医疗卫生事业重视程度的提高，医疗卫生事业投入大幅度增加。针对资金投入逐步增长的情况，我们不断完善管理制度，强化监督管理，切实提高资金使用效益。

一、加强制度建设

近年来，根据国家有关财经法律法规，结合医疗卫生工作特点，我们制定多项制度，努力实现资金管理的规范化、制度化。

一是为规范和加强中央补助地方卫生事业专项资金管理，会同财政部制定了《中央补助地方卫生事业专项资金管理暂行办法》、《关于加强中央补助地方卫生事业专项资金项目实施有关管理工作的通知》和《关于进一步加强中央补助地方卫生事业专项资金管理的通知》等多项管理制度，对专项资金的资金分配、使用管理和设备采购作出了明确规定，要求切实加快专项资金拨付和项目执行进度。

二是为加强中央补助地方卫生事业专项资金执行情况统计工作，及时了解执行中的情况和问题，下发了《关于建立中央补助地方卫生事业专项资金项目执行情况统计报告的通知》，建立了执行情况统计报告制度，按季度收集和分析资金使用情况。同时，建立和完善了基本建设项目完成情况旬报制度，进一步规范了专项资金的管理。

三是为加强公共卫生项目资金管理，提高资金使用效益和项目管理水平，研究制定了《公共卫生项目支出绩效考评暂行办法》，要求将绩效考评工作作为加强资金管理的重要内容，增强绩效考评管理意识，建立考评工作机制，加强培训和指导，不断总结经验，切实推进绩效考评工作。绩效考评结果将作为以后年度项目资金安排的重要参考。

四是为了规范扩大内需促进经济增长项目建设管理工作程序，加强资金管理，充分发挥投资效益，我部会同发展改革委正在制定《基层医疗卫生服务体系建设项目与资金管理办法》，确保顺利完成建设任务。

二、加强监督检查

为全面了解中央补助地方专项资金项目的执行进度和资金管理现状，认真总结项目实施取得的成效和经验，深入分析查找存在的主要问题，积极推进项目实施，采取多种形式开展监督检查工作：一是项目执行单位对照项目实施方案及时进行自我检查，发现问题，及时解决；二是会同财政部和发展改革委等部门联合开展监督检查；三是财政部驻各地财政检查专员办专门组织监督检查；四是发挥审计部门的审计监督作用，对资金使用范围、履行财务制度等情况进行监督检查，保证资金安全、使用规范，杜绝挤占、挪用资金等违规行为；五是成立专门机构“卫生部项目资金监督管理服务中心”，对资金执行和绩效进行专门的监督检查；六是督促地方组织对本地区的监督检查。

为加强卫生系统扩大内需促进经济增长项目资金管理，我部于2009年1月专门赴江苏、河南和甘肃等6省现场抽查14个市（地）17个县的42个项目，重点检查基本建设程序、工程建设质量、资金支付情况和是否切实起到拉动内需的效益。近期，我部将会同发展改革委、财政部开展联合督导检查，促进各地提高对扩大内需促进经济增长项目的重视，完善管理制度、严格基本建设程序，确保实现“项目、资金、人员”三方面安全的目标（即项目质量良好、支付资金安全以及无腐败现象发生）。

下一步，我们将结合国家扩大内需促进经济增长和医药卫生体制改革的要求，继续完善制度建设，有针对性地加强监督检查，促进各项目地区、单位提高资金使用效益，确保国家对医疗卫生事业的投入落到实处。

全国政协十一届二次会议提案第0765号

案　　由:关于进一步深化西部大开发政策的提案

审查意见:建议国务院交国家发改委会同财政部、中国人民银行、交通运输部研究办理

内　　容:今年是西部大开发战略实施10周年,10年来西部地区发展成绩卓著,但与东部地区发展差距拉大的趋势仍未得到根本扭转,建议中央从以下几个方面给予支持:

一、延长西部大开发税收优惠政策执行期限。近10年来,西部大开发税收优惠政策对推动西部地区经济社会全面发展起到了积极作用,中央对西部的政策支持将于2010年到期。目前给予西部一定的税收优惠政策仍然是西部地区加快发展的重要措施之一。因此建议2010～2020年期间,继续执行西部大开发税收优惠政策。同时,建议国家出口退税政策向中西部地区倾斜,减免西部地区外向型企业的税收,优先给予信贷支持。

二、切实理顺货币政策的传导机制,制定具体的"刚"性措施对金融机构支持西部地区发展提出明确要求。总体上看,与东部地区相比,西部金融发展滞后,组织体系不够健全,金融服务功能不完善,金融机构提供的产品不能满足发展需要。同时由于东部发达地区贷款收益率在同等风险下比西部欠发达地区资金收益率高,各银行资金必然倾向于以不同形式从贷款收益低的西部欠发达地区向经济发达地区集中。面对国际金融危机的严峻形势,西部地区企业和项目筹资难度很大。建议国家对理顺货币政策的传导机制制定具体的"刚"性措施,支持西部地区应对金融危机。

三、支持西部地区改善发展条件。将四川省具有省际通道功能的地方高速公路纳入国家高速公路网规划，支持四川省农村公路联网路和断头路建设。特别是农村公路联网路和断头路是农村中的致富路、经济路，对推进农业结构战略性调整和产业化经营具有十分重要的作用。根据规划，四川省急需建设3.3万公里农村公路联网路和断头路，估算总投资233.2亿元，恳请中央按照“十一五”期间通乡公路改造补助标准给予大力支持。

四、推进天然气资源就地转化，促进资源地经济发展。四川是个资源大省，其中天然气远景储量7.2万亿立方米，是我国目前最大的天然气生产基地。资源所在地政府为资源开发承担了重要责任，当地居民为此作出了牺牲，资源开发首先应满足当地发展需要。资源开发不仅影响资源地的生态环境，而且由于在项目布局方面，资源精深加工项目在资源地安排很少，对拉动地方就业、促进当地经济发展的作用不明显。建议国家明确规定，在符合国家产业政策的前提下，应尽量在资源所在地规划和建设资源利用项目，延伸产业链条，既避免资源的长途输送，又促进地方经济发展。

主题词： 西部开发

提案人： 陈　杰　胡先春　唐诚青　阿侯蜀革　尼玛泽仁　杨　铿　张晓梅　陈智伦　陈炳德　张庆成　孙林夫　吴正德　王福耀　田伏洲　朱长林

中华人民共和国国家发展和改革委员会2009年8月12日以发改提案〔2009〕245号文函复：

你们提出的《关于进一步深化西部大开发政策的提案》收悉。经商有关部门，现答复如下：

实施西部大开发战略以来,在党中央、国务院的正确领导下,各地区、各部门特别是西部地区广大干部群众开拓创新,扎实工作,西部大开发取得了显著成效。2000～2008 年,西部地区生产总值(加总数)年均增长 11.7%,西部地区与全国增长速度差距扩大的趋势初步得到遏制。全社会固定资产投资年均增长 23% 左右,明显高于全国 20% 左右的平均水平。2008 年城镇居民人均可支配收入和农村居民人均纯收入分别为 12896 元和 3560 元,分别比 1999 年增长了 105% 和 74%。但由于历史、自然地理条件、社会文化等多种原因,长期制约西部地区发展的突出矛盾和主要问题尚未得到根本解决,西部地区与其他地区特别是发达地区发展差距还在扩大,近期克服国际金融危机影响,西部地区经济企稳向好的基础仍不稳固,西部大开发依然任重道远。

统筹谋划新形势下深入推进西部大开发的总体思路和政策措施,继续维护好、保持好和发展好西部大开发取得良好开局的势头,加快西部地区经济社会全面发展,既是当前保增长、扩内需的客观需要,又是落实科学发展观、建设全面小康的必然选择,也是构建社会主义和谐社会的重大战略任务。因此,中央实施西部大开发的战略绝不会动摇,国家对西部大开发的支持力度不会减弱,西部地区经济社会发展步伐不会放慢,国家将以更大的决心,更有力的措施,更扎实的工作,推动西部大开发持续有效和健康地向前发展。

自去年以来,我委积极会同有关部门、地方和科研机构,正在抓紧组织做好 2010 年后西部大开发政策措施完善工作,研究拟定深入推进西部大开发的政策文件,进一步明确下十年西部大开发的主要思路、奋斗目标、重点任务和政策措施,力争今年年底前上报国务院。

一、关于延长西部大开发税收优惠政策执行期限等问题。对设在西部地区国家鼓励类产业的内资企业和外商投资企业,减按 15% 征收企业所得税等税收优惠政策是西部大开发的核心政策之一,我委将认真考虑你们的建议,在起草下个十年的西部大开发政策措施中,积极推动西部地区企业所得税优惠政策延长至 2020 年。

关于你们建议国家出口退税政策向中西部地区倾斜。财政部表示，出口退税是对报关出口货物退还其在国内各生产环节和流转环节缴纳的增值税、消费税等的制度。我国目前对此采取税号管理的方式，税号对应的产品适用一定的出口退税率。因此出口退税只能针对具体产品，而不能针对特定企业或区域。

关于你们提出的减免西部地区外向型企业税收。财政部表示，按照我国加入 WTO 承诺和国际规则，新的企业所得税法已经取消了直接鼓励出口的所得税优惠政策。因此，暂不能对西部地区外向型企业减免税收。

二、关于切实理顺货币政策的传导机制，制定具体的"刚"性措施对金融机构支持西部地区发展提出明确要求。国家始终注重通过综合运用货币信贷政策工具，提高金融服务水平，促进西部地区经济金融持续稳定发展。人民银行 2003 年以来共调增西部地区支农再贷款限额 224 亿元，占全国的 40%；对西部地区 636 家涉农贷款比例较高、资产规模较小的农村金融机构的存款准备金率较大型存款类金融机构下调 5.5 个百分点。目前，人民银行正在会同有关部门尽快制定出台《鼓励县域内金融机构将新增存款用于当地的考核试行办法》，对在当地贷款达到其新增存款（或可贷资金）一定比例的县域金融机构，给予一定的货币政策和财税优惠政策，以鼓励欠发达地区信贷资金用于本地企业发展。我委也将在制定西部开发政策中，针对西部地区的实际情况，会同有关部门研究提出新的金融支持政策。

三、关于支持西部地区改善发展条件，将四川省具有省际通道功能的地方高速公路纳入国家高速公路网规划，支持四川省农村公路联网路和断头路建设。目前交通部正在着手开展国家高速公路网规划的调整工作，并将根据区域路网布局及项目功能作用等，统筹研究四川省地方高速公路纳入国家高速公路网的具体方案。按照"十一五"农村公路建设规划，国家近期将重点保障乡镇通油路和建制村通公路建设，其中四川省等西部地区主要安排乡镇通油路建设。我们将结合"十二五"规划编制，积极协调有关部门，统筹研究支持包括四川省农村公路联网路和断头路在内的西部地区通村公路建设。

四、关于推进天然气资源就地转化，促进资源地经济发展。国家为支持将资源优势转化为经济优势，积极考虑资源就地利用问题，明确要求资源开采单位要为天然气产地预留一部分气量，天然气产地有关主管部门依照《天然气利用政策》，逐个落实符合政策要求的天然气利用项目，成熟一个批准一个。四川是天然气资源大省，目前国家在四川省已建设多套天然气制化肥装置，四川省已成为我国主要的天然气化肥产区，2008 年天然气用量约 55 亿立方米。下一步，我委将根据四川省的实际情况，进一步优化资源配置，重点支持资源产地发展天然气精细化工，增强四川省产业竞争能力，使资源产地人民共享资源开发成果。

感谢你们对西部大开发工作的关心和支持。

全国政协十一届二次会议提案第1309号

案　　由:关于将文化遗产保护纳入国民经济和社会发展"十二五"规划前期重大问题研究的提案

审查意见:建议国务院交国家发改委研究办理

内　　容:我国文化遗产是中华民族悠久历史、灿烂文化和非凡创造力的集中体现,是中华民族独立于世界民族之林的精神根基和文化支柱。据估算,我国已发现不可移动文物和可移动文物(不包括数以万计、尚未挖掘、价值难以估量、代表中华文明成就的大遗址以及尚未调查登录的文物)的总价值约为70万亿元,相当于2005年国内生产总值(18.23万亿元)的3.8倍。同时,文化遗产所蕴涵的历史、艺术、科学和文化价值,以及由此产生的对国家意识、民族意识的召唤和凝聚功能,其价值远非物质财富所拥有的价值所能比拟。胡锦涛主席在第18届世界遗产委员会大会致辞中指出:"中国政府高度重视保护文化和自然遗产……保证文化和自然遗产的充分保护和适度利用。"

但长期以来,文化遗产作为国家不可替代的珍贵财富和公共产品属性尚未得到充分认识和准确理解。我国文化遗产事业的社会影响力未能充分展现,其对经济社会发展的积极推动作用未能充分发挥。特别是在我国经济社会快速发展的变革时期,伴随大规模的工业化、城镇化、国际化进程,文化遗产事业非但未能充分地贡献并共享现代化的发展成果,反而成为发展过程中的"被边缘化者",承担了相当部分尚未被广泛意识到的国家经济社会发展成本,面临着空前的冲击和挑战。因此,充分认识文化遗产的现代价值,在充分保护的基础上,更好地发挥文化遗产事业对国家经济社会可持续发展的贡献,是急需研究的重要课题。这不仅对中国特色社会主义文化遗产事业的发展,而且对我国经济社会的和谐发展,都具有重要的现实意义和深远的历史意义。

目前,上述研究相当匮乏,尤其是我国文化遗产事业在国家转型期经济社会发展中的国家成本及其对经济社会发展的促进作用,以及文化遗产事业作为国家公益性事业在政府治理、绩效及可持续发展等领域尚未开展系统的研究。

编制好国民经济和社会发展第十二个五年规划,对贯彻落实党的十七大精神,全面建设小康社会具有重要意义。而文化遗产事业是国民经济和社会发展的重要领域。由于诸多原因,以往的国民经济和社会发展“五年规划”对文化遗产事业领域的关注度凸显不够。按照深入学习实践科学发展观的要求,为提高规划编制的透明度、民主参与度,广泛凝聚社会各界智慧,对文化遗产保护的重大问题形成共识,增强规划的科学性,建议国家发展和改革委员会将文化遗产保护纳入国民经济和社会发展“十二五”规划前期重大问题研究课题,围绕文化遗产保护与经济社会中长期发展中的重点难点问题,运用管理学(包括公共管理与公共政策学)、经济学、社会学等学科的理论与研究方法,联系历史学、考古学、文物学等文化遗产事业相关学科的理论与研究方法,密切结合中国国情,根据国家经济社会发展的需要和文化遗产事业的需要,多维度、多视角地开展中国特色社会主义文化遗产事业与我国经济社会发展关系这一开创性的系统分析研究,深入分析破解这些问题的方向和对策,为“十二五”规划的制定提供政策咨询和科学建议。

为将文化遗产保护纳入国民经济和社会发展“十二五”规划前期重大问题研究工作落到实处,建议国家发展和改革委员会专题委托国家文物局选聘文化遗产保护的相关科研机构和科研人员尽快组织研究团队,开展此项专题研究,提交高质量的研究报告,为国家“十二五”规划的制定在文化遗产事业领域提供参考研究文本和研究成果。

主题词: **规划**

提案人: 张廷皓

中华人民共和国国家发展和改革委员会2009年7月20日以发改提案〔2009〕106号文函复：

您提出的《关于将文化遗产保护纳入国民经济和社会发展“十二五”规划前期重大问题研究的提案》收悉，现答复如下：

我国悠久的文明史给我们留下了一大批珍贵的文化遗产，是我们进行社会主义现代化建设的宝贵财富。加强对这些文化遗产保护工作的研究，对于我们将这些宝贵财富转化为我国经济社会发展的直接推动力，处理好文化遗产保护与经济社会发展之间的关系，都具有积极意义。

为做好“十二五”规划前期研究工作，我委从2008年下半年开始，组织开展了“十二五”规划前期重大问题研究工作。去年11月，我委门户网站刊登了《“十二五”规划前期重大问题研究公告》，对重大问题研究的选题、选聘对象和时间提出了明确要求。公告登出后，社会反响积极，在规定时间内，我们收到了大量的课题申请书。按照选题明确、方案清晰、方法科学、资质良好的标准，根据专家组评议，最终择优选取了60个课题。目前，这些课题研究进展顺利，按照工作安排，各课题承担单位将于9月份提交研究的最终成果。有关情况，请登录我委门户网站规划司子站查询（http://www.ndrc.gov.cn/tztg/t20081216_251663.htm）。

“十二五”规划是指导我国未来经济社会发展的规划，宏观性、战略性、政策性较强，相应配套开展研究的课题也都具有全局性，是经济社会发展中急需解决的重大问题，不可能覆盖经济社会发展的所有方面。因此，我们希望社会各界，特别是学术界，都能对“十二五”规划可能涉及的相关问题进行深入研究，包括文化遗产的保护与利用问题。我们在编制“十二五”相关规划时，将会通过各种途径，广泛听取专家学者和广大群众的意见。

感谢您对文化遗产保护工作的关心和支持。

全国政协十一届二次会议提案第2246号

案　　由:关于加快推进省直管县体制改革步伐的提案

审查意见:建议由中央编办研究办理

内　　容:2009年中央一号文件提出:稳步推进扩权强县改革试点,鼓励有条件的省份率先减少行政层次,依法探索省直接管理县(市)的体制。中共中央、国务院《关于2009年促进农业稳定发展农民持续增收的若干意见》中指出:要推进省直接管理县(市)财政体制改革,将粮食、油料、棉花和生猪生产大县全部纳入改革范围。这些改革政策措施的出台,标志着我国省直管县体制的蓝图已经绘就,改革迈出了坚实的一步。

历史表明,在一个政治清明、社会稳定、经济繁荣的时代,国家的行政层级往往越少,行政效率越高。改革开放初期,我国的市管县行政管理体制曾发挥过重要作用,通过加大行政层级,强化了中央集权,确保了国家经济指标与政治指令顺利下达和执行。同时,在一定程度上形成了以中心城市为核心的经济辐射能力,带动了周边地区经济的发展,促进了政治的稳定。

随着我国市场经济特别是区域经济的发展,行政治理环境发生了巨大变化,如此多的行政层级势必导致越来越多弊端的出现。主要有:一是加大了行政成本,降低了行政效率,束缚了地方经济发展和行政创新能力,不但不利于政府职能的适时转变,还衍生出许多体制方面的腐败现象;二是有限的行政区域与无限发展的市场经济区域在矛盾中被人为地强制统一,进而削弱了企业的竞争力,加重了粗放式经济的扩张;三是在分税制改革后,省级以下常常出现财权上收、事权下移的现象。我国东部省份一个欠发达县是新开发的资源大县。该县丰富的煤炭资源曾让当地的干部群众看到了希望,但随着几大煤矿的开采,当地财政并没有像人们预期的那样得到实惠。据当地税务部门提供的数据显示,国税中25%的增值税和地税中100%的资源税、12.8%的企业所得税应归地方所有,结果这部分应归县所有的税源全都划归市了。群众普遍感到,当地的资源开发了,环境破坏了,地级市的辐射效应非但没有释放,反倒出现地级市不断向县"抽水"的现象,搞得县级市叫苦连天。

郡县治则天下安,县域强则国家富。实行省管县,实质上是对公共行政权力和社会资源的重新分配,其根本目的是为了促进县域经济的发展。为了打破城乡壁垒,促进城乡经济的发展,同时也为了适应市场经济内在的效率要求,省直管县体制改革应当在审慎、有序的前提下加快推进步伐。

为此建议:

一、必须有配套的政治体制改革。省市县行政管理关系由目前的"省—市—县"三级体制,转变为"省—市、县"二级体制以后,如果仅仅是在技术层面上做体制的调整和变革,不对行政权力给予科学配置和有效的制约监督,最终将无法实现效率的最大化。因此,要在前期试点的基础上,对一些地方的成功经验进行认真总结,对试点中出现的一些矛盾和可以预见的问题进行科学剖析,从而尽快制定和出台切实可行的配套改革政策措施。

二、扩大县域发展自主权,积极探索发展县域经济的新路子。我认为,"三农"问题之所以成为我国长期以来难以根本解决的问题,与"市管县"的体制模式有直接关系。当今城市的极度繁荣和奢华,往往是以所辖县的经济相对贫困和财政紧张为代价的。省直管县要实现的一个重要目标,就是"强县扩权"、"扩权强县",从而高效率地推动县域经济发展,根本解决"三农"问题。县域经济实力的增强,归根到底要依靠发展有地方特色的产业,加强农业基础,加快县域工业化、城镇化进程。对于经济发展快、人口吸纳能力强的县,要以改革财政管理体制为突破口,依法赋予更多更大的经济社会管理权限,更好地发挥其沟通城乡、促进城乡一体化发展的独特作用。

三、统筹考虑,切忌“一刀切”。我认为,党中央、国务院推出一切改革举措的初衷都是符合时代潮流的。一些地方在推行改革举措的过程中,往往出现偏差和失误的原因,就是搞一哄而起、“一刀切”。我国幅员辽阔,各地条件参差不齐,在改革问题上再也不能吃“一刀切”的亏了!当前,世界性的金融危机为推进省直管县体制改革提供了契机,加快省直管县改革的推进步伐正当其时。时间拖得越久,我们付出的代价也就越大。鉴于中国各地的情况不同,省直管县改革可以允许各地因地制宜,允许存在不同的模式,从“三个有利于”出发,根据实际情况进行积极探索,看准了的就大胆地进行改革。中央在出台政策的时候,要统筹兼顾,充分考虑地区的特殊性,在人事、财政、计划、项目审批等改革方面,千万不要搞“一刀切”。

主题词: **体制　改革**

提案人: 樊庆斌

中央机构编制委员会办公室2009年9月9日以中编办案字〔2009〕255号文函复:

您提出的《关于加快推进省直管县体制改革步伐的提案》收悉,现答复如下:

党中央、国务院历来高度重视县域经济的发展。《国务院关于做好2004年深化农村税费改革试点工作的通知》(国发〔2004〕21号)明确提出“具备条件的地区,在财政管理体制上可以进行‘省直管县’的改革试点”。党的十七大以来,中央对推进省直管县作出了进一步部署,总的精神是鼓励有条件的省份率先减少行政层次,依法探索省直接管理县(市)的体制。

根据中央的有关精神，各地通过不同形式的试点探索，不断增强县级政府的财力，并逐步扩大社会管理和经济管理权限，促进县域经济的快速发展。截至2007年年底，全国已有24个地区实行了省直管县财政管理体制改革。近期，财政部下发了《关于推进省直接管理县财政体制改革的意见》，明确提出，力争2012年年底前全国除民族自治地区外全面推进省直接管理县财政改革。

在探索省直管县财政体制改革的基础上，浙江、安徽等省份还陆续推行以扩权强县为主要内容的改革试点，进一步扩大县级政府的经济社会管理权限。比如，浙江自1992年起多次向部分经济较发达市（县）下放权力，并出台了《浙江省加强县级人民政府行政管理职能若干规定》，以政府规章的形式将上级政府部分管理权限赋予县级政府，有效促进了县域经济又好又快发展。

您提出的关于制定配套的改革政策、扩大县域发展自主权、允许地方因地制宜进行探索等建议非常重要。考虑到此事涉及行政管理体制的重大调整，还需要在前一阶段地方试点基础上进一步探索，我们将在今后的工作中继续跟踪了解有关情况，及时总结经验，做好相关工作。

感谢您对我们工作的大力支持，欢迎继续提出宝贵意见。

全国政协十一届二次会议提案第2511号

案　　由:关于大力支持民营企业到境外投资能源矿业的提案

审查意见:建议国务院交财政部会同商务部研究办理

内　　容:能源矿业资源是国民经济和社会发展的重要物质基础。我国虽属资源丰富的国家,但由于人口基数大,45种主要矿产资源人均占有量不到世界平均水平的一半,铁、铜、铝矿产资源储量分别只有世界人均水平的1/6、1/6和1/9,资源供需矛盾非常突出。

按照国民经济发展规划,到2020年我国经济将在2000年的基础上再翻两番,预测2009~2020年我国煤炭消费量累计需求超过400亿吨,石油累计需求超过55亿吨,铁矿石累计需求超过150亿吨。石油的对外依存度将上升到60%,铁矿石的对外依存度在40%左右,铜和钾的对外依存度将保持70%左右。由此可见,开发利用境外能源矿业资源,对保障我国的经济可持续发展,具有极为重要的战略意义。

从我国企业投资境外资源的历史来看,大型国有企业一直是主力军,民营企业在我国境外资源投资中占比很小。但国有企业投资境外资源,国外政府往往有所顾忌,民营企业投资则相对比较方便。我国民企众多,机制灵活,有“走出去”的强烈愿望。鉴于此,建议政府对民营企业投资境外能源矿业给予以下几方面支持:

一、加强宏观指导,建立健全协调机制和服务体系。随着全球经济的下滑,能源与众多矿产品价格在2008年创出历史新高后,出现了雪崩式的暴跌。但全球矿产资源稀缺的长期趋势不可能因金融危机而改变,目前的经济调整,恰恰为我们投资境外能源矿业提供很好的机遇。因此,建议在政府层面尽快建立专门机构,鼓励、引导民营企业到境外开发利用矿产资源，为到境外投资能源矿业的民营企业提供一系列的服务，在全球经济低迷的时期，大胆出击，通过较低的成本，打造中国长期矿业经济安全。并在全球范围重点矿产投资国，如澳大利亚、加拿大、南美及非洲地区国家，加大并购投资力度。

二、设立“中国民营企业境外能源矿业投资基金”，为民营企业提供必要的金融支持。在境外开发能源矿业，投资大、周期长。国内大部分民营企业规模小，资本积累不足，普遍缺乏雄厚的资金实力。因此政府部门要鼓励民营企业强强联合，还要主导设立专项投资基金，通过对到境外投资开发有关战略资源给予专项补贴，对境外资源并购提供专项贷款等方式，在资金上给民营企业大力支持。

三、对参与境外能源矿业投资开发的民营企业，在经营权方面与国有企业一视同仁。抓紧清理不合理规定，使从事境外能源矿业投资的民营企业，同国有企业一样，在审批、税收、关税、出入境管理等方面得到政府部门的支持；在信贷方面享受政府贷款贴息和优惠利率，放宽外汇管制，允许民营企业境外投资申请国内外汇贷款；对境外勘察开采企业运回的矿产资源及加工产品，在通关方面同样给予便利，按照国家有关政策在税收方面给予减免。

四、建立投资保险机制，减少民营企业的投资风险。建议有关部门开展广泛调研，对有关国家的矿产资源进行科学评价，了解资源的分布、储量和开发条件、市场价值及发展空间等情况，让有意向参与境外能源矿业投资的民营企业更全面地了解相关信息；我国各驻外使领馆要给境外投资开发企业提供信息，使他们及时了解投资所在国的政治、经济、社会治安等情况，保障人员和财产安全。政府有关部门要进一步加强沟通，相互配合，尽量减少境外能源矿业投资开发企业的政治政策风险，避免不必要的损失。

主题词： **能源**

提案人： 胡成中

中华人民共和国财政部2009年8月26日以财企函〔2009〕54号文函复：

您提出的《关于大力支持民营企业到境外投资能源矿业的提案》收悉，现答复如下：

一、关于加强宏观指导、建立健全协调机制和服务体系问题

近年来，商务部、国家外汇管理局等部门根据党中央、国务院关于促进我国企业"走出去"的指示精神，逐步改进对境外投资的管理，大力推进投资便利化，鼓励和支持包括民营企业在内的各种所有制企业开展对外投资合作。2009年5月，商务部颁布了《境外投资管理办法》（商务部令2009年第5号），简化了境外投资核准程序，下放了境外投资核准权限，提高了工作效率。此外，商务部还建立了境外投资国别环境库、外国招商项目库和外国中介机构资料库，发布《对外投资合作国别（地区）指南》、《国别贸易投资报告》和《对外投资国别产业导向目录》，有针对性地指导国内企业积极稳妥地开展对外投资合作；建立了国别投资障碍报告制度，指导企业有效规避投资风险；加强人才培训，举办多期培训班，为企业培养跨国经营所需人才。

今后，商务部将根据境外投资发展的需要，继续加强对国内各种所有制企业的服务和指导，进一步推进境外投资的便利化，逐步推进境外投资核准制度改革，加强境外投资法规体系建设，进一步完善境外投资政策支持体系。

二、关于金融政策问题

（一）关于"设立中国民营企业境外能源矿业投资基金，为民营企业提供必要的金融支持"问题。目前，由发展改革委牵头、多家部委参与起草的《股权投资基金管理暂行办法》正在征求相关部门意见，将于近期上报国务院。该办法出台后，将能有效促进产业投资基金的

发展，为企业提供更好的金融支持，我们将继续积极配合推动有关工作，为民营企业设立境外能源矿业投资基金创造有利的政策环境。

（二）关于建立投资保险机制，减少民营企业的投资风险问题。中国出口信用保险公司已经开展了“海外投资保险”产品，帮助开展境外投资的民营企业防范投资风险，并提供多渠道、多样化的融资支持服务。我们将继续支持中国出口信用保险公司做好“海外投资保险”相关业务，为开展境外投资的民营企业提供更好的服务。

三、关于税收政策问题

（一）关于企业所得税问题。为了消除国家间重复征税，鼓励居民企业走出去，积极开拓国外市场，2008 年 1 月 1 日起实施的《中华人民共和国企业所得税法》及其实施条例借鉴国际通行做法，采用抵免法来解决对境外所得的国际间重复征税问题，规定居民企业来源于中国境外的应税所得已在境外缴纳的所得税税额，可以从其当期应纳税额中抵免，抵免限额为该项所得依照本法规定计算的应纳税额；超过抵免限额的部分，可以在以后五个年度内，用每年度抵免限额抵免当年应抵税额后的余额进行抵补。据此，如果企业境外所得来源地的所得税率低于我国，则企业已在境外缴纳的所得税可以全部得到抵免，只需就境内境外税率差补缴所得税；如果境外所得来源地的所得税率等于或高于我国，则企业境外所得部分不需再向我国补缴所得税。民营企业和国有企业都可以按照上述规定执行。

（二）关于对境外勘查开采企业运回的矿产资源及加工产品，按照国家有关政策在税收方面给予减免问题。为了实现我国经济的可持续发展，鼓励企业充分利用国外矿产资源，我国一直通过关税政策鼓励矿产资源类商品进口，近几年以暂定税率的形式，取消了一批矿产资源类商品的进口关税，包括氧化铝、铜锍、镍锍、铜、镍、铝以及镍、钴矿冶炼中间产品等，目前绝大部分矿产资源类商品的进口关税已经为零。

在进口环节税方面，“九五”、“十五”期间我们曾对部分进口矿产品给予了进口环节税收上的优惠，如对部分进口铜原料实行了增值税先征后返的政策。但在我国加入 WTO 后，这项政策多次受到美、欧等国的质疑，并不断在高层互访和 WTO 审议中提及。为避免贸易争端继续扩大，经国务院批准，2005 年年底上述政策到期后不再继续执行。财政部将会同有关部门积极研究通过其他符合国际贸易规则的方式，支持我国企业开发海外矿产资源。

四、关于财政资金支持政策问题

（一）为贯彻落实“走出去”战略，积极支持国内企业和地勘单位到国外开展矿产资源勘查开发，中央财政设立了国外矿产资源风险勘查专项资金，主要用于对国内企业或地勘单位到国外开展矿产资源勘查项目的经费补助和开发项目的贷款贴息。专项资金将国内短缺、对外依存度较高的战略性金属矿产的勘查开发作为支持重点。

（二）中央财政从 2006 年起设立了“对外经济技术合作专项资金”，对我国企业从事境外投资，境外农、林和渔业合作，境外高新技术研发平台，对外承包工程，对外劳务合作和对外设计咨询等对外经济技术合作业务予以支持，支持方式采取直接补助和贷款贴息。

上述政策为包括民营企业在内的各种所有制企业开展对外投资合作创造了良好的政策环境，只要符合条件的企业都可以享受到政策支持。

感谢您对财政工作的关心和支持，欢迎再提宝贵意见。

全国政协十一届二次会议提案第5000号

案　　由:关于民生与内需的提案

审查意见:建议国务院交国家发改委会同人力资源和社会保障部、财政部研究办理

内　　容:在国际金融危机背景下,尽快制定基本公共服务均等化全国性规划,并由此加大基本公共服务的投资力度,既有现实性,又有紧迫性。首先,它是扩大国内消费的重要条件。这些年居民收入明显增加,居民消费率却逐年下降,重要原因之一在于城乡居民基本公共服务的缺失,使得对未来预期不稳,有明显加大预防性储蓄的倾向;其次,有利于在危机中化解社会矛盾,调整收入分配结构,缓解收入分配差距,平衡不同利益群体关系,在危机中化解社会矛盾。

目前,广东、浙江、海南等地已制定基本公共服务均等化地方规划并积极推进。但从地方实践看,实现基本公共服务均等化是一项全国范围内的系统工程,许多重要方面需要中央统一规划。例如,上亿农民工问题既跨城乡又跨不同省区,如果没有中央的统筹安排,很难全面解决。为此,建议尽快出台全国基本公共服务均等化规划,由此明确基本公共服务中央与地方的职责划分以及相关政策。

一、建议把城乡经济社会一体化的政策重点放在基本公共服务均等化上。把城乡基本公共服务均等化这件大事情抓好,既可以在启动农村消费大市场方面取得突破,又可以破解城乡二元制度结构的难题。(一)重点推进农村新型养老保险体系建设。2002～2007年,城镇养老保险参保人数增长了36.6%,而农村养老保险参保人数却减少了5.3%。重要原因在于,中央财政在对城镇企业职工养老补贴将近上千亿元,但农村养老基本靠农民自己交费。应当说,现在已有条件尽快建立起低水平的、人人都享有的农村社会养老保险体系。(二)统筹解决农民工基本公共服务问题。建议由中央制定规划,在全国范围内统一政策,争取在3年左右解决农民工基本公共服务制度的城乡对接问题:第一,将农民工纳入城镇公共就业服务体系;第二,尽快推出农民工子女义务教育券制度;第三,抓紧出台具体措施,落实农民工基本社会保障跨地区、跨城乡流动的管理办法。

二、建议把强化政府基本公共服务职能作为下一步行政管理体制改革的重点。(一)明确划分中央、省及以下政府在基本公共服务供给中的分工和职责,建立基本公共服务绩效评价指标体系与严格的问责体系。(二)以基本公共服务均等化为目标启动新一轮财税体制改革,在调整财政支出结构上有实质性的突破。(三)在公共服务体系框架下统筹安排事业机构改革。作为公益性服务主体的事业机构,改革的主要目的不在于减机构、减人员、削福利,而在于推进其转型中强化其公益性。(四)建议在西部选择一两个省(区)进行基本公共服务均等化的综合改革试点。

三、建议出台进一步加大基本公共服务的投资计划。初步测算,未来10年左右,实现中共十七届三中全会提出的城乡基本公共服务均等化水平明显提高的目标,需要基本公共服务财政支出年增长5%左右,投资总额估计在15万亿～20万亿。按照这个测算,未来3年左右在已确定的8500亿医疗卫生体系建设支出的同时,在教育领域需要投入1.3万亿左右的资金,在基本社会保障领域需要投入2.2万亿左右的资金。这三项支出总投资约4.4万亿,占财政总支出的20%左右。由此,未来3年的居民消费率大概可以提高十多个百分点;未来10年,可初步建立一个惠及13亿人的基本公共服务体系。从而走出一条以扩大内需为主线的改革发展新路子。

主题词:　社会保障

提案人:　迟福林

中华人民共和国国家发展和改革委员会2009年7月20日以发改提案〔2009〕121号文函复：

您提出的《关于民生与内需的提案》收悉。经商人力资源社会保障部、财政部，现答复如下：

一、关于制定出台全国基本公共服务均等化规划

党的十七大报告明确提出，要积极推进和注重实现基本公共服务均等化。这既是贯彻落实科学发展观和构建社会主义和谐社会的必然要求，也是保障公民基本权益的实际需要，是转变政府职能的基本方向和重要任务。近年来，国家通过改革财税体制、加大财政转移支付力度、加快公共服务体系建设等措施，积极推进基本公共服务均等化，各部门和各地也都根据实际情况加快本领域和本地区的基本公共服务均等化。例如，经过两年多的努力，今年4月起深化医药卫生体制改革方案经党中央、国务院批准付诸实施，其核心目标就是要向城乡居民提供均等化的基本医疗卫生服务；在保障困难群众基本生活方面，建立起了覆盖城乡居民的最低生活保障制度，同时保障水平根据经济增长和物价水平进行动态调整。这些政策措施有力地推动了基本公共服务均等化的进程，促进了社会的和谐稳定。

但我们也必须看到，从我国长期处于社会主义初级阶段以及地域广、地区之间和城乡差异大、基础差、人均财力薄弱等基本国情出发，在较短时间内大幅度提高公共服务水平难度很大，建设普惠型的基本公共服务制度必须着眼于以实现保基本、低水平、可持续为重点。同时，在有限资源条件下推进基本公共服务均等化，确实需要在宏观层面进行强有力的统筹规划。这方面，我们也看到许多研究报告提出了确定全国基本公共服务范围、制定全国最低标准或均等化规划等很有

参考价值的意见和建议。据了解，有关部门就此一直在开展积极的研究，我委在编制实施有关公共服务专项建设规划时将积极吸收这些意见。我们将认真研究参考您的建议意见，进一步加大政策措施研究力度，努力推进我国基本公共服务均等化的水平。

二、关于把城乡经济社会一体化的重点放在基本公共服务均等化

（一）关于推进农村新型养老保险体系问题。建立健全与我国农村经济发展水平相适应的农村养老保险制度，是完善我国社会保障体系的重要组成部分。根据国务院有关文件的要求，民政部从1991年开始在部分县市开展了农村社会养老保险（以下简称老农保）试点工作。1998年，这项工作职责移交原劳动和社会保障部。由于老农保主要靠农民个人缴费，多数地方没有集体补助和政府补贴，因而农民参保缴费的积极性不高，老农保工作一度处于停滞状态。2002年以来，按照党的十六大提出的有条件的地方探索建立农村养老保险制度的要求，全国已有近500个县（市、区、旗）自行开展了有地方政府补助的新型农村养老保险制度的探索。2008年十七届三中全会提出，按照个人缴费、集体补助、政府补贴相结合的原则，建立新型农村社会养老保险制度（以下简称新农保）。根据国务院的要求，人力资源社会保障部门会同有关部门研究起草了《关于开展新型农村社会养老保险试点的指导意见》，已上报国务院审定。初步设想是，新型农村社会养老保险采取个人缴费、集体补助、政府补贴相结合的筹资方式，个人缴费、集体补助计入个人账户，缴费累计满15年、年满60周岁、未享受其他养老保险待遇的参保人，领取个人账户养老金，同时享受由各级政府财政补贴构成的基础养老金。按照部署，2009年新农保试点面为全国有农业人口县的10%，从2010年起逐步扩大试点，2020年前基本实现全覆盖。为确保该项工作顺利开展，中央财政和地方各级财政将相应安排补助资金。

（二）关于统筹解决农民工基本公共服务问题。农民工是我国流动人口的主要组成群体，国家高度重视农民工的基本权益保障和基本公共服务问题。《国务院农民工工作联席会议2009年工作要点》中明确提出，“要抓住扩内需、促进经济增长的有利时机，把促进农民工

就业和返乡创业、加强职业技能培训、确保工资按时足额发放、加强社会保障和公共服务、维护土地承包权益放在更加突出的位置”。您提出的三个方面的问题,有关部门正在抓紧研究解决。在为农民工提供公共就业服务方面,人力资源社会保障等部门正在研究制定《人力资源市场条例》,加快建立城乡平等的就业制度;县乡公共就业服务体系建设试点稳步开展,覆盖城乡的公共就业服务体系逐步完善;各级公共就业服务机构继续为农民工免费提供政策咨询等服务;此外,国家还将进一步加大培训投入,加强农民工职业技能培训,大力发展农村中等职业教育,切实增强农民工职业能力和综合素质。在保障农民工随迁子女平等接受义务教育方面,《国务院关于做好免除城市义务教育阶段学生学杂费工作的通知》(国发〔2008〕25号文件)明确要求,“进城务工人员随迁子女接受义务教育要以流入地为主、公办学校为主解决”,有关部门正在抓紧落实,推动各地按照预算内生均公用经费标准和实际接收人数,对接收农民工同住子女的公办学校足额拨付教育经费,对接收农民工同住子女较多的公办学校足额拨付教育经费。在解决农民工基本社会保障跨区转移和接续问题方面,以农民工基本养老保险为例,今年年初人力资源社会保障部门已就《农民工参加基本养老保险办法》和《城镇企业职工基本养老保险关系转移接续暂行办法》向社会公开征求意见,并在此基础上进一步修改完善,努力扩大农民工参加养老保险覆盖面;同时,国家也正在积极推进基本养老保险省级统筹,并将在条件具备时实行基本养老保险全国统筹,届时农民工基本养老保险的跨地区、跨城乡流动问题将会得到较好解决。

三、关于把强化政府基本公共服务职能作为下一步行政管理改革的重点

(一)关于明确划分中央地方事权问题。分税制改革以来,受多方面因素影响,事权与支出责任划分方面改革进展相对缓慢。宪法和有关法律法规对各级政府的事权划分只做了原则性规定,具体划分不够明晰也不尽合理,执行中确实存在一些问题,不仅影响了收入划分效果,也增加了规范财政转移支付的难度,带来了财力与事权匹配方式不尽合理,匹配程度不够等问题。由于事权划分受制于政府职能与

市场作用范围的界定，同时涉及行政体制改革及人员机构的调整，情况复杂，难度较大，宜组织专门力量研究，统筹规划，分步实施。财政部门表示，下一步将按照十七大提出的健全中央和地方财力与事权相匹配的体制要求，推动政府间事权与支出责任划分改革，进一步明晰界定中央地方支出责任。

（二）关于建立基本公共服务绩效评价指标体系问题。建立基本公共服务绩效评价指标体系，对于完善政绩考核体系、进一步贯彻落实科学发展观，确实十分必要。具体的评估标准和指标体系设计，宜由有关主管部门按照国家相关政策并结合各地实际制定。同时我们认为，由于受政府职能转变不到位和行政管理体制不完善等客观条件限制，目前要全面、客观地对各地公共服务差异进行量化、评价仍有一定的难度，还需假以时日，逐步实现。多年来，中央财政在逐步加大对财政困难地区转移支付力度的同时，广泛征求理论界与地方财政部门的意见，逐步完善转移支付资金测算分配办法。目前，中央对地方一般性转移支付选取总人口、可居住面积、人口密度、温度、海拔等客观因素，并考虑各地教育、卫生、社会保障、城市建设等公共服务支出需要来测算各地的标准财政支出，对标准支出大于标准收入的地区进行补助。2008 年中央对地方一般性转移支付 3511 亿元，主要用于中西部地区，对促进地区间基本公共服务均等化发挥了重要作用。此外，现行地方财政支出标准体系不仅为资金分配提供公正客观的依据，而且对制定地方政府基本公共服务评价体系具有借鉴意义。今后，财政部门表示将积极配合有关部门推动基本公共服务评价体系建设，同时将该体系建设成果应用于均等化资金分配。

（三）关于以基本公共服务均等化为目标启动新一轮财税体制改革，在调整财政支出结构上有实质性的突破问题。在立足国情并借鉴国际经验的基础上，1994 年我国实施了分税制财政体制改革，经过此后的所得税收入分享改革等一系列完善措施，初步建立了符合市场经济一般要求的政府间财政关系框架。从财政体制运行情况看，分税制改革以来，财政宏观调控能力显著增强，政府间收入划分初步理顺，财力调节方式逐步规范，地区间差异均衡效果日益显现，局部地区县乡财政困难明显缓解。但与全面贯彻落实科学发展观的要求相比，现行财政体制也存在一些需要完善的方面，主要是政府间支出责任划分不够清晰，省以下财力分布仍不尽合理，部分基层财政运行基础依然较为困难，转移支付制度需要进一步完善等。下一步，财政部门表示将按照党的十七大精神，进一步理顺中央和地方财力与事权相匹配的财税体制，继续开展中央与地方的事权和支出责任划分等基础研究工作，围绕推进基本公共服务均等化和主体功能区建设，完善中央对地方转移支付制度，提高一般性转移支付规模和比例，推动科学发展，促进社会和谐。同时，推动省以下财政管理体制创新，逐步建立县级基本财力保障机制，增强地方政府基本公共服务保障能力。

（四）关于进行基本公共服务均等化综合改革试点问题。开展基本公共服务均等化综合改革试点，有利于通过部分地区在体制改革和制度创新上的先行先试，为在全国范围内实现基本公共服务均等化提供经验和借鉴。我委将积极支持各地结合自身实际，自主开展相关改革试点，并及时总结推广试验成果和经验。至于是否在国家层面上设立基本公共服务均等化综合改革试点，还需要根据具体情况统筹考虑。

四、关于进一步加大对基本公共服务的投入

党中央和国务院历来高度重视民生问题的解决，特别是党的十七大以来，国家加大公共财政支出结构的调整力度，公共投资进一步向关系群众切身利益的重大民生领域倾斜，力度之大，前所未有。据统计，2008 年仅教育、医疗卫生、就业和社会保障等三项基本公共服务支出就达 1.84 万亿，占当年财政支出总额的 29.5%；2008 年第四季度以来，国家安排的四批扩大内需中央投资中，用于教育、卫生、文化等社会事业的中央投资达 555.8 亿元，占投资安排总额的 14.63%。这些投资对于保障民生、扩大消费、促进社会稳定，发挥了重要作用。按照中央、国务院部署要求，我委将继续加大实施重要民生政策的力度，逐步增加社会事业投资，进一步改善城乡居民上学、就医和文化生活条件，促进经济社会协调发展。

感谢您对积极推进和注重实现基本公共服务均等化工作的关心和支持。

全国政协十一届二次会议提案第0057号

案　　由:关于加快我国太阳能开发与利用的提案

审查意见:建议国务院交国家能源局会同国家发改委、财政部研究办理

内　　容:我国蕴藏着丰富的太阳能资源,年日照时数在2200小时以上地区约占国土面积的2/3以上,太阳能理论储量达17000亿吨标煤/年。尽管近年来我国开发利用太阳能的力度不断加大,但还是存在一些不足。主要是体制不顺,组织体系不够健全;技术落后,创新能力还较弱;激励不足,扶持政策还不到位;税负较重,融资渠道单一;宣传不足,推广不够。必须加快体制和科技创新步伐,推动太阳能事业的快速发展,努力构建完备的太阳能生产体系、推广利用体系、政策扶持体系,不断提高太阳能替代传统能源的比重。

为此建议:

一、完善配套法规,理顺管理体制。

国家有关部门和地方各级政府都要根据国家《可再生能源法》和《可再生能源中长期发展规划》的要求,完善相关配套规定,制定太阳能发展专项规划,优先考虑出台太阳能热水器强制安装的实施办法。要进一步明确太阳能行业主管部门和分管部门的职能,建立健全太阳能热利用产业、光伏产业联盟组织,完善政府、中介机构和企业之间的协调机制。排除推广太阳能使用的障碍,建议强制性推广太阳能与建筑结合的热利用技术,注重太阳能产业链的均衡发展。

二、加大投入,完善产业发展经济激励政策。

一是依法落实配额制,给太阳能发电企业的配额电力一个合理的上网电价，减少太阳能发电企业因成本过高造成的不合理损失。二是建立政府采购太阳能产品制度，政府办公大楼及公共建筑要率先采用太阳能技术，安装太阳能设施。三是实现投资主体多元化，消除民营资本进入太阳能市场的各种有形和隐形限制，给民间资本、境外资本真正的国民待遇，调动民营企业发展太阳能的积极性。四是安排专项资金重点支持农村地区应用太阳能技术。

三、加强产学研合作，提高自主创新能力。

调动创业资金支持太阳能企业的科技研发和成果产业化，逐步形成以市场为导向、企业为主体、产品为核心、高校和科研院所为支撑的产业创新体系。加强太阳能龙头企业工程实验室、技术中心、检测中心的建设，鼓励企业设立海外研发中心，吸引跨国公司来华设立研发机构。在多晶硅技术、热水器系统集成技术、太阳能产品与建筑结合技术等方而，应支持太阳能行业与国家重点高校、科研院所之间联合建立技术创新战略联盟。鼓励企业与国外大院大所合作，积极引进国外先进太阳能技术研究成果，对引进的技术成果要制定投入计划，开展消化吸收再创新。

四、培育和规范太阳能产品市场，完善产品市场售后服务。

首先，要尽快制定太阳能并网发电和建筑物太阳能利用的国家标准和市场规范，修改现有建筑标准、工程规范和城市管理中不利于太阳能市场发展的规定。其次，太阳能生产企业要按照现代企业制度的要求，规范产品质量保证体系，建立严格的产品质量检验和检测制度，保证向市场提供合格的产品。第三，加强对太阳能设施施工安装的监督，确保从事施工安装的企业和人员必须取得相应的资质，规范企业售后服务行为，保证用户获得及时便利的检修和维修服务。

五、加大宣传教育力度，在全社会形成使用太阳能的良好舆论环境。

要通过广播、电视、报纸等大众媒体，做好太阳能应用的宣传工作。通过举办太阳能应用展览会等形式，大力推广太阳能产品，提高公众对太阳能的认知程度，增强全社会应用太阳能的意识。房地产开发等与太阳能应用密切相关的行业和企业，要加强对企业技术人员的太阳能专业知识培训，积极拓宽太阳能应用领域。尽快建立绿色 GDP 考核体系，更加重视资源环境问题，努力推动经济增长方式的根本性转变。

主题词： **能源**
提案人： 民盟中央

国家能源局 2009 年 8 月 24 日以国能提案〔2009〕26 号文函复：

你们提出的《关于加快我国太阳能开发与利用的提案》收悉，现答复如下：

近几年在全球气候变暖日益加剧、能源环境问题日益突出的形势下，太阳能开发利用得到了世界各国的重视。我国太阳能资源十分丰富，太阳能的开发利用符合未来能源发展的方向，对增加能源供应、优化能源结构、保护生态环境具有十分重要的作用。

近年来在可再生能源法及其配套政策的支持下，我国太阳能开发利用力度不断加大，开发利用规模不断扩大，主要体现在太阳能热利用和光伏产业发展方面，其中太阳能热利用的主要形式是太阳能热水器。到 2008 年，我国太阳能热水器总集热面积达到 12500 万平方米，太阳能热水器年生产能力达到 4000 万平方米，使用量和年产量均占世界总量的一半以上，全国已有 3000 多家太阳能热水器生产企业。太阳能热水器已经形成了玻璃原材料加工、全玻璃集热管和热水器的加工、市场营销服务、机械加工装备、零配件生产等配套的产业链。特别是在高可靠、全天候、中高温太阳能集热系统、U 形全玻璃真空管集热器研发等方面取得了重大成果，提升了行业技术水平和能力。但我国太阳能热水器普及的积极性还较低，特别是农村市场的发展潜力还很大。

在光伏产业发展方面，在国际市场拉动下也得到了加快发展，2008 年光伏电池产量超过了 200 万千瓦，位居世界第一。晶体硅材料的产能也快速增长，缓解了国内短缺的局面。目前，我国已经形成了从晶体硅材料生产、电池组件到专门生产设备等比较完整的产业链。受太阳能光伏发电成本较高的影响，我国光伏发电产品 98% 出口到国外，国内市场主要用于解决偏远地区无电人口用电和特殊行业的用电问题，市场应用规模较小，尚不能满足国内光伏产业规模日益扩大的需要。

为促进太阳能开发利用，启动国内光伏发电市场，扩大太阳能热利用市场，国家正在研究采取一系列政策措施推进太阳能产业发展。

关于太阳能开发利用的法律法规和规划问题。目前，全国人大环资委正在开展《可再生能源法》的修改工作，将对有关可再生能源规划、并网和补贴等方面的内容进行完善，将会较好地解决制约可再生能源发展的突出问题。同时，根据国务院的统一部署，国家能源局正组织制定新型能源产业振兴发展规划，其中太阳能开发利用是重要的组成部分，将根据目前的新形势，调整太阳能产业发展规划和发展目标，积极推动我国太阳能产业又好又快发展。

关于太阳能光伏发电财政、价格和科技等激励政策问题。为促进我国光伏发电产业加快发展，各有关部门正在根据不同领域的光伏应用市场，综合利用财政、价格和科技等政策，支持光伏电站建设和光电技术进步。一是对在太阳能资源丰富的荒漠地区建设的大型并网光伏电站，实行优惠上网电价政策。国家将以甘肃敦煌 10MW 沙漠并网光伏发电示范项目的招标上网电价为基础，制定近期建设大型并网光伏电站的上网优惠电价。今后根据技术的进步和产业的发展，再通过招标竞争方式确定新的上网电价。二是对小型分散的主要满足自身用电需要的建筑物屋顶并网光伏发电，实行财政补贴辅之以净电量上网政策。目前，财政部和住房城乡建设部已制定了《太阳能光电建筑应用财政补贴资金管理暂行办法》，利用可再生能源资金支持建筑物屋顶光伏发电系统建设，每千瓦补贴 20 元。与建筑结合的光电系统要以满足建筑物自身用电需要为主，发电和用电导致的电量不平衡由电网调节，建筑物与电网之间实行净电量政策。三是为支持光伏发电产业技术进步，财政部、科技部和国家能源局已下发了《关于实施金太阳示范工程的通知》，由中央财政从可再生能源专项资金中安排一定资金，支持光伏发电技术在各类领域的示范应用及关键技术的产业化，所建项目的上网电价执行当地的平均上网电价。

关于光伏发电并网标准问题。光伏发电并网技术标准是光伏发电的重要基础。为了促进光伏并网发电的健康发展，国家能源局、国家标准委正在组织电网企业等有关系统，抓紧研究制定光伏发电并网技术标准，明确光伏发电的电能质量指标和电网接入要求，以确保太阳能光伏发电的质量，保障电网的安全可靠运行。同时也正在研究制定光伏电站建设技术标准，明确光伏电站建设的设计、安装和管理要求，为推进光伏发电的规模化发展创造条件。

关于太阳能产业服务体系建设问题。目前，无论在已经形成产业规模的太阳能热水器行业，还是已经形成了比较完善的产业链的光伏产业，都需要进一步完善产业服务体系，需要进一步提高企业技术研发能力和设备制造水平，努力培育出世界一流的光伏生产及设备制造企业。在以后的工作中，我们将着手解决产业升级的关键技术问题、光伏发电并网安全问题、产品检测认证能力建设问题和人才培训等问题。同时继续做好太阳能应用的宣传工作，大力推广太阳能产品，提高公众对太阳能的认识程度。

非常感谢你们对我国太阳能光伏产业发展的关心和支持！

全国政协十一届二次会议提案第0119号

案　　由:关于加强水资源司法保护的提案

审查意见:建议国务院交水利部、环保部、最高人民法院分别研究办理

内　　容:党的十七大报告提出建设生态文明的目标,并明确指出,要完善有利于节约能源资源和保护生态环境的法律和政策,加快形成可持续发展的体制机制。水资源是生态环境的控制性要素,是建设生态文明的重要基础,是重要的战略性资源。为认真贯彻落实十七大报告的重要精神,探索加强水资源司法保护的有效途径和方法,2008年5月中下旬,民革中央主席周铁农率领全国政协社法委和民革中央组成的联合调研组,赴安徽、广东、云南三省就水资源司法保护问题进行调研。通过对巢湖、滇池等湖泊的实地考察,调研组感到,我国水资源污染形势非常严峻,通过科技、行政、经济等手段往往只能解决单一问题,加大水资源的司法保护力度,已成为当务之急。

调研组了解到,我国于2002年8月29日正式颁布的《水法》在水资源所有权归属问题上,确立了国家是全国所有水资源的唯一所有权主体,规定了我国实行流域管理与行政区域管理相结合的管理体制,但是从司法实践来看,水资源保护还存在以下问题:

一、我国大江大湖现行的行政区划条块分割,流域管理乏力,缺乏有效的监督管理手段和机制,是我国水资源保护最根本的症结。现有环保法律法规中虽然也有对流域管理的原则性规定,但过于笼统,缺乏相应的法律支撑和配套法规,针对性不强,特别是对跨界水污染问题如何处置缺少法律规范。同时,各法律法规之间缺乏协调。

我国目前的水污染防治管理体制以行政区域管理为主,由此导致各行政区域污染责任不明,相互推诿。淮河流域的污染问题是我国流域治理的一个缩影。由于行政执法的主体环保部门属于地方各级政府,执法中存在渠道不统一、执法标准不统一、程序规范不统一的现象,而且环境执法成本高、执法力量薄弱、执法手段有限、执法装备落后,执法效果往往不理想。

二、跨行政区域的大江大湖水污染案件受理存在障碍,跨区域水资源司法保护难。在水流域污染案件中常常是上游污染、下游遭殃,而上下游往往又不属于同一个行政区域,因而增加了水资源司法保护的难度。虽然我国的十个海事法院具有跨行政区域管辖案件的功能,但根据我国海商法的规定,海事法院只能管辖海洋和沿海内河与海相通的可航水域发生的水资源污染案件,不包括未通航的河流和内陆湖泊。对于跨省市的未通航的河流和内陆湖泊发生的水资源污染案件,既不属于海事法院管辖的范围,而地方普通法院因受行政区划的限制或担心地方保护干扰,也不愿受理,致使我国未通航的河流和内陆湖泊,如黄河、淮河、辽河等重要跨省市河流以及洞庭湖、鄱阳湖、青海湖等大型湖泊发生的水污染案件主要依靠行政执法,尚无统一的流域性水资源司法管辖体制,上述水资源污染案件实际处于无司法救济和保护的状态。

三、水污染案件诉讼启动难、审理难。如巢湖和淮河的干流以及比较大的支流的污染,虽然是人人受害,但一旦提起诉讼,人民法院往往由于取证难等原因,不予受理或难以受理。

四、司法保护职能分散。水资源污染损害赔偿纠纷案件审理争议多、案件执行难度大。水资源保护案件专业性强,涉及刑事、民事、行政等审判庭,每个审判庭按照各自职能分工分别审理环保案件,无法形成强大的保护合力,既不利于环保案件审理水平的提高,也不利于对水资源环境的全方位和深层次保护。

五、环境公益诉讼制度的缺失,导致我国对污染企业的惩处不力。在水行政管理上虽然是水污染行政首长负责制,但在法律上却没有规定追究责任的机关,更缺乏追究责任所必需的程序。

针对上述困难和问题,调研组提出以下关于加强水资源司法保护的几点建议：

一、进一步完善水资源立法，建立健全以新《水法》、《水污染防治法》和《环境保护法》为中心的水资源保护配套法律法规，明确水资源污染的损害赔偿标准，加大对涉水违法犯罪行为的打击力度，为依法治水提供保障。同时，建议尽快制定《流域管理基本法》，突破行政性分散管理体制的约束，将流域作为独立完整的客体进行协调和规划，实行统一和综合管理。法律的内容除了规范流域管理体制和流域管理事项之外，还应规定与整个流域水资源利用和水环境保护相关的其他事项，如水资源保护和利用、水土保持、水污染防治、防洪以及生态保护等。在流域综合管理框架下制定流域综合规划，把规划与环保统一起来，考虑对涉水行业的统一管理，避免地方保护主义和跨行政区域的水污染纠纷处理过程中所带来的冲突。

二、成立专门的环保法庭，以司法手段来保护环境是国际社会在环境保护方面的一个重要趋势。建议借鉴国外强化环境保护的通行做法，在相应的人民法院内成立专门的环保法庭，来实施对水资源的司法保护。长期以来，我国水环境污染案件由普通法庭审理。此类案件往往涉及受害人较多、法官环保专业知识欠缺、受害人举证难等，导致审理困难。建议统一水资源污染案件的起诉和受理，即通过指定管辖的方式，统一司法管辖权，对环保类案件按流域实现集中管辖和审理，由环保法庭统一审理和执行涉及环境保护、管理、侵权等刑事、民事、行政、执行案件，实现专业化审判。具体来说，就是由中级人民法院按流域指定一个基层法院受理本辖区内发生的水污染案件；如果是跨市级的水流域污染案件，由省高院指定一个中级法院集中受理；跨省（市、自治区）的水流域污染案件，如淮河、黄河等流域的水污染案件，则由最高人民法院来指定一个临近的海事法院或河流管理委员会所在地的中级法院进行集中受理。这样可以加强人民法院与环保部门的协调配合，加强司法权对于环保执法权的支持、保障和监督，形成保护水资源的合力。

三、充分发挥我国现有十个海事法院（分布在沿海和长江的十个重点流域）按流域划分、跨行政区域设置的特点和优势，加大对我国水资源司法保护的力度，这样既可以从法律机制上防止地方保护主义的干扰，统一全国的司法裁判标准；同时，由于海事法院法官具有审理海上污染案件的经验和专门的法律与技术知识，能够高质量地审理水域污染案件，并有效地节省国家的行政管理成本和司法资源，故建议最高人民法院通过司法解释的方式，赋予海事法院管辖跨省市区的流域性水资源保护案件，以解决全国水污染案件的专属管辖问题。

四、尽快建立环境公益诉讼制度。建议国务院就环境保护公益诉讼中的国家或公众利益代表人问题作出专门的决定，以利于专门法院受理上述案件，即赋予我国环保部门、检察机关、社会团体均可作为国家或公众利益的代表（具备诉讼主体资格）提起公益诉讼，作为原告起诉加害人，加大对水资源环境的司法保护力度，推进水资源司法保护向多层次、多领域进展。此外，还应该建立多样性的环境诉讼救济制度和制裁措施，比如法院发布诉前禁令、判令被告承担律师费用等。

五、充分发挥公众参与环保的积极性，发动公民积极协助并监督政府进行环境管理，在政府与公众之间形成良性互动并且为公众参与提供制度保障。在行政诉讼方面，可以参考国外立法经验，赋予利害关系人、竞争人以行政诉讼的原告资格。

主题词： **资源　司法**

提案人： 民革中央

中华人民共和国环境保护部2009年8月31日以环提函〔2009〕158号文函复：

你们提出的《关于加强水资源司法保护的提案》（城乡建设类021号）已收悉。该建议由我部、水利部和最高人民法院分别研究办理。经研究，现答复如下：

一、关于完善水资源保护法律法规。2008 年新修订的《水污染防治法》,进一步加大了对违法行为的处罚力度,完善了环境污染损害的民事责任制度。目前,我部正在组织拟定《环境保护法(修订)》和《排污许可证条例》,国务院有关部门正在组织拟定《城镇排水与污水处理条例》。随着一系列法律法规的出台,我国的水环境保护法律体系会得到进一步完善。

强化流域综合规划和管理的法律规定和法律实施,是解决流域环境与资源保护各种突出问题的重要举措。我部正在积极推进流域管理的实践探索。但正如《全国人大环资委关于第十一届全国人民代表大会第一次会议主席团交付审议的代表提出的议案审议结果的报告》所言,"从当前我国各大流域的实际情况和现行相关法律的具体规定来看,制定一部适用于全国的流域管理法律或者流域污染防治法律,难以反映南北各流域的具体情况和管理需求,也难以协调同现行水法、水污染防治法等法律的关系。建议国务院有关部门在现有立法的基础上,针对有关重点流域的具体情况考虑制定适用特定流域的法律或者行政法规,其他流域的特殊管理问题,建议通过制定地方性法规解决。"目前,我们正在积极开展重点流域管理立法前期研究工作,《太湖管理条例》已被列为国务院 2009 年立法工作计划二类项目。

二、关于成立专门的环保法庭。建立环保法庭是一种机制创新。近年来,面对严峻的环境污染形势,贵阳、无锡、昆明和玉溪等地中级法院相继成立了专门的环保法庭,对环境司法保护进行了有益的探索。如提案所述,建立专门的环保法庭,将涉及环境保护的诉讼案件集中管辖和审理,有利于统一司法尺度,有利于形成专业化审判队伍,从而更加快速有效地处理环境违法行为。

我部将积极支持最高人民法院总结、推广地方经验,有组织、有步骤地扩大试点,希望更多有条件、有需要的人民法院设立环保法庭,也希望看到环保法庭在解决污染问题中发挥越来越重要的作用。

三、关于建立环境公益诉讼制度。我部认为,环境公益诉讼作为一种环境司法手段,可以有力地支持和弥补环境行政执法手段的不足,有效地制止环境侵害行为,从而促进生活环境和生态环境质量的改善，值得大力推动。山东、四川、贵州、江西、广东、江苏等地已经对环境公益诉讼进行了积极探索，取得了良好效果。

目前，《民事诉讼法》修订、《行政诉讼法》修订已经列入十一届全国人大常委会立法规划。《环境保护法》的修改将视研究论证情况作出相应安排。在参与立法过程中，我部将积极配合立法机关，在《环境保护法》、《民事诉讼法》和《行政诉讼法》修订时，对环境公益诉讼制度进行研究论证，提出推进环境公益诉讼的立法建议。

四、关于加强公众参与。我部认为，加强环保宣传、拓宽公众参与环保的渠道、充分发挥公众监督的作用，对于做好我国环境保护工作具有重要意义。我部一直高度重视环境保护宣传教育工作，充分利用世界环境日、世界水日、地球日等重要环境节日，通过召开新闻发布会、举办环境论坛、研讨会、环境知识竞赛等活动宣传环保；同时积极开展其他形式的宣传活动，不断加强绿色学校、绿色社区、绿色家庭、绿色卫士等绿色系列创建工作，培养公众的环保意识和环保责任感，拓宽宣传渠道。

同时，我部陆续出台了《环境影响评价公众参与暂行办法》、《环境信息公开办法（试行）》、《环境保护部信息公开目录》、《环境保护部环境信息公开指南》等规定，健全全国12369环保举报热线网络，加强环境信息公开和强化社会监督，为公众享有知情权、参与权、监督权提供了有力的保障。

在下一步工作中，我部将以科学发展观为指导，进一步完善相关法规，强化相关制度建设，为依法保护生态环境奠定坚实的基础。同时还将继续加大宣传教育的力度，拓宽公众参与环保的渠道，并充分发挥公众监督作用，不断推动民众参与环保工作发展。

非常感谢你们对环境保护工作的关心和支持。

中华人民共和国水利部2009年8月25日以〔2009〕水政法办字第74号文函复：

你们提出的《关于加强水资源司法保护的提案》收悉，经研究，现就涉及我部职能的有关事项答复如下：

一、关于进一步完善水资源立法

2002年修订实施的《水法》和2008年修订实施的《水污染防治法》规定了水资源保护的基本原则和主要制度，构建了我国水资源保护的法律框架。这些原则和制度都需要结合水资源保护的具体情况进一步明确、细化，加强可操作性。按照我部立法的总体部署，目前我部正在积极研究起草《水资源保护条例》、《饮用水水源地管理与保护条例》、《长江流域水资源管理与保护条例》。我部将进一步加快水资源立法工作，积极与相关部门沟通协调，争取尽快完善水资源保护法律体系，为水资源保护提供健全完善的法制保障。

二、关于制定流域管理基本法

以流域为单元统一管理水资源、防洪、水污染防治、生态保护等涉水事务，是水资源可持续利用的客观要求，也是世界上成功的流域管理的共同经验。我国对流域统一管理日益重视。目前，《水法》、《防洪法》、《水污染防治法》都规定了流域管理的原则和制度。国务院制定了《取水许可和水资源费征收管理条例》、《黄河水量调度条例》、《淮河流域水污染防治暂行条例》、《长江河道采沙管理条例》等行政法规，我部制定了《珠江河口管理办法》、《黄河河口管理办法》等规章，专门规范流域管理中的突出问题。一些省、自治区人大也制定了有关流域管理的地方性法规，如甘肃省《石羊河流域水资源管理条例》、新疆维吾尔自治区《塔里木河流域水资源管理条例》等。总之，经过多年努力，我国流域管理的法制体系已经基本建立起来，有力地促进和加强了流域统一管理。

关于综合性的流域立法,我部曾经于20世纪90年代中后期开展过《流域管理法》立法前期研究,其中的部分研究成果已在2002年《水法》修订中予以吸收借鉴。我国地域广阔,各流域水资源状况和经济社会发展水平差异很大,实行流域统一管理必须因地制宜。因此,我部针对不同流域的具体情况和特殊问题,根据流域管理的紧迫需要,积极推进流域专项立法。近十多年来,我部相继开展了《黄河法》、《长江法》、《太湖管理条例》等流域立法研究工作。其中《太湖管理条例》现已完成起草工作并报送国务院审查。我部将在坚持流域水资源统一管理的原则下,统筹兼顾各方的利益,做好沟通协调工作,促进流域统一管理法律制度的健全完善。

三、关于加大对涉水违法犯罪行为的打击力度

加大对涉水违法犯罪行为的打击力度,是加强水资源保护的客观要求。目前我国《刑法》"破坏环境资源保护罪"中没有将水资源纳入保护范围,而大量涉水违法案件表明,运用刑法对水资源进行特殊保护在我国十分必要。因此,应将水资源同其他重要资源一样列入刑法保护范围,改变目前以行政责任、经济责任代替刑事责任的做法,对严重破坏水资源的重大违法案件,依法追究违法者的刑事责任;尚不构成犯罪的,由公安机关依照《治安管理处罚法》给予治安管理处罚。

全国政协十一届二次会议提案第 0333 号

案　　由:关于加强我国农村环境保护工作的提案

审查意见:建议国务院交环保部会同住房城乡建设部、财政部研究办理

内　　容:近年来,我国生态区建设和环境保护工作取得了可喜成绩,但与城市相比,由于底子薄、基础差、欠账多,当前我国农村的基础设施建设仍然十分落后,农村环境日益恶化:农民居住环境差、公共环境安全隐患问题突出。具体表现为:一是随着农业生产和乡镇企业的迅速发展、农村小城镇建设步伐的加快,农村垃圾和各类污染物的产出量越来越大。二是县镇村环保管理机制、宣传教育、资金投入、产业化运作、垃圾循环利用等没有跟上;村镇公区环境设施建设严重滞后,部分村庄和分散农户住区没有建立环卫清运作业系统。三是工农业污染的监测、废弃物的集中治理利用等环境保护基本设施总体上比较薄弱,有害物质更直接对农田、农作物和农民造成了严重的污染危害。四是随着农村生活方式的改变、现代工业产品的不断渗入,农村的生活垃圾日益城市化,导致农村公共环境每况愈下。五是农民缺乏必要的科技知识,环保意识较为淡薄,将垃圾向房前屋后随意倾倒,河滩、低洼地成了天然垃圾箱。六是乡镇政府、街道办事处的主要精力基本放在直接参与经济建设上,客观上忽视公共环境建设和其他公共服务工作的问题比较普遍。

为此建议:

一、规划先行,健全法规,加大投入。一是顺应加快城市化进程的大趋势,按照生态标准与人居环境、生产条件相统一的要求,对农村农居点、小城镇的公共环境设施建设管理和农作物耕作进行科学规划，重点应将垃圾处理与污染防治纳入规划中。二是因地制宜地制定行政法规，尽快制定相关的管理制度和技术标准，依法规范管理农村垃圾和污染物的处理和利用。三是加大国家财政投入力度，像城市环保经费投入那样，或采用补贴或以奖代补等方式，确保国家投入到位，对农村污染物和垃圾无害化处理工作给予支持。

二、转变政府职能，加强工作考核。一是把农村公共环境建设作为提高农民生活质量、保障食品安全的重大问题来考虑，切实转变政府的农村工作职能，做到农村经济工作和环境保护工作两手抓，两手都要硬。二是抓紧出台完善有关农村生态环境保护目标管理考核办法，建立和落实农村环境保护领导责任制以及激励约束机制，把环境质量和环境保护工作列入各级领导干部政绩考核的主要内容，明确乡镇村、街道主要领导和分管领导抓农村公共环境基础设施建设和环境保护的工作职责，实行主要领导负总责、分管领导具体抓、班子成员合力抓的工作机制。三是对农村公共环境设施建设和环保工作，要像考核经济工作那样有硬指标、硬任务，作为领导干部的一项重要政绩标准进行考核，并将检查考核，考核结果与评选先进、县乡镇村街道领导干部晋升、奖金挂起钩来。

三、加强宣传教育，提高农民环保意识。通过各种途径，向农民群众广泛宣传环境保护、村镇规划、公共卫生等知识，进行科学管理和处理农村垃圾和工业污染物的方法等基本知识的宣传教育，并且深入持久地进行下去。开展“创建环境优美乡镇、生态村”主题教育活动，倡导文明、健康的生活方式，进一步提高农民对农村环境污染、垃圾危害性的认识和保护环境的自觉性。

四、在推进城乡一体化进程中，把公共环境设施和服务网络向农村延伸，探索出一条农村公共基础设施建设与环境保护的新路子。

五、用循环经济理念指导农村经济发展。一是应用循环经济的运作规律来防治农业点源和面源污染，推进农村环境保护。二是以农业循环经济的理念引导传统农业向现代农业转变，提高农村环境质量。三是以防治土壤污染和农村饮用水环境保护为重点，加强农村环境保护。三措并举，实现农村经济与社会、生态环境协调可持续发展。

主题词： 农村 环保

提案人： 洪梅香

中华人民共和国环境保护部2009年8月14日以环提函〔2009〕131号文函复：

您提出的《关于加强我国农村环境保护工作的提案》收悉。经商住房城乡建设部、财政部，现答复如下：

一、关于规划先行，健全法规，加大投入的问题

（一）科学规划农村公共环境设施建设管理

2006年10月，住房城乡建设部发布了《全国城镇环境卫生"十一五"规划》，提出加快农村环境卫生设施的建设。同年又发布了《中国城乡环境卫生体系建设》白皮书，提出要构建一个完整、规范的城乡环境卫生服务体系。这两个文件的制定和实施，对指导各地强化城乡环境卫生管理，统筹城乡生活垃圾治理，提高环境卫生质量起到了积极的推动作用。2008年，住房城乡建设部发布了《村庄整治技术规范》，对村庄给水方式、水源、集中和分散式给水工程，排水收集系统、污水处理设施乃至维护技术都做了明确的规定。

（二）积极推动制定农村垃圾和污染物处理的行政法规和管理制度

目前，我国已相继出台了《环境保护法》、《水污染防治法》、《大气污染防治法》、《固体废物污染环境防治法》、《环境影响评价法》等环保法律以及《农业法》、《农产品质量安全法》等农业和资源方面的法律；国务院还颁布了《建设项目环境保护管理条例》等行政法规，上述

法律法规所确立的生态环境保护基本制度,适用于农村生态环境保护工作。我部将在环境保护法律的修改过程中进一步完善有关农业生态环境保护的规定,并抓紧制定有关农业生态保护方面的行政法规。一是抓紧起草论证《畜禽养殖污染防治条例》;二是修订《大气污染防治法》,补充和完善防治农村环境污染的条款;三是研究起草土壤污染防治法。您所提的具体建议,我部将在有关法律的修改和行政法规、部门规章的制定过程中认真加以研究和采纳。

(三)加大农村环境保护资金投入

2007年,国务院办公厅转发的原国家环保总局等8个部门《关于加强农村环境保护工作的意见》(以下简称《意见》)明确要求,要逐步建立政府、企业、社会多元化投入机制,中央集中的排污费等专项资金应安排一定比例用于农村环境保护。地方各级政府应在本级预算中安排一定资金用于农村环境保护,重点支持包括生活垃圾、化肥、农药等方面的污染防治。2008年7月24日,国务院召开第一次全国农村环境保护工作电视电话会议,李克强副总理出席会议并发表重要讲话,提出了"以奖促治、以奖代补"的政策措施,要求加大农村环保投入,积极推进农村环境综合整治。2009年2月,国务院办公厅转发的《关于实行"以奖促治"加快解决突出的农村环境问题实施方案的通知》(国办发〔2009〕11号,以下简称《实施方案》)要求,地方各级人民政府要参照国家"以奖促治"政策,结合当地实际,安排本级农村环境保护专项补助资金。2008年,中央财政首次设立农村环保专项资金,安排5亿元支持约700个村镇开展环境综合整治,整治内容包括生活垃圾和农业面源污染防治,一批突出环境问题将得以解决。2009年,中央财政拿出10亿资金支持地方继续开展农村环境综合整治,改善农村环境质量。

二、关于转变政府职能,加强工作考核的问题

2008年9月,中组部制定并印发了《关于建立促进科学发展的党政领导班子和领导干部考核评价机制的意见》以及《地方党政领导班子和领导干部综合考核评价办法(试行)》等三个办法,已经将环境保护作为考核地方各级领导班子绩效的重要内容。下一步我部将积极

配合中组部,推动有关干部考核评价体系在实践中不断细化和完善。

我部积极协助中央编办推动地方政府开展有关机构建设工作,各地结合实际已取得了一定进展。如浙江、宁夏等省区成立了由环保部门牵头、发展改革和财政等多部门参加的农村环境保护协调机制;四川省在环保部门内专门设了农村环保工作机构,并建立健全了各级环保执法监察机构队伍;河南省在全省建立健全了乡镇环保机构队伍;湖南省等地探索实行农村环保村民自治。

随着新一轮地方政府机构改革的深入实施,我部将继续配合中央编办等有关部门,建立健全农村环境污染防治机构及跨部门的协调联动机制,为全面推进农村环境保护和解决危害农民健康的环境问题提供有力的组织保障。

三、关于加强宣传教育,提高农民环保意识的问题

近年来,我部积极开展农村环保宣传教育,努力提高农民环保意识。为贯彻落实《国务院关于落实科学发展观加强环境保护的决定》和第六次全国环保大会精神,原国家环保总局会同中宣部和教育部下发了《关于做好“十一五”时期环境宣传教育工作的意见》(环发〔2006〕203 号),提出在“十一五”期间深入开展不同类型的全民环境教育试点工作。目前试点相关工作已启动,农村环保宣传教育被列为试点的重要内容之一。从 2003 年开始,原国家环保总局组织开展了“千乡万村环保科普行动计划”,向广大农民群众宣传农村环保知识,提高农民群众参与农村环保的积极性。原国家环保总局于 2004 年起在黑龙江省开展全民环境教育试点,农村的环保宣传教育被列为试点的重要内容之一。为提升乡镇领导干部的环境保护工作能力和水平,确保“以奖促治”等各项环保政策取得实效,2009 年 5 月,我部首次举办了全国乡镇领导干部农村环保培训班。2009 年 6 月,环境保护部、中宣部、教育部联合印发了《关于做好新形势下环境宣传教育工作的意见》(环发〔2009〕60 号),要求各地推进面向公众的环境宣传教育,探索农村环境保护宣传的有效形式。同时,我部还组织编印了《农村环保宣传挂图》和《新农村环境保护读本》等宣传资料,并免费发放到全国各地。这些宣传教育活动收到了良好效果。

四、关于公共环境设施和服务网络向农村延伸的问题

国家高度重视农村公共环境设施建设。《意见》明确要求，各地要因地制宜开展农村污水、垃圾污染治理；逐步推进县域污水和垃圾处理设施的统一规划、统一建设、统一管理；有条件的小城镇和规模较大的村庄应建设污水处理设施，城市周边村镇的污水可纳入城市污水收集管网，对居住比较分散、经济条件较差的村庄的生活污水，可采取分散式、低成本、易管理的方式进行处理。

当前和今后一个时期，我部将着力加强农村污水防治，推动公共环境设施和服务网络向农村延伸。一是继续抓好农村生活污水处理，督促村镇建设生活污水设施，鼓励城镇环保基础设施向周边乡村延伸，提高农村生活污水处理水平。二是要求太湖、巢湖、滇池等流域所有城镇加快建设污水处理设施和污水收集管网，建成的污水处理厂要正常运行、达标排放，其中直接排入湖库的，要执行更加严格的排放标准。三是大力研发农村生活污水等实用技术，选择典型区域进行试点示范，逐步推广。

住房城乡建设部将从多方面着手，推动农村污水和生活垃圾的公共服务设施建设。一是组织编制《全国村镇垃圾处理规划》，加大对全国村镇生活垃圾处理工作的指导，不断增加对村镇生活垃圾处理的投入。二是依据《全国城镇环境卫生"十一五"规划》，指导各地选择适宜的垃圾处理方式，引导各地统筹城乡生活垃圾处理设施设置，实现生活垃圾处理处置区域共享。三是抓紧组织制定《全国村镇污水处理规划》，推动我国村镇生活污水处理工作。

五、关于以农村饮用水环境保护和防治土壤污染为重点，加强农村环境保护

党中央、国务院高度重视饮用水安全保障工作和土壤污染防治工作。《国务院关于落实科学发展观加强环境保护的决定》明确，以饮水安全为重点，加强水污染治理。《意见》提出，切实加强农村饮用水水源地环境保护和水质改善；防治土壤污染。《实施方案》明确，"以奖促治"政策重点支持饮用水水源地保护、土壤污染防治等与农村环境改善密切相关的内容。

（一）为了加强农村水源保护，全面推动饮用水源环境保护工作，2008 年 6 月 1 日起实施的《水污染防治法》修订案增设了“饮用水水源和其他特殊水体保护”专章，规定了各类水源保护区的环境管理要求。为此，我部组织编制并以行业标准的形式印发了《饮用水水源保护区划分技术规范》及《饮用水水源保护区标志技术要求》。依据上述法规标准，我部（原国家环保总局）组织几十家技术单位，于 2006 年启动了全国饮用水水源地基础环境状况调查评估工作。在此基础上编制了“全国典型乡镇饮用水水源地基础环境调查及评估”工作方案，并于 2009 年 4 月开展了全国范围内的技术培训。

同时，我部通过组织、指导各地开展全国环境优美乡镇和国家级生态村建设，有力地促进了各地农村饮用水水源地保护，带动了一批农村地区开展农村环境综合整治。全国环境优美乡镇和国家级生态村的建设标准明确了关于农村饮用水水源地保护的要求，其中，全国环境优美乡镇建设标准要求饮用水卫生合格率大于 90%，国家级生态村要求饮用水卫生合格率大于 95%。目前，全国各地已有 629 个乡镇、24 个生态村达到了全国优美乡镇和国家级生态村的标准。

下一步我部将从以下几个方面加强饮用水源保护：一是通过实施农村环境综合整治“以奖促治”政策，保障农村饮水安全；二是在提前完成《全国农村饮水安全工程“十一五”规划》任务的基础上，抓紧组织编制实施《2010～2013 年全国农村饮水安全工程规划》；三是进一步加强农村地区地下水环境调查评价、监测和地方病严重区地下水勘察及供水安全示范等工作，为地下水资源合理开发利用及污染防治等工作提供科学依据；四是加快供水管网向乡镇延伸，提升农村饮用水水质；五是将村镇污水、垃圾处理工程纳入县域村镇体系规划，以减少农村污染物的排放，加强农村饮用水水源地的保护；六是从 2009 年开始，我部将对 1600 个县政府所在的乡镇饮用水源地和 700 个农村饮用水水源地的常规水质指标进行监测，到 2010 年年底完成农村饮用水水源地环境状况调查，为科学划定农村集中式饮用水水源地保护区提供科学依据。

（二）为积极防治土壤环境污染，国务院有关部门开展了全国土壤污染状况调查和农业污染源普查，将在全面完成全国土壤污染状况调查和农业污染源普查工作、摸清农村环境状况的基础上，组织编制有关农村环境保护规划，指导各地开展农村环境污染防治；研究拟订《土壤污染防治法》，为加强土壤污染防治提供法律依据。

感谢您对农村环保工作的关心和支持！

全国政协十一届二次会议提案第0334号

案　　由:关于加强水环境标准制定和管理的提案

审查意见:建议国务院交环保部会同水利部、国家质检总局研究办理

内　　容:水环境标准,是指由国家或地方政府制定,并以文件形式颁布的关于用水水源或排放污水中水质成分容许含量的统一规定。水环境标准是科学管理水质、执行水资源保护法规、从事环境保护以及制定社会发展决策的依据。科学制定水环境标准的主要依据包括水质基准、经济技术可行性和地区差异性。

目前,我国现行的水环境质量标准,存在着分类较多、使用范围重复、指标限值不一致、制定部门不统一、操作难度较大等问题。水污染物排放标准行业标准众多,部分行业标准严重低于综合标准,新标准已执行、旧标准未废止,标准有效期监管不力,标准分级不一致。因此,迫切需要调整水质标准制定方针,推进水质标准修定,改善水环境质量,尽快建立有利于经济社会发展的水环境标准体系。

为此建议:

一、尽快明确和统一水质标准的制定部门

我国现行水质标准的制定部门有环保部、建设部、卫生部、国家质量监督检验检疫总局等部门。不同部门对水质的理解和制定标准所依据的基准不同,缺乏沟通,产生了对同一水质指标的标准限值差异,有的甚至差别很大,给实施标准和保护水环境质量带来了不利影响。因此,建议水环境标准应该由一个专门委员会统一协调和制定,这样可避免不同标准之间相互混淆或冲突,实现不同水环境质量标准之间的相容性和一致性。

二、明确各类水质标准的保护对象及使用范围

我国现行水环境标准分类较多，保护对象和使用范围定性不准确且相互交叉与重复，造成标准限值差异较大，标准修订时间滞后，给水环境质量标准的管理和执行带来一定影响。我国水质标准主要依据水功能用途分类，对农业用水、景观水域、农田灌溉、渔业水质等定性不严谨、不确切，从而增加了执行水质标准的难度。

一般而言，制定水质标准的目的是保护水环境质量。水质保护有众多对象，不同水功能只适用于不同的保护对象。例如，美国饮用水标准以保护人体健康为目标，与地表水基准是两套相互独立、相互配合的法规文件；欧盟的水框架指令的保护对象包括对水生态进行一般性保护、对独特的有价值的栖息地进行特殊保护、对饮用水源进行保护和对洗浴用水进行保护。建议我国借鉴国外成功的经验，明确限定各类水质标准的保护对象和使用范围，增强可操作性。

三、加强部门标准与国家标准、行业标准与综合标准之间的衔接

理论上，部门标准应该服从于国家标准。部门水质标准与国家水质标准不一致时，部门标准应该废止。然而，我国目前仍有一些部门标准与国家标准同时执行，而且相同指标的标准限值差异较大。

水污染物排放行业标准制定较多，同指标污染物排放限值差异较大，给水环境质量的保护和改善带来沉重压力。在现行有效的水污染物排放标准中，有一个污水综合排放标准，十八个行业标准，三个城镇、城市污水排放标准，一个船舶污染物排放标准，一个污水海洋控制标准。综合标准与其他标准之间的不统一，在水污染物排放标准体系中矛盾明显突出。

因此，为实现不同水环境质量标准之间的相容性和一致性，建议应由国家环境保护部在《水法》的框架内制定统一的水质标准，包括地表水标准、地下水标准和特殊目标水体水质标准。具体的行业标准或部门标准应该依据水质标准的保护目标和限值来制定或修订。

四、加强水环境标准的监督执行和修订

美国环保局法规文件规定的基准重新评估周期是六年，因此有机会重新检查各种基准之间存在的矛盾和时效问题。我国自1973年全

国第一次环境保护会议发布第一个环境保护法规标准以来，相继制定和颁布了一系列的各种水质标准，其间有的标准又历经修订和增改，有的则长时间未修订，需要有统一的修订或重新评估周期的规定。否则，水环境标准会因较长时间未修订而失去效力，从而损害标准执行的严肃性和权威性。

总之，制定具有权威性的水质标准，是我国水资源可持续利用的重要保障措施之一。因此，水质标准制定的优劣，对保护和改善我国水环境质量起着十分重要的作用。制定水环境标准要有明确的保护目标，应尽快确定标准行政管理部门，加强对现行水环境标准的监督、检查和审定，确立标准的法规性和严肃性，定期审批水环境标准的有效期，确保水环境标准的连续性和有效性，从而建立一套完整、科学、实用的水标准体系。

主题词： **标准　管理**
提案人： 农工党中央

中华人民共和国环境保护部2009年8月10日以环提函〔2009〕125号文函复：

贵党提出的《关于加强水环境标准制定和管理的提案》（第0334号）收悉。经商水利部、质检总局，现结合有关职能答复如下：

一、关于水环境标准的制定主体

水环境标准是法定机关对水环境保护事项依法制定的环境保护规范性文件，包括水环境质量标准、水污染物排放标准、水环境监测标准等。

我国法律对水环境标准的制定主体已有明确规定：《中华人民共和国环境保护法》第九条、第十条、第十一条规定国务院环境保护行政主管部门制定国家环境质量标准、国家污染物排放标准，建立环境监测制度、制定环境监测规范；《中华人民共和国水污染防治法》第十一条、第十三条、第二十五条规定国务院环境保护主管部门制定国家水环境质量标准、国家水污染物排放标准、水环境监测规范；《中华人民共和国环境保护法》第九条、第十条和《中华人民共和国水污染防治法》第十一条、第十三条规定省级人民政府可以对国家水环境质量标准和国家水污染物排放标准未作规定的项目制定地方水环境质量标准和地方水污染物排放标准，对国家水污染物排放标准中已作规定的项目制定严于国家水污染物排放标准的地方水污染物排放标准，地方水环境质量标准和水污染物排放标准应报国务院环境保护行政主管部门备案。

法律授权国务院环境保护行政主管部门制定国家水环境标准并对地方水环境标准进行备案管理，是授予履行水环境统一监督管理职责所必需的工具，体现了行政机关法定权力与责任对等的基本原则。除法律授权的部门外，其他单位均不应制定水环境标准。

严格按照法律规定开展相关标准工作，可以避免标准之间冲突、重叠等情况的发生。目前存在的多部门分别制定水质标准、标准内容冲突等问题，其原因是多方面的，既有标准制定协调机制方面的问题，也存在个别机构违法、越权审批、发布水环境标准的现象。

为履行法定的标准工作职责，我部建立了较为完善的国家环保标准工作机制，所有标准均公开征求国务院有关部门和社会各界的意见，从而保证标准工作公开、透明；同时，我部建立了严格的标准审查制度，对于国家环境质量标准和污染物排放标准等重要标准，除进行技术审查外，还要通过部长专题会和部常务会的行政审查，从而保证标准质量和国家环保标准体系的协调、完整和统一。

鉴于环境质量标准与社会公众利益密切相关，对环境保护和环境质量评价工作有重大影响，我部对环境质量标准制修订工作制度进行了改革，在启动新标准编制工作之前即广泛征求意见，了解各有关方面对标准工作的需求和建议。目前，我部正在就水环境质量标准修订的重大问题公开征集意见，今后还将就其他环境质量标准的制修订工作公开征集意见。欢迎贵党对完善水环境质量标准等重要环境保护标准提出宝贵意见。

为切实履行法定职责、维护环境标准体系的完整性和协调性，我部还多次与相关机构协调，纠正越权发布水环境标准的行为，如水环境质量标准《农田灌溉水质标准》（GB 5084—2005）、《灌溉水中氯苯、1,2－二氯苯、1,4－二氯苯、硝基苯限量》（GB 22573—2008）和《灌溉水中甲苯、二甲苯、异丙苯、苯酚和苯胺限量》（GB 22574—2008），标准计划项目《地表水资源质量标准》（项目编号:20083057－T－332）等。

建立完善的水环境标准体系需要长期的努力，我部将加强与有关部门的协调与合作，争取有关方面对水环境标准体系建设工作的理解与支持。

二、关于水环境质量标准的保护对象及使用范围

水环境质量标准的制定需要统筹兼顾水环境基准研究成果、经济社会发展水平、环境保护目的等因素，是一项复杂的系统工程。在我国水质基准研究近乎空白、经济社会迅速发展、环境压力急剧增大的情况下，水环境质量标准体系的构建是需要广泛调查、深入研究的重大政策问题。

目前，我部已经下达了修订《地表水环境质量标准》、《农田灌溉质量标准》、《渔业水质标准》的任务。在标准制修订工作中，我部将充分利用国内外有关科研成果（如环保公益性科研项目水质基准预研究课题成果），结合现行标准实施情况，并针对存在的问题，考虑设置新标准体系的问题。

三、关于部门标准与国家标准、行业标准与综合标准之间的衔接

按照《中华人民共和国环境保护法》和《中华人民共和国水污染防治法》规定，国务院环境保护行政主管部门代表国家制定水环境质量标准、水污染物排放标准和水环境监测标准，省级人民政府可以在国家级标准基础上补充制定在其辖区范围内执行的地方级水环境质量标准和水污染物排放标准。因此，水环境标准包括国家级标准和地方级标准，不应就水环境质量评价事项制定部门标准、行业标准，更不应出现部门标准、行业标准与国家标准不一致的情况。

水污染物排放标准是水环境管理和监督执法的重要依据。随着国家环境保护战略的实施,环境监管力度不断加大,水污染物排放标准体系也在不断完善。目前,我国已经形成了行业通用型水污染物排放标准(污水综合排放标准)和行业型国家水污染物排放标准相结合的国家水污染物排放标准体系,并对环境敏感区实施了水污染物特别排放限值制度,一些省级人民政府也制定了更为严格的地方水污染物排放标准。当前完善水污染物排放标准的重点,一是增加行业型水污染物排放标准的数量、扩大覆盖范围,对污染物排放特点明显的行业制定行业型国家水污染物排放标准;二是修订完善制定发布较长、污染物排放限值与相关标准差异较大的排放标准。为此,我部已经下达了相关行业型国家水污染物排放标准和污水综合排放标准的制修订计划,正在抓紧开展相关工作。

按照《中华人民共和国水污染防治法》第二条和第十一条规定,国家水环境质量标准应适用于我国领域内地表水体和地下水体环境管理,现行水环境质量标准还不能全面涵盖地表水、地下水和特殊目标水体环境质量要求,这是我部正在开展的水环境质量标准修订工作要重点解决的问题。

四、关于加强水环境标准的监督执行和修订

标准适时修订是保证其严肃性和权威性的必要措施。目前,我国的环境保护标准正处于迅速发展时期,实施国家环境保护战略所急需的大量标准尚未制定出来,一些早期发布的标准已经面临修订任务。经过总结多年的实践经验,我部确立了相对固定的标准修订周期,如重点行业污染物排放标准大致是五年左右修订一次。与此同时,也需注意环保标准修订工作有不同于产品标准修订的特点,如污染物排放标准是对企业排污行为的最低要求,然而一些企业尚无法稳定达到现行排放标准的要求,此类标准的更新时机需要视环境管理形势而定。

监督执行水环境标准是环保部门履行环境监督管理职责的一个重要组成部分。《中华人民共和国水污染防治法》确立了“超标即违法”的原则,该法第九条规定排放水污染物不得超过国家或地方规定的水污染物排放标准,第七十四条规定排放水污染物超标者由县级以上环境保护行政主管部门予以处罚。对于水环境质量标准、水环境监测标准等其他水环境标准的实施，现行法律提出了要求但未规定相应的法律责任，目前我部正在推动完善相关法规体系，通过建立健全环境保护目标责任制、水环境监测评价法律制度等途径强化水环境标准的法律效力。

今后，我部将结合环境保护法律、行政、经济、技术措施的完善，继续加强水环境标准的监督执行和修订工作。

感谢贵党对环境保护工作的关心和支持！

全国政协十一届二次会议提案第0855号

案　　由:关于建立电子垃圾回收长效机制的提案

审查意见:建议国务院交商务部、环保部分别研究办理

内　　容:电子垃圾被称为目前世界上增长最快的垃圾。作为全球最大家电制造业基地,当前我国正在进入电脑和家用电器报废的高峰期,20世纪80年代进入我国家庭的家电产品,目前基本已到报废年限。以8～10年的使用周期计算,3500万台电视机、1500万台电冰箱、1800万台洗衣机、3000万台电脑、近1000万台空调,这些数字是中国家电协会公布的一年我国家电的理论报废量。此外我国每年还有数千万部手机在报废,生产的14亿只电池中,回收利用的不足1%。如何安全处理这些数量庞大的废旧电子垃圾,是一个亟待解决的问题。更为可怕的现实在于:虽然中国已明令禁止电子垃圾的进口,而且国际条约《巴塞尔公约》也规定全面禁止通过任何理由从发达国家向发展中国家出口所有有害废物,但全世界数量惊人的电池垃圾中,依然有80%出口至亚洲,而且这之中又有90%进入中国。

一、电子垃圾的危害

电子垃圾比一般的城市生活垃圾危害严重得多:很多电子产品是塑料和金属的混合物。含有大量有毒有害的物质。有研究显示,制造一台电脑需要700多种化学原料,其中含有300多种对人类有害的化学物质。机壳塑料和电路板上都含有有毒的溴化阻燃剂,显示器、显像管和印制电路板里含有以硅酸盐形式存在的铅元素,电路板上的焊料为铅锡合金。一台电脑显示器中铅含量平均达1公斤多。一台29英寸电视机机屏以30公斤计算,铅重量就有10公斤。而铅会破坏人的神经、血液系统以及肾脏。含铅的电子废弃物被随意埋在土壤里，酸雨会使铅流失，流失的铅通过改变土质会破坏环境。一粒纽扣大小的电池泄漏后将污染60万升水，这相当于1个人一生的饮水量。无序回收以及原始落后的拆解处理危害更多。

二、我国电子垃圾回收处理的现状和难点

电子垃圾对环境和社会危害巨大，但并非不可控制和利用的。据国家环保总局公布的我国《报废电子电器产品环境管理的有关情况》显示，电子废弃物在固体废物中所占的比例还比较低，只要处置得当，其对环境的污染完全可以避免。以废计算机为例，只有显示器和线路板的回收处置需要较高的工艺，而占废计算机90%的铜、铝、钢铁、塑料等的回收，如果是以手工方式拆解和分拣，不涉及化学过程，不仅对环境不造成污染，而且资源回收率较高；另以手机拆解为例，一部手机可以拆解出2000多种构件，回收率达100%。电子垃圾中的黄金含量是原金矿含量的几百倍，若把手机里的电池回收积攒到1吨，就可提炼出200克黄金，而每吨普通金矿石只能提炼2克黄金。因此可以说，电子垃圾是宝贵的再生资源。

尽管我国的电子垃圾治理已经取得了长足的进步，但与电子垃圾的增长速度相比，我们的进程仍嫌太慢，需要尽快完善电子垃圾回收体系。

（一）正规的回收处理企业太少。一个正规电子垃圾处理企业必须严格遵照环保要求，必须有充足的电子废物来源，必须具备使电子垃圾的分离效率、资源化效率和处理能力达到最优化的硬件设施并以无害环境的形式运行，所需投入资金可多达数千万元，目前我国有以上资质的废旧家电回收处理企业很少。

（二）回收市场混乱。我国目前还没有建立起完善的电子废弃物回收物流体系。目前电子废弃物回收的主要方法是：在居民区设立回收点，尽量做到有偿回收；在各大中型商场采用以旧换新或其他促销方式回收；行政事业单位淘汰的废旧电子电器产品无偿交给回收中心；由废品回收站、电子电器修理店代理回收。而实际上，通过上述渠道回收的电子废弃物只占我国废弃电子产品的10%，大约90%由走街串巷的“游击队”低价收走。这些产品有的直接进入二手市场，有的被手工作坊拆卸二次使用，有些直接卖给没有正规资质的处理企业。以原始的手段对电子废弃物进行拆解，仅对有价值部分进行简单资源回收，其余部分作为垃圾随意丢弃。而正规的处理企业必须按照资源化、无害化来进行处理，因而成本较高，不可能以较高的回收价格回收废旧电器，一些居民为贪便宜和图方便而将废旧电器卖给走街串巷的流动收购大军，这样，收购市场混乱往往造成正规的处理企业来源不足，巧妇难为无米之炊。

（三）国家立法或政策的保障不足。日本从2001年起出台了《家电回收法》，以法律的形式规定生产企业必须承担回收利用废弃家电的义务；销售商有回收并将其送交生产企业再利用的义务，消费者也有处理、再利用的部分义务。日本还规定生产企业必须回收再利用废弃家电的比例：空调60%以上，电视机55%，冰箱、洗衣机均为50%。欧盟于2005年8月13日正式启动的《电子垃圾处理法》规定，出口欧盟的电子产品生产企业，必须支付相当于产品价格3%～5%的费用给专业回收公司，用以回收和处理电子垃圾。

尽管我国有关电子垃圾处理的政策也在完善过程中，但目前尚无一部专门规范电子电器产品的法律，只有新修订的《固体废物污染环境防治法》中有一些原则性的规定，但《固废法》不能担当重任，并存在较大的问题。第五条规定了使用者对固体废物依法承担污染防治责任，却没有规定具体、配套的回收措施；第六条规定防治设施建设的经费投入包括在政府环境保护规划中，不利于保障设施有效运行的资金投入，法律对设施的建设只做了简单要求，而面对如何实现这一要求并没有相应的措施做保障。

行政法规也存在着严重缺陷。《电子信息产品的污染防治管理办法》、《废旧家用电器及电子产品回收利用管理条例》和《废弃家电与电子产品防治技术政策》法律责任不完善，存在着重叠与真空地带。这些规定执行起来有一定困难，如没有电子产品的相应报废标准，建立废旧家电处理体系缺少资金的支持，很难让生产商和经销商自觉地投入，而且，实行收费回收机制，要收多少钱、如何计算、怎样核实信息,包括给废旧家电处理单位的处理补贴标准等都难以界定。另外,政出多门,如何协调?在电子废弃物的责任分担方面,生产者与消费者都不具备责任意识。目前存在的问题是:消费者为了得到一定的收入,一般会把废旧电子电器产品处理给小贩。国外是无偿回收,并能获得补贴,而国内处理企业在回收处理废弃物时还要付费。

(四)企业和公众的环保意识不够。企业还未真正以循环经济的理念指导生产者的产品设计、生产和循环利用,消费者的环保消费观念的培养也还需要很长的时间。

三、建立规范化的电子垃圾回收处理体系的建议

(一)制定完善的电子废弃物回收利用的相关法律规定。在责任的承担方面,规定制造商责任制和生产者延伸责任。瑞典政府经济循环委员会认为,决定家电产品和电子器具中有害物质含量的是制造商,因此首要的污染者不是消费者,而是制造商,从而制造商在电子废弃物的污染问题上应当承担主要责任。生产者延伸责任指生产者不仅要对生产过程中产生的环境污染负责,而且要对产品在整个严格生命周期内的环境负责。我国作为一个发展中国家,要立足本国国情,借鉴吸取国外先进的管理法规,制定出一套适合自己国家和城市发展的合理化法规体系。

(二)建立多元化的废旧家电回收体系,促进回收、拆解市场的规范化。鼓励建立和扶持回收处理企业。推行处理废旧家电企业资质认定制度,实行严格的市场准入制,使废旧家电的检测、拆解、回收零部件、有毒有害物质和垃圾处置等过程符合安全、环保等要求,促进废旧家电处理企业走上专业化的轨道。要注重通过经济手段和政策措施扶持废旧家电回收处理企业。制定相关优惠政策对正规回收企业进行补贴。

主题词: 电子　环保

提案人: 孙贵宝

中华人民共和国商务部2009年9月14日以商商贸函〔2009〕42号文函复：

您提出的《关于建立电子垃圾回收长效机制的提案》收悉，现就涉及我部的业务答复如下：

目前，我国已经成为电子产品的生产和消费大国。随着国民经济的发展和人民生活水平的不断提高，电子产品特别是家电的更新速度加快，每年都有大量的旧家电报废。这些电器中含有贵金属、废塑料、废钢铁等多种有用资源，对其进行有效回收，并进行资源化和无害化处理，是摆在我们面前的一个重要课题。您提出的建立多元化的废旧家电回收体系、促进回收拆解市场规范化的建议，切中实际，也是我们正在开展的一项工作。为扩大内需，促进资源循环利用，今年国务院决定在9个省市先行试点，实施家电以旧换新政策，采取多元化回收和集中拆解废旧家电的办法，规范和促进废旧家电回收利用工作。

一、家电以旧换新的政策背景

2009年6月，国务院办公厅出台了《关于转发发展改革委等部门促进扩大内需鼓励汽车家电以旧换新实施方案的通知》（国办发〔2009〕44号，以下简称《通知》），决定选择北京、天津、上海、江苏、浙江、山东、广东和福州、长沙9省市开展家电“以旧换新”试点，对交售电视机、电冰箱、洗衣机、空调、电脑5类家电产品并购买新家电的消费者给予补贴。《通知》对废旧家电的回收和拆解环节做出明确规定，即参与以旧换新的家电回收企业须由招标确定，拆解企业由试点省市确定1～2家。这有利于正规企业开展废旧家电回收和拆解，防止废旧家电流入非正规渠道，也有效解决了拆解企业“吃不饱”的问题，理顺了回收—拆解的产业链条。此外，《通知》规定，对回收补贴范围内的旧家电并送到拆解处理企业的运输费用给予财政补贴，以政策手段调动回收企业的积极性。

二、商务部开展的工作

按照国务院有关工作部署,家电以旧换新由商务部组织实施。为做好此项工作,商务部与财政部、环境保护部、工业和信息化部等7个部门联合下发了《家电以旧换新实施办法》(财建〔2009〕298号,以下简称《办法》)。其中,对废旧家电的回收和拆解处理进行了明确的规定。

一是为实现家电以旧换新的政策效果,家电以旧换新流程中,回收的旧家电全部进入拆解,杜绝了回收旧家电进入二手市场或非正规回收企业等问题,也使得拆解企业获得较为稳定的废旧家电来源。

二是根据回收旧家电的类型、规格、运输里程等标准,运用财政资金对回收企业进行运费补贴。目前,财政部已经下发了补贴的具体办法。这使正规回收企业得到国家政策的支持,促进了废旧家电回收行业的规范健康发展。

三是以旧换新回收环节采取多元化的方式,不仅专业回收企业,生产、销售、拆解等企业只要符合条件均可收旧,拓宽了回收渠道。同时,《办法》规定了家电回收企业招投标的具体条件、拆解企业的确定办法等内容,保证了废旧家电的有效回收利用。

目前看,家电以旧换新各试点省市确定的回收企业,类型比较多样。如北京市中标的回收企业中有7家家电生产企业、4家家电销售企业、4家再生资源回收企业、1家家电拆解企业,建立起了覆盖面较广的废旧家电回收网络,有利于废旧家电的高效回收。8月10日北京市启动家电以旧换新工作以来,进展顺利,截至8月22日,已回收旧家电6233台,进行旧家电回收预约登记16175台。

下一步,各试点省市以旧换新工作将陆续启动,在政策进入操作阶段后,我们将密切关注各地反映,把好废旧家电回收、拆解环节,继续贯彻多元化回收、集中拆解的原则,促进资源节约和有效利用。

感谢您对我国商务事业的关心和支持。

中华人民共和国环境保护部2009年8月21日以环提函〔2009〕141号文函复：

您提出的《关于建立电子垃圾回收长效机制的提案》(第0855号提案)由商务部和我部分别研究办理。根据我部职能，现答复如下：

当前，我国电子废物回收处理的产业化发展过程中还存在诸多问题。电子废物回收市场混乱，导致正规的处理企业来源不足，运行困难。大部分电子废物流向没有正规资质的处理企业，这些企业在拆解、利用和处置上难以达到法律、法规的要求，环境污染严重。

我国高度重视电子废物的环境污染问题。相继在《中华人民共和国固体废物污染环境防治法》(2004年修订)、《电子废物污染环境防治管理办法》(原环保总局令第40号)中对废弃电器产品的拆解、利用、处置作出了相关规定。

提案中提出的规定制造商责任制和生产者延伸责任，建立废弃电器电子产品回收处理企业资质认定制度以及对废弃电器电子产品回收处理企业在经济和政策上给予扶持的建议非常重要。关于提案中提出的建立多元化废旧家电回收体系的建议，在2009年2月25日，温家宝总理签署国务院令《废弃电器电子产品回收处理管理条例》(以下简称《条例》)中得到了体现，《条例》不仅确立了废弃电器电子产品多渠道回收和集中处理制度、废弃电器电子产品处理资格许可制度，而且明确规定了国家要建立废弃电器电子产品处理基金，用于补贴废弃电器电子产品回收处理费用，电器电子产品生产者和进口商具有缴纳基金的义务。

目前，我部正会同国家发展改革委、财政部、工业和信息化部等部门积极拟订废弃电器电子产品回收处理的相关配套政策，推动《条例》的贯彻实施，包括废弃电器电子产品处理目录、处理企业资格许可指南、废弃电器电子产品处理发展规划编制指南以及处理基金征收、使用和管理的具体办法等。下一步我部将协同有关部门,进一步加大管理力度,促进资源综合利用和循环经济发展,保护环境,保障人体健康。

非常感谢您对环境保护工作的关心和支持,欢迎今后继续对我们的工作提出宝贵建议。

全国政协十一届二次会议提案第1611号

案　　由:关于加大三峡库区水污染防治的提案

审查意见:建议国务院交环保部会同交通运输部、财政部、国务院三峡办、农业部研究办理

内　　容:水是生命之源,是人类生存和发展的基本物质条件。近年来,随着经济社会的快速发展、人口增长以及城镇化速度的加快,长江流域水污染也在逐年加剧。2003年5月三峡成库以来,因流速下降,自净能力下降,工业废水、生活污水、垃圾污染和船舶污染使库区水污染逐年加剧,已经影响到了沿江人民的饮水安全。

应该说,经过方方面面的努力,三峡库区水污染防治工作取得了一定的成绩。沿库一些大城区的污水集中处理率较高。大型船舶油污水处理率也比较高,船舶事故性污染近年来逐步减少,2004～2008年三峡库区尚未发生重大船舶污染事故。

但是,三峡库区水污染也存在一些不容忽视的问题,

一是生活污水和垃圾处理设施运行艰难。主要原因是运行经费严重不足,没有保障。现有的生活污水、垃圾处理厂一般规模较小,难以推行产业化、市场化的运行机制,单位处理成本高。如一般的集镇污水处理厂处理每吨污水直接成本0.4元,但收取污水处理费是每吨0.3元,每年资金缺口达60万～80万元。

二是生活污水、垃圾处理厂设计规模和实际需要不匹配。如库区湖北段郭家坝镇污水处理厂设计处理能力为2000吨/日,而目前只有600吨/日。兴山县城污水处理厂设计为日处理污水2万吨,目前只有6000吨;兴山县新城垃圾处理场垃圾处理量也只达到设计能力的

70%。宜昌市每年还有近20万吨生活垃圾未经无害化处理,在城市周边堆放或倒入溪沟。

三是三峡库区水面清漂任务艰巨。三峡库区由于水位变化频繁,水面漂浮物较成库前大幅增多,清理工作量变大,加之缺乏专业的清漂设备,目前主要靠租用民间船只,清漂手段落后,效率低下,不能满足清理需要。同时,从长江上打捞起的漂浮物,均采用就近上岸,经晒干后焚烧处理的方式,又造成了大气污染。

四是船舶污染应急反应能力亟待提高。近年来,库区水上危险品运输发展很快,2007年通过三峡船闸的危险化学品比2006年增长20%,船舶溢油和危险化学品落水的风险增大。目前三峡库区配备的船舶污染应急设备数量少,设备简陋,远不能满足污染应急的需要。

五是船舶生活污水防治压力大。虽然《水污染防治法》规定"船舶排放生活污水,必须符合船舶污染物排放标准",原交通部也颁布了船舶生活污水的排放标准,但由于相关配套规定尚未完善,目前对船舶生活污水直接排放入江没有进行有效管理。

为此建议:

一、尽快建立库区环保治理项目运行保障机制。上级财政需要对库区生活污水和垃圾处理项目实行补助,确保治理项目正常运行。考虑到三峡库区防污是三峡工程的一项重要内容,建议国家设立库区环境保护专项基金,在三峡电厂发电收益中提取一定费用用于补贴库区污水和垃圾处理等环保基础设施的运行维护,保证这些设施的正常运行。

二、加快实施库区水污染防治项目的规划和建设。应扩大原规划范围,同时对规划中生活污水和垃圾处理厂的布局和规模,根据实际情况进行调整和加快建设。

三、逐步建立库区水面清漂长效机制。由省环保部门牵头,地方政府给予财政支持,规划建设专门的清漂码头,配备专业的清漂设施;落实清漂工作专项资金,加大清漂工作力度,确保库区清漂工作取得实效。

四、进一步完善政策和措施,加强库区船舶防污监管。船检部门应制定严格的船舶防污染设备配备标准,特别是危险化学品船舶必须推行“双底双壳”船型。地方政府应对三峡库区船舶的油污水、垃圾和生活污水处理实行补助，对于低于标准的船舶应制定淘汰或技改的时限，并从资金上给予支持。

五、加大库区船舶的防污投入，建设三大工程，完善两大体系。国家有关部门和沿江政府应进一步加大资金投入力度，建设库区船舶污染物接收工程、化学品船舶清洗舱基地工程、库区流动源监测工程，完善日常执法监督管理体系、污染事故应急反应体系建设。

六、加强支流水域治理和网箱养鱼管理。

主题词： 污染　治理

提案人： 金义华

中华人民共和国环境保护部2009年8月27日以环提函〔2009〕149号文函复：

您提出的《关于加大三峡库区水污染防治的提案》收悉。经商财政部、交通运输部、农业部、三峡办，现答复如下：

一、关于尽快建立库区环保治理项目运行保障机制的建议。

按照国务院三建委第十五次会议的有关要求，根据以补促提的原则，“十一五”期间中央财政对三峡库区污水处理给予适当补助，具体方式是：根据三峡库区污水处理厂的实际处理污水量和已核定的补助标准，分年核定补助资金，同时，湖北省、重庆市将逐年提高三峡库区污水处理收费价格，按照“谁污染，谁付费；谁投资，谁受益”的原则，逐步建立起污水处理的市场运行机制。根据这一政策，中央财政已拨付湖北省、重庆市库区污水处理补助经费4.25亿元，预计“十一五”期间补助约10.9亿元。鉴于此项政策尚未到期，且从长远看，解决三峡库区污水和垃圾处理经费缺口问题应走市场化和产业化的道路，在企业化运作的基础上，通过逐步完善污水和垃圾处理收费政策、提高收费标准来补偿处理费用，达到污水和垃圾处理的良性循环。考虑到这些因素，有关部门认为，不宜再提取三峡电站收益来解决三峡库区污水和垃圾处理设施等环保基础设施运行维护问题。

二、关于加快实施库区水污染防治项目的规划和建设的建议。

按照国务院的要求，我部和发展改革委会同有关部门对《三峡库区及其上游水污染防治规划（2001～2010年）》进行了修订，于2008年1月经国务院批准联合印发了《三峡库区及其上游水污染防治规划（修订本）》（以下简称《规划》），进一步加大库区及其上游五省市的城镇污水和垃圾处理设施建设、次级河流综合整治、工业污染点源治理、库区漂浮物清理、库底清理等方面工作的力度。2007年以来，国家累计支持三峡库区及其上游五省市110个污染治理项目，支持资金10.76亿元，是国家投入最多的重点流域、区域之一。

同时，我部强化调度和督察工作，推动《规划》的顺利实施。我部西南环保督察中心制定了《三峡库区及其上游水污染防治工作调度暂行办法》和年度督察工作方案，定期对库区水质、规划项目实施进展等情况进行调度，并对部分在建项目和环境影响较大的未动工项目进行了现场督察；自2008年6月开始至2009年4月，累计开展月调度9次、季调度3次、年调度1次，对108个规划项目进行了现场督察。2009年7月，我部会同有关部门，根据国务院办公厅转发的《重点流域水污染防治专项规划实施情况考核暂行办法》，对库区及其上游五省市《规划》实施情况进行了考核。根据考核，截至2008年年底，《规划》内460个项目，已经完工或调试的项目有118个，在建116个，未动工226个，分别占26%、25%和49%。下一步，我部将会同有关部门继续以规划实施情况考核和总量减排情况核查为抓手，推动《规划》的顺利实施；并将针对三峡建成后出现的水环境问题，在总结《规划》实施经验教训的基础上，创新思路，做好三峡库区及其上游水污染防治“十二五”规划编制工作。

三、关于逐步建立库区水面清漂长效机制的建议。

2003年12月，国务院下发了《关于批转环保总局关于三峡库区水面漂浮物清理方案的通知》(国函〔2003〕137号),明确了地方人民政府和国务院有关部门、三峡总公司的清漂工作职责分工和资金方案,具体为:三峡总公司负责三峡坝前水域和库区干流水面漂浮物的清理工作,并负责解决有关清漂设施建设的费用;湖北省、重庆市人民政府负责本辖区内库区支流水面漂浮物的清理工作,并负责解决库区支流有关清漂设施建设的费用。2005年4月,三峡办协调湖北省、重庆市人民政府和三峡总公司落实了清漂的经费与责任。几年来,清漂工作有序进行,效果较好,有力地保障了三峡水利枢纽工程的正常运行。2009年以后,三峡水库将进入正常运行期,水面漂浮物清理将纳入三峡水库正常运营后的维护、管理工作。三峡办计划商有关部门在三峡后续工作中建立三峡水库干流清漂的长效机制。

四、关于进一步完善政策和措施加强库区船舶防污监管。

交通运输部高度重视三峡库区船舶污染的防治工作,积极推进库区船舶、港口防污染一期工程的建设,大力开展"限制船舶污染物排放专项行动",加强了对船舶及其有关作业活动的环境监督管理,建立了较为完善的水上船舶溢油应急体系,船舶污染物减排取得了明显的成效,污染应急能力得到了有效的提高。有关部门认为,危险化学品船舶推行"双壳双底"船型对长江航运影响较大,需结合当地的具体情况深入研究、通盘考虑;对库区船舶油污水、生活污水和垃圾的处理,应遵循"船、岸结合,以岸上处理为主、船上处理为辅"的原则,其中岸上处理设施、垃圾(油污水)接受船等设施的建设,除了需要中央和地方政府投入外,还要通过社会集资等方式拓宽投资渠道,同时要完善政策、推动有关设施的市场化运营。

五、关于加大库区船舶防污投入,建设三大工程、完善两大体系的建议。

关于建设三大工程,《规划》中已做了安排,应当尽快落实资金,完成三大工程的建设工作。交通运输部建议船舶污染物接受处理工程由地方政府组织、依托港口实施,化学品船舶清洗舱基地工程由地方政府组织、依托有条件的企业实施,库区流动源监测工程可在交通系统现有流动污染源监测系统的基础上进行完善。

关于完善两大体系，相关部门将按照《水污染防治法》确定的职责各司其职、依法行政，完善日常执法监督管理体系；交通运输部将督促长江海事局尽快制定三峡库区船舶污染事故应急预案，报地方人民政府批准发布。

六、关于加强支流水域治理和网箱养鱼管理的建议。

《规划》对支流综合整治的问题已经予以考虑，安排了 26 条支流综合整治项目。在发展改革委的支持下，目前部分前期准备工作充分、内容设置科学合理的项目已启动实施。

农业部积极指导库区各级渔业部门按照《渔业法》、《水污染防治法》等有关法律法规的要求，大力推进水产生态健康养殖，努力构建资源节约、环境友好、质量安全的水产养殖业：编制出台了《三峡库区渔业可持续发展规划》，指导库区加强对水产养殖水域的规划利用，突出科学布局、控制养殖容量，推广生态养殖理念、养殖方式和生产管理技术；指导地方渔业部门依法整治饮用水水源地内的网箱养殖以及超规划范围、超控制密度、大量投饵施肥的网箱养殖，严格控制公共水域内集约化养殖的发展规模，预防和减少水质污染。下一步农业部将继续指导库区渔业部门推广水产生态养殖，充分发挥其在削减内源污染、修复水生生态、净化水质环境和增加农民收入等方面的积极作用，同时强化对饮用水水源地等重点水域水产养殖的环境管理，促进三峡库区的水环境保护。湖北省、重庆市人民政府已按照三峡水库管理的有关要求，取缔了库区内的投饵性网箱养殖并取得了积极的进展。

以上意见供参考。

全国政协十一届二次会议提案第1622号

案　　由:关于开通喀什至内地和周边国家航线打造丝绸之路精品旅游线路的提案

审查意见:建议国务院交中国民航局研究办理

内　　容:随着南疆铁路喀什站的开通,尤其是喀什国际航空口岸的开放,喀什的旅游业得到了快速发展。2007年国内旅游225.9万人次,旅游收入598万美元,航空客运量和铁路客运量远不能满足游客的需求。根据地区旅游业发展规划,到"十一五"末将把喀什建成全国著名旅游目的地、国际旅游名城,入境游人数年均增长20%,旅游总收入年均增长30%,到2010年旅游业总收入占国民生产总值比重达5.7%。喀什地区具有丰富的、高品位的旅游资源和优越的地理区位,旅游业的发展潜力巨大,已成为喀什新的经济增长点,也是打造中亚南亚经济圈重心地位的突破口之一,因此,开通喀什至内地和周边国家航线打造丝绸之路精品旅游路线是十分必要的。同时,旅游业与一、二、三产业的各门类有密切的相互带动、提升作用,可带动农产品、民族手工艺品及相关文化产业的消费、加工及市场影响力的提升,对促进地区经济发展和社会稳定有着极大的推动作用。

喀什地处祖国西部边陲,新疆维吾尔自治区西南部,是维吾尔文化的发祥地、古丝绸之路的著名重镇,连通中原、中亚、南亚、西亚,直至欧洲,古老的中原文化、印度文化、波斯文化、阿拉伯文化和古希腊、古罗马文化相融,是世界上仅有的东西方几大文明交汇地。区内拥有888公里的边境线,有红其拉甫、吐尔尕特、伊尔克什坦、卡拉苏及喀什等陆路口岸,周边与塔吉克斯坦、阿富汗、巴基斯坦三国接壤,与吉尔吉斯斯坦、印度两国为邻，素有“五口通八国、一路连欧亚”之称。喀什地区旅游资源极为丰富，有绿洲、大漠、雪山、冰川等自然风光，有西域古国、喀拉汗王朝及叶尔羌汗国的历史遗迹、故事和传说，有《十二木卡姆》、《福乐智慧》、《突厥语大词典》、“冰山之父”，更有全疆之最的维吾尔民族风俗、风情。中心城市喀什市是全疆第一座被列入国家级历史文化名城的城市。开通喀什至内地和周边国家航线打造丝绸之路精品旅游线路，对保持与周边国家的贸易、航空伙伴关系、加强旅游线路组合中的市场份额、扩大外贸市场及旅游客源市场的拓宽有着积极作用。

为此建议：

为尽快实现喀什地区旅游业的奋斗目标，促进喀什地区经济又好又快发展；确保喀什的长期稳定，请国家尽快开辟喀什—伊斯兰堡—新德里的周边国家航线及喀什—敦煌—嘉峪关—兰州—西安的内地航线。

主题词： 民航　管理

提案人： 代依米克·地瓦那　阿曼吐尔·木沙

卡米力·阿不都拉

中国民用航空局2009年6月25日以民航答字〔2009〕68号文函复：

你们提出的《关于开通喀什至内地和周边国家航线打造丝绸之路精品旅游线路的提案》收悉，现答复如下：

为积极响应我国西部大开发战略，我局一直非常重视包括喀什在内的整个新疆地区的航空运输发展，并鼓励航空公司开通从喀什至西安和从喀什至新德里的国内、国际航线。

截至目前，我国已有南方航空公司、海南航空公司及金鹿航空公司开通了喀什至乌鲁木齐及喀什经伊宁至乌鲁木齐的国内航线。国际航线方面,喀什机场经国务院批准成为新疆第二个对外开放的国际机场后,南方航空公司自2004年即开通了乌鲁木齐—喀什—伊斯兰堡定期国际航线。以上国内及国际航线的开通为喀什地区旅游业和经济发展起到了积极的推动作用。相信随着旅游人数的进一步增加,将有更多航空公司根据市场需求及本公司运力情况陆续申请开通喀什至我国其他城市的国内航线及与其他国家之间的国际航线。我局在收到航空公司相关申请后将予以积极办理,并在航权和有关规定允许的范围内给予大力支持。

关于你们提及的希望尽快开辟喀什—敦煌—嘉峪关—兰州—西安航线的建议,根据我局颁发的《国内航线经营许可规定》及《2009年夏秋航季国内航线经营许可评审规则》,你们建议的航线属于登记航线。一旦有航空公司提出申请,我局将抓紧颁发航线经营许可。但从保证航空运输安全和减少航班延误角度出发,我局不提倡航空公司安排经停二点(含二点)以上的航线。

另外,你们在建议中还提及希望尽快开辟喀什—伊斯兰堡—新德里航线。根据我局与巴基斯坦及与印度航空当局分别达成的关于航空运输的协议,我国空运企业有权经营上述航线。但由于市场规模、公司航线规划等原因,截至目前尚无航空公司提出开通喀什—伊斯兰堡—新德里航线的申请。待我局今后收到航空公司有关开通该航线申请后将予以积极办理。

全国政协十一届二次会议提案第1631号

案　　由:关于推广全生物塑料产品,保障能源环境安全的提案

审查意见:建议国务院交国家发改委会同环保部、科技部、财政部研究办理

内　　容:塑料作为20世纪产业化了的一种新型材料,以其轻便、耐用、加工性能好等特点被广泛应用于人类生活的各个领域。目前全球年消费塑料2.4亿吨,年增长4%左右。我国每年消费4000多万吨,预计今后仍将以年均8%以上的速度增长;塑料废弃量600万吨以上,废弃塑料在垃圾中的比例占40%左右,而且每年仍在大幅增加。

塑料主要以聚乙烯(PE)、聚丙烯(PP)、聚苯乙烯(PS)、聚氯乙烯(PVC)、聚对苯二甲酸乙二酯(PET)等不可降解的材料生产。塑料在实现自身使用价值后,其不可降解性对环境构成极大威胁。同时,普通塑料如聚乙烯、聚丙烯等合成树脂以不可再生的石油资源为原料,生产过程还要消耗大量能源。以聚乙烯的合成为例,目前发达国家普遍采用管式法生产,生产每吨聚乙烯的物耗、能耗为:乙烯1.008吨,电力800千瓦时,蒸汽1吨,冷却水120立方米,氮气5立方米。国内聚乙烯生产与国外相比还有较大差距,物耗、能耗更高,我国塑料产业发展面临能源供应日趋紧张和环境污染日益严重两大难题。

在此背景下,寻找可替代石油的新资源,研发环境友好材料,减少污染物的产生和排放,促进经济结构的调整和经济发展方式的转变,是我国经济社会可持续发展的必然选择。对此,发展生物降解塑料代替普通塑料,十分值得期待。生物降解塑料被认为是在原料利用、产品制造、使用或者再生循环利用等环节中对环境负荷最小的材料,具有资源和能源消耗少、排放少、再生利用率高、对生态和环境无污染等特点，有益于减少石油基塑料制品带来的环境污染和对不可再生石油资源的依赖，可实现最低成本地减少污染物排放，最大限度地利用资源，是实现节能减排、治理白色污染、保障能源和环境安全的重要途径。

生物降解塑料以可再生资源为主要原料，源于农作物，是节能环保型原料。在我国目前年消耗4000万吨塑料中，如果1/3用淀粉降解塑料替代，可减少原油消耗至少1000万吨，在很大程度上缓解石油资源紧张局面。生物降解塑料的加工温度通常比普通塑料低。按上述聚乙烯合成能耗计算，可省电80亿千瓦时。根据全国能源消费总量与二氧化碳排放总量估算两者的转换指标值，可计算出生产每千瓦时电消耗0.4千克标准煤，排放1千克二氧化碳，则全国每年累计节能可达320万吨标准煤，相应减少二氧化碳排放量800万吨，另外还可节省大量水资源。用生物降解塑料大量替代通用塑料，节省的石油资源及由此减少的污染排放等带来的经济效益不可估量。

生物降解塑料不仅在生产过程中有节能减排效果，而且使用过程也具有环境友好的特征。普通聚烯烃塑料的合成会排放大量的二氧化碳等尾气及污染物，而塑料制品大量使用，尤其是农用薄膜和包装材料又造成了日益严重的白色污染。而生物降解塑料则不然，其原料来源是可再生的农作物，农作物在生长过程中通过光合作用可吸收二氧化碳放出氧气，其制品废弃物可在掩埋堆肥条件下完全降解成水和二氧化碳，无污染物产生。有效减少温室效应，而且对烃及上游原料石油的消耗也大大减少。近年来，用转基因植物生产生物降解塑料的研究已经取得很大进展。随着重组DNA技术的发展，未来用转基因植物生产生物降解塑料的商业化，必将促进生物降解塑料的广泛应用，进一步节约石油资源，减轻环境压力。因此，生物降解塑料产业规模不断扩大的过程，其实就是二氧化碳减排的过程，可逐渐消除困扰全世界多年的温室效应和白色污染两大难题，促进人类、经济与环境和谐发展。

降解塑料的发展具有远大的发展潜力，特别是合成方法简单、加工工艺过程合理、低成本的完全生物降解塑料,是目前需要研究、开发的重点。实际上,国内目前已经攻克了相关研究、产业化的难题。我们在调研中发现,甘肃海河曜美生物科技有限公司(台湾合资)科技人员通过几年努力,已经突破了PLA/淀粉共混中热力学不相容的技术难关,采用先进合理的生产工艺流程,选择先进的节能设备,力求设备能力匹配、效率高、能耗低;工艺设备根据物料流向合理布局,减少物料往返次数。实现了两者共混的产业化,降低生产成本,从而生产出价廉物美的聚乳酸/淀粉共混产品,解决了淀粉、PLA及其他材料共混的技术难题,并获得了甘肃省科技厅组织的高新技术成果鉴定。这为聚乳酸这种完全降解塑料原料在我国的推广应用和产业化提供了条件,同时也为国内生产和使用各种完全降解环保塑料制品奠定了基础。

但是,目前全面推广完全生物降解塑料还存在一定的困难,最主要的难题在于产品价格偏高,企业销售困难。以使用最广泛的两种产品的成本为例:HDPE农用地膜每公斤23.1元,每亩138.6元,PLA/淀粉农用地膜每公斤32.8元,每亩262.4元;LOPE购物袋每公斤18.0元,每PCS 0.081元,PLA/淀粉购物袋每公斤35.0元,每PCS 0.157元。海河曜美公司的产品主要用于出口。为了在国内大力推广完全生物降解塑料,保障我国能源和环境安全,特提出如下建议:

一、认真落实十七大关于生态文明的精神,提高认识,树立可持续发展的能源、生态意识,保障中国能源安全和环境安全。国务院办公厅2008年2月下发了《关于限制生产销售使用塑料购物袋的通知》,可进一步加大力度,限制塑料农用地膜、购物袋等的使用,逐步提高全生物可降解塑料的使用率,并最终取代不可降解塑料。

二、建立生态补偿制度。对于高能耗、高污染行业、企业、产品,尽快开征生态补偿税。尽快设立国家生态补偿专项基金。用这部分资金,对推广完全生物降解塑料等进行补贴。

三、加大节能环保科技开发、生产的政策、资金扶持力度。国家发改委2007年度《当前优先发展的高技术产业化重点领域指南》,环境友好材料名列130个高技术产业化重点方向之中。《生物产业发展

"十一五"规划》也指出,要大力发展生物基产品,实现对化石原料的部分替代。可在此基础上进一步采取有效措施,如大节能环保科技开发、生产的政策、资金扶持力度,并切实落实到相关企业。

四、各项优惠、扶持政策、资金,应优先落实到中西部贫困的生态脆弱地区。

主题词: 环保

提案人: 李景源 卢中南 李崇富 刘庆柱 段正坤 张国初 宋镇豪 郝时远 李 铀 杜黎明 方 工 张泓铭 郝树声 李 蓝 朱晓明 罗 援 杨胜群 江蓝生 陈喜庆 王 名 唐铁汉 杨海坤 黄小同 朱孝清 曹义孙

中华人民共和国国家发展和改革委员会2009年8月28日以发改提案〔2009〕305号文函复:

你们提出的《关于推广全生物塑料产品,保障能源环境安全的提案》收悉。经商财政部、环境保护部,现答复如下:

一、关于国家高度重视可降解塑料材料的研发,进一步加大扶持力度的问题

2007年4月,《国务院办公厅关于转发发展改革委生物产业发展"十一五"规划的通知》,以及我委会同科技部、商务部、国家知识产权局联合发布的2007年度《当前优先发展的高技术产业化重点领域指南》中,均指出要大力发展和推广可降解塑料和农膜等生物可降解材料,进一步明确了产业政策鼓励方向。环保部门在制定环境经济政策配套综合名录中,研究将全生物塑料产品及其工艺纳入鼓励类名录。科技部门在"十一五"各项国家科技计划中已累计安排专项经费约

5000 万元,重点组织了“全生物分解塑料的产业化关键技术”等项目的研发,开发了二氧化碳基塑料、聚乳酸、聚羟基丁酸酯三类典型生物分解塑料连续工业化生产共性关键技术,突破医用和食品包装、可降解农用地膜等制品成型加工关键技术,加速了生物分解塑料制品的规模化推广应用。目前,国内部分企业已建立了产业化基地。此外,在“十一五”国家科技支撑计划中还安排了“城乡生活垃圾中废塑料高效稳定裂解技术与示范”、“废旧塑料制取木塑结构复合材料技术与装备”等项目和课题的研究,加强了废旧塑料综合利用与能源转换等技术工艺及示范的应用。

二、关于设立生产补偿专项基金对推广完全生物降解塑料给予补贴问题

推广完全生物降解塑料,有利于节能减排、改善环境、保障我国能源安全,国家可适当通过财政补贴方式给予一定支持,但不宜设立“生态补偿专项基金”。主要理由为:一是设立专项基金不符合《预算法》第二十二条关于预算收入应统筹使用的规定,以及《国务院关于加强预算外资金管理的决定》(国发〔1996〕29 号)中关于国家原则上不再出台新的政府性基金项目的规定精神。二是设立专项基金也不利于理顺政府间收入分配关系。

三、关于对高能耗、高污染行业、企业、产品尽快开征生态补偿税的问题

税收作为国家参与国民收入分配的重要工具,应当在生态环境保护方面发挥积极作用。许多国家自 20 世纪 70 年代起,根据本国环境保护形势以及税制情况,陆续制定出台了一系列环境税,如硫税、氮税、碳税以及水污染税、固体废物税等。面对当前我国严峻的生态环境形势,按照我国税制改革总体目标和建立有利于科学发展税收制度要求,一方面要对现行以排污收费为主的环境保护制度进行改革,通过“清费立税”,研究开征独立型环境税,逐步对污染排放行为和碳排放行为征税;另一方面,继续调整完善现行消费税、增值税、企业所得税和资源税等相关税收制度和政策,使现行税制进一步绿色化。你们提出对高能耗、高污染行业、企业、产品尽快开征生态补偿税的建议,

有关部门将在现行税制和政策框架内通过改革和政策完善的工作中予以系统研究，不宜再单设一个生态补偿税。

四、关于各项优惠政策和资金应优先落实到中西部贫困的生态脆弱地区问题

近年来，中央财政充分运用多种财税政策，如增值税转型改革、调整和完善出口退税政策等，支持西部大开发、东北地区老工业基地振兴、中部地区崛起等区域协调战略的实施。同时，加大对中西部地区发展的财政转移支付力度，加大对革命老区、民族地区、边疆地区、贫困地区发展的扶持力度。2008 年中央对地方税收返还和转移支付达 22945 亿元。据统计，地方支出平均 38% 的资金来源于中央财政转移支付，其中中西部地区支出平均 54.4%。中央对地方的税收返还和转移支付，对于调节地区间财力差距，推进基本公共服务均等化发挥了重要作用。今后中央财政将按照全国主体功能区规划要求，进一步完善财政转移支付制度，加大对中西部地区的转移支付力度，落实促进区域协调发展的财税优惠政策。你们提出的将各项优惠政策和资金优先落实到中西部贫困的生态脆弱地区的建议，将会逐步得到体现。

感谢你们对资源环境问题的关心。

全国政协十一届二次会议提案第2038号

案　　由:关于建设北京近郊四大“绿肺”的提案

审查意见:建议由北京市政府研究办理

内　　容:北京市园林建设以筹办奥运为契机,得到了迅速而极有成效的发展。同时,北京园林建设也为成功举办“无与伦比”的奥运会作出了巨大贡献。后奥运北京将继续以人文、科技、绿色为宗旨,深入学习和实践科学发展观,北京的园林建设也将进入一个新阶段。

最近,市政府正在筹划远郊区县十一个万亩滨河森林公园。这是按照城市规划修编,对北京生态保护、修复和再塑的战略举措十分必要。同时,在规划修编中还阐述了北京近郊建设四大公园的任务。即北郊奥林匹克森林公园、南郊生态郊野公园、东郊生态休憩公园、西北郊历史文化公园。我认为还是应该与这一规划基本一致,将工作视野对准距市区相对近一些的位置。为北京生态提供更加实惠的保障,即北部已经建成还需完善的奥林匹克森林公园,西部以首钢拆迁7～10平方公里及其永定河沿岸的石景山生态休憩公园,温榆河沿岸的朝阳生态休憩公园和南苑、南海子、团河行宫、古桑园为一体的南部生态郊野公园。这样就形成了首都近郊四大“绿肺”的格局。它将与远郊十一个万亩滨河森林公园,以及两道绿化隔离带相呼应,共同构成北京市域平原地区的绿地系统。

以上可以看出,这四个公园“绿肺”与原有绿地系统的四大公园在位置上有重叠,也有区别。原规划的四大公园,其中西北郊历史文化公园即三山五园,是在城市近郊的西北方向。它与东北部的朝阳公园、来广营隔离带相呼应。真正西部“绿肺”,应该是石景山、永定河以及八宝山、老山、田村山。东部公园"绿肺"应是温榆河及其纵深(原规划包括潮白河,现已单独划入潮白河万亩森林公园,属远郊区)。这四个介于城近郊区的公园"绿肺",从东南西北四个方向用绿地包围北京。是北京市近郊区与远郊区之间城乡统筹、城郊一体化的绿廊,也是规划中城市绿地应该突出的内容。可以称为北京四大"绿肺"或叫新四园。

新四园中的奥林匹克森林公园已基本建成,只是完善提高和养管工作。而石景山、温榆河、南苑大兴园则需要研究投资和建设主体,作出新的规划和实施计划。由于新四园位于市区和郊区之间,建议以市区为主实施。分别由石景山、首钢、朝阳、丰台、大兴负责完成。以首钢拆迁地为核心的石景山生态休憩公园,可以保留部分高炉、炼钢等原有的工业符号。在拥有大规模绿量的前提下,结合文化创意产业,参照类似日本东京台场的规划内容,建成绿荫中的青年乐园。让年轻人在这里与科技、文化、艺术零距离接触。展示当今世界最前沿的科技,最流行的音乐文学艺术,只要策划得好,还可以收获生态、经济、文化等效益的多赢,成为青年畅想乐园。年轻人在这里健康地宣泄,有助于迸发创新的火花。永定河两岸的绿廊还可以涵养这条母亲河,为北京再增添一处万亩滨河绿园。

四大"绿肺"的建设还有助于制止城区发展"摊大饼"的隐患,成为新城与市区、新城与新城之间的绿化隔离空间。因此实现起来具有城市发展战略的特殊意义。

建议由北京市园林绿化局牵头,通过调研摸清情况,报市政府立项,并先期做好相应的规划方案,为逐步圆满实现四大"绿肺",扎实做好前期工作,争取尽早实现。

主题词: **生态　建设**

提案人: 刘秀晨

北京市人民政府2009年8月7日以〔2009〕京政联字第47号文函复：

您提出的《关于建设北京近郊四大“绿肺”的提案》收悉，现答复如下：

建设《北京城市总体规划》确定的四大郊野公园是实施首都生态文明建设的重要举措，是建设宜居城市、绿色北京的重要支撑和载体，是实现北京城市总体规划和绿地系统规划的重要契机。这不但有利于北京城市生态环境的改善，有利于对历史文化遗迹的保护，更对促进当地区域的经济、社会和环境发展具有重要意义。

按照该规划的要求，我们结合奥运会的举办工作，已完成了城市北部地区奥林匹克森林公园的建设，并取得了良好的生态效益和社会效益。对《北京城市总体规划》中确定的另外三个郊野公园的建设问题，我们也正在进行研究。目前，市有关部门正在进行三海子郊野公园的前期调研和规划方案的编制工作。

下一步，我市拟陆续启动其他郊野公园规划编制的前期研究工作，早日实现四大“绿肺”的建设。

感谢您对首都园林绿化事业的关心与支持。

全国政协十一届二次会议提案第2779号

案　　由:关于加强核安全监管力度的提案

审查意见:建议国务院交环保部研究办理

内　　容:当前核电发展得到了前所未有的机遇。国家推行积极发展核电的政策,根据发改委的核电中长期发展纲要,到2020年我国将建成4000万千瓦核电机组,同时在建1800万千瓦机组。据悉,为了调整能源结构并扩大内需,最近国家正在考虑到2020年增建成7000万千瓦核电机组。在如此短的时间内建成那么多机组在国际上是少有的。作为清洁、安全能源,核电发展得到国家的重视是可喜的,但同时也对核安全监管增加了很大的压力。因为核安全不仅对民生至关重要,也对国内乃至全世界核电发展至关重要。

从1986至2006年的20年间,我国一共建了11个核电机组。从去年开始,每年至少新开4个新项目。按每个项目的第二台机组与第一台机组相隔8个月算,从今年开始每年就会有8～10个机组开工,是以前20年的总和。今后对在役电站、在建电站以及核燃料后处理等监管的需要急剧增加。由于核电快速发展,核电领域的所有资源短缺都比较突出,特别是人力资源和设备制造能力。在整个核电领域的队伍迅速扩大的同时,有经验的骨干人才也在很大程度上被稀释,不管在设计、设备制造、现场建造、调试、运行等方面的技术和管理人才都被不同程度地削弱。一方面是资源短缺,另一方面是企业极力缩短工期以求更好的经济性。同时,国家要求最大程度地国产化和自主化。以上是我们必须面对的而又是增加核安全风险的因素。这对核安全监管提出了更高的要求,在今后的一二年时间里也是很严峻的考验。

目前核安全监管的政府主体是国家环保部核安全管理司(又称核安全局),技术方面主要依靠核与辐射安全中心(环保部下属的事业单位),两个单位再加上核安全局在地方监督站的总人数不到300人。这在几年前是能满足监管需要的,但近两年就开始穷于应付了。究其原因,一是人力严重不足,二是监管范围大。核安全局的管理范围大到编制和组织实施核安全有关的政策、规划、法律、行政法规、审批和颁发许可,小到编制标准、规范和设备监造、进口设备检验、现场施工、人员资质等。美国核管理委员会现有4000多人,但管理范围要小得多。例如压力容器主要依靠ASME监管,电气方面是IEEE监管,土建是ACI监管,等等,企业和专业协会做相当一部分工作。如果以现在的责任范围,安全局即使有上万人都难以达到要求,目前的区区300人显然不够。

鉴于目前核电发展的迫切需要,增加核安全监管人员势在必行。但首先要考虑整个核安全监管体系如何构成,政府在其中是什么角色和职责范围,社会中介机构和业主又是什么角色,如何组织和培养社会监管力量。

为此建议:

一、国家环保部重新定位其核监管责任和范围;

二、尽快根据新的定位补充和培养合格人员;

三、考虑将部分监管责任转移给有专业能力的企业和社会中介机构;

四、组织建立与之相适应的核安全监管法规标准体系。

主题词: 管理

提案人: 刘 巍

中华人民共和国环境保护部2009年8月4日以环提函〔2009〕120号文函复：

您提出的《关于加强核安全监管力度的提案》收悉。经认真研究，现答复如下：

核与辐射安全关系到人民群众生命安全和社会和谐稳定，党中央、国务院一直高度重视并不断加强核与辐射安全监管。经过二十多年的努力，初步形成了有中国特色的核与辐射安全监管体系。相关法律明确规定，核安全监管由中央政府直接负责，辐射安全监管由中央和地方政府分级负责。为强化统一监管，国家通过机构改革，逐步将分散在原国家核安全局、卫生部、原国家环保局的相关职能进行整合，由环境保护部（对外保留国家核安全局牌子）对全国民用核与辐射安全、辐射环境保护统一实施监督管理。

实践证明，坚持核安全监管由政府负责，由环境保护行政主管部门履行统一监管职能，符合我国实际，在防范核与辐射事故方面发挥了重要作用。特别是在汶川特大地震期间，现行核与辐射安全监管体系经受住了考验，确保了国家核与辐射安全，必须依法依规继续坚持并不断深入完善。

由于目前我国正以前所未有的规模和速度迅猛发展核电工业，预计到2020年将超过美国现有核电规模成为世界核电大国，而核电发展中一直存在的多国引进、多种堆型、多种技术、多类标准共存的问题也随之日益突出，使核安全监管面临的潜在风险和工作难度与日俱增，形势十分严峻。相比核能与核技术开发利用的突飞猛进，核安全监管能力建设目前仍显滞后，包括您所指出的监管力量严重不足、人才培养急需加强等问题已较为突出，急需全面加强。

针对当前的核与辐射安全监管形势，胡锦涛总书记、温家宝总理、李克强副总理多次提出了强化核与辐射安全监管能力建设的明确要求。我部也将核安全明确为环境保护的重要职能领域，积极通过加强领导、充实力量、强化人才培养和法规建设等方式予以重点强化。在明确由一名副部长兼任国家核安全局局长并专职配备部核安全总工程师的同时，通过人才引进、进修培训、交流轮岗、挂职锻炼等方式，广泛培养和发掘人才资源，使核与辐射安全监管人员力量得到强化，并逐步建立健全了六个区域性核与辐射安全监督站。在此基础上，为进一步深入落实中央有关精神，尽快改变核安全监管能力建设滞后于核能、核技术开发利用的被动局面，我部周生贤部长、李干杰副部长近期先后赴四川、上海、浙江、广西等地进行了核与辐射安全监管情况调研，在深入实际广泛听取意见基础上，经部党组专题研究，就强化核安全监管机构、充实监管队伍、健全监管法规等问题向国务院报送了有关建议，其中也吸纳了您的具体意见。今后，我部将继续围绕加强核安全监管不断创新机制，加大力度，确保国家核与辐射安全。

感谢您对环境保护工作的理解和支持，欢迎今后继续对我们的工作提出宝贵意见。

全国政协十一届二次会议提案第3447号

案　　由:关于抓住世博机遇,促进旅游发展的提案

审查意见:建议国务院交国家旅游局研究办理

内　　容:一、旅游业是现代服务业的重要组成部分,旅游业是大排放、少污染的绿色产业,发展旅游业可以吸纳就业,拉动相关产业发展,可以充分利用当地自然景观资源、历史文明资源,促进国与国之间的文化交流,促进民族与民族之间的相互了解,有利于人民身心健康,有利于提高生活质量。当经济发展达到一定水平之后,发展旅游业既是调整产业结构、发展经济的需要,也是改善民生的需要。

二、中国地域辽阔,有历史悠久的华夏文明、旖旎多彩的自然风光、神秘独特的民族习俗、独特罕见的地质地貌,旅游资源极为丰富。改革开放30年来,道路交通、景点建设、餐饮旅游、购物娱乐、导游队伍以及信息网络、通讯手段都有长足的发展,这为发展旅游业奠定了坚实的基础。中国已具备加快发展旅游业的条件。

三、世博会归根结底是一次国际"主题大会展"。举办世博会不但会带来扩大交流、增进友谊、推动贸易的难得机遇,还能够带来将商贸活动拓宽为商务考察、将参观世博延伸为境内外旅游的难得机遇。面对深不见底的世界金融危机,我们的旅游业特别是长三角的旅游业,不仅应该而且也需要抓住这难得的机遇,采取积极、有效的措施,趁势而上,借机发展。

四、世博会不仅是上海的世博会,更是中国的世博会,现在世博会的举办已进入关键时刻。2008年举国动员保证了百年奥运的成功。2010年世博会也需要国家的大力支持和各省市的协力,才能成功举办。借世博之机促进旅游业的发展，同样需要国家统一规划，需要各省市携手并肩、共同努力。

为此建议：

一、应对当前，要充分发挥世博会与旅游互为补充，互为支撑的作用，采取"旅游优惠券与世博门票同步发放，以国家名义推出特色旅游线，各省市适时举办节庆活动、民俗活动"等措施，吸引世博会的境内外参观者到各地旅游，以扩大内需、刺激消费，放大"成功、精彩、难忘"的世博盛会效应。

二、应对当前，还要增加对旅游行业和旅游产业的投入，推动旅游景点、交通设施建设，推动旅游产品创新，加快旅游信息平台建设；要规范旅游行业及关联行业的经营行为，加大导游及各类服务人员的培训力度，着力提升各旅游服务环节和服务设施规范化、现代化、国际化、人性化、诚信化水平，提高旅游服务安全保障与应急处置能力，发挥旅游支持世博、服务世博，放大世博的重大作用。

三、着眼长远，要充分利用我国外汇储备优势，帮助优秀旅游企业走出国门，或与当地旅行社合体，或在境外办公司，以推介中国旅游资源，吸引境外游客；要鼓励优秀旅游企业整合资源，联合宾馆业、交通运输业等共同组建旅游企业集团，参与国际竞争，推进境内外旅游全面发展。

四、着眼长远，应将发展旅游业作为"扩大内需、促进增长、拉动就业、改善民生"的一项重要举措、重要任务列入"十二五"规划。

主题词： **旅游**

提案人： 赵　雯

中华人民共和国国家旅游局2009年8月10日以旅函〔2009〕331号文函复：

您提出的《关于抓住世博机遇，促进旅游发展的提案》收悉。感谢您对世博旅游工作的重视与支持，我们将认真研究您的宝贵建议，抓住世博机遇，促进旅游发展。现将世博旅游相关工作答复如下：

按照上海世博会组委会第四次会议的要求，我局已牵头成立“2010年上海世博会旅游推广工作领导小组”，制定《2010年上海世界博览会旅游推广工作领导小组组织机构及工作职责》，并上报国务院。

领导小组第一次全体会议以来，领导小组办公室已牵头完成以下重点工作：举行上海世博旅游全球推广启动仪式；推出世博旅游宣传口号及形象标识（“中国上海——发现更多·体验更多”）与《世博旅游宣传推广片》；向上海世博局推荐上百家海内外旅行社作为世博会票务代理；借助各种渠道和既有平台，多角度、全方位开展世博旅游全球宣传。

为了更好地宣传世博、促进旅游，我局特制定了《关于进一步做好2010年上海世博会旅游推广工作的意见》，已经各成员单位会签，并得到了世博会组委会的批准。根据《意见》，6月29日在上海召开了领导小组第二次全体会议，进一步明确了世博旅游推广工作的指导思想、总体思路与预期目标，部署了近期的重点工作：

一是围绕世博旅游宣传口号及形象标识和《世博旅游宣传推广片》，拓展宣传渠道，营造世博旅游氛围；二是整合各方资源，办好“2010中国世博旅游年”；三是举办“世博旅游论坛暨世博旅游宣传推广片首映式”，提升世博旅游推广的针对性、专业性与有效性；四是联合相关部门采取出入境便利措施、鼓励组团参观措施，全方位保障世博旅游；五是推出世博旅游精品线路，完善城市配套服务设施。

以上是世博旅游的相关工作情况。针对您提出的四点建议，经我局各相关司室研究，现答复如下：

关于“应对当前”。第一，我局将充分发挥世博会与旅游业互为补充、互为支撑的作用，推出覆盖全国的特色旅游线路，配合中央扩大内需、刺激消费政策，在全国范围内举办一系列有社会影响力的节庆活动，放大世博会效应，吸引更多的参观者。

第二，我局已完成的长三角区域旅游规划，极大地推动了该地区旅游公共服务体系的建设，借助上海世博会，进一步促进长三角区域旅游发展的国际化进程，使之成为我国发展区域旅游的典范地区。

第三，我局将继续加大旅游行业经营行为的规范力度。以坚决打击无证照非法从事旅游经营和服务活动为重点，以解决游客最关心的旅游服务质量为切入点，以加强市场联合监管为手段，坚决规范旅游市场秩序、制止欺客宰客行为，引导旅游企业规范经营。

第四，我局将进一步加大导游员培训力度，制定发布实施《2009～2012年全国导游员培训计划》，切实提高导游员工作能力与服务质量；同时坚持以就业为导向，以能力本位为原则，大力提倡发展旅游职业教育，培养高素质旅游服务技能人才，为支持世博、服务世博提供智力支持和人才保障。

关于“着眼长远”。第一，我局将积极搭建平台，帮助我国旅游企业参与国际竞争。目前我国旅游企业真正走出国门、开展跨国经营的并不多，为提升其国际竞争力、推动旅游企业跨国经营业务的发展，我局已与商务部进行协商，拟于近期召开一次“旅游企业跨国经营座谈会”，让旅游企业全面了解我国关于跨国经营的相关政策要求，并在会后联合相关部门制定促进政策措施，同时积极搭建平台，支持旅游企业开展跨国经营业务。

第二，我局正在着手制定中国旅游业发展“十二五”规划，将认真考虑抓住世博会给我国旅游业发展带来的机遇，认真落实中央领导近期关于促进旅游业发展的一系列重要指示，对于旅游业的产业性质、定位和作用，重新加以思考和谋划，以改革创新的精神，使旅游业在扩大内需、刺激消费、促进国民经济又好又快发展中发挥应有的作用。

再次感谢您对世博旅游工作提出宝贵建议，敬请您继续关注世博旅游，支持中国旅游业的快速发展。

全国政协十一届二次会议提案第5076号

案　　由:关于在北京等大城市促进机动车行驶规则合理化的提案

审查意见:建议国务院交公安部研究办理

内　　容:我国经济社会发展和城市化加速过程中,大城市市区交通拥堵情况趋于严重,在北京等中心城市已成为高发现象,给市民生活带来种种不便,并加重机动车尾气排放,造成空气污染。应对之策,除政府需合理改进公交体系总体规划、积极建设蛛网状地铁系统等中长期举措外,使现行机动车路面行驶的一些规则和特定地段的具体规定合理化,也是十分值得重视、颇有必要性的一个方面,此举可释放现有路面通行能力的潜力,迅速收到缓解交通拥堵矛盾的效果。

现行的城市市区关于机动车行驶的规则,存在不少明显的不合理之处,人为地加剧了交通堵塞。以北京市为例,市中心区长安街上的西单路口,由南向西不允许左转,机动车只得直行至人流、车流稠密交织的商业区中的下一个右转路口,经三次右转、一次过红绿灯,实现原向西左转目的。如此已有多年,既浪费了社会公众累计数量巨大的时间、精力和宝贵的燃油资源,又加剧了商业区拥堵情况、败坏市民情绪和增加生活矛盾等等。本来有全国通行的可左转规则来处理此地可用的宽阔路面便利条件,却不许运用,真是有百害而无一利,急需改进。又如,北京市目前按机动车尾号的限行规定,是一月一变的,很难记住,给几百万人带来诸多不便和烦扰;某些路段的限速,低得没道理,实际情况是绝大多数车辆都变成了超速行驶。诸如此类,不一而足,应积极寻求治理的改进方案,否则只会破坏政府的管理形象和公信力。

应当看到，随着机动车特别是“私家车”保有量的迅速上升，驾车出行已成为越来越多家庭日常生活的组成部分，规则的不合理日益凸显其对于社会和谐的侵蚀。规则的合理化，不仅会增加社会成员的生活方便，也会有助于增加交通系统的安全性——因为有好的疏导，就会减少行驶者的“盲动”和相互冲突的可能性，降低事故率。

基于以上认识，在此特向国家交通、市政管理部门提出建议：全面清理检查各城市政府辖区内的机动车路面行驶规则，本着对公共利益与公众生活高度负责和科学化管理的精神，尽快改进明显的不合理之处。

这一工作的相关要点至少应包括：

一、尽量兼容并许，释放路面资源的通行潜力

规则应最大限度地利用具体路况的可开发余地和发挥路面的通行潜力，疏导交通，方便行驶。凡在车流运行中不存在冲突点的，都应尽量兼容并许，比如，最左侧道上的左转与掉头、左转与直行，应尽量兼容，最右侧道上遇红灯时，应尽量允许低速右转。

二、尽可能方便地打通回路，明示“纠错”路径

在环路、干道、高速路上，机动车出错出口的现象是经常、大量发生的，尤其对于新到该区的司机，几乎不可避免，因此，在通道设计和行驶规则上最大限度地配套预设好较方便的“纠错”路径，特别是迟出者如何折返至前一路口的路径，是十分必要和重要的。凡有出口，应同时设计、落实好这方面的安排并作出明示。

三、相关标识应尽量合理、到位并醒目化

与机动车行驶规则和正确行驶通道有关的标识牌、指示牌，对于驾车者降低出错几率、提高通行速度至关重要。结合针对现存规则问题的全面清理、改进，工作应进一步落实到相关标识牌、指示牌的合理到位和醒目化，在设立点、图形、用语、颜色等方面力求高水平、高醒目度，以方便驾车者及时、正确得知和领会其信息，达到正确指示和疏导的目的。

四、动员专家参与，并听取民众呼声和合理建议

随着社会的发展，与交通、机动车相关的多种因素处于变动之中，

各个具体路段情况又千差万别，客观上需要在行驶规则的清理与改进工作中，充分动员专家力量，为各城市机动车行驶规则的合理化作通盘的咨询和设计，对重要路口、路段（如北京市多个交通拥堵高发点），应作重点研究，并建议以适当方式收集、听取、调研民众的呼声和合理建议，促进机动车行驶规则及与之相关的自行车、行人通行规则实现最大限度的合理化、综合协调与必要的动态创新，从而造福社会公众，促进社会和谐。

主题词：　交通
提案人：　贾　康

中华人民共和国公安部2009年7月7日以公提字〔2009〕第183号文函复：

您提出的《关于在北京等大城市促进机动车行驶规则合理化的提案》收悉，现答复如下：

您在提案中提出要合理规定机动车通过路口的路径，完善交通标志标线，便利机动车顺畅行驶等建议，我们深表赞同。

自2000年以来，我部联合原建设部共同实施旨在提高城市交通管理水平的畅通工程，定期组织交通工程专家检查指导，定期对城市交通管理水平进行等级评定。两部先后发布了《城市道路交通管理评价指标体系》、《关于完善和规范道路交通标志标线的意见》等规范性文件，严格执行《道路交通标志和标线》、《道路交通信号灯》、《道路交通信号灯安装规范》等国家标准，围绕“路口渠化率”、“信号灯规范设置率”、“标志规范设置率”、“标线施划率”等考核指标，重点提高了城市道路尤其是路口渠化、交通标志标线设置率，一些大城市重点解决信号控制、交通标志标线设置不合理，尤其是指路标志信息发布不连续以及城市道路指路标志与普通公路、高速公路指路标志信息不协调等问题。据不完全统计,全国城市道路施划交通标线18.5万公里,400多个城市交通标线施划率达到96%,交通标志设置率达到23块/公里,城市中心区和主干道路口渠化率达到95%,与20世纪90年代相比,城市交通秩序明显改善,道路通行能力显著提高。但是,从整体上看,我国城市交通仍存在管理粗放等问题,一是城市路口渠化缺乏精细化设计,信号配时、相位设计不合理,增加了路口交通延误;二是交通标志标线应用不合理,标志标线施划不规范,停车(减速)让行等交通标志的数量偏少,影响了道路有序、畅通;三是城市次干路、支路交通组织措施不落实,不施划交通标线和停车泊位,导致次干路、支路行车不畅,影响主干路安全、畅通等。

近期,我部配合交通运输部等部门完成了国家标准《道路交通标志和标线》(GB 5768—1999)的修订、报批工作。修订后的新标准注重道路渠化设计规范化、人性化,规定了左(右)转弯专用车道标线、路口导向车道线、让行线、导流标识等标线设置细则,增加了城市道路可变导向车道线、潮汐车道线、公共汽车、校车路边停靠站标线、残疾人专用停车位路面标记等标线形式。下一步,我部将以宣传贯彻新标准为契机,重点做好以下工作:一是部署各城市开展路口渠化、标志标线等设施设置排查,并通过召开座谈会、网上征求意见等方式,征求群众意见、建议,及时整改;二是组织城市以路口渠化、交通信号设置为重点创建一批交通设计示范项目,引导城市提高路口渠化设计、交通标志标线设置的精细化水平;三是配合有关部门,开展交通标志标线应用情况调研,进一步完善标志标线设置方法技术标准和规范;四是强化城市次干路、支路交通组织,便于群众选捷径出行,提高路网服务水平;五是指导城市健全交通信号等设施的日常维护制度,保证交通标志标线齐全、清晰、醒目。

关于您在提案中提及北京市个别路口渠化设计不合理、机动车限行等问题,我部将转北京市有关部门研究改进。

感谢您对公安工作的关心和支持。

全国政协十一届二次会议提案第0080号

案　　由：关于完善农业科技服务体系的提案

审查意见：建议国务院交农业部会同财政部、人力资源和社会保障部、中央编办、国家工商总局研究办理

内　　容：农业科技服务体系是国家农业支持保护体系的重要组成部分，是引导农业结构调整、推进农业产业化经营、实施科教兴农战略的重要载体，对农业农村经济发展发挥着重要的作用。随着农业结构调整的扩展和产业化步伐的加快，农业科技服务体系暴露出了深层次的矛盾和问题，主要表现在：

——农业科技源头创新乏力，科研、生产"两张皮"；

——基层农业科技推广服务体系薄弱，经费缺、待遇差、人员少、素质低、服务功能弱；

——社会化农业科技服务体系尚不健全，经营不规范、组织规模小、缺乏自我发展的机制与动力，跨地区合作少、覆盖面窄、带动力弱。

在低收入兼业小农户为主体的基本农业经济制度短时间内难以改变的情况下，为提高农民的整体素质，培养有文化、懂技术、会经营的新型农民，必须坚持公共农业科技服务体系的主导地位不动摇，加大政府扶持力度，改善农户采用新技术的外部制度环境，引导企业、民间组织和其他社会力量积极参与农业科技服务体系的建设。为此，提出如下建议：

一、明确农业科技服务机构的公益性定位

应明确农业科技服务机构的公益性定位，制止一些地方将农业技术推广机构简单地推向市场，合并或撤销机构、减编减员减经费的做法。编制部门根据基层农业科技服务机构承担的职能和任务，科学测算和确定人员编制。通过严格的选拔机制，逐步扩充基层特别是乡镇农业科技服务队伍。

二、加大公共财政对农业科技服务体系的投入

农业科研具有很强的公益性属性，除了杂交种、农药、肥料等知识产权保护较强的成果外，大部分从事常规育种、栽培技术研究的科研人员很难获得直接的经济效益。根据中央一号文件(2009年)精神，各级财政要依法加强对公益性农业科技服务体系的投入力度，提高农业科技人员的待遇，改善工作条件和手段，加强服务能力建设。一是保证人员工资、福利、劳保等待遇；二是保障履行公益性职能所必需的交通、通信、水电等业务经费；三是安排房屋维修、设施设备购置更新经费；四是安排以项目形式下达的科研与技术推广经费；五是改革现行农业科技推广经费层层下达的拨款方式，直接拨付到任务承担单位；六是安排专项预算，由国家农业部实施农业科技人员培训工程，对外出参加培训、交流的技术人员给予适当补助，鼓励科技人员积极主动地提高自身素质。

三、改革农技推广人员的考核评价机制

一是要改革与完善农业科技推广项目的评价奖励机制，对推广效果的评价，以成果转化的规模、效益和产业化程度为主要标准；对于长期从事农技推广工作，在促进当地农业发展、提高农民收入中做出突出贡献的科技人员，由各级政府进行奖励。

二是改革与完善农技推广人员的技术职务评聘机制，实行“双考核、双聘任”，以推广工作所取得的实际绩效和专业合作组织及农民的评价作为农技推广人员的主要考核标准，提高考核评价的客观性；农技推广人员的聘任，要充分考虑专业合作组织及农民的要求和评价，对农民不满意的由有关部门按相关规定予以转任或解聘。

四、鼓励、扶持社会化农业科技服务队伍的发展

一是政府在加强公共农技推广体系建设的同时，要在立法、管理、政策指导、信贷金融等方面为社会化农业科技服务队伍的发展创造良好的政策环境。

二是要按照市场经济规律的要求，在消除体制障碍、打破行业界限和条块分割方面发挥作用，解决好项目审批、工商登记、征用土地、税收等方面的问题，积极引导社会化农业科技服务队伍的健康发展。可通过委托、招投标等方式，鼓励社会化农业科技服务机构承担部分公益性推广任务，鼓励龙头企业承担国家科技计划项目。

主题词： 农业　技术

提案人： 民进中央

农业部文件 2009 年 9 月 18 日以农办案〔2009〕155 号文函复：

你们提出的《关于完善农业科技服务体系的提案》收悉，现答复如下：

党中央、国务院高度重视基层农技推广体系建设，《国务院关于深化改革加强基层农业技术推广体系建设的意见》（国发〔2006〕30 号，以下简称“30 号文件”）对新时期基层农技推广体系改革与建设作出了全面部署，党的十七届三中全会、2009 年中央 1 号文件等对基层农技推广体系建设进一步提出了明确要求。我部认真贯彻落实中央要求，会同相关部委加快推进基层农技推广体系的改革与建设。

一、关于明确基层农技推广体系的公益性定位

30 号文件明确要求基层农技推广体系改革要确立公益性定位，明确公益性职能，合理设置机构，科学核定编制，确保工作经费。经过几年的改革实践，很多地区农技推广机构的公益性职能基本明确，但一些改革未到位地区仍未明确，亟待进一步加强。近期，我部印发了《关于加快推进乡镇或区域性农业技术推广机构改革与建设的意见》（农科教发〔2009〕7 号），要求各地进一步强化基层农技推广体系的

公益性定位，明确其公益性职能，并将公益性职能细化成工作任务，落实到每个推广机构和每位农技推广人员。下一步，我部将督促各地严格落实中央有关要求，保障基层农技推广体系的公益性定位，为基层农技人员履行公益性职能提供有效保障。

二、关于加大公共财政对农技推广体系的投入

中央高度重视基层农技推广经费不足的问题，30号文件提出“切实保证对基层公益性农业技术推广机构的财政投入，地方各级财政对公益性推广机构履行职能所需经费要给予保证”，2009年中央1号文件要求将农业公共服务机构履行职责所需经费纳入地方各级财政预算。我部认真落实中央要求，正抓紧研究制定《基层农业技术推广体系建设规划（2009～2011年）》，积极争取国家发展和改革委员会等部门的支持，加强乡镇农技推广业务用房、仪器设备、试验示范基地、村级服务站点等的建设，有效改善基层农技人员的工作条件。同时，我部会同财政部启动实施了基层农技推广体系改革与建设示范县项目，安排专项资金对农技人员下村指导、培育科技示范户等进行补助。下一步，我部将加强与国家发改委、财政部等的沟通协调，争取《规划》尽快启动实施，加大改革与建设示范县项目的实施力度。同时，指导各地认真落实中央要求，将基层农技推广体系人员工资和工作经费纳入财政预算，加大对农业技术推广、农民科技培训、农技人员知识更新培训等工作的支持力度。

三、关于改革农技人员考核评价机制

面对农村改革发展的新形势和亿万农民建设现代农业的新需求，迫切需要创新农技人员的考核评价机制。2005年以来，我部先后在全国29个省区95个县开展了基层农技推广运行机制创新研究试点，在人员竞争上岗、定岗定责、考核评价等方面进行了积极探索。通过实行人员聘用制度，实现由固定用人向合同用人、由身份管理向岗位管理转变，人员的进、管、出严格按照规定程序和人事管理权限办理。广大农技人员的工作责任心、自觉性和主动性显著增强。但总的看，这些新机制尚未在全国普遍推广，基层农技人员考评不规范等问题在部分地区还比较普遍。下一步，我部将继续创新完善农技推广考核评

价机制，全面推行由农民群众、县级业务主管部门和乡镇政府三方共同参与的绩效考评机制，实现考评结果与农技人员工资报酬、职务晋升、职称评聘、评先评优、业务培训等挂钩。完善农技推广人员表彰奖励制度，加大对乡镇或区域性优秀农技推广人员的表彰和奖励力度。

四、关于鼓励扶持社会化农业科技服务队伍发展

30号文件要求按照强化公益性职能、放活经营性服务的要求，科学设置国家农技推广机构，大力扶持民间农技推广机构的发展，形成以公益性农技推广机构为主、社会化服务组织相结合的新型农业技术推广体系。近年来，我部与相关部委贯彻落实中央要求，积极创造政策环境，指导各地适应市场经济条件下农民多层次、多领域、多形式的服务需要和服务主体多元化的趋势，加大对社会化农业科技服务队伍建设的扶持力度，加快推进农业服务多元化发展。经过这几年的努力，公益性基层农技推广体系活力日益增强，农业科技特派员、农民专业合作社、专业服务组织、农业产业化龙头企业等农业服务队伍发展都取得了一定的成效。下一步，我们将及时总结推广各地的成功经验和做法，进一步加大工作指导力度，加快推进社会化农业科技服务队伍建设。

非常感谢你们提出的宝贵建议，希望以后继续关心和支持我国的农业技术推广事业。

全国政协十一届二次会议提案第0088号

案　　由:**关于进一步完善粮食生产补贴政策的提案**

审查意见:**建议国务院交财政部会同农业部研究办理**

内　　容:2003年以来,国家逐步加大对农业特别是粮食生产的投入,实行了粮食生产直接补贴、农资综合直补、良种补贴和农机具购置四类补贴。这些补贴政策,对于充分调动农民粮食的积极性、发展粮食生产发挥了较好的政策作用。但是,在几年的实践中,粮食补贴政策也显露出一些需要重视的问题:

一、粮食直补和综合直补的政策效应日渐弱化。不断上涨的工农业生产资料价格,已经抵消了农民得到的国家粮食直补和综合直补,农民的种粮积极性呈现逐年下降的趋势。

二、粮食实际种植面积与计税补贴面积不符。粮食直补一直以计税面积作为补贴依据,不少地方的实际种粮面积大于补贴面积,多出的种粮耕地得不到补贴。如河南省安阳市种粮补贴面积470.71万亩,实际种粮面积超出补贴面积约40万～50万亩。主要原因:一是在土地承包时,有打折计算的土地;二是村组集体耕地,在确定农业税计税面积时未计入;三是因土地整理、复耕土地形成新的可耕地。

三、按地亩补贴缺乏粮食补贴的针对性。按计税面积进行补贴是一种简便易行的补贴方式,但是难以细分种粮耕地与非种粮耕地,致使一些地区产生了非种粮耕地也同样得到了种粮补贴的问题,影响了真正种粮农民的积极性。

四、良种补贴存在着明显的问题。国家的良种补贴方法是农民必须到指定的供种企业购买良种才能获得补贴。这种补贴方法存在明显的问题：一是有悖于《种子法》第三十九条"种子使用者有权按照自己的意愿购买种子，任何单位和个人不得非法干预"的规定；二是由于国家良种补贴的现价低，种子企业为了自身利益宁可放弃利润较低的新良种，却选择数量多、价格便宜的品种作为补贴用良种，不利于新良种的推广；三是种子企业竞标带有很大的盲目性，一些种子企业是先竞标到手再组织筹措良种种子，致使出现良种种子不够时以粮代种的现象，严重损害了种粮农民的利益。

五、农机购置补贴力度小、补贴机具面窄。目前农机购置补贴资金与农民购买热情仍存在着一定差距，补贴资金数量远远不能满足农民的购机需求。同时，随着机具价格和柴油价格的上涨，农民的种粮成本不断加大，收益降低，并且补贴折机具种类不全，如17～40马力的小型农用拖拉机、小型玉米收获机、蔬菜大棚卷帘机等，都不在补贴目录中。

为此建议：

一、调整粮食直补方式，使种粮农民多受益。应在以计税面积为补贴依据的基础上，测算各地区实际种植面积与计税面积的比例系数，利用测算系数对直补数量进行微调。应鼓励粮食生产规模经营以及粮食生产专业合作社的发展，对粮食连片生产的农户和专业合作社成员适当提高补贴标准。应加强补贴资金的监督，使补贴资金真正补到种粮农民手中。

二、加大补贴力度，提高农民种粮积极性。为使补贴能够尽可能弥补农业生产资料价格上涨的因素，应根据粮食价格和生产成本之间的比例关系，对粮食直补和综合直补进行调整，确保粮食生产的比较效益稳定在较高的水平，激发农民生产粮食的积极性。

三、提高良种补贴标准，完善补贴发放方式。应提高补贴标准，按照农户根据种植规范要求每亩实际用种量进行全额补贴。应改招标模式为直接将补贴款发放给农民，划定项目实施区域，按补贴标准直接将补贴款打到农民良种补贴"一卡通"上。应对供种企业采用"准入"资格制，即由省级农业主管部门制定要求和标准，将面积落实到各县（市），由各地推荐符合标准的供种企业，再由省农业主管部门审核,确定入选企业具有品种开发权、已通过国家和省级审定的品种均可作为良种补贴品种。农民可根据需要自主购买良种。

四、增加农机补贴资金总量,提高补贴比例。应充分考虑农机具和燃油涨价等因素,将农机购置补贴率由30%提高到40%以上,并根据农民的需求和农业结构调整的要求,增加农机具的补贴种类。

主题词: 粮食 生产

提案人: 民建中央

中华人民共和国财政部2009年8月31日以财农函〔2009〕79号文函复:

你们提出的《关于进一步完善粮食生产补贴政策的提案》收悉,现答复如下:

一、关于调整粮食直补方式的问题

近年来,党中央、国务院陆续出台了粮食直补、农资综合补贴政策,逐步建立了对种粮农民直接补贴制度,实现了我国农民补贴制度的历史创新。其中粮食直补政策从2004年开始实施,把原来补贴在粮食流通环节的一部分粮食风险基金拿出来直补种粮农民(粮食风险基金由中央与地方共同筹资建立);农资综合补贴政策从2006年开始实施,由中央财政新增资金适当弥补柴油、化肥等农资涨价对农民种粮增支的影响。

(一)关于补贴方式及提高种粮大户补贴标准的问题。考虑到我国地域广阔,各地粮食生产差异性较大,补贴方式不宜搞"一刀切",因此现行政策要求原则上按种粮面积向种粮农户兑付补贴,具体补贴方式由各省级人民政府根据本地区实际情况确定。若全国统一要求以计税面积为基础,会对补贴政策落实产生不利影响。目前补贴方式主要有按计税面积补贴、按实际种植面积补贴、按耕地面积补贴、按商品量补贴等。从调研情况看，上述方式各有利弊，但总体看补贴大都落实到了种粮农户。

粮食直补和农资综合补贴政策一直坚持向粮食主产区倾斜、向种粮大户倾斜的原则，鼓励多产粮、多调粮。中央对各省（自治区、直辖市）农资综合补贴资金的分配按照粮食产量、播种面积、商品量、农资支出等因素分配，产粮越多、商品量越大，地方得到的补贴资金也越多。各地向农户兑付补贴资金时，种粮面积大、产粮多、商品量大的农户，得到的补贴资金也多。为进一步调动种粮大户发展粮食生产的积极性，一些省份也进行了积极探索。据反映，直接增加对种粮大户的补贴标准，其他农户意见较大，认为种粮大户面积多，收益多，补贴也多，再提高补贴标准，政策有失公平。下一步，财政部将综合考虑有关因素，进一步完善对种粮农民特别是种粮大户直接补贴政策，更好地发挥补贴对粮食生产的促进作用。

（二）关于确保补贴资金真正落实到种粮农户手中的问题。为确保补贴资金真正落实到农民头上，财政部会同有关部门采取了一系列措施。一是政策严格要求。现行政策明令禁止集体、他人代领对农户的粮食直接补贴，严禁挤占、挪用、截留对农民的直接补贴，必须把直接补贴兑付到农户手中。二是制度严密健全。建立了补贴资金专户管理制度、村级公示制度、基础档案管理制度、联合督察制度等。补贴资金通过专户管理、拨付，中间环节见数不见钱，管账不管钱；每户的补贴面积、补贴标准、补贴金额，全部在村里张榜公布最少一周时间，防止虚报冒领和弄虚作假；补贴发放的依据、清单等基础资料要建档归卷，并要进行不定期抽查；有关部门对补贴发放实行联合督察，发现问题严肃处理等等。三是操作规范便捷。为方便农民领取补贴资金，财政部在全国范围内逐步推广“一卡通”（或“一折通”），直接将补贴发放到农户的卡（或存折）上，提高效率，方便农户。同时，逐步建立完善中国农民补贴网，通过补贴网管理监督补贴发放。下一步，财政部将进一步加强补贴资金的监管，确保补贴资金真正落实到种粮农民手中。

二、关于加大补贴力度的问题

党中央、国务院高度重视对种粮农民的直接补贴工作，为使补贴能够尽可能弥补农业生产资料价格上涨带来的影响，充分调动农民生产粮食的积极性，自实施粮食直补、农资综合补贴政策以来，补贴力度不断加大，使7亿多种粮农民直接受益。其中农资综合补贴规模由2006年的120亿元增加到2008年的716亿元，增长497%，有效缓解了农资价格上涨对农民种粮的影响。对种粮农民的直接补贴政策，稳定了农民的种粮收益，促进了粮食增产、农民增收，深受广大农民的欢迎，取得了良好的政策效果。今后，财政部将根据党中央、国务院总体部署，会同有关部门抓紧研究，积极探索完善农资综合补贴动态调整机制，逐步健全保护农民种粮收益的长效制度。

三、关于提高良种补贴标准，完善补贴发放方式的问题

为引导和鼓励农民在生产中使用农作物优良品种，中央财政于2002年起先后设立了大豆、小麦、玉米、水稻、棉花和油菜等品种的农作物良种补贴。良种补贴政策实施以来，覆盖的品种和范围不断扩大，资金规模大幅度增加，对促进全国粮棉油生产稳定发展，农民持续增收发挥了重要作用，已成为一项重大的强农惠农政策。2009年中央财政按照《中共中央、国务院关于2009年促进农业稳定发展农民持续增收的若干意见》（中发〔2009〕1号）的精神，进一步加大良种补贴支持力度，实现了水稻、小麦、玉米、棉花全覆盖，并增加了大豆良种补贴范围，使更多的农民都能享受到国家政策带来的实惠。

（一）关于提高良种补贴标准的问题。2009年，中央财政认真贯彻落实《中共中央、国务院关于2009年促进农业稳定发展农民持续增收的若干意见》（中发〔2009〕1号）的精神，进一步加大良种补贴支持力度，实现了水稻、小麦、玉米、棉花全覆盖，并增加了大豆良种补贴范围，使更多的农民都能享受到国家政策带来的实惠。今后，随着国家财力的不断增长和加快发展优质高产高效农业的需要，中央财政将积极增加资金规模，在实现良种补贴全覆盖的基础上研究提高补贴标准问题，从而进一步加大农作物优良品种的推广力度。

（二）关于完善补贴发放方式的问题。为确保良种补贴政策真正

落到实处，农业部办公厅、财政部办公厅于2009年3月5日印发了《2009年中央财政农作物良种补贴项目实施指导意见》（农办财〔2009〕20号），对良种补贴资金的发放方式做了相应调整。对水稻、玉米和油菜等以杂交种为主的品种，实行良种推介、自愿购种，采取现金补贴的方式（可通过“一卡通”）直接发放给农民，简化发放程序，减少中间环节，保证资金安全；对小麦、大豆和棉花等以常规种为主的品种，由于全国各地农作物种植特点和农民使用良种习惯的差异较大，农民可以使用自留种，不利于优良品种的推广，良种补贴方式在全国不宜搞“一刀切”。各地可根据实际情况和农作物品种特点，科学确定良种补贴资金的发放方式，可以采取售价折扣补贴，也可以采取现金直接补贴的方式。但采取统一供种方式的省级以下财政或农业部门不得组织招标。为进一步加强补贴资金监管，目前财政部正在会同有关部门组织力量，抓紧研究有关情况，并采取调研、座谈等多种形式，广泛听取意见，对良种补贴政策的整个运作过程，包括农作物良种品种的推介、补贴资金的发放方式和对供种企业的监督等环节进行调研和论证。同时，根据调研的结果抓紧对《中央财政农作物良种补贴资金管理办法》进行修订和完善，使广大农民真正享受到国家的强农惠农政策。

今后，中央财政将继续认真贯彻党的十七届三中全会等会议精神，深入贯彻落实科学发展观，通过实施良种补贴政策，进一步加快农作物优良品种的推广，进一步提高粮食单产水平、优化农作物种植结构、改善农产品品质，确保国家粮食安全。

四、关于增加农机补贴资金总量的问题

按照《中共中央、国务院关于促进农民增加收入若干政策的意见》（中发〔2004〕1号）的精神，为提高农业机械化水平，中央财政于2004年设立农机购置补贴，对农民个人、农场职工、农机专业户和直接从事农业生产的农民专业合作组织购买先进适用农业机械，按不超过机具价格的30%给予补贴。实施农机购置补贴是落实中央强农惠农政策的重要内容，有利于调动农民购置和使用农业机械积极性，提高农业机械化水平，增强农业综合生产能力，特别是为应对当前国际金融危机具有保增长和促消费的双重作用,对于进一步扩大国内需求,拉动农机工业发展都有重要意义。

2009 年中央财政按照“保增长、扩内需、调结构”和实施积极财政政策的要求,继续大幅度增加农机购置补贴资金规模,安排资金 130 亿元,比 2008 年增长 225%;将补贴机具的种类由 2008 年的 9 大类 18 个小类 50 个品目,扩大到 12 大类 38 个小类 128 个品目,各地自行确定的补贴机具种类由 5 种扩大到 10 种;在总体上维持 30% 的补贴比例和单机补贴限额 5 万元标准不变的情况下,对特殊地区和特殊环节适当提高补贴比例和补贴限额,将四川汶川地震重灾区县补贴比例提高到 50%,将 100 马力以上大型拖拉机、高性能青饲料收获机、大型免耕播种机、挤奶机械补贴限额提高到 12 万元。

今后,中央财政将继续认真贯彻十七届三中全会等会议精神,深入贯彻落实科学发展观,紧紧围绕建设社会主义新农村的总体要求,以改善农业装备结构、提高农机化水平为主要任务,突出先进适用、安全可靠、节能环保机具的推广应用。随着国家财力的增长和农业机械化加快发展的需要,中央财政将进一步增加资金规模,加大对农机购置补贴政策的支持力度,最大限度地发挥财政补贴政策的引导效应,进一步调动农民购买和使用先进适用农机具的积极性,加快发展农业机械化,推进农业现代化。

感谢你们对财政工作的关心和支持,欢迎再提宝贵意见。

全国政协十一届二次会议提案第0316号

案　　由:关于加快推进集体林权制度改革,促进农民工返乡就业的提案

审查意见:建议国务院交国家林业局会同国家发改委、财政部研究办理

内　　容:当前,中共中央、国务院提出了扩大内需、保持国民经济平稳较快增长的战略决策和工作部署,全面推进集体林权制度改革,将25亿亩集体林地尽快落实到户、承包经营,提高林地生产力,对于拉动内需、扩大就业具有特别重要的意义。2008年6月8日,中共中央、国务院颁发《关于全面推进集体林权制度改革的意见》以来,各地各部门认真落实中央的部署,积极稳妥地推进改革。福建、江西、辽宁、浙江、云南5省已基本完成主体改革,河北、安徽、河南、湖北、湖南、重庆、四川、贵州8省市已全面推开主体改革,其他省区市都在积极开展改革试点。集体林权制度改革得到了广大农民群众的热情拥护和各方面的积极响应,已对农民就业增收发挥了突出的作用。

金融危机对我国造成最可怕的后果之一是大量农民工失业,给农民的生活和社会稳定产生不利的影响。林业是农民最熟悉、最直接、最适宜的就业方式,经营林业和我国农民的文化、技能、素质相适应。目前,我国还有18亿亩集体林地没有承包到户,按人均经营50亩计算,可提供3600万个就业岗位。农民可以培育种苗、植树造林、抚育森林,种植药材、花卉,发展特色经济林、食用菌以及林下养殖等林下经济,这对大量农民工返乡就业、维护社会稳定将发挥十分重要的作用。

为此提出如下建议:

第一，尽快召开中央林业工作会议，对集体林权制度改革作出专门部署。集体林权制度改革政策性强、难度大，涉及亿万农民的切身利益。从各试点省的情况看，都实行了党政一把手抓林改，高位推动。云南省还由省委、人大、政府、政协16位省级领导组成检查组负责指导检查。省、市、县、乡党政领导抓林改是林改顺利推进的保障。为了协调各方的力量抓好这件大事，建议尽快召开中央林业工作会议，对集体林权制度改革进行动员部署，同时扩大国有林场和国有林区改革试点，这样可以引起全社会的高度关注，有利于激发农民工返乡务林的热情，安定人心。

第二，出台森林经营的政策措施，全面提高农民经营林业的能力和收益。我国有43亿亩林地，仍有宜林荒山荒地8亿亩，即使全部造上林，全国森林覆盖率也只有26%，比世界平均森林覆盖率还低4个百分点，远不能满足维护生态安全的需要。特别是我国现有人工林质量很低，林分单位面积蓄积量仅有46.59立方米，仅为世界平均水平的50%，为林业发达国家的12.94%。专家测算，通过加强森林经营，将我国单位面积森林蓄积量提高到世界平均水平，可增加森林蓄积量约60亿立方米。目前，我国只有造林投入，没有森林经营的投入。以扩大内需和低成本投入为契机，启动实施森林经营工程，这样既可直接增加农民收入，又可提高森林质量，为解决木材需求和增加森林碳汇发挥根本性作用，这也是我国应对气候变化的一项战略举措，并将在国际上产生良好的重大影响。

第三，加强林区道路等基础设施建设，切实改善山区民生。长期以来由于国家对林业采取"多取少予"的政策，对林区的历史欠账很多，林业基础设施很差，现在一些林区仍不通路、不通电、不通水、不通电话、不通广播电视。林区道路是我国林区基础设施最薄弱的环节，严重影响到森林防火和实行集约经营，也影响林业职工和林农群众的生活，因此，急需加大林区道路等基础设施建设的投入。

第四，大力培育林业产业，维护我国食用油和能源安全。油茶是我国特有的高级食用油料树种，其品质超过了被誉为"液体黄金"的橄榄油。过去，由于品种老化、经营粗放，油茶亩产只有3～5公斤，经过科研人员十几年的深入研究，现在油茶新品种亩产可达75公斤，高的达到100公斤。如果用新品种对我国现有5000万亩油茶林进行改造，亩产达到50公斤以上，可为我国提供食用植物油产量的近30%，可腾出7500万亩耕地用来种植粮食作物。同时，发展森林生物质能源是国际社会缓解能源危机的战略选择。我国现有木本油料树种种子含油量在40%以上的植物有154种。利用现有林地，还可培育能源林1333.3万公顷，每年可提供生物柴油500多万吨，木质燃料近4亿吨。开发森林生物质能源，应当成为我国能源战略的重点之一。

第五，加大公共财政对林改直接扶持的力度。建议重点扶持三个方面：一是对农民林业专业合作社建设给予支持。在产权明晰的基础上，按照《农民专业合作社法》规定，引导农民建立林业专业合作社，进行有机联合，发挥林业生产经营的规模效益。二是对林业产权交易中心建设给予扶持。集体林权明晰后，随着经营权的放活，森林资源资产化、资本化的要求将越来越迫切，产权交易中心的建立势在必行。目前，全国部分县市已经建立起产权交易中心，但还需要进一步规范和提高。建议尽快研究林业产权交易中心的科学布局，引导各地加快产权交易中心的建设。三是尽快提高生态公益林补偿标准，以巩固和保护集体公益林产权改革的成果。

主题词： 林业

提案人： 致公党中央

国家林业局2009年7月10日以林案协字〔2009〕53号文函复：

你们提出的《关于加快推进集体林权制度改革，促进农民工返乡就业的提案》收悉。经商国家发展改革委、财政部，现答复如下：

一、关于尽快召开中央林业工作会议，对集体林权制度改革作出专门部署问题。中央林业工作会议已于2009年6月22～23日在北京召开，会议对进一步推进集体林权制度改革提出了明确的要求，作出了专门部署。会议明确指出，全面推进集体林权制度改革，是农村经营制度的又一重大变革，是一项惠及亿万农民的民心工程，是发展现代林业的强大动力，是应对国际金融危机的重要举措，是促进农村和谐稳定的有力保障。为此，会议要求各地区各部门认真贯彻落实中发〔2008〕10号文件的精神，加大工作力度，加快改革进度，确保改革质量。

二、关于出台森林经营的政策措施，全面提高农民经营林业的能力和收益问题。长期以来，我国森林经营水平低下，森林结构不合理，森林质量效益低，与欧美等发达林业国家相比有巨大差距。为了改变这一现状，国家相继采取了重大措施，促进林业的改革和发展。一是全面推进林改，明晰集体林地使用权和林木所有权，放活经营权，落实处置权，确保收益权，充分调动农民经营林业的积极性。二是出台支持林业改革发展的公共财政和金融政策，解决林农营造林的资金困难和经营风险问题。三是启动了重点公益林中幼林抚育等森林经营示范项目。2005至2009年共安排资金13868万元，在263个单位开展了以中幼林抚育为主的森林经营示范工作，取得了比较明显的成效，发挥了一定的示范带头作用。下一步，国家将组织编制《全国森林经营规划纲要》，对全国森林经营工作进行规划布局；继续实施中幼林抚育示范项目，选择一批单位开展森林经营试点，研究出台森林经营投入的长效机制。

三、关于加强林区道路等基础设施建设，切实改善山区民生问题。我国山区面积占国土面积的60%以上，道路等基础设施建设严重滞后，严重影响了山区人民的生产生活和长远发展。为推动林区基础设施建设工作，我局组织编制了道路、饮水安全、供电保障等内容的林区基础设施建设规划，规划范围包括各省区市的国有森工局（林业局）、重点营林局、国有林场、省级以上自然保护区和国家森林公园。下一步，我局将积极协调有关部门，尽快按程序报批，抓紧开展林区道路等基础设施建设工作。

四、关于大力培育林业产业,维护我国食用油和能源安全问题。油茶是我国特有的经济和生态效益俱佳的优良木本食用油料树种。经过多年的研究和实践,油茶已具备了向高产高效发展的基础。近年来,我局认真贯彻落实国务院领导同志的批示精神,把加快油茶产业发展作为维护国家粮油安全、推进山区综合开发和促进农民就业增收的一项重要工作来抓。一是成立了领导机构,具体组织协调全国油茶产业的发展工作。二是组织编制了《全国油茶产业发展规划(2008~2020年)》,并已通过评估,拟报国家发改委审批。三是积极协调争取油茶产业发展资金和相关政策,从2008年开始安排了国家预算内资金和财政资金用于扶持油茶高产示范基地、种苗繁育基地及产品加工等建设项目。四是加大科技支撑力度,依托湖南省林科院成立了国家油茶研究开发中心,把油茶良种及高产培育计划研究列入国家支撑计划、948项目计划,组织编写了"油茶产业升级关键技术研究与示范"项目,已通过科技部综合咨询,并在油茶主产区加大了油茶优良新品种以及低产林改造技术示范推广,强化了油茶优良种苗繁育基地建设和质量监管,出台了一系列相关办法和规定,积极保障油茶种苗供应,确保油茶产业健康有序发展。

为加快发展林业生物质能源,我局制定了《全国能源林建设规划》,初步确定到2020年培育能源林2亿亩,成林后每年可提供生物柴油500多万吨,木质燃料近4亿吨。同时,我局逐步加强了与大型能源企业的开发与合作,积极探索我国"林一能"一体化发展道路。目前,我国林业生物质能源产业尚处于起步阶段,需要在丰产栽培技术、优良品种选育、管理经营和开发利用等方面开展示范,树立典型。为此,我局正在争取国家安排专项资金扶持能源原料林示范基地建设,推动林业生物质能源产业化发展。

五、关于加大公共财政对林改的直接扶持力度问题。根据2008年中央10号文件的精神,中央财政按照每亩1元的标准对已全面开展林改的23个省(区、市)安排林改工作经费补助23亿元。为促进农民林业专业合作社发展,我局在调查研究的基础上,正着手制定《国家林业局关于促进农民林业专业合作社发展的指导意见》,对农民林业专业合作社的性质和业务范围作出了规定,提出了引导、扶持农民林业专业合作社建立和发展的政策措施。同时,积极争取财政部对农民林业专业合作社的建设给予支持,建立政策性资金支持制度,引导扶持农民林业专业合作社的建设,提高农民自我管理、自我扶持和抵御自然灾害的能力。为扶持和规范林权自然灾害的能力。为扶持和规范林权交易中心的建设,我局开展了相关的调查研究,并积极与国家发展改革委、财政部等有关部委沟通,研究探索有关扶持规范林权交易中心建设的政策措施。同时,正在起草规范林权流转的指导意见,协调人事部、财政部等部门研究建立森林资源评估和评估师制度。下一步,我局将继续协调有关部委争取尽快出台扶持林权交易中心建设的政策措施,研究规划林业产权交易中心的科学布局,引导各地规范化建设产权交易中心。刚刚召开的中央林业工作会已明确,从2010年起对属于集体林的国家级公益林,中央财政补偿标准由每年每亩5元提高到10元,并随着财力的增长逐步提高补偿标准。

感谢你们对林业工作的关心和支持。

全国政协十一届二次会议提案第0319号

案　　由:关于鼓励农民通过专业合作社流转土地的提案

审查意见:建议国务院交农业部会同财政部研究办理

内　　容:自我国实现联产承包责任制之后,农村的土地流转虽广泛存在,但多在亲戚、朋友、邻居间进行,属农民的自发行为,流转范围较窄,规模比较小,流转行为也不规范。党的十七届三中全会明确提出了鼓励土地流转,使我国农村土地流转问题的研讨和探索不断升温,也为进一步提高土地经营规模和效率水平,推动土地要素释放促进经济发展的能量创造了条件。

我国当前土地流转形式大体上包括以下几种:代耕代种、互换、出租、反租倒包和合作性土地流转模式。从受让主体看,前两种主要是农户,第三种、第四种主要是企业,第五种是农民专业合作社。由于受让主体的不同,会使得土地流转产生的经济和社会效益差别很大。因此要深入分析不同受让主体和各种流转模式的利弊,采取政策措施,引导农民采用既能推动土地的规模化经营,又能保障农民长远利益的方式进行土地流转。

代耕代种模式多是由暂时无力或不愿经营土地的农户,自行协商临时把承包地交由别人(大多是亲友)耕种,原承包合同关系不变,时间、条件一般由双方口头约定。受土地流转范围和人员的限制,这仅是避免土地撂荒的权宜之计,不可能成为长期有效的土地流转机制,更不可能成为促进未来土地流转的主要方向。互换模式则是由承包户相互调整地块,以使承包地连片集中经营。这仍是农户内部流转,受到互换土地等物质条件的限制,规模不会很大,再加上缺乏机构和组织的有效管理和协调，未来虽可能会作为农村土地流转的一种辅助形式而存在，也不可能成为农村土地流转的主要模式。

对于出租或反租倒包模式，则主要是一些不愿自行经营土地的农民，将土地承包经营权长期有偿让与他人；或是由地方政府或村级组织先从农户那里租赁土地，然后转租给他人（多由企业进行土地的高附加值项目开发）。这种模式一般由社会资本一次或分次将土地租赁费给农民后，农民就不再享有土地收益的分配权。在社会资本投资农业的积极性不断提高的大背景下，这种模式正在迅速发展。由于农民缺乏对农用土地价值的有效评估，在土地价值不断升值的情况下，这种模式很容易造成土地被社会资本集中，农民因失去了对所承包土地的经营权，无法分享未来土地的高附加值收益和土地经营的长期收益而造成利益损失，甚至可能因土地经营收益的纠纷而引发群体性事件。因此，对是否鼓励这种土地流转模式一定要慎重，并需要我们根据项目的可行性和是否充分尊重了农民的意愿予以区别对待。

合作性土地流转模式则是由农民以土地承包经营权入股成立股份合作社，由合作社自身或通过与社会资本合作开发土地，实现土地统一经营。合作社可获得土地规模化经营的收益，或者合作社可根据与社会资本协议共同分享土地规模经营的增值收益，农民则根据在合作社入股情况进行收益的二次分配。这种模式既能保障土地的规模化经营，有利于吸收社会资本加大对农业产业投入，提高土地产出效率，又能保证农民长期的土地收益权，让农民分享土地增值收益。而土地股份合作社不仅可以通过产业合作实现普通专业合作社的社会功能，更可以通过产权合作实现农村土地和社会资本与农产品市场的有效对接，发展适度规模经营。因此，我们认为，国家应采取措施扶持土地股份合作社的组建和发展，把它们培育成为土地流转的受让主体。为此我们提出以下建议：

一、鼓励农户在自愿基础上成立土地股份型农民专业合作社，引导农民由传统的产销合作向新型的产权合作方向发展。进一步修订或补充完善《农民专业合作社法》，允许农民在自愿的基础上，以土地承包经营权入股的方式成立土地股份合作社。允许已成立农民专业合作社的社员将土地承包经营权抵押或交付合作社经营。对通过成立合作社方式实现土地成方连片规模化经营的农民合作组织在财政上给予更多的支持和补助。

二、加强对农民专业合作社负责人的培训和引导,提高其素质,推动传统合作社向新型的土地股份合作社转变。在全国范围内大规模开展对农民专业合作社负责人的培训,总结土地股份合作社的运营经验,提高农民对土地入股联合经营的认识,加强合作社之间的信息与经验的交流,引导农民将分散经营的土地通过合作组织集中统一经营,通过合作社连接农业生产与市场,实现土地的高效利用与增产增收。

三、鼓励社会资本与农民专业合作社合作进行农用土地开发,并从政策和制度方面保障农民对入股土地享有长期增值收益权。对于社会资本与农民专业合作社共同开发农用土地,只要符合不改变土地所有权、不改变土地用途、不损害承包方利益的基本条件,并能够将分散的土地集中管理,实现统一经营、规范管理和产业化运作的项目,国家应拿出专项扶持资金,给予政策、财政和税收等方面的优惠和支持。同时,国家应该出台相关政策和法律规定,进一步强调农民对所流转土地的长期收益权,限制或避免社会资本大规模针对农民承包土地的“圈地运动”,防止农民只顾眼前利益而失去全部土地,并由此带来社会风险。

对已经实现土地入股的农民专业合作社,可以通过合作社完成对农民承包地地块的确权、登记和颁证工作,并以法律或公正手段对土地的所有权进行进一步界定,保障农民对入股土地享有长期增值收益权,并给合作社颁发土地使用权证。允许社会机构对合作社持有的土地使用权证进行评估,作为银行抵押贷款、融资和投资入股的有效凭证,以提高合作社对社会资本的谈判能力。

主题词: 农村　土地

提案人: 全国工商联

农业部文件2009年9月14日以农办案〔2009〕103号文函复：

你们提出的《关于鼓励农民通过专业合作社流转土地的提案》收悉。经商财政部，现答复如下：

一、关于农村土地承包经营权流转政策

党和政府高度重视土地承包经营权流转，相继出台了一系列法律和政策。2002年颁布的《农村土地承包法》，对土地流转原则、流转方式、流转合同等作出了明确规定；2007年颁布的《物权法》进一步明确了相关内容，强化了对土地承包经营权的物权保护；党的十七届三中全会在保持土地承包经营权流转政策连续性的基础上，总结了近年来各地土地承包经营权流转的经验，系统阐述了土地承包经营权流转政策。按照中央的要求和部署，我部采取了一系列措施加强管理、指导和服务，依法规范土地承包经营权流转行为。一是加强土地承包经营权流转规范管理。严格把握土地流转政策，充分尊重农民的主体地位，切实落实依法自愿有偿的原则，发挥市场机制的基础作用，确保"三个不得"的底线，即不得改变土地集体所有性质，不得改变土地用途，不得损害农民土地承包权益。二是积极引导土地承包经营权流转。一些地方出台扶持政策，对流出土地承包经营权的农民给予财政补贴，或对采取土地流转实行规模经营的专业大户、家庭农场和农民专业合作社等规模经营主体进行补贴和奖励。在农业基本建设、农机具购置补贴、农业综合开发等农业项目上加大对规模经营主体的支持力度。三是加强土地承包经营权流转服务。以乡镇农经机构为依托，建立土地承包经营权流转服务中心，搭建土地流转服务平台；以县级农经部门为龙头，建立村有信息员、乡镇有中心、县市有网络的土地流转信息体系，搭建土地流转信息平台；积极探索在有条件的地方建立土地承包经营权交易所或者交易中心，搭建土地承包经营权交易市场平台。四是加强土地承包经营纠纷调处和政策执行情况检查。2009年6月27日全国人大常委会第九次会议审议通过的《农村土地承包经营纠纷调解仲裁法》，明确了农村土地承包经营纠纷的解决渠道，赋予了村民委员会、乡（镇）人民政府和县级以上人民政府及有关部门解决农村土地承包经营纠纷的职责。目前，我部正围绕学习宣传和贯彻实施法律，指导各地畅通纠纷解决渠道，健全纠纷调解仲裁组织，完善纠纷调处机制，建立健全乡村调解、县市仲裁、司法保障的农村土地承包经营纠纷调解仲裁体系，确保把纠纷解决在当地，把矛盾化解在基层。开展农村土地承包法律政策落实情况检查，纠正存在的突出问题，切实维护农民的主体地位和土地承包合法权益。

二、关于农村土地承包经营权入股发展土地股份合作社

党中央、国务院历来高度重视发展农民群众自愿的联合与合作，充分尊重农民群众的选择和创造。近年来，在中央一系列政策推动下，农民群众探索了很多办社的经验，以土地承包经营权入股成立土地股份合作社，既有单纯以土地承包经营权入股的合作，也有土地承包经营权与劳力、设备设施、技术、资本等各种要素相结合的合作；既有土地承包经营权与社会资本相结合的股份混合模式，也有股权转租、股权参与等模式。在这个过程中，各级农业部门在党委和政府的领导下，积极履行引导作用。一是坚持示范带动，以点带面。支持重庆开展发展农民专业合作社项目试点，探索农户承包地作为生产要素参与专业合作的有效途径；浙江出台了《农村土地承包经营权作价出资农民专业合作社登记暂行办法》，对规范农村土地承包经营权作价出资行为，促进土地资源有序流转、优化配置和合理利用等作出了明确规定。二是强化合作社人才培训。一方面，加强对《农民专业合作社法》的宣传培训工作力度，开展了一系列宣传活动和培训工作。在中央党校进行了法律专题辅导报告，连续两年举办了县市长农民专业合作社法律专题培训班。另一方面，加强对合作社负责人的培训，依托部属中央农业管理干部学院，成立了全国农民专业合作社发展教育中心，组织各省和部分县市业务辅导员、合作社负责人开展法律及财

会制度专题培训。据不完全统计,2007 年以来,我部已举办 6 期法律专题培训班,培训了近 1000 人次,各省(区、市)、地、县(市)共培训 33 万多人次。今年我部还将合作社人才培训纳入"阳光工程"培训内容,安排专门资金,重点培养合作社带头人、财会人员和基层辅导人员,为农民专业合作社发展提供人才支持。三是加大政策扶持。积极争取加大财政扶持力度,扩大资金规模,通过组织实施农民专业合作组织示范项目,支持农民专业合作社改善生产基础设施、实施标准化生产、开展品牌建设;明确了农民专业合作社的税收优惠政策;与银监会联合出台了五项金融支持农民专业合作社发展的措施。四是深入开展研究,探索土地股份合作的内部运行机制、利益分配办法、债务清偿责任等。

实践中,我们感到发展土地股份合作社有以下几个值得重视的问题:一是维护农民土地承包经营权的问题。从现行法律规定看,农民专业合作社的破产适用企业破产法的有关规定。因此,在依法开展各项经营活动过程中,农民专业合作社与公司企业一样,都存在合并、分立、解散、破产、清算等民事行为,都要承担法律规定的相应民事责任,一旦发生合作社破产、解散清算的时候,都可能会从制度上形成农民失地的漏洞。因此,要按照《农业部农村土地承包经营权流转管理办法》(农业部令第 47 号)第十九条规定,"承包方之间可以自愿将承包土地入股发展农业合作生产,但股份合作解散时入股土地应当退回原承包农户"。二是债务清偿问题。《农民专业合作社法》规定,农民专业合作社成员以其账户内记载的出资额和公积金份额为限对农民专业合作社承担责任。我们认为,相当长时期内,承包土地作为农户生活保障功能依然存在的前提下,在合作社解散、破产清算时,作价入股的承包经营权不能作为合作社资产处置,不能与其他股份同样对待,承担相应的清偿责任,否则会对社会稳定造成极为不利的影响。但是,作为具有独立法人资格的市场主体,其权利和责任应该是对等的。如何有效解决这个难题,需要充分调动和发挥农民群众的创造性,在实践中探索解决。三是盈余分配问题。土地股份合作社中如果有外来工商资本入社,或者有部分成员以货币出资方式入社,那么,在对合作社的可分配盈余进行分配时，除了遵循合作社法规定的按交易量(额)比例返还不低于60%的要求外，对剩余可分配盈余的分配，如何设定入股的承包经营权与货币出资入社股份的权重，也需要在实践中进一步探索。

三、关于对农民土地流转给予财税支持

财政部认为，根据《农村土地承包经营权流转管理办法》(农业部令第47号)规定，农村土地承包经营权的流转方式、期限和具体条件，由流转双方平等协商确定。鉴于此，按照市场经济原则，政府对农村土地承包经营权流转交易的任何一方给予补贴，都不会降低土地承包经营权流转交易合约的要价，难以起到降低流转成本、促进土地承包经营权流转的作用。因此，目前不宜对土地承包经营权流转给予财政补贴及设立农地流转出让补偿基金等专项。

四、关于农村土地承包经营权抵押融资

银监会表示，目前除四荒地以及乡镇企业占用范围内的土地使用权可以设置抵押外，其他农村土地作抵押尚存在法律政策障碍。下一步，银监会将探索建立农村土地等不动产登记制度，积极稳妥地进行以土地使用权和保证农民基本居住条件之外的住宅为抵押物的试点，引导银行业金融机构进一步加快产品和服务创新步伐，在法律允许的范围内和有效控制风险的前提下，最大限度地满足农民群众金融服务的需要。

感谢全国工商联长期以来对“三农”工作的关心，并希望今后继续对我部工作予以支持。

全国政协十一届二次会议提案第0347号

案　　由:关于尽快开工建设大藤峡水利枢纽工程项目的提案

审查意见:建议国务院交水利部研究办理

内　　容:大藤峡水利枢纽是国务院批准的《珠江流域综合利用规划》、《珠江流域防洪规划》确定的流域防洪关键性工程,也是《珠江水资源综合规划》和《保障澳门珠海供水安全规划》提出的流域关键性水资源配置工程。大藤峡水利枢纽开发功能最新定位为以防洪、水资源配置、发电为主,兼顾航运、灌溉等综合利用。大藤峡水利枢纽位于珠江水系西江流域、黔江干流大藤峡出口的弩滩上,在广西桂平市区西北12公里,属红水河十个梯级规划中最末一个梯级,大藤峡水库与龙滩水库联合运用,调节来自红水河和柳江的洪水,可以使下游主要防护区(梧州市及广东珠江三角洲的重要城市)的防洪能力由50年一遇提高到100年一遇,水库总库容30.13亿立方米,防洪库容15亿立方米,多年平均防洪效益为3.62亿元,水库渠化279公里航道,使来宾—桂平、柳州—桂平航行千吨级船舶;库周及坝下灌区总面积136.66亩;电站装机为160万千瓦,年发电量71.76亿千瓦时,工程静态总投资204.45亿元。

2005年4月4日,国家水利部珠江水利委员会会同贵港市政府就大藤峡水利枢纽工程项目建议书提出了优化建设方案,把防洪与水资源分配作为大藤峡水利枢纽工程重新设计的主题,并将其作为大藤峡水利枢纽建设的新构想,该工程建设的新构想是:一、淹没土地控制在10万亩以内,移民人数控制在4万人以下。二、工程的工期缩短为6年。三、装机容量由120万千瓦改为160万千瓦,应该说新构想已经权衡了各方面的利益。目前，项目建议书已编造完成，广西区政府也组建了大藤峡水利枢纽工程项目领导班子。为加快该项目的建设，建议：

一、重视大项目建设对“十一五”规划和“保增长”的重要作用。我国的经济增长还属于投资拉动型。大藤峡水利枢纽工程项目扩容前动态总投资已达204.45亿元，对我国和广西经济的增长举足轻重。中国科学院《2005中国可持续发展战略报告》中分析，我国GDP消费倾向按58.4%计算，世纪之交中国新增投资的乘数大约2.49倍。据此大藤峡项目建设可直接拉动经济增长500亿。项目建成后年发电85.7亿千瓦时，按广西大化水电上网电价0.24元/千瓦时计算，可新直接产出21亿元。而按每千瓦时电的产值达到6.72元算，大藤峡项目发电85.7亿千瓦时，每年产值570亿元。为此，请求国家尽快审批该项目建议书，力争项目在“十一五”期末开工建设。

二、站在国家能源安全高度来审视和认识大藤峡水利枢纽工程项目建设工作的重要性。能源问题牵动世界“神经”，按经济增长翻两番，而能源消耗只能增长翻一番算，到2020年我国的能源消耗将达到30亿～32亿吨/年标准煤，缺口很大。由温家宝总理主持、历时近3年打造的《中国生产力发展研究》报告认为：衡量一个国家能源安全的重要标志是本国能源供应是否依赖外国以及依赖程度，按照中国进口石油的速度预测，到2010年、2015年和2020年，中国石油净进口率下限将分别达到54.4%、57.4%和59.7%，能源危机可能随时爆发。大藤峡水利枢纽工程项目建设关系到国家能源安全，建议国家安排80%的资金支持、保证项目顺利开工建设。

三、电力留在广西使用。广西经济发展已进入快车道，用电负荷屡创新高，全区全社会用电量每年都以两位数的速度增长。多年以来，广西的电力供应严重不足，值得关注。预计全区用电量在今后相当长一段时间内将保持较快的增长速度。目前，广西每年需电煤1000万吨，供应十分紧张，在当前矿化能源供需矛盾十分突出、煤电油运成为经济发展瓶颈的情况下，把电力留在广西使用，以支持广西地方建设。

四、妥善处理利益和义务关系，解决移民安置等问题。防洪库容 20×10^8 立方米的工程投入，理应由中央大江大河治理经费承担。通过广东省听证会制度，使每年防洪产生的直接经济损失由广东承担。

主题词： **水利　工程**

提案人： 彭　钊

中华人民共和国水利部办公厅2009年8月20日以［2009］水规计办字第63号文函复：

您提出的《关于尽快开工建设大藤峡水利枢纽工程项目的提案》，今年被我部列为重点办理提案，现答复如下：

一、大藤峡水利枢纽工程基本情况

大藤峡水利枢纽位于西江干流黔江段，坝址距下游桂平市12公里，控制流域面积19.04万平方公里，占梧州站集水面积的60.7%。该工程是国务院批准的《珠江流域防洪规划》、《保障澳门珠海供水安全专项规划》、《全国大型水库建设规划（2008～2012年）》、《珠江三角洲地区改革发展规划纲要》中确定的流域控制性工程，具有显著的防洪、水资源配置、发电、航运、灌溉等综合效益。

大藤峡水利枢纽与西江上游的龙滩水库和下游堤防工程联合运用，可有效调控洪水，提高浔江和西江中下游及西北江三角洲地区的防洪保障能力。浔江段防洪标准可从10～20年一遇提高到30～50年一遇，梧州防洪标准从50年一遇提高到100年一遇以上，兼顾削减梧州站100年一遇以上洪水，适当提高梧州以下河段其他堤围的防洪标准。结合飞来峡水库的运行，可有效防御广州市1915年型洪水。可充分开发西江水能资源，向电网提供清洁能源，缓解广西电力紧张状况。与流域其他骨干水库联合调度,有效调控西江枯水期径流,使思贤滘断面(马口十三水)控制流量达到2500立方米每秒,抑制河口地区威潮上溯,保障澳门和珠江三角洲供水安全,实现水资源的优化配置。渠化279公里航道,使来宾—桂平、柳州—桂平段可通航2000吨级船舶,为打造“西江亿吨黄金水道”创造条件。同时,水库供水灌溉面积66.35万亩,有利于发展灌溉农业、解决桂中干旱缺水问题。建设大藤峡水利枢纽工程,政治意义重大,经济效益、社会效益及环境效益显著,对进一步促进广西经济社会发展具有重要作用。

二、前期工作进展情况

我部高度重视并积极推进大藤峡水利枢纽工程前期工作。20世纪70年代以来,我部组织有关单位开展了大量的论证、协调、规划研究、勘测设计等前期工作,将大藤峡水利枢纽工程纳入多项国家层面的重要规划,为工程立项建设打下了坚实的规划和前期基础。为加强对工程前期工作的领导和组织协调,2007年3月,我部与广西壮族自治区人民政府成立了大藤峡水利枢纽工程前期工作领导小组,由我部矫勇副部长任组长、自治区陈章良副主席任副组长,领导小组分别于2009年2月、7月召开了两次工作会议,研究解决前期立项过程中的重大问题,有力地推进了前期的工作。2009年2月,我部珠江水利委员会组织编制完成了项目建议书,会同广西壮族自治区发展改革委、水利厅联合上报我部,我部立即组织水利水电规划设计总院对项目建议书进行了审查。2009年7月,大藤峡水利枢纽工程项目建议书及审查意见经我部部长办公会审议通过,已报送国家发展改革委申请立项。

三、提案办理情况

考虑到大藤峡水利枢纽工程在流域和区域中的重要地位和作用,我部将您的提案确定为今年重点办理的提案,并及时拟定了提案办理工作方案函报全国政协。2009年8月7～9日我部邀请全国政协提案委员会共同组成调研组赴广西壮族自治区进行专题调研,调研组实地察看了大藤峡水利枢纽工程坝址,与广西自治区政协、发展改革委、水利厅、移民局等有关部门进行了座谈,详细了解政协委员关于提案的主要意见和建议，向委员们汇报了提案办理工作有关情况和对提案的初步答复意见。在此基础上，我部形成了答复意见。

四、对提案涉及的有关问题的答复意见

（一）关于尽快审批立项，尽快开工建设问题

我部将会同广西壮族自治区进一步加强与国家发展改革委等有关部门的沟通和协调，积极推进前期工作，争取尽快批复项目建议书。督促项目法人抓紧做好可行性研究阶段的前期工作，在设计方案上统筹好工程效益与环境保护、土地征用、移民安置的关系，协调好各方利益，处理好近期与长远，合理确定工程建设方案和规模。项目法人应积极协调办理项目涉及的国土、环保、水利、林业等行业的相关审批手续，促进工程尽早开工建设。

（二）关于国家安排资金支持工程建设问题

根据项目建议书成果，大藤峡水利枢纽工程估算总投资280.47亿元。据财务分析测算，该工程可向银行贷款167.52亿元、需投入资本金112.95亿元，资本金拟由企业出资和中央补助、广西自治区政府等投入构成。大藤峡水利枢纽工程投资规模大，为落实工程建设资金，我部组织有关单位做了认真研究和积极探索，拟通过拓宽资金来源，多渠道筹集建设资金。一是大藤峡水利枢纽具有较强的防洪、水资源配置、航运及灌溉等公益性性质，我部将积极争取国家投资的支持，在国家政策和财力允许的前提下，尽可能安排中央投资用于工程建设；二是尽快组建项目法人，督促项目法人落实好工程建设资金；三是请广西壮族自治区政府研究有关税费的优惠政策，积极筹措地方配套资金，满足工程建设需要。四是积极争取澳门、广东等受益地区的资金援助。我部已就支持工程建设等事宜与广东省人民政府、澳门特别行政区政府多次磋商、接洽，目前广东、澳门方面已明确表示愿意出资援助大藤峡水利枢纽工程建设。我部将继续与澳门、广东方面加强磋商并与国家有关部门协调沟通，明确援助资金办理的各项程序，促进资金尽早落实到位。

（三）关于电力留在广西使用问题

我部赞同并支持争取全部电量留在广西，以缓解广西用电紧张问

题。请广西壮族自治区协商南方电网公司落实电量留在广西的具体事项，组织好电站接入系统设计等工作。

（四）关于妥善处理利益和义务关系，解决好移民安置问题

根据项目建议书的成果，大藤峡水利枢纽工程将淹没广西耕地7.06万亩、迁移人口2.44万人。工程建成后，将提高除广西沿江城镇的防洪标准外，还承担下游广东省的部分防洪任务。目前国家尚未制定关于防洪补偿方面的相关政策的情况下，只能通过中央投资补助和广东省等地区出资援助工程建设、争取电量留在广西、做好移民安置工作等方式，统筹考虑对广西的补偿和支持。请广西壮族自治区人民政府、项目法人按照《大中型水利水电工程建设征地补偿及移民安置条例》的规定，认真借鉴以往库区移民安置工作的经验，切实做好移民安置规划等前期工作，落实安置方案，确保移民"搬得出、稳得住、逐步致富"。同时，积极研究库区移民长效补偿机制，在各有关方面达成一致意见的情况下，可先行开展试点工作。

全国政协十一届二次会议提案第0838号

案　　由:关于拟请国家扶持木本油料产业发展的提案

审查意见:建议国务院交国家林业局会同国家发改委研究办理

内　　容:植物油料既是城乡居民重要的生活必须品,也是国家重要的战略资源,对维护国家粮油和能源安全意义重大。特别是木本油料具有“不与人争粮,不与粮争地,不与传统行业争利”的优势,在世界各国油料发展战略中受到高度关注和重视。随着我国经济建设的快速发展,人与耕地之间的矛盾将更加严峻,虽然国家在坚守18亿亩耕地“红线”,但人口仍以每年1000多万人的速度增加,发展木本粮油产业已成为必然趋势。我国适合种植的优质木本油料树种较多,有的早已被各地农民种植,成为食用油来源作物,如核桃、油茶、油橄榄、膏桐等品种。

“十一五”期间,随着社会经济的发展和人民生活水平的提高,消费者对食用油的需求呈现出多样化的趋势,传统的色拉油和调和油在一定程度上已经难以满足特定消费者对营养、健康的需求,而具有营养、保健、美味的木本食用油脂产品呈现出巨大的市场空间。在当前粮食供求偏紧的全球背景下,我国不可能再用耕地大规模发展油料生产,解决食用油问题必须从耕地转向山地、林地。我国的食用油还远不能做到自给自足,目前植物油消费刚性需求增长供应缺口要通过大量进口弥补,未来国内巨大的供需缺口将短时间内难以改变。因此,大力发展木本油料产业,提供品质优良的食用保健油供应市场,满足我国人民的需要,有助于改善国民食用油消费结构,提高国民健康水平。

21世纪可再生的生物质能源越来越受到人们的重视，成为世界能源战略调整的重要发展方向。生物质能源是十分重要的可再生能源，虽然目前生物能源在整个能源结构中所占的比重还很小，占14%左右，但生物质能源的发展潜力不可估量，据专家预测，2015年在能源供应结构中生物质能源的比重将提高到40%左右，生物能源的发展有着极其广阔的市场空间。以云南省为例，全省有木本油料植物200多种，可用于发展木本油料的土地面积6000多万亩，规划到2012年全省木本油料林将发展到5000万亩，产业综合产值超过400亿元，到2020年全省木本油料林将发展到6600万亩，产业综合产值超过1500亿元。近年来，全省木本油料基地以每年400万亩以上的速度快速增长，基地规模已达2000多万亩，核桃、油茶、油橄榄、膏桐等木本油料植物已得到了较好的开发利用。其中核桃种植面积超过1200万亩，年产量达30余万吨，综合产值突破60亿元。

建议：应大力发展以核桃、油茶、油橄榄、膏桐等为主的木本油料产业，这将有利于促进广大山区群众的脱贫致富，有利于维护国家油料安全和能源安全，有利于促进生态建设，维护国土生态安全。鉴于发展木本油料产业的前期投入较大，必须有足够的资金作保证，光靠农民自己是难以解决的。因此，建议国家加大扶持，像对待油菜、大豆一样，在良种补贴、造林补助、科技研发和科技推广支持、生产大县奖励、产品精深加工等方面制定切实可行的政策措施，加大对木本油料加工企业、种植大户、专业合作社等的扶持力度，以便为大力加快木本油料产业发展创造良好条件。

主题词： 产业

提案人： 陈　军

国家林业局2009年6月25日以林案协字〔2009〕28号文函复：

您提出的《关于拟请国家扶持木本油料产业发展的提案》收悉。经商国家发展改革委，现答复如下：

我国木本油料资源丰富，油茶、核桃、油橄榄都是优良的木本油料植物。大力发展木本油料，是促进我国农业可持续发展、维护国家粮食安全的一项战略选择，有利于减轻粮油供应对耕地的压力和依赖、增加农民收入和改善农村生态环境，意义非常重大。党中央、国务院十分重视发展油茶等木本油料产业。我局认真贯彻落实中央领导同志的重要批示精神，把加快油茶等木本油料产业发展作为维护国家粮油安全、推进山区综合开发和促进农民就业增收的一项重要工作，从政策扶持、基地建设、科技支撑、产品加工等多方面给予大力支持。

一、在政策扶持方面。我局积极协调国家有关部门，将油茶、核桃、油橄榄纳入国家食用植物油料产业发展规划统筹考虑。2008年12月，国务院下发了《关于促进食用植物油产业健康发展保障供给安全的意见》（国发〔2008〕36号），将发展油茶等木本油料作为一项重要内容，提出了扶持油茶等木本油料生产、加快培育推广高产优良品种、将油茶生产机械纳入农机具购置补贴范围、鼓励各类金融机构增加对油茶种植企业和农户的信贷支持、稳步推进油茶生产保险等政策措施，为油茶等木本油料发展创造了有利条件。

二、在资源发展和基地建设方面。我局在《林业发展"十一五"和中长期规划》、《农业综合开发林业"十一五"规划》中，均将发展木本油料列为重要内容，在退耕还林、长江中上游防护林建设、防沙治沙等林业重点工程和农业综合开发林业项目中，均安排了油茶、核桃、油橄榄等木本油料基地建设项目，带动了木本油料产业的发展。在很多重点产区，木本油料产业已成为拉动区域经济发展和广大林农增收致富的重要支撑。

三、在加强科技研发和科技推广方面。多年来，我局十分重视木本油料植物的科研和技术推广工作。在科技部的支持下，“十五”期间通过攻关计划开展了油茶、核桃等木本油料植物的高效栽培和试验示范，并推广应用到生产实际中，取得了显著的成效。“十一五”期间又将“油茶产业升级关键技术研究与示范”列入国家科技支撑计划项目。今后，我局将继续加强对木本油料的科技攻关，推广标准化生产，提高产业发展综合能力。

四、在对木本油料加工企业的扶持方面。我局利用林业贴息贷款政策大力支持木本油料产业发展，在和财政部联合下发的《林业贷款中央财政贴息资金管理规定》（财农〔2005〕45 号）中，明确了林业龙头企业以公司带基地、基地连农户的经营形式，立足于当地林业资源开发以及林产品加工业的贷款项目，凡符合规定条件的，中央财政给予一定的财政贴息，木本油料加工企业的产业开发项目也是如此。今后，我们将进一步加强与金融部门的协调沟通，协助地方林业主管部门做好林业贴息贷款工作，加大对木本油料产业贷款项目（包括种植、低产林改造和深加工等）的扶持力度。同时，结合集体林权制度改革，进一步吸引社会资金参与油茶产业开发。

云南是我国核桃的重点产区，我局将根据国家木本油料产业发展的总体布局，遵循科学发展原则，积极推进云南核桃等木本油料的发展，以带动地方经济发展和农民增收致富。

感谢您对林业工作的关心和支持。

全国政协十一届二次会议提案第2079号

案　　由:关于促进中国糖业稳定健康可持续发展的提案

审查意见:建议国务院交国家发改委会同农业部、财政部、工业信息部研究办理

内　　容:我国是世界上继巴西和印度之后的第三大食糖生产国,也是世界第二大食糖消费国,食糖是国计民生的重要战略物资,也是中国食品工业发展的重要基础性的原料之一。我国人均年消费食糖量与世界人均消费水平存在较大差距,糖业产业有着巨大的发展空间。

目前,糖料作物种植、制糖工业已经成为广西、新疆、云南等欠发达地区农民经济收入的主要来源和地方经济的重要支柱。因此,中国糖业产业的稳定、健康、可持续发展,对于进一步稳定并增加农民收入,促进区域经济与社会可持续发展,从根本上解决"三农"问题具有非常重要的战略意义,同时对切实保护农民利益,确保中国食品工业健康稳定发展至关重要。

一、目前我国糖业产业存在的主要问题

(一)我国糖业产业集中度较低,制糖企业普遍规模偏小、资金缺乏,尚未形成与产业发展相匹配、支撑产业稳定发展的糖业龙头企业。糖业产业的产业升级、产品升级远落后于国内其他食品制造业,仍处于产品附加值低、缺乏品牌支撑的传统制造业阶段,与我国食糖生产和消费大国的地位极不相称。

(二)经过"九五"、"十五"时期的快速发展,国内糖业的产销规模迈上了几个台阶,但由于经营缺乏规模化,糖业产业科技投入严重不足,技术含量和技术水平较低,在糖料作物种源研究及改良、制糖技术装备及工艺水平、产品质量及技术标准等方面与国际先进水平存在相当大的差距。

(三)由于国内糖业产业附加值低,国内制糖企业没有形成循环经济发展模式,普遍存在制糖副产品综合利用不高、资源消耗较高的问题,制糖工业对环境的影响依然很大,节能降耗、环境治理的压力相当大,与目前国家所提倡的环境友好型、资源节约型的可持续发展要求不相符。

(四)糖业产业现有运行模式难以有效保护农民利益,糖料作物价格与食糖价格紧密联系,收购价格形成机制不尽合理,食糖价格下跌,"白条"现象就有所抬头,农民利益难以保证。同时,糖料作物户均种植面积不足一公顷,机械化程度非常低,农民劳动强度大,种植成本较高。

(五)国内糖业产业始终摆脱不了"糖价过高—扩种扩产—糖价下跌"的周期性恶性循环,受糖料作物生长特性和气候影响,以及政府对糖业产业的调控机制尚未真正形成,调控手段比较传统,供销矛盾突出,造成糖价大幅波动,在一定程度上影响了糖业产业的健康、稳定、可持续发展。

(六)我国目前尚未形成糖业产业发展规划,缺少对国内糖业产业运行的统一管理,制糖企业与糖料作物种植分隔、多头管理。地方政府从自身区域利益考虑,盲目扩大糖料作物种植面积和新扩建制糖能力,造成资源布局分散,行业进入门槛较低,资产与产能闲置问题严重,行业风险较高。

二、对策与建议

建议一:尽快研究出台糖业产业发展规划,按照"优化布局、控制总量、提高质量、有序发展"原则,调整优化糖料作物种植和制糖产能布局,控制新建制糖企业,修订、提高食糖产品的技术标准,实行行业准入制度,提高产业进入门槛,推动糖业产业健康、有序发展。

建议二:尽快研究出台有关扶持培育糖业龙头企业的配套政策,支持鼓励有市场优势、技术优势、资本优势的龙头企业实施"大带小、强扶弱、资源与网络对接"的行业整合、联合、重组,支持鼓励龙头企业上市融资，进一步提高产业集中度，形成几个具有产业链经营能力、核心技术和具有国际竞争力的糖业产业集团。

建议三：支持食糖主产区地方政府、糖业龙头企业发起组建糖业产业投资基金，引进社会资本，调动社会资源，推动糖业产业的资源整合和企业重组，提升行业的整体竞争力和国际化水平。

建议四：加快出台支持糖业产业发展的政策，加大中央与地方财政对糖料作物优良品种推广、农业机械引进补贴、农业基础设施建设、农业科技下乡等方面的投入力度，提高种植业技术含量和机械化水平。支持鼓励企业在糖料作物种源技术研究、新工艺新技术引进推广、装备水平提升、环保治理、食糖物流体系建设等方面持续性投入。

建议五：加快形成支持糖业产业发展循环经济的指导性意见，鼓励支持制糖企业走循环经济的发展道路，大力提高制糖副产品的综合利用，发展绿色、低污染、可持续的糖业产业，并在产业政策、资金税收等方面尽快出台相关配套措施。

建议六：尽快完善中央与地方、产区与销区相结合的食糖储备制度，完善国家和地方糖业储备基金管理，适当增加储备总量和食糖储备补贴，发挥政府储备对糖业稳定发展的作用。建立及时的糖料作物播种及产量、食糖产销情况的信息发布机制和预警机制，完善政府对糖业产业的调控手段，消除产销矛盾的周期性，切实保障农民、制糖企业等各方的经济利益。

建议七：建立农民利益的保护机制，完善糖料作物收购价格形成机制，稳步提高最低保护价，坚决杜绝“白条”现象，切实保护农民利益。鼓励广西、云南、新疆等欠发达地区农民种植糖料作物，对种植农户给予良种补贴，帮助农民改良作物品种，提高亩产水平，增加农业收入。

主题词： 产业

提案人： 葛俊杰

中华人民共和国国家发展和改革委员会2009年8月5日以发改提案〔2009〕202号文函复：

您提出的《关于促进中国糖业稳定健康可持续发展的提案》收悉。经商财政部、农业部、工业和信息化部，现答复如下：

食糖作为除粮棉油以外的重要大宗农产品，是关系国计民生的重要商品，也是食品工业的重要原料。近些年来，我国糖业快速发展，对提高人民生活水平、增加边远贫困地区农民收入和促进地方经济发展等方面发挥了重要作用。

党中央、国务院历来高度重视我国糖业发展，近十几年来，国家出台了一系列政策确保行业的持续稳定，如建立国家和地方食糖储备制度、推进全行业结构调整、限制糖精等高倍化学合成甜味剂的生产使用以及严格控制食糖进口等，对于保障食糖供给、促进糖业健康发展起到了积极作用。

一、关于尽快研究出台糖业产业发展规划问题

2006年我委颁布了《全国食品工业"十一五"发展纲要》(发改工业〔2006〕2240号，以下简称《发展纲要》)，明确提出了糖业的发展方向、目标及区域布局。同时，为引导糖料生产发展，2004年以来，农业部实施了《甘蔗优势区域布局规划》，到2009年甘蔗生产集中度达到90%以上，优势区域生产布局已基本形成。

为应对当前国际金融危机，国务院印发了《轻工业调整和振兴规划》(国发〔2009〕15号，以下简称《振兴规划》)。食糖是重要的轻工产品，按照《振兴规划》的要求，重点任务是通过加快自主创新，实施技术改造，淘汰落后产能，着力推动制糖业结构调整和产业升级。同时，我们正着手制定《全国食品工业"十二五"发展纲要》，将进一步明确糖业的发展重点和目标。

二、关于尽快研究出台有关扶持培育糖业龙头企业的配套政策问题

国家对糖业发展历来十分重视。自1999年以来，经国务院批准，制糖业进行了两次较大的结构调整。1999年原国家经贸委等四部门联合下发了《关于制糖行业结构调整部分企业关闭破产有关问题的请示的通知》（国经贸运行〔2000〕703号），明确制糖工业结构调整的主要内容是"保大压小"，对主产糖区负债率高、亏损严重且扭亏无望的150家糖厂实施关闭破产，其中广西自治区关闭12家。2003年经国务院同意，我委批复了《关于发展规模制糖的方案》（以下简称《方案》）。广西自治区政府按照《方案》确定的目标、任务和政策措施，大力推进行业结构调整，制糖企业已由90多户优化到目前的33户，日榨糖能力由2003年的2000多吨，提高到目前的5000多吨，其中组建的17个大型制糖企业集团，制糖产量约占全区总量的93%。

《振兴规划》的颁布对我国制糖业组织结构调整再次创造了良好的机遇。我们将会同有关部门和行业协会按照《振兴规划》的要求，确定目标任务，进一步研究并落实有关政策措施，推动制糖业组织结构调整，为培育糖业行业龙头营造更好的外部环境。

三、关于加快出台支持糖业产业发展政策问题

中央财政高度重视我国糖业发展问题，先后出台了一系列支持糖业发展的政策：一是中央财政对测土配方肥料施肥和农机购置实施了补贴政策，2009年将进一步加大支持力度，在落实相关补贴时，糖业主产省可向甘蔗优势区域重点县适当倾斜，充分利用土壤普查成果，大力推广蔗田测土配方施肥技术，指导科学施肥；同时可将大马力深松犁、碎叶还田机等甘蔗生产机械纳入补贴范围；二是中央财政近年来不断加大对农业产业化发展的支持力度，推进了现代化农业建设，促进了农业规模化、产业化经营，增强了农产品的市场竞争力，并促进了农业增产增收和农民稳定增收。2008年中央财政设立了现代农业发展专项资金，今后还将继续加大支持力度，促进现代农业的发展。

农业部在糖料生产方面加大投入,先后实施了糖料“948”引进项目、农业综合开发、良种繁育体系建设、农业机械补贴和农业科技入户等项目,扶持糖料生产,不断提高生产水平。今后,农业部将研究并积极协调有关部门进一步加大对糖料生产的政策扶持力度,争取将糖料纳入良种补贴范畴,促进食糖健康稳定科学发展。

为改善糖料生产基础设施条件,提高抗灾能力,促进糖料生产持续、稳定发展,20 世纪 90 年代开始,我委每年安排中央预算内投资,扶持广西、云南、广东、海南等糖料主产省区建设糖料生产基地,建设良种繁育、小型农田水利等基础设施,改善糖料生产条件。2009 年我委进一步加大了投入力度,在第四批扩大内需中央预算内投资中安排 1 亿元,用于糖料生产基地建设。截止到目前,我委已累计安排糖料生产基地建设中央投资 4.2 亿元,对改善糖料主产区生产条件,提升我国糖料生产水平发挥了积极作用。今后我委将根据有关专项规划和中央农业投资情况,继续支持糖料生产基地建设。

此外,根据国务院印发的《物流业调整和振兴规划》(国发〔2009〕8 号)和我委下发的《物流业调整和振兴专项投资管理办法》(发改办经贸〔2009〕695 号),我委安排专项资金,以投资补助和贷款贴息的方式,支持农产品冷链物流等物流业重点项目建设和食糖等大宗农产品储备物流设施建设。今后我们将视物流专项资金安排情况,对符合规定条件的食糖流通体系建设项目进一步给予支持。

四、关于加快形成支持糖业产业发展循环经济的指导性意见问题

2005 年以来,经国务院同意,我委、原国家环保总局、科技部、商务部、国家统计局六部委先后启动了两批循环经济示范试点,选择了 178 家试点单位。以此为契机,通过全面部署、强化技术进步、完善政策法规、推进资源综合利用和建立循环经济指标体系等一系列措施,我国发展循环经济工作不断深入,无论是理论研究还是社会实践都取得了重大进展。我委将按照国家相关法律法规要求,在做好发展循环经济各项工作的基础上,适时研究出台重点领域发展循环经济的指导性意见。

在糖产业发展循环经济方面,近年来我国通过蔗渣造纸制板,糖

蜜生产氨基酸、单细胞蛋白、酒精以及提取丙酮等有机化合物,滤泥生产复合肥等综合利用技术的应用,制糖业循环经济链条不断延伸。其中,广西贵糖(集团)股份有限公司被确定为首批国家循环经济试点单位,该企业通过不断探索和研究,初步建成了制糖、造纸、酒精、轻质碳酸钙的工业共生体系;形成了以甘蔗为主要原料,甘蔗—制糖—废糖蜜酒精—酒精废液制复合肥,及甘蔗—制糖—蔗渣造纸—制浆黑液碱回收两条循环利用产业链;开发了利用酒精厂发酵车间废 CO_2 制轻质碳酸钙、造纸黑液碱回收、白水脉冲回收、碱回收白泥做烟气脱硫剂等副产品循环利用链。通过几年来扎扎实实的循环经济工作,贵糖制糖废蜜、酒精废液、碱回收白泥等的综合利用率达到了100%。资源和能源产出率分别由2005年的0.3617万元/吨和0.4370万元/吨标煤,上升到2008年的0.5213万元/吨和0.6191万元/吨标煤。

为加快循环经济发展,下一步我们将在加强规划指导、制定配套法规、完善政策机制、健全管理制度、深化示范试点、推进技术进步、加强国际合作的同时,会同有关部门开展形式多样的系列宣传教育活动,使循环经济理念逐步深入人心,全社会资源节约、环境保护的氛围更加浓厚。

此外,关于提案中"税收措施方面出台相关配套措施"的建议,近年来我国出台了一系列的税收优惠政策,对促进国内糖业产业健康稳定发展发挥了重要作用:一是根据《中华人民共和国企业所得税法》及其实施条例相关规定,企业从事糖料种植所得及通过对各种糖料植物(如甘蔗、甜菜、甜菊等)进行清洗、切割、压榨等简单加工处理制成的制糖初级产品取得的收入,免征企业所得税;二是为鼓励农业生产,对农业生产者自产的农产品(包括糖料植物)免收增值税;三是制糖企业购入的免税糖料植物,可以按照13%的扣除率计算抵扣增值税进项税额;四是为促进企业开发新产品和新技术,鼓励企业资源综合利用,根据企业所得税法相关规定,对企业开发新技术、新产品、新工艺发生的研究开发费用,允许在计算所得税时加以扣除,如企业符合国家重点扶持的高新技术企业条件,可以减按15%的税率缴纳企业所得税。

五、关于尽快完善中央与地方、产区与销区相结合的食糖储备制度问题

完善食糖储备制度对保证制糖行业健康稳定发展，保护农民利益有着重要意义。根据国务院有关文件精神，为加强食糖市场宏观调控，保护蔗农、食糖企业等各方面的利益，国家已经建立了中央、地方两级食糖储备制度。近年来国家高度重视食糖调控工作，不断加大工作力度，在食糖供大于求、价格低迷的时候，食糖储备主要是以中央收储为主。

《振兴规划》中将解决涉农产品收储问题作为产业调整和振兴的一项重要政策措施，明确提出“进一步扩大食糖国家储备”。去年以来，国家连续两次扩大食糖中央储备规模，增加中央收储国产糖数量，同时完善中央和地方两级储备制度，调动食糖主产区的积极性，由主产区地方收储了一部分食糖，目前，中央储备食糖的规模经国务院批准已增加到310万吨，这些措施对保持食糖供求平衡、稳定市场糖价、保障制糖企业和蔗农利益发挥了重要作用，取得了显著成效。

近期有关部门正在研究建立食糖工业储备，完善以国家储备为主体，工业储备为补充的食糖储备体系，完善调控手段，提高宏观调控效率。

六、关于完善糖料作物收购实行最低保护价和良种补贴问题

当前，国家运用储备制度，已形成了较强的市场调控能力。通过吞吐调剂、低吸高抛、稳定食糖市场价格，基本达到了既保护蔗农利益又兼顾制糖企业的目的，能够达到最低保护价政策同样的效果。因此，当前尚不宜实行糖料作物最低保护价政策。

另外，为提高粮食产量和品质，降低农产品生产成本，促进农业增产增收和农民稳定增收，国家从2002年起开始实施良种补贴政策，补贴品种主要是关系我国粮食安全的优势作物，主要包括水稻、小麦、玉米、棉花及油料作物等。目前甘蔗没有纳入我国良种补贴范围，但中央财政设立了农业技术推广、农业科技成果转化、农业科技入户等专项资金，可以用于支持包括甘蔗在内的农业新品种繁育、新技术推广

工作,是否再对糖料蔗给予良种补贴,我们将会同有关部门在充分调研论证的基础上统筹考虑。

感谢您对我国糖业健康可持续发展的关心和支持。

全国政协十一届二次会议提案第2096号

案　　由:关于建立林业基础建设投入保障制度的提案

审查意见:建议国务院交国家林业局会同国家发改委、财政部研究办理

内　　容:扩大内需、促进就业是党中央、国务院的重大决策部署,是当前我国急需解决的重大课题。实践证明,集体林权制度改革是拉动农村内需、促进农民就业的最有效途径,是当前林业部门贯彻中央决策精神,服从和服务于国家大局的最有力抓手。当前林改工作的一项重要任务就是要抓住机遇,通过实施公共财政改革,发挥财政杠杆作用,加快林业基础设施建设,推动林业更好更快发展,使林业在扩内需、保增长、调结构方面,为国家经济社会发展作出应有贡献。

全国政协人口资源环境委员会经过调研,就建立林业基础建设投入保障制度提出如下建议:

一、建立林业基础建设投入保障制度意义重大

(一)加大林业基础投入是加快集体林权制度改革进程,建设和谐林区的必然要求。我国大部分林地位于山区,山区农民占我国总人口比重较大。加强林业基础投入,特别是基础设施建设,实现林区通路、通水、通电,加快林区工作站、技术推广站、三防站、林业服务中心、产权交易中心和林产品市场建设,不但对于加快集体林权制度改革进程具有重要意义,而且对于促进林业生产现代化建设,实现林业发展和林农增收,建设和谐林区意义重大。

(二)加大林业基础投入是当前应对金融危机的有效策略。林区基础建设关系千家万户,投资少,见效快,惠及群体广,加大对林业基

础投入，对于拉动内需，增加就业具有重要作用，对推动林区经济社会进一步发展打下了坚实的基础。

（三）加大林业基础投入是加快推进我国生态建设的根本和起点。我国林业大部分处于边远山区，生态区位重要，是保障国土生态安全的重要屏障。通过加大林业基础建设，加快森林资源培育，为林业发展打好基础，也为我国生态安全和生态文明建设提供保障。

二、存在问题

我国大部分林地位于山区，交通不便、立地条件差，林业基础设施薄弱。传统上，我国对林业"多取少予"，基础投入不足，历史欠账较大，致使林区道路条件差、建设滞后；林农依靠人工整地作业为主，林业机械化程度极低；基层林业工作站、林业技术推广站、林业三防站等数量不足，工作条件较差，许多地方尚未建立林业服务中心、产权交易中心，林产品市场运行不规范，林农合法经济利益得不到有效保障。

通过对我国19个省份的调查发现，基层林业工作站相对不足是全国大多数地方普遍存在的情况。19个省份目前尚需建设林业工作站3900余个，改、扩建约5600个；尚需建设林业技术推广站830余个，另需改、扩建约850个；尚需建设林业病虫害防治站400余个，另需改、扩建约1100个；森林防火检查站建设缺口近达3/5，尚需建设森林防火检查站8000余个，另需改、扩建约2400余个；尚需建设林业服务平台2100余个，另需改、扩建约1500余个。

三、政策建议

针对新中国建立以来林业建设投入严重不足，调研组估算了为发展现代林业所需的基础设施建设投资规模。希望有关部门纳入中央和地方的发展规划，有计划、分阶段地实现林业、林区、林农的健康发展。

（一）增加投入建设林区道路。在我们已经得到相关反馈数据的16个省份，目前尚需建设的林区道路总里程21万余公里，若要建成这些道路，需要投资1260亿元，需要国家补贴1012亿元。从全国来看，若要基本完成目前所需的林区道路建设，大约需要国家投资2000亿元。

（二）完善基层站所建设。基层林业站所主要包括基层林业工作站、林业技术推广站、林业病虫害防治站、森林防火检查站等，这些基层站所是对林业生产经营实施组织管理的最直接的机构，在指导林业生产、推广优良林木品种和先进林业技术、宣传和落实国家林业政策等方面发挥着重要作用。根据我们的测算，现阶段要完成各地上述四类基层林业站所的新建和改扩建工作，所需的国家投资大约为100亿元。其中需要国家投资40亿元进行基层林业工作站新建和改扩建；20亿元进行新建和改扩建林业技术推广站；20亿元进行新建和改扩建林业病虫害防治站的工作；20亿元进行新建和改扩建森林防火检查站。

（三）加快建设林业服务平台、产权交易中心。加快林业服务中心、产权交易中心建设，对于维护集体林权制度改革阶段性成果并将这一改革推向深入，对于规范和活跃林产品乃至林业资源市场，帮助林农迅速实现致富，都将起到关键作用。根据测算，需要国家投资40亿元新建和改扩建林业服务平台的工作。

（四）将各级林业主管部门和事业单位人员一律纳入财政预算。将各级林业主管部门和事业单位人员纳入财政预算，确保林业部门不与林农争利。若按所需将基层林业工作站、林业技术推广站、林业病虫害防治站、森林防火检查站全部建成，预计每年全国需列开支约90亿元，以支付其日常运行和工作人员基本工资。具体地说，全国共需基层林业站约40000个，按每个林业站每年开支10万元计算，每年全国需列此项开支约40亿元。全国共需林业技术推广站约4500个，按每个站点每年开支20万元计算，每年全国需列此项开支约9亿元。全国共需林业病虫害防治站约4400个，按每个站点每年开支20万元计算，每年全国需列此项开支约8.8亿元。全国共需森林防火检查站约30000个，按每个站点每年开支5万元计算，每年全国需列此项开支约15亿元。全国共需林业服务平台/产权交易平台约4000个，按每个站点每年开支50万元计算，每年全国需列此项开支约20亿元。

主题词： **林业　建设　投入**

提案人： 全国政协人口资源环境委员会

国家林业局2009年7月7日以林案协字〔2009〕47号文函复：

你们提出的《关于建立林业基础建设投入保障制度的提案》收悉。经商国家发展改革委、财政部，现答复如下：

一、关于增加投入建设林区道路问题。按照《公路法》有关规定，林区公路未能纳入全国公路及农村公路建设范围。为此，我局在全国各省区市填报相关数据的基础上，组织编制了林区道路建设工程规划，包括国有森工企业局（林业局）、重点营林局、国有林场、省级以上自然保护区和国家森林公园中的林区道路。今后，我局将积极协调有关部门，争取尽快按程序报批，待国家开辟相关投资渠道后，抓紧开展林区道路建设工作。

二、关于完善基层站所建设和将各级林业主管部门和事业单位人员纳入财政预算问题。林业工作站、技术推广站、林业病虫害防治站、森林防火检查站等基层林业站所，是直接为林业服务、对林业生产经营实施组织管理的最直接机构，在指导林业生产、推广优良林木品种和先进林业技术、宣传和落实国家林业政策等方面发挥着重要作用。作为公益行业的各级主管部门和公益性事业机构的基层林业站所的建设符合公共财政和基本建设的支持方向，但按照事权划分原则，各级基层站所业务用房的新建和改建及人员经费均应纳入地方同级政府的公共财政预算。由于县乡财政管理体制不完善，部分重点林区的县乡财力困难，一些基层林业部门基本建设资金和行政事业管理人员经费及履行职能所需经费得不到保障。随着县乡财政管理体制的不断完善和林业体制改革的持续深入，以及中央财政对重点林区等生态功能区转移支付力度的加大，部分基层林业主管部门基本建设资金和行政事业经费紧张的局面将得到缓解。

三、关于加快建设林业服务平台、产权交易中心问题。加快建设林业服务平台、产权交易中心是集体林权制度改革的一项重要内容。《中共中央、国务院关于全面推进集体林权制度改革的意见》明确要求，“加快林地、林木流转制度建设，建立健全产权交易平台，加强流转管理，依法规范流转，保障公平交易”。2009 年 5 月，我局会同中国人民银行、财政部、中国银监会、中国保监会联合印发的《关于做好集体林权制度改革与林业发展金融服务工作的意见》进一步提出，要积极营造有利于金融支持集体林权制度改革与林业发展的政策环境，加快建立林权要素交易平台。福建、江西、辽宁、浙江、云南等省在明晰产权的基础上，积极筹建集体林权交易平台，我局正积极协调国家发展改革委、财政部等有关部门予以支持。

感谢你们对林业工作的关心与支持。

全国政协十一届二次会议提案第2929号

案　　由:关于建立多层次农业保险体系,为新农村建设提供保障的提案

审查意见:建议国务院交中国保监会会同财政部研究办理

内　　容:农业保险是防范农业生产风险、化解农业灾害损失、创造良好农业生产环境的一项制度创新,也是创新财政支农方式、完善财政宏观调控措施的重要手段。重视农业保险是鼓励和扶持城市资本投资农村,促进经济发展、推进社会保障,造福广大农民的一个重要手段,也是建立农民长效增收机制、解决"三农"问题、构建和谐社会、建设社会主义新农村的有效途径。

一、我国农业保险发展的现状

农业是一个投资大、周期长、风险大的行业,需要农业保险作为生产保障。尽管国家在农业保险方面出台了大量的扶持政策和优惠措施,部分保险公司也在尝试农业险,但不可否认的是,我国农业保险行业仍处于起步阶段,存在产品种类单一、投保条件苛刻、承保机构缺乏积极性等问题。大多数保险公司仍未开展农业种养殖险种,以至于水稻、玉米等农作物,甚至就没有保险公司承保。

2005年中华联合财产保险公司对重庆试点推行的烟叶种植保险的探索,采取投保人(龙头企业)缴纳全额保费,被保险人(各烟叶种植农户)不出一分钱的保险模式,最后的结果是,收取的烟叶保险保费是800万元,最后确定的赔付额为660万元,赔付率高达82%。这一次的失败尝试显示出,在没有国家政策的扶持和鼓励下,只依靠商业保险公司自身运作是难以推动农业保险业市场的长足发展以及发

挥其对农业产业的后备保障作用的。

二、具体建议

为了改善上述情况,确保党的十七届三中全会关于促进农村经济发展,建立城乡经济社会发展一体化的目标得以实现,国家应当及时出台相关的政府规定,以政策性农业保险为先导,鼓励和扶持有实力的商业保险和民间资本逐步进入该领域,稳步推进农业保险业市场的长足发展。在制定相关政策措施时,可以参考以下建议:

(一)政府通过新设或转型等方式成立专业保险公司,探索成立不以盈利为目的的政策性农业保险机构。

国家可以通过政策性补贴的方式,以政府出资新设成立或现有政府控股的安诚财产保险公司转型等方式,扶持几家能解决农村综合产业发展需要的区域性农业保险公司,或干脆成立一家国家政策性农业保险公司,提供更为完善的保险理赔品种,覆盖农业产业的投资风险品种,拓展农业保险市场。中央还可以设立农业巨灾保障基金,在发生重大疫病灾害时保险公司无法赔付时,由基金进行垫支赔付,一方面增强靠天吃饭的农业企业的抗风险能力,另一方面能扶持保险公司维持正常运营,彻底改观现有农业保险品种象征意义大于实际意义的问题。

(二)吸引民间资本组建专业保险公司进入我国农业保险领域。

国家可以出台优惠政策,充分发挥民间资本的作用,推动其开拓农业保险领域这一尚未开发且前景巨大的市场。国务院可以借鉴上海等地建立专业化保险公司的成功经验,扩大政策性或补贴性农业保险覆盖面,通过支持组建民营股份制保险公司吸引民间资本包括外资进入农业保险领域,以推动农村经济的产业多样化,促进我国新农村建设的快速发展。

(三)出台地方性扶持农村保险的政策法规,吸引商业性保险公司开展农业保险业务。

鉴于我国专业农业保险制度起步较晚,国务院及各级政府应探索建立农业保险体系和农业灾害转移分摊机制,出台全国或地方性农业保险税收优惠政策,对商业性保险公司无力承担的保险范围实行低费率和高补贴政策，借鉴成都市地方政府“农村发展风险资金＋投资参保资金＋保险公司承保”的模式，考虑出台优惠政策引进具有成熟管理经验和运作模式的外地专业农业保险公司入驻，通过设立分支机构或成立子公司的模式开展农业保险服务，既可起到加速覆盖农业保险品种的作用，又可带动全国范围内专业农业保险体系的规范建立。

主题词： **农业　保险**

提案人： 李钺锋

中国保险监督管理委员会2009年6月9日以保监产险〔2009〕503号文函复：

您提出的《关于建立多层次农业保险体系，为新农村建设提供保障的提案》收悉。我会高度重视，经商财政部，现答复如下：

正如您所指出的，农业保险是农村社会支持保护体系的重要组成部分。农业保险是一项重要的制度创新，对于提高农业防灾防损能力和灾后恢复能力，保证农业和粮食生产安全，增加农民收入，促进农业产业政策和国家支农惠农政策的落实，确保农村社会经济生活的稳定，具有重要的意义。

党中央、国务院高度重视农业发展，也十分关注农业保险的发展。十六届三中全会、十七大、十七届三中全会、2004年以来连续6年的中央1号文件、国家“十一五”发展规划、国务院《关于保险业改革发展的若干意见》等都对发展农业保险提出了明确要求。党中央和国务院的领导同志也多次对发展农业保险问题作出重要指示。

一、农业保险发展基本情况

近年来，在各级政府的大力支持下，农业保险获得前所未有的发展，呈现出“业务规模快速壮大、覆盖领域逐步拓宽、功能作用逐步显现”的特点，在提高农业防灾防损和灾后恢复生产能力，完善农村社会支持保护体系，确保农村社会稳定，服务社会主义新农村建设和和谐社会建设等方面，发挥了积极的作用。

（一）业务规模迅速扩大

2008年，农业保险承保各类农作物5.32亿亩，各类牲畜、家禽4.7亿头（羽），参保农户达9000万户次，为农民提供了2397.4亿元风险保障。

种植业保险方面，共承保主要粮、棉、油料作物4.05亿亩，提供风险保障1540亿元。养殖业保险方面，承保能繁母猪4759.3万头，提供风险保障433亿元；承保奶牛174.1万头，提供风险保障94亿元。

自2007年8月按照国务院部署启动能繁母猪保险试点开始，至2008年8月22日能繁母猪保险第一个承保周期结束，全国共承保能繁母猪4355万头，承保覆盖面超过90%，较好地完成了国务院“应保尽保”的工作要求。

（二）服务领域逐步拓宽

一是保险责任不断扩大。种植业方面，将广大农户反映强烈的旱灾和病虫害纳入保险责任。养殖业保险方面，基本已承保所有动物疾病（疫病）、自然灾害、意外事故和政府扑杀。目前，我国农业保险承保的保险责任已较发达国家更为宽泛。

二是积极开发新型农业保险险种。目前全国开展的农村保险险种达160多个，覆盖了“三农”的各个方面。主要包括9大类：1.种植业保险，以深入开展大宗粮油作物保险为重点，在全国范围内推广水稻、玉米、小麦、棉花、大豆、花生、油菜等重点农作物保险；2.经济作物保险，以地方特色经济发展为重点，开展了烟叶、橡胶、瓜果、林木、蔬菜等农村特色作物类保险；3.养殖业保险，以加快畜牧产业发展为重点，在全国范围内开办了能繁母猪和奶牛、在地方开办了生猪、家禽等养殖业保险；4.渔业保险；5.农机具保险；6.农民的养老、医疗、生育保险，包括失地农民的养老保险、参与新型合作医疗、计划生育保险等；7.农民财产保险，如农房保险、农作物大棚保险，农田水利基础设施保险等；8.农民工意外伤害保险、农村主要劳动力意外伤害保险、农村学生平安保险等;9. 结合农业生产、加工、销售环节,深入探索天气气象指数保险、农产品价格保险、农民小额贷款信用保障保险、农产品质量保险和食品质量安全保险等。

三是不断扩大覆盖区域。以全国性保险公司和专业性农业保险公司组成的农业保险经营网络初步形成,农业保险已覆盖全国各省区市。

(三)功能作用逐步发挥

一是促进农业生产。在应对2007年东北旱灾中,吉林安华农业保险公司为140余万受灾农户的152.3万公顷粮食作物支付赔款8.3亿元,占当年吉林省灾后生产恢复重建资金的25%。在应对2008年年初低温雨雪冰冻自然灾害和“5·12”汶川大地震,仅能繁母猪保险赔款就近1亿元,有力地支持了灾区重建工作。

二是保障农民生活。2008年,农业保险向1400万户农户支付赔款70亿元,在一定程度上缓解了“因灾致贫、因灾返贫”的状况。其中,种植业保险赔款46亿元(其中主要粮、油、棉作物保险赔款39.5亿元),养殖业保险赔款24亿元(其中能繁母猪保险赔款17.5亿元,奶牛保险赔款1.5亿元)。

三是提升农业防灾抗灾能力。保险公司投入资金实施人工影响天气,与动物疫病防控部门开展数据共享、防疫共建等合作,提高了农业防灾抗灾能力。如黑龙江阳光农业相互保险公司投入5000余万元,实施人工干预天气1000余次,发射火箭弹5万余发。

四是创新财政支农方式。通过保险方式将政府临时性的救灾行为转化为规范化、透明化、市场化的灾害应对机制,转变了政府职能,使灾后农民能及时恢复生产和生活,保证了农业生产和农民基本生活的稳定。

五是增强了农民的风险意识。

二、关于委员建议的意见

虽然农业保险发展取得了积极的成效,但是正如您所指出的,农业保险发展尚处于起步阶段,覆盖面较小、险种比较单一,经营成本较高,政策性属性与纯商业化运作存在矛盾等问题。我会非常赞同提案中关于建立多层次农业保险体系的建议。

关于成立专业性农业保险公司的建议。我会非常赞同您的意见。自2004年开展试点以来,我会先后批设了上海安信农业保险公司、吉林安华农业保险公司、黑龙江阳光农业相互保险公司和安徽国元农业保险公司4家专业性农业保险公司。这些专业性农险公司的设立,均得到各部委和地方政府的大力支持。目前,他们在各自的经营区域内都处于农业保险的主导地位。在条件成熟、风险可控、经营稳健的情况下,我会也鼓励他们逐步拓展机构,向外地输出农业保险经营经验和管理技术,为更多的农户提供优质的保险服务。

关于吸引商业保险公司开展农业保险业务和设立政策性农业保险公司的建议。目前,我国农业保险主要采取了政府给予支持、商业保险公司运营的模式。从经营模式上看,包括保险公司与政府联办、保险公司为政府代办和政府政策支持下的保险公司自营3种模式。从国际经验看,各国根据国情的不同,采取了多种组织形式。如美国、西班牙实行政策性农业保险机构和商业保险公司合作经营的模式,加拿大、法国采取政府政策支持、商业保险公司市场化经营的模式,日本则采取建立独立的农业保险体系(全国农业保险共济组合)的模式。实践证明,我国目前试点的以政府政策引导、商业(专业)保险公司市场化经营为主的模式,能够充分调动现有保险机构的积极性,更有利于提高金融支持三农的覆盖面和水平。新设政策性农业保险公司可能面临网点铺设等管理成本问题,另外,财政部表示,财政兜底又可能产生“二次出资”的情况。因此,现阶段重点在于做好试点工作的推广。我们将积极配合有关部委,认真研究组建政策性农业保险公司的建议。

关于吸引民间资本进入我国农业保险领域的建议。目前,我国农业保险经营主体包括股份制商业保险公司、股份制农业保险公司、相互制农业保险公司、政策性农业保险共保体、互保协会、外资农业保险公司6种形式。它们的资本来源呈现出多样化的特点。保监会鼓励、支持各类符合相关法律法规要求的资本,积极参与农业保险体系的构建。

关于实行财政补贴政策的建议。对农业保险给与政策扶持完全符合农业和农村经济发展的实际，对推进农业保险发展，完善农业保险机制具有积极的意义。2007年国家开展了农业保险保费补贴试点。之后，中央财政支持力度不断增强，补贴的品种、地区和比例在逐渐增加。2009年中央财政在较为困难的情况下还增加了商品林、公益林等新补贴品种。种植业补贴试点省份也从最初的6个增加到17个。保费补贴比例从25%提升至35%，2009年中西部地区的补贴比例将提高到40%。

关于对农业保险实行税收优惠政策的建议。采取一定的税收优惠政策对农业保险进行政策扶持非常必要。目前，我国《营业税暂行条例实施细则》已规定对农牧业保险免征营业税，对农林作物、牧业畜类保险合同免征印花税。为鼓励保险机构提供农业保险，财政部正在会同有关部门研究完善进一步鼓励我国农业保险发展的税收政策。

感谢您对中国保险业的关心和支持！

全国政协十一届二次会议提案第0075号

案　　由:关于加强草原生态保护建设,促进牧区可持续发展的提案

审查意见:建议国务院交农业部研究办理财政部、国家发改委会同办理

内　　容:我国是草原大国,天然草原面积占国土面积的41.7%。黄河、长江、澜沧江、雅鲁藏布江、辽河和黑龙江等各大水系都发源和流经草原地区。草原在涵养水源、防风固沙、调节气候以及维护生态多样性等方面具有不可替代的重要作用。草原与耕地、森林和海洋等自然资源一样,是我国重要的战略资源。草原生态直接关系到我国生态安全的全局,关系到社会主义和谐社会建设的成效。

改革开放以来,特别是实施西部大开发战略以来,国家不断加大草原保护建设力度,先后组织实施了退牧还草、京津风沙源治理等一系列加强生态保护和建设的重大工程,取得了积极效果。统计表明,我国已有20%的草原实施了禁牧休牧等措施,禁牧休牧区草原植被得到较好的恢复。但由于受全球变暖、气候干旱等自然因素和人为不合理利用等多重因素的影响,加上工程实施的面积有限,目前我国90%的天然草原依然出现不同程度的退化,草原超载过牧问题十分严重,人草畜矛盾日益突出。草原生态"局部改善、总体退化、沙化"的状况没有得到根本遏制,草原生态环境面临的形势相当严峻。根据农业部《全国草原监测报告(2007)》显示,全国草原牲畜总体超载33%左右。因此,控制人为破坏草场、减少牲畜,加快建立草原生态补偿机制,保护和恢复草原生态已是迫在眉睫。

目前,我国草原生态保护建设工作存在以下困难和问题:一是现行草原生态保护建设缺乏长效规划，政策综合性不强，政策预期和项目前景不明确。如退牧还草政策的实施期限较短，饲料粮补助标准较低。一旦政策实施期结束，接续产业没有形成，生产方式没有完全转变，为了基本的生活和发展需求，牧民不可避免地会对草原重新过度利用。二是草原保护建设方式单一。地方政府缺少自主权和积极性，草原生态保护建设的一些政策措施与当地实际存在一些差距。三是投入少，草原基础差，底子薄。由于为了维持和提高牧民生活水平而导致的人畜增加过快致使草原退化、沙化严重，草原火灾、旱灾、鼠灾等自然灾害频繁发生。四是现行政策对草原生态保护建设力度不够，作用不强。草原牧区在保护建设和发展草原畜牧业方面享受到的国家扶持政策明显不足。

针对以上情况，我们呼吁国家进一步加大草原保护建设的力度，尽快建立草原生态补偿机制。我们认为，草原生态补偿是指国家通过设立财政专项资金，对为促进草原生态修复，维护草原生态系统良性循环而减少畜牧业生产收益或增加生产成本的农牧民给予经济补偿；补偿方式应以现金为主；补偿标准以当地农牧民的最低生活标准为依据，以农牧户为单位，由中央财政直接向农牧户发放补贴款。为此，我们提出以下建议：

一、国家尽快开展草原生态补偿机制试点工作。从根本上解决超载过牧问题，实现草畜平衡，一是要控制和减少天然草原上放牧的牲畜数量，包括实施禁牧、休牧、轮牧，草畜平衡、加快出栏等措施；二是要增加饲草料供给，主要是建设人工草地等措施。三是在生态极端恶化，丧失了生产生活条件的地区，转移牧区人口，进行生态移民。因此，禁牧休牧补贴、草畜平衡补贴、牲畜出栏补贴、人工草场投资补贴和生态移民补贴应当作为草原生态补偿的五项主要内容。建议国家尽快制定出台扶持牧区草原保护建设和畜牧业发展的政策措施，设立专项资金对草原地区生态保护建设工作给予重点支持和倾斜，在我国牧区、半农半牧区不同类型区域，选择草原家庭承包制落实较好的省（区）作为试点，开展草原生态补偿机制试点工作，为在全国范围内建立草原生态补偿机制奠定基础。

二、延长国家现行草原生态保护建设工程项目实施的期限，进一步加大退牧还草等草原保护建设工程方面的投入力度，采取综合措施，促进草原地区可持续发展。退牧还草工程的实施，使草原项目区生态环境明显好转，但目前实施的一些草原生态保护建设工程项目已经到期或即将到期，如果补偿断绝，势必造成草原退化、沙化现象出现反弹。同时，除退牧还草工程外，国家专项用于草原保护建设项目的投入和实施范围十分有限，从投资规模、投资内容、投资布局等方面看，与草原保护建设的需求相距甚远。因此，迫切需要延长国家已经实施的草原生态工程禁休牧补助资金的年限；加大退牧还草工程实施力度，完善工程建设内容，扩大工程实施范围。

三、国家加大对牧区劳动力转移培训基地建设的支持力度，减轻牧区人口压力。解决草原退化、草原畜牧业效益低下的根本在于转移农村牧区人口和转变传统的畜牧业生产经营方式。我国草原牧区主要集中在边疆少数民族地区，自然条件差、信息闭塞、经济单一、生产方式落后、社会发展缓慢，牧民文化素质低、观念陈旧、创业能力低，部分少数民族牧民还存在语言交流障碍。只有大力开展牧民劳动技能培训，才能拓宽牧民就业和增收渠道，使牧区人口切实得到转移。建议国家加大对牧区劳动力转移培训基地建设的支持力度，积极引导牧民发展民族手工业、高品质畜产品加工业、牧区民俗旅游业、运输业等二三产业，使经济发展和牧区草原生态保护相得益彰、相互促进。

四、国家尽快出台草原承包的专门性文件，制定落实和完善草原家庭承包制的政策措施。草原生态建设主体是农牧民，要充分调动农牧民的积极性。建立草原生态补偿机制，需要以牧户承包草原面积为单位计算补贴资金。因此，落实和完善草原家庭承包制，明确牧户承包草原的面积、界限，是实施草原生态补偿的关键环节和重要基础。目前我国部分地方草原家庭承包制落实还不够完善，这将严重制约草原生态补偿制度的具体实施。建议中央、国务院参照完善林权制度改革的做法，制定出台关于落实和完善草原家庭承包制的实施意见，指导各地加快落实和完善草原承包制。

五、借鉴发达国家经验，明确规范地方政府和部门职责，加强草原监理体系和队伍建设。与发达国家相比，我国的草原监理机构和队伍相当薄弱。我国各级草原监理机构是建立和实施草原生态补偿机制的主要队伍，承担着草原禁牧休牧管理、草畜平衡管理、草原载畜量核定等具体工作。但目前我国各级草原监理机构普遍存在任务繁重、人员不足、装备手段落后、经费短缺等困难和问题。建议借鉴发达国家草原治理的经验，统筹国家草原生态保护建设，建立健全草原监理体系，加强队伍建设，完善装备条件，提高队伍素质，促进草原监理工作。

六、适时适度提高畜牧产品价格，使牧区在减少载畜量时不至于较大地降低收入。长期以来我国在生产中不计算环境成本，价格也不反映对生态环境的补偿。虽然这一度使消费者可以享受低价消费商品，但却造成了生态环境的退化和缺乏资金去修复。现要保护环境，并建立生态补偿的长效机制，在价格中就不能不反映对环境的消耗，也即对生态的补偿。这是落实科学发展观，建立资源节约型和环境友好型社会的要求。

七、积极推进草原生态补偿立法工作，健全相关配套法规。建议在总结、借鉴国内外经验的基础上，制定并出台草原生态补偿条例或管理办法，从法律上明确生态补偿责任和各生态主体的义务，使草原生态补偿工作纳入法制化轨道。目前应尽快制定和完善《草原法》的相关配套法规，并尽快出台《草原征用使用补偿标准》以及《草原植被恢复费征收使用管理办法》。

主题词： **生态　草原　发展**

提案人： 民革中央

农业部文件 2009 年 10 月 30 日以农办案〔2009〕202 号文函复：

你们提出的《关于加强草原生态保护建设，促进牧区可持续发展的提案》收悉，经商国家发改委、财政部、国家林业局，现答复如下：

一、关于开展草原生态补偿机制试点工作

建立草原生态补偿机制是加强草原建设保护，促进农牧民持续增收，建设生态文明，维护国家安全的重要举措。党中央、国务院高度重视草原保护建设利用工作，对建立草原生态补偿机制多次提出了要求。《中共中央、国务院关于二〇〇九年促进农业稳定发展农民持续增收的若干意见》（中发〔2009〕1 号）又进一步提出“启动草原、湿地、水土保持等生态效益补偿试点”。为贯彻落实党中央、国务院决策部署，近年来，我部会同国务院有关部门积极开展了草原生态补偿机制的相关研究工作，先后赴西藏、青海、内蒙古等地进行了实地调研，并组织有关专家进行了多次座谈，就草原生态补偿机制的实施方案进行了研究探讨，近期又配合全国政协提案委员会赴内蒙古和甘肃牧区，就加强草原保护建设和建立草原生态补偿长效机制问题进行了调研。目前，我部正积极与有关部门认真研究，以期形成比较完善的草原保护建设政策措施和草原生态补偿机制实施方案。今年 8 月，草原生态补偿机制试点已在西藏自治区正式启动，确立了以草定畜奖励、薪柴替代补贴、牲畜电子耳标制度和草原生态监测制度等主要补偿内容，设定了补偿标准，细化了保障措施，试点工作正在稳步推进。同时，我部将在建立和完善草原生态补偿机制的基础上，积极开展生态补偿立法问题的调研，在条件成熟时，配合全国人大制定《生态补偿法》。关于《草原植被恢复费征收使用管理办法》（以下简称《办法》），我部正在积极配合国家发改委和财政部研究制定，明确草原植被恢复费的具体征收和使用政策。待《办法》发布后，即可在依法征收草原植被恢复费，全面推动草原保护、建设和管理工作，建立健全草原生态补偿机制。

二、关于延长草原保护建设工程实施期限

针对退牧还草工程实施中出现的一些的问题，2005 年国家完善了相关的政策措施，提高了围栏建设补助标准，增加了草场补播建设内容，延长了青藏高原地区饲料粮补助年限等，并已开始实施。为进一步完善后续政策，我部于去年又组织有关人员进行专题调研，并针对工程实施中出现的新情况、新问题，专门召开了全国退牧还草工程后续政策研讨会，广泛征集了各省区的意见。在此基础上，我部形成了加大实施退牧还草工程力度，按规划扩大工程实施范围，延长饲料粮补助期，增加人工饲草地和舍饲棚圈建设，提高围栏建设中央补助标准等完善后续政策的建议，并已于 2008 年报国家发改委。目前，国家发改委正商相关部门，拟报国务院批准实施。

三、关于加大牧区劳力转移培训基地建设

实施劳动力转移是改变传统的牧业经营方式，减轻天然草场的放牧压力，实现牧区经济可持续发展的一项重大举措，有利于优化区域经济结构和保护生态环境，促进牧区经济发展和社会进步，对牧民脱贫致富和全面建设牧区小康社会有着十分重要的意义。为增强农民非农就业能力，提高农民务工收入，中央财政于 2004 年设立农村劳动力转移培训"阳光工程"专项资金，对外出务工农民进行职业技能培训。2008 年，中央财政通过预拨资金，支持各地采取有力措施，稳定培训规模，提高培训质量，广泛开展了农牧民就业技能培训工作。今后，我部将配合财政部，按照国务院统一部署，支持牧民转移就业培训，做好培训技术服务工作。根据牧区的实际情况，适当提高农牧民转移就业技能培训的比例和范围，加大对退牧转移搬迁牧民的技能培训扶持力度。

四、关于落实和完善草原承包制政策措施

稳定和完善土地承包关系，是党的农村政策的基石，是保障农民权益、促进农业发展、保持农村稳定的制度基础。草原家庭承包是加强草原保护建设的一项基础工作,政策性强,关系到草原地区发展、生态文明建设和民族团结、边疆稳定的大局。党中央、国务院高度重视草原承包工作,2008 年中央一号文明确提出:“稳步推进草原家庭承包经营”,2009 年中央一号文件提出:“加快落实草原承包经营制度。”针对当前草原家庭承包工作实际情况,我部 2007 年下发了《农业部关于加快推进草原家庭承包制的通知》,要求各地在尊重农牧民意愿的前提下,扎实推进草原家庭承包工作,完善各项配套措施,其中把草原承包经营权流转纳入草原承包管理范围,按法律规定规范流转程序作为一项重要内容。目前,我部正在抓紧起草有关文件,进一步规范草原承包的各种行为,推进这项制度的建设。

五、关于加强草原监理体系和队伍建设

我部对草原监理工作十分重视,在加强草原监理体系建设方面做了大量工作。一是经中编办批准,成立了农业部草原监理中心;二是在天然草原植被恢复、草原围栏等工程项目中,安排部分资金用于项目县草原监理机构的建设;三是建立和完善了一批省级和地级草原监理机构。截至目前,全国已初步形成了中央、省、地、县四级草原监理体系。各地草原监理机构围绕草原法赋予的职责,开展了执法监督、保护监测、草原防火、草原建设指导等项工作,对维护农牧民合法权益,改善生态环境,促进经济社会可持续发展发挥了重要作用。但从我国草原监理机构的规模、人员数量和素质以及执法条件来看,与依法有效保护草原的要求还有较大差距。为此,我部将进一步加强草原监理体系建设,改善草原执法工作条件,更好地为草原保护和建设服务。

六、关于适时适度提高畜产品价格

为了保持畜产品价格相对稳定,促进农民增收,防止畜牧业生产大起大落,近年来,国家采取了一系列扶持畜牧业发展的政策措施,并加强了猪肉、牛奶等畜产品市场价格的监测、预警和宏观调控。鉴于我国畜产品价格早在 1988 年就已开放,主要由市场调节。因此,国家不宜直接提高畜产品价格。

感谢你们对草原保护建设事业的关心,希望今后继续对我部的工作给予支持。

全国政协十一届二次会议提案第3678号

案　　由:关于支持在内蒙古优先发展碳汇造林项目的提案

审查意见:建议国务院交国家林业局会同国家发改委研究办理

内　　容:全球气候变化已成为一个不争的事实,据专家预测,未来100年的全球气候还将持续变暖,由此将对自然生态系统造成重大影响,进而威胁到人类社会的生存和发展。大气中二氧化碳浓度的不断增加、大气温室效应加剧是导致全球气候变暖最重要最直接的原因。为了应对全球气候变暖的严重挑战,从1992年《联合国气候变化框架公约》签署以来,缔约方已经召开了14次会议,最主要的目的就是要减少各国二氧化碳的排放量。我国目前虽然还不承担量化的减排指标,但作为一个负责任的大国,同时也是深受气候变化不利影响的国家,我国政府高度重视应对气候变化工作。2007年我国发布了《中国应对气候变化国家方案》,向国际社会阐明了我国将履行《公约》、积极应对气候变化的基本立场。《国家方案》把大力开展植树造林、发挥森林碳吸收能力(即碳汇)、维护和扩大森林生态系统整体功能作为减少大气二氧化碳的一条重要途径,世界各国也把减排的压力寄托于增加森林资源,换取排碳权上,如《京都议定书》规定了清洁发展机制(CDM)下的造林再造林碳汇项目,来帮助缔约方以成本有效的方式实现其部分减排目标,是发达国家和发展中国家之间在林业领域内的唯一合作机制,即通过森林固碳作用来充抵减排二氧化碳量的义务,并由碳汇交易市场来实现森林生态效益价值的补偿。我国少数省区近几年已开始启动实施了由世行生物碳基金资助的碳汇造林项目,中国绿色碳基金中国石油碳汇造林项目也在全国10个地区进行试点实施，碳汇森林建设正呈现良好发展势头。

内蒙古自治区在我国是森林资源大省、生态建设大省。森林面积3.12亿亩，居全国第一位，林木蓄积12.9亿立方米，居全国第五位。目前还有1560万公顷宜林荒山荒地，具有发展人工林建设巨大的林地资源。西部大开发以来，内蒙古以构筑祖国北方重要生态屏障为目标，把生态建设作为最大的基础建设来抓，虽然取得明显成效，但仍然面临着严峻形势，林业生态建设任务依然十分艰巨。主要体现在森林资源总量不足、分布不均、质量不高、功能不完备、投入还不能满足实际需要等方面。为此提出如下建议：

1.基于内蒙古特殊的地理位置，其生态状况对华北及京津地区的生态安全影响重大，因此建议将内蒙古林业生态建设融入国家应对气候变化的整体战略中，支持在内蒙古优先发展碳汇造林项目，并从技术、资金、科研及碳交易实际运行等方面进行综合试点，推动内蒙古林业生态建设的快速发展。

2.建议国家进一步加大资金投入，完善生态公益林的生态补偿制度，在内蒙古自治区重点进行以煤碳为主的矿产资源税的改革试点工作，使其真正能用于生态植被的恢复建设上。完善税收政策，进一步调动境内外企业、组织、团体和个人，通过各种形式，积极参与到植树造林、保护森林、增加碳汇、应对气候变化的行动中。

主题词： **林业　建设**

提案人： 闫　伟

国家林业局2009年6月25日以林案协字〔2009〕29号文函复：

您提出的《关于支持在内蒙古优先发展碳汇造林项目的提案》收悉，经商国家发展改革委，现答复如下：

当前，气候变化对人类社会的生存和发展产生了严重威胁，已成为全球共同关注的重大问题。森林是陆地生态系统的主体，森林植物通过光合作用吸收并固定二氧化碳，具有十分重要的碳汇功能，是减缓气候变化的重要手段。

正如您所说，气候变化正在对我国产生不利影响。我国虽然目前还不承担量化减排指标，但作为负责任的大国，我国政府高度重视气候变化工作。2007年，国务院发布了《中国应对气候变化国家方案》，从减缓和适应两个方面，积极采取措施，应对气候变化。大力开展植树造林，加强森林资源保护，增加森林生态系统整体碳汇功能作为应对气候变化的重要途径，已被纳入《中国应对气候变化国家方案》。

一、关于将内蒙古林业生态建设纳入国家应对气候变化整体战略，支持在内蒙古优先发展碳汇造林项目问题。国家相关部门已对此有所考虑并开展了相关工作。一是国家发展改革委目前正在推动中国省级应对气候变化方案项目建设，帮助内蒙古编制了本区应对气候变化方案建议报告。植树造林和护林作为内蒙古减缓气候变化的重要途径纳入了建议报告。今后，国家发展改革委将继续加强与内蒙古有关部门的联系，督促颁布《内蒙古自治区应对气候变化方案》并采取措施加以落实。其中，包括大力开展造林绿化活动，加强实施森林经营重点工程建设，切实提高内蒙古森林的数量和质量，增加森林的碳吸收能力。二是根据《中国应对气候变化国家方案》的指导意见，为统筹指导林业行业开展应对气候变化工作，我局制定了《应对气候变化林业行动计划》，明确提出，加强荒漠化地区的植被保护是我国林业适应气候变化的重点领域。同时，分别通过清洁发展机制、欧洲投资银行贷款、中国绿色碳基金等渠道正在内蒙古赤峰、呼和浩特、多伦等地积极开展碳汇造林项目试点。下一步，我局将督促项目执行单位抓好抓实碳汇试点项目的实施和计量等相关工作。

二、关于在内蒙古进行征收矿产资源税改革试点问题。据了解，国家财政部门已经委托专业机构进行了资源税改革的专项研究，相关部门将会结合我国经济发展实际情况，择机推出新型资源税征收管理办法。我局将积极跟踪了解有关情况，并加强与有关部门的沟通，积极推进这项工作。

感谢您对林业工作的关心和支持。

全国政协十一届二次会议提案第0040号

案　　由:关于西部民族地区金融发展问题的提案

审查意见:建议国务院交中国人民银行会同中国银监会研究办理

内　　容:西部民族地区多为我国经济欠发达地区,改革开放30年来,民族地区社会经济得到全面发展,但是由于自身经济基础相对落后,在总体水平上与其他地区仍然有较大差距。经济总量小,基础设施落后,经济结构单一。例如,四川省50个少数民族县(市)基本是财政赤字县。高速公路通车里程少,现有的公路也存在等级低、灾害多、通过能力差等问题。民族地区至今仍有部分乡镇未通公路、电话和电。其中金融方面存在的问题直接制约了西部民族地区发展。

(一)农村金融规模小,不适应经济快速发展的需要。金融资源绝对总量少,金融产值占GDP的比例小。以贵州为例,2007年年末全省金融机构存款余额3826.4亿元,仅占全国的1.1%和西部地区的6.8%;贷款余额3128.6亿元,占全国的1.2%和西部地区的7.4%,人均贷款相当于全国的39.8%。从全国范围内来看,越是欠发达地区金融资源所占份额越小。农村金融主体少,市场竞争不足,服务水平较低,服务质量不高。一方面县级机构撤并和退出农村,对贫困地区的金融体系产生了深刻影响。另一方面,各商业银行集中上收贷款审批权,县及县以下区域内主体(主要是农户和中小企业)更难获得贷款支持,县域金融资源进一步减少。缺乏金融产品创新动力,融资需求得不到有效满足。

(二)民族地区国有银行、金融机构和企业农户三方在金融支持体系中存在矛盾。缺乏合理的利率定价机制。少数民族地区发展差异大，经济发展水平也很悬殊，各类贷款利率上浮幅度采取“一刀切”明显不合理。并且放宽利率限制后，农村信用社的贷款利率基本上是1年期贷款利率达到10%甚至11%，和民间借贷利率相当，未能充分体现区别对待、择优扶持的原则。同时，商业化与政策性难以兼容。金融体系中的国有商业银行在农村金融市场普遍采取收缩战略，四大国有商业银行，陆续退出农村金融市场，并将农村业务主要放在吸收存款上。农户和中小企业很难获得金融支持，大大降低了当地农户和企业得到信贷资金支持的机会。农村信用联社由于长期以来功能定位不明、产权不清、机构规模偏小、抗风险能力差、历史包袱沉重等使其在支农信贷方面困难重重，加之农信社追逐利润动机，每年有大量资金通过信用社净流出民族落后地区，这与当地大量资金需求形成了较大的供求矛盾。

（三）社会信用环境总体较差，法制建设严重滞后。民族地区地处偏远，大多还是典型的传统农业社会。区域内53%的农牧民处于文盲半文盲状态，只有25%的农牧民读过初中，18%的读过高中。逃废金融债务的现象比较严重，金融机构的债权得不到应有的法律保护。

为此，我们建议：

（一）加大对民族地区的金融支持。在推进民族地区社会经济全面发展进程中，进一步为其提供持续性的、战略性的、可操作性的、差异性的金融政策倾斜。加强银政、银企、政企的沟通，加大对民族地区金融企业的激励，引导金融资源向这些地区的流动。形成金融财政合力，抓住灾后重建机遇，着力于基础建设。

（二）完善民族地区商业金融机构的服务功能。一是信贷制度公开和信贷发放公开。这样，有利于缓解信贷供需主体双方的信息不对称，提高信贷管理和操作流程的透明度，有利于信贷风险的贷前防范，避免寻租行为的发生，树立农信社的形象，使农信社更贴近农牧民。“阳光放贷”使处于信息不对称的农牧民及时地享受到信贷服务，减少信息成本。二是改进地方金融机构业务。民族地区的经济个体主要为中小企业和个体经营者，需要适当简化信贷审批程序，实行区域间的差别利率,扩大贷款利率浮动的上限;单一化金融服务向一站式服务的需求转变,实现产品组合定价、整贷零还。

(三)实行适合民族地区的金融政策。一是调整人民银行对民族地区优惠倾斜的金融政策。放宽贷款规模限制,按照区别对待、分类指导的原则,由商业银行根据民族地区的实际情况自主决定适当下放贷款审批权限、增加授权授信额度。二是实行优惠的存贷款利率政策。在民族地区进行存贷款利率浮动试点,允许民族地区商业银行与区域发展银行在央行规定的基准利率浮动范围内适度提高储蓄利率,扩大中长期贷款的利率浮动幅度,提高增量存贷款比例和中长期贷款比例。三是放宽对金融机构再贷款的条件和期限,提高再贷款与再贴现限额。在民族地区商业银行出现资金头寸不足时可发放再贷款支持;继续增加再贷款规模和再贴现指标,并将再贴现指标切块给民族地区使用。对金融机构因支持民族地区开发、国企改革与区域经济金融发展中出现的临时性、季节性资金需求,应给予再贷款、再贴现支持。四是实行差别准备金政策。降低民族地区金融机构的准备金率,增加其可用信贷资金。五是减少民族地区资金外流渠道。将邮政储蓄资金用于扩大支农再贷款,使民族地区资金用于当地经济建设。各级人民银行和银行业监管部门应加强对县域资金的监测和预警,限制商业银行、农村信用社和邮政储蓄机构系统内上存资金比例,运用差别准备金制度,对上存比例过高的金融机构可以提高准备金缴存比例,并下调超额准备金率,在贫困县只存不贷的金融机构建议其退出农村金融市场。

主题词:　金融　民族

提案人:　民建中央

中国人民银行2009年8月17日以银函〔2009〕204号文函复：

你们提出的《关于西部民族地区金融发展问题的提案》收悉，经商银监会，现答复如下：

加大对西部民族地区经济发展的支持，是贯彻落实科学发展观、构建社会主义和谐社会的要求，也是当前保持国民经济健康协调发展的重要举措。贵党提出的关于西部民族地区金融发展有关问题的意见和建议，对于加大金融对西部民族地区的支持力度、促进西部地区经济发展具有重要的参考价值。

一、关于加大对民族地区的金融支持问题

为支持西部民族地区发展，自1999年国家开始实施西部大开发战略以来，人民银行会同银监会等相关部委认真贯彻落实党中央、国务院关于实施西部大开发的方针、政策，从支持地方经济发展入手，引导金融机构积极转变经营观念，努力改进金融服务，加大有效信贷投入，全方位支持西部民族地区的经济发展。一是结合西部各省经济发展实际，认真贯彻落实国家宏观调控政策，确保辖区信贷总量的适度增长，努力满足西部开发资金需求。二是积极筹措中长期信贷资金，重点支持西部开发过程中能源、交通、水利、公共设施等基本建设的中长期信贷投入；同时，大力支持生态环境建设和环境保护，积极支持农业退耕还林还草，林业防风治沙。三是要求银行业金融机构保持县域机构网点稳定，支持金融机构在县域以下增设分支机构，调整放宽农村地区银行业金融机构市场准入政策，鼓励增设村镇银行、贷款公司和农村资金互助社等新型农村金融机构。四是按照有利于增加农户和农业贷款，有利于改善农村金融服务的原则，不断加大对农业的支持力度。大力支持农业综合开发、农业基础设施建设；积极推广农户小额信用贷款和农户联保贷款；大力扶持龙头企业，推进农业产业化进程；确保粮棉油收购资金供应，促进粮棉流通体制改革和粮棉购销政策的落实；推进农村信用社资金支持改革，提高农村信用社支农实力；加快培育区域性中小金融机构，逐步健全农村金融组织体系。五是推动建立中小企业信贷管理制度，加大产品和组织创新，探索建立金融支持中小企业发展的多元化融资格局，提高对西部中小企业的金融服务水平。六是出台民贸民品优惠利率贷款政策、扶贫贷款贴息政策、下岗失业小额担保贷款等优惠政策，积极扶持西部地区弱势群体的发展。

二、关于完善民族地区银行业金融机构的服务功能问题

近年来，人民银行会同有关部门稳步推进国有商业银行改革，引导邮政储蓄银行全面开办各类支农信贷业务，以适应和服务于西部民族地区发展的市场需要。充分发挥开发性金融的作用，努力解决西部地区经济建设中的实际问题。积极引进股份制金融机构和外资金融机构，全面提升西部民族地区整体金融服务水平和服务层次。深化农村信用社改革，完善农村信用社法人治理结构、转换经营机制，改善农村金融服务。进一步加大村镇银行等新型农村金融机构在民族地区的培育力度。引导和督促各银行业金融机构加强信贷制度建设，优化信贷管理和操作流程，实行阳光信贷政策。在有效把握和控制信贷风险的基础上，积极开发适合西部民族地区发展的金融产品和服务形式，促进单一化金融服务向一站式金融服务转变。

三、关于金融支持西部民族地区中小企业发展的问题

2005 年以来，在人民银行和银监会的引导下，大部分商业银行已建立和完善了针对中小企业特点的信贷管理制度，开发出一大批富有区域特色的信贷创新产品，有效改善和提高了对西部民族地区中小企业的金融服务水平和金融服务效率。部分商业银行还单独设置中小企业信贷管理机构，出台提高中小企业贷款拨备比例等优惠措施。为规范和引导民间资金支持中小企业发展，人民银行会同有关部门在山西、贵州、四川、陕西和内蒙古五省（区）开展了小额贷款组织试点工作。目前，小额贷款公司以其方便、快捷的贷款方式，在一定程度上缓

解了当地农户和农村中小企业贷款难问题。2009 年 3 月，人民银行联合银监会印发了《关于进一步加强信贷结构调整，促进国民经济平稳较快发展的指导意见》(银发〔2009〕92 号)，强调多方面拓宽中小企业的融资渠道，对中小企业的金融服务要精细化。

下一步，人民银行将鼓励和引导金融机构抓细、抓实已经出台的各项支持中小企业发展的信贷政策措施。鼓励银行业金融机构对基本面和信用记录较好、有竞争力、有市场、有订单但暂时出现经营或财务困难的中小企业加大信贷及多元化融资支持，积极探索创新适合西部民族地区中小企业特点的融资产品和服务方式，做好对中小企业的金融信息咨询和代客理财服务。扩大中小企业短期融资券试点规模。在银行间市场加快推出高收益债券和中小企业集合债券。积极研究开发以中小企业贷款为标的资产的信用风险管理工具，有效分散中小企业信贷风险。

四、关于放宽贷款规模限制问题

自开始实施适度宽松的货币政策以来，人民银行取消了对商业银行的信贷规模管理，根据宏观经济的发展形势，灵活运用多种货币政策工具调节货币供应总量，并对各银行业金融机构的贷款规模与进度进行指导。为支持西部民族地区经济发展，人民银行还将继续鼓励和引导各银行业金融机构积极改进和完善信贷管理机制，按照区别对待、分类指导的原则，根据民族地区的实际情况，完善对基层分支行的授权授信，自主决定适当下放贷款审批权限、增加授权授信额度。

五、关于实行存贷款利率浮动问题

利率市场化改革是一项长期工作。近年来，人民银行不断发展和完善市场利率体系，初步建立了以 SHIBOR 为代表的短期基准利率和以国债收益率曲线为代表的中长期基准利率体系。2004 年 10 月，基本取消了金融机构人民币贷款利率上限，仅对城乡信用社的贷款利率实行基准利率 2.3 倍的上限管理。贷款利率的浮动为解决中小企业、“三农”贷款难发挥了重要作用。同时，为扶持少数民族地区经济发展，国家出台了民贸民品优惠利率贷款政策和扶贫贷款贴息政策。民贸民品优惠利率贷款政策规定，对符合贷款条件的民贸民品生产企业贷款，实行比正常一年期贷款基准利率低2.88个百分点的优惠利率政策。扶贫贷款贴息政策规定，对符合贷款条件的企业给予3个百分点的贴息、个人给予5个百分点的贴息，充分体现了对民族地区和欠发达地区的政策倾斜。

与贷款利率市场化相比，存款利率的市场化改革需更为审慎，主要原因是存款利率市场化要求银行具备健全的产权约束机制和经营机制，否则一旦引起价格恶性竞争，便有可能引起存款搬家，影响金融体系安全。下一步，人民银行将继续稳步推进利率市场化进程，继续通过优惠利率政策加强对民族地区的金融支持。

六、关于放宽再贷款的条件和期限问题

近年来，人民银行充分利用再贷款、再贴现等政策工具，积极支持西部地区地方中小金融机构的发展，鼓励和引导农村信用社积极发放农户贷款，降低农户贷款成本、促进农民增收，并取得了较为明显的政策效果。为进一步发挥支农再贷款政策的引导作用，人民银行于2009年年初进一步完善了支农再贷款政策。一是增加再贷款额度。在2009年春耕旺季，对西部地区和粮食主产区安排增加支农再贷款额度100亿元。二是适当调整支农再贷款对象和用途。支农再贷款对象由农村信用社扩大到农村合作银行、农村商业银行及村镇银行等县域和村镇金融机构。支农再贷款用途由发放农户贷款扩大到涉农贷款。三是完善支农再贷款期限和台账管理。支农再贷款借用期限最长可达三年，改进台账管理，简化贷款手续。今后，人民银行将继续做好对地方中小金融机构的再贷款支持，同时，针对全国农村信用社资金供求总体宽松、但地区间不平衡的状况，加强支农再贷款额度的地区间调剂，合理调控再贷款规模，积极满足金融机构因支持区域经济金融发展，尤其是支持“三农”经济中出现的临时性、季节性资金需求。在此过程中，将根据西部地区信贷投放的实际合理需要，酌情安排额度和期限。

七、关于实行差别存款准备金政策问题

近年来，人民银行根据“区别对待、有保有压”的原则，加强对西部地区的货币政策支持，对农村信用社实行优惠的存款准备金率，以增强其支农资金实力。目前,农村信用社实行较商业银行一般水平低4.5个百分点的存款准备金率,且对支农比例高的农村信用社执行比普通农村信用社再低1个百分点的优惠存款准备金率。

八、关于减少民族地区资金外流问题

县域资金回流当地问题是近年来人民银行重点关注的问题之一。目前,人民银行正在会同银监会等相关部门研究制定鼓励县域内银行业金融机构新增存款主要用于当地发放贷款的具体措施,继续组织实施农村信用社改革资金支持政策,扩大邮政储蓄银行涉农业务范围,引导邮政储蓄等资金返还农村,鼓励更多信贷资金和社会资金投向当地。同时,将稳步推广村镇银行、贷款公司、资金互助社、小额贷款公司等多种形式的新型农村金融机构和农村小型金融组织,培育和建设竞争性农村金融市场体系,不断完善对"三农"的金融服务。

感谢贵党对金融工作的关心和支持。

全国政协十一届二次会议提案第0298号

案　　由:关于建立独立型环境税方案的提案

审查意见:建议国务院交财政部会同国家税务总局研究办理

内　　容:开征环境税,是全面贯彻落实科学发展观和建设生态文明的必然选择。独立型环境税,是指在现有税制框架下,创立一个与资源税、增值税等税种平行并立的新税种。当前,我国环境形势严峻,建立环境税税种,加快税制"绿化"步伐,开展环境税立法工作,已成为迫在眉睫的问题之一。随着我国市场经济体制的不断完善,发挥经济杠杆的更大作用,推行环境税改革的制度环境已经形成。有关部门应抓住贯彻落实科学发展观的有利时机,根据"整体税负中性"和"税费改革同步"的原则,加快建立独立型的环境税税种,最终建立支撑科学发展的财税政策体系。只有这样,才能促进资源节约和环境友好型社会的建立。

为此,我们建议:

一、环境税的设计应坚持环境保护与经济发展相协调,公平与效率兼顾,生产与消费共促,调控为主、收入为辅,全球环境问题与国内环保重点统筹五项原则。环境税法律依据的确立,近期建议国务院制定《环境税征收管理条例》,远期由全国人大常委会通过《环境税法》,充分保证该项政策的权威性。建议环境税由以下三种税目组成:

污染排放税,其征收对象是各种废气、废水和固体废物。目前实行的排污收费制度中,这些污染物大都在征收范围。因此,污染排放税即"费改税",同时将未开征的污染物和排放源纳入其中。二氧化硫是重点控制的污染指标,近期可以考虑将排污费中的二氧化硫收费改为征税,同时取消二氧化硫收费。

特种产品污染税,其征收目的是减少有害于环境的产品的使用或者倡导使用低污染或无污染的替代产品。污染产品主要有臭氧损耗物质、含磷洗涤剂、汞镉电池、化肥农药、一次性泡沫餐具、塑料包装袋等。产品污染税可实行"从价定率征收"或"从量定额征收"两种计税方法,计税依据是应税产品的实际销售额或销售数量。

生态保护税,近期只考虑针对一些矿产资源的开采行为和自然保护区开发和使用行为征税。矿产资源包括煤炭、原油、天然气、山石、黄金矿等。自然保护区开发与使用包括游览、影视剧拍摄等。

上述环境税的税目征收范围是开放的,随着发展的需要,可作适当的扩充和调整。

二、环境税的实施战略,应坚持先易后难、逐步推进的原则。第一阶段(2009～2011年),主要任务是构建环境税制度框架,引入齐全的环境税税目。开征硫税、COD税等污染排放税;针对能源产品和一些易导致环境污染的产品征收污染产品税;将排污费纳入税改框架,与污染排放税重叠部分进行费税归位;出台环境税征管条例。第二阶段(2012～2015年),主要任务是完善税目设计,扩大政策范围,提升税制水平。不断改进环境税制各税目;扩展污染产品税、污染排放税等税目的征税范围;促进环境税法出台。第三阶段(2015～2020年),主要任务是基本构建有利于科学发展的环境税制。持续完善环境税制各税目,不断改进并逐步建立统一的环境税制。

三、环境税的征收管理,可以选择以下三种模式:(1)环保部门代核,税务部门征收;(2)由税务部门审核,环保部门代征;(3)税务部门征收的模式。不同税目采取不同的模式,排污费改税的项目,如硫税等可选择第1或第2种征收模式,逐步向第3种模式转变;特种产品税可采用第3种征收模式;生态保护税可选择第2或第3种模式。

四、环境税的资金使用,应主要用于环境保护。建议将环境税的资金使用,纳入环保专项预算支出科目,确保不偏离环境税设置的初始政策目标。环境税主要作为中央与地方共享税,地方和中央按照8:2比例分成,在各级财政建立"环保基金",实行专款专用。建议将环境税收入主要用于支持燃煤发电、钢铁、有色金属、建材等行业的节能减排以及可再生能源发展，以降低征收环境税对这些行业造成的影响。

主题词： **税务　政策**

提案人： 农工党中央

中华人民共和国财政部2009年7月16日以财税函〔2009〕205号文函复：

你们提出的《关于建立独立型环境税方案的提案》收悉，就其中有关环境税设计原则、立法形式、征税范围、实施战略、征收管理以及资金使用等方面所提建议，现答复如下：

一、关于环境税设计原则、立法形式和征税范围问题

关于环境税设计原则，你们建议应坚持五项原则，即环境保护与经济发展相协调，公平与效率兼顾，生产与消费共促，调控为主收入为辅以及全球环境问题与国内环保重点统筹，我们非常认同。我国开征环境税应遵循以下七项原则：一是落实科学发展观原则。通过合理选择环境税的征收范围，科学设置税目、税率，兼顾环境保护和经济发展，统筹人与自然和谐发展。二是贯彻公平税负原则。通过对污染、破坏环境的企业征收环境税，使企业排污成本内部化，改变污染企业与清洁生产企业之间因环境保护投入的差异而存在的不公平竞争。三是发挥调控功能原则。环境税不以组织收入为主要目的，重在对企业减少污染物排放的调节。随着环境状况的改善和达标排放企业的增多，环境税的收入将不断减少。四是借鉴国际经验的原则。通过分析国外环境税收实施状况和征收背景，借鉴国外的成功经验，兼顾我国当前国情和未来发展趋势，提出具有科学性、完备性和前瞻性的环

境税实施方案。五是循序渐进的原则。环境税调控作用强,征管难度大。应先将治理任务繁重,技术标准成熟,便于征管的污染源纳入环境税的征收范围,然后根据社会经济发展的要求,逐步扩大和完善。六是清费立税原则。为了避免税费重复征收,对于纳入环境税征税范围的污染物,应不再征收排污费。七是便于征管原则。为了堵塞征管漏洞,降低税收征纳成本,提高征管效率,应科学设计环境税的征管方式,加强部门配合,完善各项配套措施。

关于环境税立法形式,你们建议近期由国务院制定条例,远期由全国人大立法,我们认为不妥。主要理由为:现行有关环境法律(如水法、大气法等)已对排污收费进行了规定,如果以条例形式开征环境税,修改相关排污收费法律条款将成为不可逾越的法律程序,其难度可能会大于环境税立法,所需时间也可能会更长。立法可以保证环境税权威性,减少推行的阻力,有利于保证环境税顺利实施和对国家环保工作的长期、积极影响。因此,环境税不宜以国务院条例形式,而应以人大法律形式颁布实施。

关于环境税征税范围,你们建议环境税应由污染排放税、特种产品污染税和生态保护税三种税目组成。我们认为,环境税与环境税收体系属于不同范畴。从我国税制整体框架来看,对特种污染产品征税应纳入现行消费税征税范围,生态保护税应纳入现行资源税征税范围,而对污染排放征税才属于我国拟开征的环境税征税范围。一般来讲,不同税种在发挥环境保护功能时具有不同定位和侧重点,资源税侧重于生态资源保护方面,消费税侧重于污染产品方面,而环境税则主要定位于对消耗资源并在生产加工过程中产生的污染排放行为方面。三者之间是一种相互联系、相互补充的关系,共同构成我国环境税收体系。进一步讲,我国环境税主要是专门针对污染排放行为征税的特定目的税。通过梳理我国重大环境问题以及预测未来环保发展趋势,水污染控制、大气污染防治、固体废物污染防治等将是我国未来环境保护工作的重点。因此,我国环境税征收范围应包括废水、废气、固体废弃物和噪音等在内的污染物和二氧化碳等排放行为,并依此设定税目和子税目。

二、关于环境税实施战略问题

你们建议应坚持先易后难、逐步推进原则，并提出三个阶段具体工作任务，我们原则赞同，但具体要从以下三个方面开展工作。一是对污染产品。1994年以来，国家为限制过度消耗资源和危害生态环境的商品的生产和消费，对汽车、成品油、轮胎等商品在生产环节征收了消费税。经过十几年的征管实践证明，消费税在正确引导资源性和污染性产品的生产和消费方面发挥了重要作用。为更好地发挥消费税在促进资源节约和环境保护方面的调控作用，今后我们将结合我国宏观调控需要和税制改革总体要求，继续研究把一些污染环境产品纳入消费税征税范围，具体产品目录将视其对环境危害程度、征管便利程度以及产业转型和保持企业应有的竞争力等因素来综合研究确定。我们认为，考虑到我国现阶段税制结构和税收征管水平状况，不宜再设立新的"污染产品税"，而应适时将需要加强调控的污染环境产品纳入消费税征税范围，这样不仅能够加强对污染环境产品的税收调节，而且有利于简化税制，降低税收征管成本。你们提出的借当前宏观调控机遇，适时将臭氧损耗物资、化肥农药、含磷洗涤剂、汞镉电池、一次性餐饮容器、过度包装商品等污染环境产品纳入税收调节范围的建议，我们将在消费税改革和政策调整中统筹研究。二是对能源产品。根据国家"十一五"规划纲要中提出的"改革资源税制度"的要求，财政部、国家税务总局会同有关部门研究提出了我国资源税改革方案，并已报经国务院批准同意。根据改革方案，将水资源纳入资源税征税范围，并对一般性水资源暂免征税，对开采价值较高的地热、矿泉水统一征收资源税；将部分品目资源税由从量计征改为从价计征，提高税率水平等。你们提出的扩大资源税征收覆盖范围并调整税率强化其环境保护功能的建议，已在这一改革方案中有所体现。目前，我们正在根据宏观经济形势发展情况，会同有关部门积极研究改革时机，争取尽快推出该项改革方案。三是对排放污染物。我国拟开征的环境税包括污染物排放税和碳排放税，由于受经济发展水平、税务征管水平等因素的制约，不可能一揽子全部到位，只能采取先易后难、逐步推进的方式。首先选择实施条件成熟，易于推行的污染排放税目，如硫和废水;随着条件的不断成熟,在适当时机再对其他污染排放物征税,长期目标是将具备条件的污染物全部纳入环境税。

三、关于环境税征收管理问题

你们建议可选择三种模式,即环保部门代核、税务部门征收,税务部门审核、环保部门代征以及税务部门征收。我们认为,环境税在征管上有一定的特殊要求,涉及环境监测方面的技术和能力建设问题(如测定折算硫、氮等污染物排放量),因而在方案设计时要根据环境税征税对象的不同,合理选择符合国情的征管方式,对你们所提建议我们将在这一工作中研究考虑。

四、关于环境税资金使用问题

你们建议应将环境税作为中央与地方共享税,按2:8比例在中央与地方间分成,并设立环保专项预算支出科目,以确保税款用于环境保护,我们认为该建议可以参考。

你们建议在各级财政建立“环保基金”,我们认为,《国务院关于加强预算外资金管理的决定》(国发〔1996〕29号)明确规定,国家原则上不再出台新的政府性基金项目。因此,不宜设立“环保基金”。但为了确保环境税开征后专款专用性质,可考虑将环境税收入作为专项收入管理,专项用于环境保护、节能减排方面的支出。

关于中央财政在节能减排和可再生能源发展方面投入情况,目前,中央财政已设立“节能减排专项资金”和“可再生能源发展专项资金”。前者专门用于支持相关行业节能技术改造和淘汰落后产能以及节能产品推广、建筑节能、中西部污水管网建设、“三河三湖”水污染防治、环境监测等方面,后者专门用于支持风能、太阳能、生物质能、煤气层等新能源与可再生能源产业发展方面,2008年分别安排270亿元和85亿元专项资金。2009年,中央财政还将进一步加大支持力度。这些资金的安排使用,对于支持节能减排和可再生能源发展发挥了积极的促进作用。

感谢你们对财税工作的关心与支持,欢迎再提宝贵意见。

全国政协十一届二次会议提案第0474号

案　　由:关于建立海外孵化器帮助国内企业“走出去”的提案

审查意见:建议国务院交商务部会同财政部研究办理

内　　容:此次国际金融危机对我国经济发展的影响是挑战与机遇并存,只要因势利导,应对得当,在危机和困难中抓住发展和调整的机遇,就能化不利为有利。在当前危机下,实现中国经济可持续发展的关键途径有两条,一条就是扩大内需。另外一条就是加速“走出去”战略,不断提高中国创新能力,真正把中国制造变成中国创造。

目前我国在扩大内需上已经做出了诸多努力,但是对于“走出去”战略重视不够,当前来说,加速“走出去”战略,其实有一个很好的方法,就是在海外建立大量“孵化器”机构,特别目前全球金融危机,为这一机制的建立提供了一个非常好的机遇。

第一,当前世界经济增长明显减速,造成国际资产、人力等相关价格普遍下降,为我们开发利用海外市场和提高科技实力带来了有利条件。第二,金融危机对于国外消费者在消费观念上,也产生了很大的影响,如何“省钱”成为了普通消费者第一要考虑的事情。这对于中国品牌来说,如果能够通过“孵化器”的帮助,把高端品牌做好,在同等质量的前提下,价格还比现在大部分国际品牌合理得多,那就不愁没有市场。第三,虽然国际环境现在不容乐观,但是中国奥运的巨大成功,整个民族的自信心以及世界对中国印象方面是有很大提高的,这是中国企业现在发展的一个非常有利因素。

鉴于此,为了扶持中国企业实施“走出去”战略,提出以下三点建议:

首先,在海外建立"孵化器"机构。由商务部和发达地区的市政府牵头并出资,在海外地区建立一些"孵化器"机构,以向有实力和有意向在海外拓展市场的国内企业提供办公、市场推广、品牌建设、研发、生产的场地,外派工作人员签证服务,通讯、网络等信息方面的资源以及政策、融资、法律和市场推广等方面的支持,从而鼓励他们出国创业的积极性和开拓性,降低他们的创业风险和创业成本,提高他们的成活率和成功率。

其次,实行"孵化器"机构与国内税收挂钩的机制。首先企业在国内缴纳了一定税额的基础上,就可享受"孵化器"优惠政策。其次,如果报名企业过多,"孵化器"空间不够的情况下,报名的企业则以纳税多少排序进行挑选,而且为了让更多企业获得机会,原则上一年后,实力比较强的、发展比较好的企业就应走出"孵化器",为其他企业腾出空间。实行"孵化器"机构与税收相挂钩的机制,可以转以往被动纳税为纳税光荣,不仅可以提高企业纳税的积极性,而且可以让纳税人享受到切实的实惠。

多年来我国政府对出口的鼓励偏重于直接鼓励,即对企业的实际出口行为提供直接政策优惠,由此带来的深层次问题也日益严重,比如引起贸易摩擦,导致政策成本不断上升。如果实行"孵化器"机构与税收挂钩这种间接鼓励的激励模式,不仅可以避免上述矛盾,而且可以为企业创造更好的国际环境,促进企业规模化经营与品牌建设,形成良性循环。

第三,大量中小企业对于我国经济的发展,社会的和谐稳定起着巨大作用,以往,这些实力相对"薄弱"的企业要想走出"国门"只能依靠"广交会"等形式,被动等待别人来选择,而由此产生的"低价"竞争、相互内耗则导致中国企业无法形成整体竞争优势。海外"孵化器"的建立,将帮助企业降低进入国际的"门槛",让中国企业实现从产品规模到产品质量、从打价格战到创立品牌,通过避免国内同行的同质竞争,为中国企业创造更大的发展空间。

建立与国内税收挂钩的海外"孵化器"机制,加速"走出去"战略归根到底是为了中国自身的发展,"走出去"的企业根都在中国,企业的股东、大部分雇员都在国内，他们在海外盈利后，大量海外利润反馈回国内，对于增加政府税收，创造就业，甚至是短期内减少贸易顺差，都将起到非常积极的作用。因此，由中国政府出面加速这一机制的建立，既能为中国企业的“走出去”铺平道路，又将为中华民族在后奥运时代的腾飞奠定坚实的基础。

主题词： 外经

提案人： 冯　军

中华人民共和国商务部2009年7月6日以商合函〔2009〕26号文函复：

您提出的《关于建立海外孵化器帮助国内企业“走出去”的提案》收悉，现答复如下：

一、为进一步贯彻落实“走出去”战略，帮助更多中小型企业走出国门，开展对外投资，2006年国家提出建设境外经济贸易合作区，按照“政府引导、企业决策、商业运作、政策支持”的方式，为入区企业提供包括咨询、企业注册、报关报税、投资许可和工作许可申请、仓储及运输、与当地政府和机构的协调中介等公共服务和支持。2005年起，科技部也启动了“海外科技园”的有关工作，为我科技企业走出去提供海外服务平台。实践证明，上述两种创新投资模式为降低我企业“走出去”的创业风险和创业成本起到了一定的作用，但要取得持久、良好的发展，还需获得稳定的支撑条件，探索具有生命力的、可持续发展的运行机制。

二、提案中提出，为了提高企业纳税的积极性，让纳税人享受到切实的实惠，建议实行“孵化器”机构与税收相挂钩的机制。财政部认为，此建议与税收政策没有关系，也不涉及税收收入的使用和分配，表示无不同意见。

三、提案中提到,为了避免引起贸易摩擦、政策成本不断上升,为企业创造更好的国际环境,促进企业规模化经营与品牌建设,我国应减少对出口的直接鼓励,宜采取间接鼓励的激励模式。这个建议已经体现在我国的税收制度建设中。如自2001年我国加入WTO以来,遵循入世承诺和国际规则,我们清理了大量涉及出口补贴及不符合WTO规则的税收优惠政策,并在新企业所得税法中取消了直接鼓励出口的所得税优惠政策。同时,为了鼓励我国企业“走出去”,积极开拓国际市场,增强企业国际竞争力,新企业所得税法制定了对拥有核心自主知识产权的高新技术企业的优惠政策,进一步完善了境外所得税税额直接抵免和间接抵免政策。在下一步的税制改革和税收政策调整工作中,还将进一步完善相关税收制度和税收政策,鼓励和支持我国企业“走出去”。

四、国家鼓励和支持有条件、有信誉、特别是拥有自主品牌的国内企业“走出去”,在商业运作的基础上,开展多种形式的互利共赢合作。为此,国家按照国际惯例在金融、财税、货物通关、人员出入境等方面为“走出去”企业提供便利和支持;其次,通过建立各种信息资料库、发布对外投资产业导向目录、健全各类社会中介机构、搭建投资促进平台等方式,为我企业对外投资提供服务;并通过规章制度和培训等方式,要求中国企业在经营中按照国际惯例办事,遵守当地法律法规,履行社会责任。第三,加强政府间合作。利用多双边磋商机制,加强与东道国的合作交流,积极商签双边投资保护协定和避免双重征税协定,以保障我企业的合法权益。

我们欢迎和支持愿意“走出去”的企业充分利用国家现有政策,开展对外投资等业务,实现自身发展。

感谢您对我国商务事业的关心和支持。

全国政协十一届二次会议提案第0503号

案　　由:关于理财产品须强制标注风险提示的提案

审查意见:建议国务院交中国银监会会同中国保监会、中国证监会研究办理

内　　容:此次全球金融危机的原因之一是,各种投资活动中的投资品预期收益被无限放大,而伴随的巨大风险则被无视,政府监管者、投资产品的推销者、投资者都缺乏必要的风险意识,导致风险的累积和失控,最终导致总体性爆发。

国内投资市场中,也存在类似的问题。尤其是一些号称预期收益率很高的理财产品,极少提及其产品所隐藏的巨大的、高概率的风险因素,使广大中小投资者的信息严重不对称。造成这一问题的原因在于,政府监管部门没有对投资产品的经销者、宣传者、推介者提出风险说明的强制性要求,从而没有对一般投资者起到风险提示的作用,也没有对某些变相欺诈性投资骗局起到抑制作用。

针对这一问题,提出以下建议:

国家有关金融产品主管部门、金融产品推介推销的主管部门(中国人民银行、国家银监会、中国证监会、中国保监会、国家工商管理总局、国家新闻出版署、国家广电总局等)应联合出台有关各种理财产品必须强制标注风险提示的规定。该规定应包括以下内容:

1. 各种类型的理财产品,在产品说明、产品推介宣传、产品经销合同等资料与文件上,必须显著地强制标注风险提示,说明该产品风险的所在。风险提示语必须包含"本投资品有风险,请谨慎投资。预期收益越大,损益风险概率越大,损益风险越高"等内容。

2. 各种交易系统，在投资者“确认”交易之时，必须有明确的风险提示。语音交易系统必须有明确清晰的语音风险提示，视频交易系统必须有清晰的明显的视频风险提示，面对面的交易也必须有明确清晰的风险提示，书面文件交易也必须有清晰的明显的文字风险提示。

3. 凡是提及“投资价值”的产品（如房地产、商铺、金银制品、收藏品、含理财内容的保险产品等），均必须显著而明确地标注风险提示，说明该产品风险的所在。

4. 各种刊载理财产品、提及“投资价值”的产品广告的媒体，均必须履行审查“是否显著地强制标注风险提示、是否说明该产品风险所在”的职责。未显著而明确标注的，媒体不得发布。

主题词： 管理　金融

提案人： 田惠光　苑春鸣　沈奎林

中国银行业监督管理委员会（函）2009 年 7 月 30 日以银监函〔2009〕277 号文函复：

你们提出的《关于理财产品须强制标注风险提示的提案》收悉。现答复如下：

一、银行业理财产品风险提示有关情况

（一）银行理财产品风险提示的相关监管规定和监管措施。中国银监会于 2005 年 9 月发布的《商业银行个人理财业务管理暂行办法》和《商业银行个人理财业务风险管理指引》对商业银行发行理财产品的风险提示做出了详细、明确的规定。具体包括以下几方面的规定：一是各商业银行在开展个人理财顾问业务时应充分考虑客户的经济状况、风险认知能力和承受能力等，对客户进行必要的分层，明确每类个人理财顾问服务适宜的客户群体，防止由于错误销售损害客户利益。二是商业银行应将对客户风险认知和承受能力的评估意见书面告知客户并且双方签字确认。三是对于市场风险较大的投资产品，特别是与衍生交易相关的投资产品，商业银行不应主动向无相关交易经验或经评估不适宜购买该产品的客户推介或销售该产品。四是商业银行向客户提供的所有可能影响客户投资决策的材料，商业银行销售的各类投资产品介绍，以及商业银行对客户投资情况的评估和分析等，都应包含相应的风险揭示内容。风险揭示应当充分、清晰、准确，确保客户能够正确理解风险揭示的内容。五是商业银行在编写有关产品介绍和宣传材料时，应进行充分的风险揭示，提供必要的举例说明，并根据有关管理规定将需要报告的材料及时向中国银监会报告。六是商业银行提供个人理财顾问服务业务时，要向客户进行风险提示。风险提示应设计客户确认栏和签字栏。客户确认栏应载明以下语句，并要求客户抄录后签名："本人已经阅读上述风险提示，充分了解并清楚知晓本产品的风险，愿意承担相关风险"。七是对于非保本浮动收益理财计划，风险提示的内容应至少包括以下语句："本理财计划是高风险投资产品，您的本金可能会因市场变动而蒙受重大损失，您应充分认识投资风险，谨慎投资。"

此外，中国银监会还先后印发了《关于商业银行开展个人理财业务风险提示的通知》和《关于进一步规范商业银行个人理财业务有关问题的通知》等规范性文件，对理财产品的风险提示进行了进一步规范。

为了促进相关规定的落实和执行，确保商业银行规范销售理财产品，中国银监会通过暗访调查和现场检查等方式对各中外资商业银行理财产品的风险提示情况进行监督管理，对发现的各类问题提出监管建议，依法对情节严重的予以处罚。

（二）商业银行理财产品风险提示工作现状。从目前各商业银行实际情况看，绝大部分中外资商业银行能够按照要求在产品说明书中专门设置风险提示并放在显著位置，提请投资者关注与产品相关的各类风险。同时，投资者被要求亲手抄录风险认知语句，确认其已阅读并充分了解了产品的风险。通过加强风险提示，目前理财产品的客户投诉率呈现出下降的趋势。

从监管规定和工作现状两方面来讲，监管者和商业银行对于个人理财产品的风险提示给予了足够的重视，并采取了各项措施规范和加强理财业务相关风险管理和信息披露管理。

（三）中国银监会下一步工作措施。下一阶段，中国银监会将进一步完善商业银行个人理财业务相关法律法规，加大现场检查和处罚力度，督促和引导商业银行个人理财业务健康有序发展，有力保障广大投资者利益。

二、保险业理财产品风险提示有关情况

（一）保险理财产品风险提示的相关监管规定。近年来，中国保监会坚持以人为本，把保护保险消费者利益作为出发点和落脚点，陆续出台了《人身保险新型产品信息披露管理暂行办法》、《关于人身保险新型产品信息披露有关问题的通知》、《关于加强万能保险销售管理有关事项的通知》、《关于加强投资连结保险销售管理有关事项的通知》、《关于加强财产保险公司投资型保险业务管理的通知》等文件，规范具有投资功能保险产品的信息披露行为，要求保险公司在保险产品信息披露时，应当采用非专业语言，通俗易懂，不得对客户进行欺骗、误导和故意隐瞒；同时，要求保险公司严格管理宣传材料，规范宣传材料内容，做好客户风险提示等。

例如，对于投资连结保险，中国保监会有关文件要求保险公司在产品说明书封面显著位置用黑体字打印："投保人要承担该产品投资风险"，在利益演示下显著位置用比正文大一号的黑体字说明"该演示纯粹是描述性的，不能理解为对未来的预期，实际投资收益可能出现负值"；对于万能保险，中国保监会有关文件要求各公司在宣传材料利益演示下的显著位置，用比正文大一号的黑体字说明"该演示纯粹是描述性的，最低保证利率之上的投资收益是不确定的，不能理解为对未来的预期"；对于财产保险公司投资型保险业务，在预定型产品的保险条款中，中国保监会有关文件要求除列明保险责任、责任免除、保险金额、保险赔付的申请与给予等内容外，还应列明收益率的约定方式、计算收益的公式和方法，以及保险合同解除或终止时计算返还金额的方法;在非预定型产品的保险条款中,中国保监会有关文件要求除列明保险责任、责任免除、保险金额、保险赔付的申请与给予等内容外,还应包括产品风险警示、产品资产净值的计算方法和公告方式、产品认申购费用等内容。

(二)中国保监会下一步工作措施。下一步,中国保监会拟制定全国统一的《人身保险投保提示基准内容》,对于容易产生纠纷的一年期以上个人人身保险业务,要求保险公司对消费者进行全面风险提示,帮助消费者正确理解保险产品;拟出台《人身保险新型产品信息披露办法》,继续强化人身保险新型产品信息披露和风险提示,要求投保人在投保单上亲笔抄录"本人已阅读保险条款、产品说明书和投保提示,充分了解本产品的特点和保险利益的不确定性,愿意承担相关风险"并签名,进一步提醒投保人注意人身保险新型产品购买风险。目前,有关工作正在积极推进过程中。

三、证券业理财产品风险提示有关情况

(一)证券投资基金风险提示相关监管规定。中国证监会近年来陆续出台了《证券投资基金管理办法》、《证券投资招募说明书合同内容与格式准则》、《证券投资基金信息披露内容与格式准则》等一系列规章规范性文件,对基金产品强制性风险提示做出了明确要求。一是规定宣传材料应当含有明确、醒目的风险提示和警示性文字。二是要求基金招募说明书应列明各项风险因素。三是要求基金销售机构向基金投资人发放《投资人权益须知》,其中必须包括风险提示。四是要求基金销售机构在销售基金时,要通过面谈、信函、网络等方式对投资人的风险承受能力进行评价,并及时向投资人反馈,根据投资人的风险承受能力销售不同风险等级产品。

(二)证券公司的资产管理业务相关风险提示的监管规定。中国证监会的《证券公司集合资产管理业务实施细则(试行)》等有关规定对资产管理业务的风险提示做出了专门要求,强调为客户提供资产管理服务的适当性原则。一是证券公司在签订资产管理合同之前,应当了解客户资产与收入状况、风险承受能力等,引导客户审慎做出投资决策。二是证券公司应在集合资产管理合同中向客户充分揭示投资风险，不得向客户做出本金不受损失或最低投资收益的保证。三是证券公司必须向客户全面、准确地讲解资产管理合同内容和业务规则。

（三）中国证监会的下一步工作措施。中国证监会将继续根据资本市场发展状况和监管工作实际，不断完善包括风险提示在内的基金、集合资产管理计划及其他创新理财产品的监管制度和规则，严格落实各项监管要求，更好地保护相关理财产品投资者的合法权益。

感谢你们对银行业监管工作的关心与支持！

全国政协十一届二次会议提案第2282号

案　　由:关于加大金融监管机构和商业银行对文化产业扶持力度的提案

审查意见:建议国务院交中国人民银行会同文化部、中国银监会、财政部研究办理

内　　容:随着世界经济全球化进程和信息技术的飞速发展,越来越多的国家和地区认识到未来世界的竞争将是文化生产力的竞争,大力发展文化产业已经成为世界产业发展的大趋势。同时,世界各国和地区也已普遍认识到文化市场的培育、文化产业的发展离不开金融机构的支持。良好的金融投资环境是文化产业健康发展的基础。目前,我国文化产业发展受到了党和国家的高度关注与大力支持,形成了科学的发展思路和一系列宏观政策。在全球金融风暴的特殊社会背景下,文化产业作为拉动内需和增加就业的重要因素而日益受到广泛重视并形成新的发展契机。但是,长期以来文化产业可持续发展受到资金短缺的制约,形成了产业结构不合理,传统文化产业的比重较大,现代新兴文化产业发展不够,文化产品的科技含量低,竞争能力差,现代信息技术的应用比较落后,不能适应人们日益增长的精神文化生活的要求。

文化产业是金融业的重要服务对象,双方的协调与合作是各自取得较高效益、争取快速发展的重要因素。文化产业的顺利运营、文化产业的结构优化、文化产品的品牌增值,需要金融机构创造良好的融资环境,创新金融信贷产品,提供及时周到的服务。从目前来看,文化产业通过金融机构获得资金,还有许多政策瓶颈和操作困难。因此,拓宽文化产业投融资渠道，增加新的金融信贷产品，实行文化产业信贷产品单列制度，引导社会各类风险投资机构进入文化产业领域，鼓励和扶持一批符合国家文化产业政策、管理较规范、市场发展前景较好的文化企业，加强央行、银监会和金融机构对文化产业项目信贷支持力度就显得尤为重要。

为此建议：

1. 金融监管服务机构的信贷政策应适度向文化产业倾斜。把文化产业纳入信贷优先支持行业，增加对重点民营文化企业的贷款额度。央行和银监会应协调金融机构尽快将文化产业列入银行鼓励类行业目录，在银行现有年度信贷计划中专门“切块”增加文化产业(企业)贷款规模，积极引导和鼓励银行等金融机构加大对各种所有制文化企业的信贷支持力度；商业银行对符合信贷条件的文化企业，在国家允许的贷款利率浮动幅度内给予一定的利率优惠；支持金融机构、担保机构、产权股权交易机构及中介机构组建“文化产品投融资服务联盟”，为文化企业提供“一站式”金融服务；鼓励各省市各担保投资公司探索建立文化产业发展的信用担保体系，开发“文化产品产业化担保业务”等专业担保业务品种；省市中小企业担保中心为中小文化企业提供优先优惠服务。

2. 实行扶持性信贷政策。扶持性信贷政策主要包括低息、无息、贴息及降低信贷门槛和鼓励国家政策性银行支持文化产业等优惠扶持政策。这些政策可以大大减少文化企业贷款利息支出，弥补文化企业基本建设资金的不足，以支持文化产业的发展；对具有一定社会公益性质的文化产业实行适度宽松的资产抵押政策。对效益好、有偿还能力的文化企业，有关银行和金融机构可发放文化产业维护经营性质的贷款，以支持文化企业的经营活动和硬件改造；引导各省市直属商业银行和金融机构建立支持文化产业发展的信贷审批绿色通道。建议央行借鉴北京各大商业银行支持文化创意企业发展的做法，设立50亿元人民币的专项授信额度，对文艺演出、出版发行、动漫游戏等九大行业的文化创意企业给予扶持，开辟“绿色审批通道”，采取简化审贷流程等优惠举措，扶持文化企业和文化产业的快速发展。

3. 中国人民银行尽快制定出台《关于促进民营文化企业评级、授信的指引》。目前,各金融机构为落实十七大提出的“推进金融体制改革,发展各类金融市场,形成多种所有制和多种经营形式、结构合理、功能完善、高效安全的现代金融体系。提高银行业、证券业、保险业竞争力。优化资本市场结构,多渠道提高直接融资比重”的方针,正在积极关注并设法扶持文化产业,但是,目前尚缺乏金融监管服务机构的宏观面的政策支撑。因此,中国人民银行应尽快制定出台《关于促进民营文化企业评级、授信的指引》。遵循该《指引》,各级政府和银行可以共同设立有关认证机构,科学评价和确定一批文化产业重点项目,由政府出面协调银行贷款。各商业银行根据认证机构确定的项目,制定科学合理、切实可行的“评级授信”方案,在授信额度内发放贷款。通过评级授信的方式,进一步拓展文化产业投融资渠道,营造和培育文化产业发展的良好环境,解决民营文化企业贷款难的问题,促进民营文化企业快速、健康、持续发展。

4. 鼓励文化企业通过发行企业债券的方式募集发展资金。根据国务院《文化体制改革中支持文化企业发展的规定》精神,国家金融监管部门对于投资开发战略性、先导性文化产业项目的企业,应尽量简化审批程序,鼓励通过发行企业债券方式募集发展资金,使这些企业尽快做强做大,成为文化产业发展的生力军。

主题词: **金融　文化**

提案人: 吕建中　黄大昉　瞿振元　刘忠元　冯　平　张红武　舒安娜　杨公社　刘延云　郑维列　刘　昕　梁季阳　林金星　黄大卫　刘凤之　吴　鸿　夏庆友　赵心力　方荣祥

中国人民银行2009年7月29日以银函〔2009〕184号文函复：

你们提出的《关于加大金融监管机构和商业银行对文化产业扶持力度的提案》收悉，经商财政部、文化部和银监会，现答复如下：

文化产业是以“文化创意”为核心，为满足人们对文化消费需求而产生的新兴产业，对于弘扬中华文明、扩大社会消费和提高人民的生活质量具有重要的作用。你们的建议对于促进文化产业升级、提高人民群众生活质量具有重要的现实意义。近年来，人民银行会同相关部门积极采取多种政策措施，不断改善和加强对文化产业发展的金融服务，有力地促进了文化产业的快速发展。

一、关于信贷政策适度向文化产业倾斜的问题

为了促进文化产业加快发展，人民银行、财政部、文化部、银监会等部门陆续出台了一系列政策措施，加大对文化产业的政策扶持力度。2008年，人民银行会同银监会、证监会、保监会联合印发了《关于金融支持服务业加快发展的若干意见》（银发〔2008〕90号），鼓励政策性金融机构对列入《文化产品和服务出口指导目录》的出口项目或企业，按规定给予贷款支持，推动文化产品和服务出口。2009年，人民银行会同银监会出台了《关于进一步加强信贷结构调整 促进国民经济平稳较快发展的指导意见》（银发〔2009〕92号），强调“大力支持发展服务业、创意文化产业、旅游业等新型消费”；商务部会同文化部、中国进出口银行等五部门联合印发了《关于金融支持文化出口的指导意见》，针对文化出口企业资金不足、缺乏实物担保等问题，提出了创新金融服务手段、简化企业手续等措施。随着这一系列政策的出台和落实，文化产业的金融支持力度不断加强和改善，有力地促进了文化产业的快速发展。

目前,人民银行、银监会等部门已将文化产业作为信贷投放的重点产业加以支持,正在积极配合中宣部等部门研究制定《文化产业振兴规划》,提出金融支持文化产业发展的政策措施。如,鼓励金融机构通过运用差别化定价、增加信贷授信、简化信贷审批手续、改进信贷评级办法等手段,大力支持具有自主品牌产品及核心竞争力的文化产业企业发展;加强金融机构、担保机构和中介服务机构的协调配合,结合商业银行小企业金融服务专营机构建设,为文化企业提供"一站式"的综合金融服务。下一步,文化部还将会同有关部门研究推动成立符合文化产业特点的担保机构,弥补银行和文化企业间的担保缺失,促进文化企业特别是中小文化企业发展壮大。

二、关于实行扶持性信贷政策的问题

为了减少文化企业财务负担,支持文化企业加快发展,财政部贯彻落实《文化体制改革中支持文化企业发展的规定》,2008 年已设立"扶持文化产业发展专项资金",对原创动漫产业、文化产品服务出口、文化体制改革重点项目等给予财政贴息支持;同时,正在研究发起"文化产业投资基金",发挥财政资金的引导作用,设立文化产业投融资平台。

同时,为鼓励政策性银行加大对文化产业的扶持力度,有关部门正在积极研究中国进出口银行开办文化产品和服务(含动漫)出口信贷业务的可行性,以更好地发挥政策性金融的作用,推动文化企业发展和文化产品出口。2009 年 3 月和 4 月,文化部先后与中国进出口银行签订了《关于扶持培育文化出口重点企业、重点项目的合作协议》,与中国银行签署了《支持文化产业发展战略合作协议》,充分发挥信贷资金规模大、融资期限长、资金来源稳定的优势,重点支持具有自主知识产权的原创文化科技产品出口、大型项目输出和文化科技产业园的建设,建立银企之间长期的战略合作关系。

下一步,人民银行、银监会等部门将加强宏观信贷政策指导,进一步鼓励和引导金融机构简化审贷手续,加大对文艺演出、出版发行、动漫游戏等文化创意企业的信贷支持。对效益好、有偿还能力的企业可适当加大授信额度,支持企业的经营活动和硬件改造;积极鼓励文化企业利用自主品牌、版权等无形资产进行抵押担保融资，提高文化企业融资能力。

三、关于制定促进民营文化企业评级、授信指引的问题

近年来，人民银行认真贯彻落实十七大提出的"推进金融体制改革，完善现代金融体系"方针，积极推动征信立法和制度建设，建立健全社会信用体系。先后出台了《中国人民银行信用评级管理指导意见》(银发〔2006〕95 号)、《信贷市场和银行间债券市场信用评级规范》(银发〔2006〕404 号)等规章制度，为民营文化企业评级、授信提供法律依据。同时，积极开展对信用评级行业标准的修订，稳步推进信贷市场中小企业信用评级工作，对部分不具备信用评级条件的中小企业，指导评级机构积极探索简便快捷的中小企业信用评级方式，满足不同类型企业的融资需求。截至 2009 年 5 月末，人民银行企业信用信息基础数据库共收录企业 1520 万户，其中 709.7 万户获得了银行贷款。

下一步，人民银行将会同有关部门加大民营文化企业的信用信息征集力度，不断扩大行业企业信用信息覆盖范围，为民营文化企业评级和融资提供高效服务。同时，积极配合文化部等部门做好文化产业重点项目认定工作，鼓励和引导金融机构加大对文化产业重点项目的信贷支持。

四、关于鼓励文化企业通过发行企业债券的方式募集发展资金的问题

人民银行将会同有关部门根据不同类型、不同成长阶段文化企业的经营特点和风险特性，积极支持符合条件的重点骨干文化企业通过发行债券等方式募集发展资金。支持符合条件的文化企业在银行间市场发行短期融资券、中期票据，支持中小文化企业发行集合债券，促进文化企业做大做强。

感谢你们对金融工作的关心和支持。

全国政协十一届二次会议提案第2996号

案　　由:关于我国国库现金管理应加大力度扩大规模的提案

审查意见:建议国务院交中国人民银行会同财政部研究办理

内　　容:近年来,我国国库库款逐渐充裕,资金调度能力显著增强,解决了长期以来因资金短缺而带来的欠发工资、拖欠公用经费以及项目款等问题。这主要是随着我国国民经济持续快速增长,我国的财政收入也得到大幅增加,与此同时,国库集中支付的改革将原来大量滞留在预算单位的财政资金统一集中到了国库。但是较大规模的财政资金如果一直闲置在国库,按照活期存款利率收取利息,将会造成财政资金资源的浪费。为了使存放在国库的财政资金获取更高的收益,从2006年起,我国开始实施国库现金管理,即对一部分中央国库里的资金进行商业银行定期存款以及买回尚未到期的国债操作,获得了比活期存款高的收益。这就如同老百姓把存在银行的钱拿出来理财一样,政府的钱也需要理财。但据了解,目前我国实施国库现金管理的中央国库资金占中央国库资金余额的比重还比较小,实施空间还很大。此外,一些地方反映,由于国家尚未允许地方开展国库现金管理,有的地方就采取变通的办法运作以获取较高的收益,可这样操作,不仅不规范,而且易给地方财政资金安全带来风险。因此地方迫切希望能够"开正门"、"不走旁门",按照规范化的要求开展国库现金管理。那么在当前我国实施积极财政政策和适度宽松货币政策的背景下,全面开展国库现金管理工作就显得更为必要。一方面,积极财政政策的实施离不开财政资金的支持。由于受到全球金融危机的影响,去年下半年以来我国财政收入已呈现下降趋势，且财政收支形势亦不容乐观。如果此时我国扩大中央国库资金市场运作的规模，同时允许地方对闲置在地方国库中的财政资金进行有效的市场运作管理，将能够使财政资金获得更高的收益，相当于新增了一批企业为国家纳税，将有助于缓解财政困难，为积极财政政策提供资金支持。另一方面，财政资金存放在中央银行，国库资金余额大规模增加，也会对全社会的货币供应起到一定的收缩作用，如果此时加大国库现金管理的力度，将释放大量的基础货币，有利于配合当前和今后一个阶段适度宽松的货币政策。为此建议尽快扩大中央国库资金市场运作的规模，同时启动地方国库财政资金市场运作管理工作。

一、扩大中央国库现金市场运作规模。目前，中央国库现金市场运作管理已经建立了有关制度办法、操作规程和协调机制，并已经成功实施了多次市场操作，具备了成熟的操作经验。有了这样一个基础，那么进一步扩大中央国库现金管理规模也就比较容易做到。建议有关部门认真研究这个问题，制定出相应的市场操作规划，有计划、有步骤、有规模地将闲置在中央国库的财政资金投放到市场中，进行运作管理。

二、尽快开展地方国库现金管理运作。地方财政的库款目前也很庞大，地方政府也曾多次呼吁要进行国库现金管理，但苦于中央没有给政策，无法实施。建议有关部门抓紧制定地方国库现金管理制度，需报国务院批准的，抓紧上报。

三、开展地方国库现金管理要注意风险防范。对资金进行市场运作，收益与风险总是并存的。对于财政资金来说，进行市场运作的首要原则就是要保证不会造成损失，因为国库现金只是一种闲置资金，最终都要按照预算拨付出去，一旦运作亏损了，预算也就无法完成了。采用以银行资产为抵押的定期存款方式不妨是一种比较稳妥的运作方式，虽然相对于其他货币市场投资方式收益较低，但是却能够保证国库资金的绝对安全。因此建议地方国库资金运作前期可采取以商业银行的国债或央行票据质押的定期存款方式，待取得较多实践经验后，再实施其他方式。

主题词： 资金

提案人： 周秉建 王玉英 刘红宇 刘 诗 王 静
强俄巴·次仁央宗 郄秀书 曾海生 吴菊仙
唐晓青 柳 萍 孙丹萍 谢 京 瞿丽雅
洪天慧 李小豹 倪邦文 陈 羽

中国人民银行2009年7月29日以银函〔2009〕179号文函复：

你们提出的《关于我国国库现金管理应加大力度扩大规模的提案》收悉，经商财政部，现答复如下：

一、实施国库现金管理工作具有积极的意义

你们提出的关于我国国库现金管理应加大力度扩大规模的提案具有重要参考价值。实施国库现金管理不仅能增加国库资金的收益，还能配合财政政策和货币政策的实施，特别是在当前经济形势和政策背景下，全面开展国库现金管理工作有着十分重要的现实意义。提高国库资金使用效益，降低并稳定国库资金余额、减少国库资金流动对货币政策实施的影响，是我国国库现金管理工作的出发点和落脚点；提高财政库款预测能力，逐步建立最优库底余额制度，进一步完善中央国库现金管理操作机制，着力推动地方国库现金管理工作，是当前国库现金管理工作的主要内容。

自2006年我国开始实施中央国库现金管理工作以来，人民银行和财政部积极配合，中央国库现金管理商业银行定期存款（以下简称国库现金定期存款）操作频率和规模逐年稳步增长。2006年到2007年，国库现金定期存款各操作1次，金额分别为200亿元、300亿元；

2008 年操作 5 次，累计金额 1700 亿元；预计 2009 年操作 10 次左右，累计金额 3000 亿元左右（见图 1），其中 2009 年 1～6 月，人民银行和财政部已经实施了 5 次操作，累计中标金额 1296.4 亿元。

2006～2009 年中央国库现金管理商业银行定期存款操作情况图

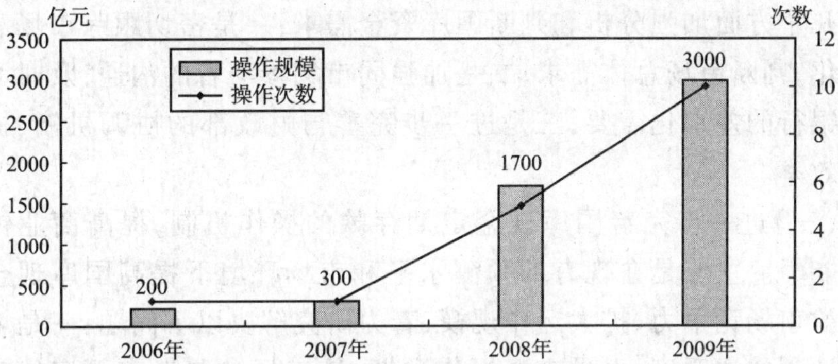

注：2009 年操作计划是根据 2008 年操作情况、货币政策调控规划和库存变动预测基础上研究制定的，人民银行和财政部将根据实际情况适时调整。

关于地方国库现金管理问题，人民银行和财政部也充分意识到了开展地方国库现金管理操作的必要性和紧迫性，多次进行了调研论证，并一致认为，开展地方国库现金管理要注意防范风险，坚持市场化运作，初期宜采取以国债或央行票据为质押的商业银行定期存款方式。目前，人民银行与财政部在借鉴中央国库现金管理操作成功经验的基础上，正在草拟《地方国库现金管理暂行办法》，力争尽早上报国务院。

二、创造条件扩大中央国库现金管理运作规模

根据当前实际情况，要进一步扩大中央国库现金管理操作规模，我们计划加强以下几个方面的工作：

（一）提高国库现金流预测能力，研究建立最优库底余额制度。准确的国库现金流预测是实现最优库底余额国库现金管理制度的基础，也是进一步丰富国库现金管理融资工具的重要前提。预测越准确，国库现金管理水平越高。英国、美国等国家能够将国库现金余额

维持在较低水平，都是建立在对国库现金流精确预测基础上的。目前，财政部正在进一步加快提升预测能力，人民银行也将与财政部密切合作，共同加强对最优库底余额制度的研究并争取早日付诸实施，从而从根本上提升中央国库现金管理运作能力。

（二）进一步加强市场监测，准确把握市场需求。实践表明，市场需求是决定国库现金管理操作成功与否的主要因素。人民银行将从以下几个方面加强分析和判断国库资金需求：一是密切跟踪市场利率的变化，判断市场总体需求；二是加强同市场参与者的沟通，及时了解商业银行的差别化需要；三是进一步完善与财政部的协调机制，提高决策效率。

（三）进一步完善国库现金定期存款的操作机制，提高商业银行参与能力。主要是在现有的预测水平和市场环境下提高国库现金定期存款市场竞争力、扩大运作规模，着力研究解决以下问题：一是增强操作计划的透明度，引导市场操作预期，使市场参与者有更多的时间进行分析决策；二是完善质押品规定，在确保资金安全的前提下增加质押品范围，如央行票据等。

（四）深入研究开展国债回购和逆回购业务的可行性和必要性。提高预测能力、构建最优库款余额是开展国库现金管理国债回购和逆回购业务的重要前提。在此前提下，才能保证回购操作方向的准确性，当前需在完善现有制度的基础上，为未来开展国债回购业务操作创造条件。鉴于国债回购业务会产生吞吐基础货币的效果，对货币政策执行产生直接影响，其操作机制可借鉴定期存款操作模式。

三、积极推动开展地方国库现金管理

考虑到全国各省市经济发展水平、政府收支管理效率和国库管理信息化程度差异较大，为保障国库资金安全，促进财政政策与货币政策协调配合，我们认为，开展地方国库现金管理在防范风险、坚持市场化操作的同时，还应遵循以下原则：

（一）明确职责分工的原则。明确各参与部门的职责是顺利实施地方国库现金管理的前提，也是保障国库资金安全的必要措施。中央国库现金管理的职责分工方式由国务院根据我国国情确定并经历了实践的检验,可供地方国库现金管理工作借鉴。

（二）与货币政策协调原则。地方国库现金管理操作同样会引起货币市场流动性变动,对货币政策形成较大影响,为确保货币政策顺利实施,需要进行相应的对冲操作。人民银行、财政部可根据地方库款变动特点,采用适当的方式,把握地方国库现金管理的可控性,确保人民银行有效调控市场流动性。

（三）渐进性原则。在地方国库现金管理开展初期,可选择部分省份开展试点,待充分总结经验后,再逐步推广。

下一步,人民银行将积极加强与财政部沟通协调,抓紧深入研究相关问题,有计划、有步骤、积极稳妥地推进我国国库现金管理工作向前发展。

感谢你们对国库管理工作的关心和支持。

全国政协十一届二次会议提案第3220号

案　　由:关于进一步强化对青年创业的金融支持的提案

审查意见:建议国务院交中国银监会会同财政部研究办理

内　　容:当前我国就业形势严峻,以创业带动就业,发挥创业的就业倍增效应,对缓解就业压力具有重要的现实意义。去年,国务院转发了《关于促进以创业带动就业工作的指导意见》,就全面实施就业促进法的有关规定,促进以创业带动就业工作提出了明确的指导意见。

与其他群体相比,青年的创业意愿和创业能力较高,是社会中创造活力较强的群体,更容易成长为创业型人才。创业重要的是意愿、能力和条件,政府能做的不是改变意愿,而是提供条件。对于青年创业而言,融资困难已经成为制约瓶颈,因此,在创业条件中很重要的就是要提供小额信贷资金支持。去年年底,在银监会的支持下,共青团中央和银监会针对青年创业小额贷款项目,联合下发了一个文件,在金融担保方式等方面做了一些创新,但要充分发挥好制度创新作用,还需要各方面的进一步支持。

当前开展青年创业小额贷款项目,主要面临三个问题:一是如何使缺少抵押、质押物和担保的青年获得贷款。解决这一问题,一方面要扩大有效抵押、质押物范围,另一方面要创新担保方式。二是如何提高商业银行等金融机构发放小额贷款的积极性。解决这一问题,必须解决金融机构商业行为与青年创业小额贷款高风险、高成本、低收益之间的矛盾。这是推进小额贷款工作的关键。要通过国家出台政策,如在一定期限内,通过财政资金存放比例、代理金库业务、税收优惠、贷款损失分担比例、利率上限管理、新业务及网点审批等积极政策,吸引商业银行介入小额贷款业务,力求在政策性和赢利性上找到平衡点。三是如何调动小额贷款各参与主体形成工作合力。当前,参与小额贷款工作的主体除商业银行外,还有财政、扶贫、人民银行、银监会、保监会、商业性担保机构、公益性担保机构和其他社会组织以及国际公益组织等。不同的参与主体结合自身特点各自开展业务,很难形成合力,缺少有效的力量整合。

综合以上分析,建议要重点解决给予部分特定的金融机构更多的激励和必要的成本费用支持,使其有更大的动力,以更大的力度来从事有效支持创业的小额贷款工作,增强金融产品、金融服务的可行性、操作性和普遍性。

一是从国家层面出台有关扶持青年创业,特别是创办中小企业的金融政策。国际经验表明,创办大量中小企业是推动经济发展,稳定和扩大就业的重要手段和长远之策。建议创新金融政策,确定小额贷款工作的责任主体,明确各参与单位的工作职责,统筹各方面的力量。要综合考虑政府、金融机构和创业者的实际,鼓励创新设计金融产品,为符合条件的创业者提供优惠便捷的小额贷款服务。

二是以适当的激励政策充分调动银行性金融机构开展以扶持青年创业为目的的小额贷款工作的积极性。充分发挥公共财政的引导作用,采取贴息、补贴担保费用等方式,为金融机构提供信贷风险补偿,通过政策保障和激励,使相关金融机构获得更多的成本支持和制度支持,调动和保证他们开展小额贷款业务的积极性。同时,可以通过财政资金成立公益性担保机构和担保中心,为青年创业提供担保;积极探索建立政府、银行、青年共同承担的风险防范机制;通过行政手段,如通过新网点、新业务的开展,加大对青年创业小额贷款工作的引导;可以对青年创业小额贷款进行财政贴息。

主题词: 金融

提案人: 罗　梅　周桐宇　梁丽萍　李小豹　全桂寿　李河君
朱从玖　郗杰英　张　骏　王　晓　尔肯江·吐拉洪

张　政　曾智明　严望佳　郭　为　陈　凯　朱　军
李佳鸣　王俊峰　田　伟　王晓栋　任洪斌　许树强
倪邦文　格桑罗布　吴仁彪　严　琦　李胜素　山　翀
安桂武　张晓兰

中国银行业监督管理委员会(函)2009年6月21日以银监函〔2009〕162号文函复：

你们提出的《关于进一步强化对青年创业的金融支持的提案》收悉。现答复如下：

近年来,随着经济社会发展,我国青年创业的热情越来越高,这方面的金融需求日益增长。对此,银监会一直予以高度重视,督促银行业金融机构加大对青年创业的支持力度。去年银监会与共青团中央联合印发了《关于实施农村青年创业小额贷款的指导意见》,引导银行业金融机构通过建立青年创业金融服务中心、开辟青年创业贷款"绿色通道"等形式,搞好青年创业的金融服务。授信方面,根据申请人的信用状况,对3万～5万元以内的资金需求,采取"一次授信、随用随贷、循环使用"的方式,发放不需要抵押担保的小额信用贷款;超过5万元的,采取"联户联保"、"专业机构担保"、"信用互助"等联合担保形式,发放联合担保贷款,积极支持青年创业,特别是鼓励他们创办中小企业,带动更多青年就业。下一步,银监会将督促和引导银行业金融机构进一步强化对青年创业的金融支持。同时加强调研,制定出台更有利于银行业金融机构服务青年创业的政策措施,在总结前期工作基础上,继续做好青年创业贷款工作。

为做好创业带动就业工作,各地财政部门结合实际探索建立了一批小额贷款担保机构或担保基金,为包括青年在内的下岗失业人员、城镇失业人员和就业困难人员等各类就业弱势群体提供创业贷款担保服务,同时由财政对创业小额担保贷款给予贴息。银监会协调有关部门,出台了新型农村金融机构定向费用补贴和县域金融机构涉农贷款增量奖励试点等政策,较好地调动了银行业金融机构支持青年创业的积极性。我们将进一步加强协调,督促落实好现有政策,支持担保机构创新担保方式,扩大担保和贴息的受益面,指导银行业金融机构加强与担保机构、劳动部门和共青团组织的沟通合作,形成支持合力,更好地为青年创业服务。

感谢你们对银行业监管工作的关心与支持!

全国政协十一届二次会议提案第3279号

案　　由:关于规范中介组织管理、推动市场体制完善的提案

审查意见:建议国务院交监察部会同民政部、中央编办研究办理

内　　容:改革开放以来,我国中介组织得到了快速发展,到2008年年底,全国登记注册的社会组织总量接近40万个,其中相当一部分为中介组织,它们为实现市场经济健康运行发挥着重要作用。但当前中介组织的发展存在不容忽视的问题,加快并规范我国中介组织发展,成为进一步推进改革开放、完善市场体制急需解决的重要课题。

一、当前中介组织发展和管理上存在的问题

一是缺乏完备的法律法规体系。我国尚无一部规范中介组织发展的综合性法律,对其定义与分类、性质与功能、市场准入与退出、服务标准与程序、监管主体与职责等尚无权威的法律界定;在代理中介、职业中介等领域亦缺乏全国性的法律规范;各地各部门制定的法律规范存在冲突现象。各级政府对中介组织的发展缺乏总体规划,引导扶持政策不系统,产业政策导向不明。

二是管理体制不健全。对中介组织未明确权威的主管和协调部门。存在多头管理,如会计师事务所和审计师事务所业务性质基本相同,但两者分别归属财政、审计部门管理;存在重复审批,如对资产评估机构的审批,相关部门都从本部门主管业务的角度分块进行审批,审批部门达到十多个;行政干预突出,特别是部分中介组织仍直接隶属、挂靠于行业主管部门,在组织机构、人员安排、财务关系上受制于主管部门,政事、政企、事企不分,甚至产生行业垄断和权力“寻租”现象。

三是中介组织自身发育不成熟。结构不合理，低层次的中介组织多，高层次的技术型、资本密集型中介组织少；小型中介组织多，大规模、市场占有率高的社会化中介组织少。从业人员整体素质不够高，部分人员法律意识淡薄，无照经营和未经登记核准擅自从业的现象比较常见。一些中介组织自律机制不健全，内部制度不落实，执业活动不规范，乱收费问题比较突出，弄虚作假、进行非法活动的现象也时有发生。

二、规范中介组织发展和管理的建议

1.加强规划和引导，促进中介组织有序发展。各级政府要制定中介组织发展规划，引导其发展与经济社会发展总体要求相适应。优先发展会计师事务所、审计师事务所、律师事务所、职业介绍所、资产评估事务所等与市场经济发展关系密切的中介组织；引导和支持中介组织采取重组、兼并、联合以及引进外资等方式，实现上规模、上档次，提高整体竞争力。针对不同中介组织的特点，采取不同的扶持政策。如对于运营资金较有保障的自律性行业组织，重点是通过一定的经济政策进行引导和规划；对于公益性中介组织，可在财政、税收方面给予政策倾斜。

2.理顺管理体制，推动中介组织市场化。改革现行由业务主管部门分别认定中介组织资格的制度，建立营利性中介组织由工商行政管理部门进行企业登记、非营利性中介组织分别由民政部门纳入社团登记或民办非企业单位登记的分类登记管理体制。借鉴美国、欧盟各国等成熟市场经济国家实行中介组织高度自治的做法，推动各类中介组织在人、财、物关系上与行政机关脱钩，使其成为自主经营、自担风险、自我约束和独立承担责任的市场主体。充分发挥工商联(总商会)在推动中介组织市场化中的作用，推动成立各类中介组织行业商协会，以强化中介组织自律管理。对于行业商协会的管理，可借鉴法国、德国将商会定位为政府辅助机构的做法，推广“温州模式”，授权工商联(总商会)协调、引导、服务、监督各类行业商协会职能，使其成为党委政府与行业商协会之间联系沟通的桥梁和纽带。

3.完善法律制度，规范和约束中介组织行为。制定《中介组织法》，明确中介组织的性质类别、功能定位、主体资格、活动范围、权利义务和法律责任；对矛盾比较突出、与经济社会生活关系密切的若干类型中介组织单独立法，如资产评估机构管理法、准行政类中介组织法等。制定各类中介组织的职责规范和行业规则，明确其市场准入、交易规则、中介合同、中介范围核定、成本核算、利益分配、纠纷仲裁和破产管理办法等。加强中介组织的评估、执法监察工作，及时依法查处各类违法违规行为。

4. 加强监管培育，提高中介组织服务水平。依法对中介组织及其从业人员进行严格的资格审查和执业登记。尤其是对运用专门知识为社会提供服务或监督经济活动的中介组织及其从业人员，要进行严格的考核和执业资格审查。完善中介组织内部管理，建立和健全责、权、利相结合的经营管理体制，加强从业人员培训，提高中介组织的自我管理和服务社会能力。

5. 扩大政治参与，维护中介组织合法权益。进一步畅通中介组织参与政治和社会事务的渠道，搭建更多的参政议政平台，使中介组织及其代表人士更好地表达意愿和诉求，有效促进中介组织发展和维护其合法利益。

主题词： 管理
提案人： 李微微

中华人民共和国监察部2009年8月24日以监提复字〔2009〕28号文函复：

您提出的《关于规范中介组织管理、推动市场体制完善的提案》收悉，现答复如下：

社会中介组织是市场经济条件下的必然产物，是连接政府与市场、政府与企业、企业与企业的中间层面，是市场经济体制的重要组成部分。建立健全社会主义市场经济体制，既要大力培育，也要规范中介组织发展。

近年来，中编办、民政部等有关职能单位也都采取积极措施，在不断完善相关政策，规范其行为、积极推行政会分开，从源头上治理乱收费、积极探索扶持政策，改善发展环境、加强监督检查和专项治理，坚决纠正不规范行为等方面做了大量的工作，也取得了一定的成绩。

中央纪委监察部领导同志对行业协会和市场中介组织存在的问题高度重视，最近多次作出批示，对治理工作提出具体要求。2009 年召开的十七届中央纪委第三次全会报告明确提出，要“切实加强对行业协会、市场中介组织的监管，实行与行政主管部门脱钩，规范其服务和收费行为。”中共中央印发的《建立健全惩治和预防腐败体系 2008～2012 年工作规划》（中发〔2008〕9 号）已将规范行业协会、市场中介服务和收费行为，作为党风廉政建设的重要内容。在 2009 年全国纠风工作电视电话会议上，对这项工作进行了重点部署，明确提出 2009 年要“规范行业协会、市场中介组织、公共服务行业的服务和收费行为，有序推进与政府部门的‘脱钩’工作。”

您在提案中提出的“规范和约束中介组织行为”，“加强中介组织的评估执法监察工作，及时依法查处各类违法违规行为”。下一步，监察部将加强与相关部门的协调配合，加大规范清理力度。一是要求有关部门和各省（区、市）开展行业协会与行政主管部门“脱钩”试点工作。在深入调研的基础上，按照先易后难、分步实施的原则逐步推开。按照政会分开的原则，重点解决行业协会和市场中介组织的行政依附性强、管理混乱、诚信缺失等问题，逐步实现与行政主管部门机构分设、人员分离、财务分开、资产分清、职能分明。二是继续加强监管，严格行业自律。重点围绕扩内需保增长、为企业减负措施的落实，严肃查处违反规定向企业乱收费、乱罚款和各种摊派行为开展清理整顿，着力解决信息不公开、标准垄断、强制服务和乱检查、乱评比、乱办班、乱售书等突出问题。三是促进行业自律，强化内部监督，加强企业和群众对行业协会和市场中介组织的监督，逐步建立规范行业协会和市场中介组织服务与收费行为的长效机制。四是协商有关部门明确界定政府职责。发挥好政府对中介组织的引导、支持和规范作用,促进社会中介组织健康发展。五是协调有关部门健全相关政策和法规,配合国务院有关部门尽快出台新修订的《社会团体登记管理条例》等。

感谢您对党风廉政建设和反腐败工作的支持和关心,希望您今后继续提出宝贵的意见和建议。

全国政协十一届二次会议提案第3290号

案　　由:关于进一步完善抵押资产拍卖程序的提案

审查意见:建议由最高人民法院会同财政部、商务部研究办理

内　　容:2004年,最高人民法院颁布的《关于人民法院民事执行中拍卖、变卖财产的规定》(法释〔2004〕16号),进一步规范了民事执行中的拍卖、变卖措施,对保证拍卖程序的顺利进行,依法维护当事人的合法权益起到了积极的作用。但近年来的司法实践中,通过拍卖方式对查封、扣押财产进行变现的案件越来越多,情况也越来越复杂,存在许多新情况、新问题,现行民事诉讼法及最高法院司法解释关于拍卖的规定非常原则,因此,有必要对现存在的规定予以修订,本提案具体针对抵押资产拍卖环节提出了修订的建议和相应理由。

一、背景及问题

2004年,最高人民法院颁布的《关于人民法院民事执行中拍卖、变卖财产的规定》(法释〔2004〕16号),进一步规范了民事执行中的拍卖、变卖措施。随着近年来商业银行通过拍卖方式对查封、扣押财产进行变现的案件越来越多,该规定逐渐暴露出一些不足:

一是评估费收取与拍卖成功与否脱钩,导致资产评估价格过高。

由于评估机构对于评估费的收取是按评估价的一定比例确定,因此评估、拍卖机构往往存在高估资产价值的倾向,并不关心抵押资产是否能够成功变现,在这种情况下,评估价格很难反映出市场的公允价格,银行的权益缺乏应有的保障,资产也较难变现。

二是在拍卖保留价的确定方面。

按照现行规定,拍卖应当确定保留价,拍卖保留价由人民法院参照评估价或市价(未作评估时)确定。法院在确定保留价时,第一次拍卖的保留价不得低于评估价或者市价的80%,如果出现流拍,再行拍卖时,可以酌情降低保留价,但每次降低的数额不得超过前次保留价的20%。从目前的实践看,法院采取不评估方式下按照市价确定保留价的做法极少,基本上均按照评估价确定保留价。由于第一点原因,评估价往往高估财产价值,于是导致拍卖底价相应过高、不能真实反应市场可成交价格的情况,限制了资产变现。同时,对于第三次拍卖仍然流拍的不动产或其他财产,法院依照规定将相关资产作价交予申请执行人抵债,否则,法院将解除查封、扣押、冻结,并将该动产退还被执行人。其结果是商业银行面临或者以高估的保留价抵债、或者丧失相关权益的两难选择。这种做法虽然有利于提高案件的执行率,但不利于维护商业银行的正当权益。

三是司法机关的实践操作与财政部文件的规定相悖。

根据财政部《银行抵债资产管理办法》(财金〔2005〕53号)第二十四条的规定:抵债金额超过债权本息总额的部分,不得先行向对方支付补价,如法院判决、仲裁或协议规定须支付补价的,待抵债资产处置变现后,将变现所得价款扣除抵债资产在保管、处置过程中发生的各项支出、加上抵债资产在保管、处置过程中的收入后,将实际超出债权本息的部分退给对方——商业银行在接受抵债物时,不必先向对方支付补价。而在实际操作过程中,执行法院往往以"财政部所发文件不得对抗法律文书"为由,要求银行在接受保留价被高估的抵债物时,必须先行向对方当事人支付保留价超过债权本息金额部分的差价。法院的这种做法表面上维护了公平原则,但由于债权人接受抵债的财产价格无法在市场上实现,贷款最终会形成损失,实际上为借款人逃废债提供了便利。

二、建议及理由

应结合金融业务发展修订现行有关司法解释。具体而言:

1. 将评估费、拍卖费的收取与资产拍卖成功与否挂钩。

只有将评估机构、拍卖机构与商业银行作为统一利益体,评估价才不会脱离市场价值,拍卖机构才会尽力寻找客户,银行的抵债资产才会顺利变现。

2. 完善保留价的确定方式。

首先,建立拍卖标的保留价确定、降价听证会制度,增加商业银行的话语权,增加透明度,确立更趋于合理的保留价及降价幅度。同时,建议扩大保留价确定时的折让幅度,比如每次最高可达25%～30%,较目前的规定提高5～10个百分点。最后,建议根据不同的资产状态确定不同的拍卖次数,总体增加拍卖次数,动产最多可拍卖3次,不动产最多可拍卖4次。

3. 将最高法院司法解释与财政部的相关文件相衔接。

财政部的《银行抵债资产管理办法》中要求商业银行待抵债资产处置变现后,将实际超出债权本息的部分退给债务人的规定,有助于防止国有资产流失和杜绝抵债过程中的暗箱操作,建议将该规定内容纳入相关司法解释当中。

主题词: 法规
提案人: 马蔚华

最高人民法院办公厅2009年7月21日以法办〔2009〕420号文函复:

您提出的《关于进一步完善抵押资产拍卖程序的提案》收悉,经商财政部和商务部,现答复如下:

强制拍卖是随着我国社会主义市场经济的发展而确立起来的,其初衷是人民法院通过委托拍卖机构强制拍卖被执行财产,以拍卖价款清偿被执行人的债务,实现申请执行人依生效法律文书所享有的合法权益。接受人民法院委托,拍卖被执行财产,是我国拍卖机构的重要业务之一。我院于2004年颁布实施《关于人民法院民事执行中拍卖、变卖财产的规定》(法释〔2004〕16号)以来,强制拍卖得到了逐步完善和发展,对人民法院民事执行的顺利进行,维护当事人合法权益起到了积极的作用。

关于您提出的评估费收取与拍卖成功与否脱钩导致资产评估价过高,建议将评估费、拍卖费的收取与资产拍卖成功与否挂钩的问题。人民法院在民事执行程序中委托作为中介机构的评估公司、拍卖公司对拍卖标的物进行评估及拍卖,主要履行委托和监督的职责,具体评估、拍卖程序依法应由独立的中介机构完成。为保证人民法院公正执法,防止法院参与评估拍卖过程中腐败行为的出现,近年来,人民法院从规范自身行为出发,制定了一系列的规章制度,逐步建立了执行与评估、拍卖的"隔离带"。从理论上讲,作为中介机构的评估、拍卖公司的任何行为必须具有中立性,不能站在委托人或买受人任何一方利益的立场上考虑问题,否则必然损害另一方的利益,不符合中介机构中立性的价值要求。而中介机构的中立性,应当通过相应行政主管机关的严格监管来实现。现实中评估费与评估价挂钩的做法可能会损害其中立性,拍卖费与拍卖成功与否挂钩的问题也值得深入研究。但由于体制改革后,人民法院不再是确定评估、拍卖收费标准和收费方式的主管机关,对这些问题没有决定权,我院将会同有关主管机关进行研究,妥善解决。对此,商务部提出将积极配合有关部门开展相关调研,通过修订和完善各项规定,理顺评估与拍卖的关系,使强制拍卖的标的能顺利成交,尽可能保障当事人的利益。而财政部认为,评估和拍卖是两个不同的法律关系,依据《资产评估收费管理暂行办法》(价费字〔1992〕625号),资产评估收费一般依据账面价值计算,基本不存在为多收费而故意虚高评估价的情况,因此,不宜将评估收费与资产成交挂钩。同时,考虑到确定资产评估和拍卖收费标准不属于司法判决或裁定的职责,相关内容不宜由司法解释规定。

关于保留价的确定方式问题。您提出的扩大保留价确定时的折让幅度和根据不同的资产状态确定不同的拍卖次数的建议,因问题的根源在于评估价过高,如果第一个问题解决好了,似没有必要如此操作。从大陆法系其他国家的规定看,与我院的规定基本一致,说明现在对折价比例和拍卖次数的规定具有一定的普遍性和合理性。此外，执行程序中的委托拍卖行为也要考虑执行成本和执行效率，拍卖次数过多或者次数不确定可能会对它们带来不利影响。我院将结合您提出的建立拍卖标的保留价确定、降价听证会制度等建议，从更加有利于执行工作、有利于包括金融机构在内的债权、债务人的权利保护出发，改进今后的制度设计。对此，财政部认为，考虑到抵押资产拍卖保留价一次打折幅度过大，容易给潜在买受人较高的降价预期，不利于保护承受人权益，建议维持现有的拍卖保留价折扣率。

关于最高人民法院司法解释和财政部相关文件的衔接问题。对抵债金额超过债权本息总额的部分，从理论上看，金融机构先支付补价与变现后再支付没有实质差别，因为其中的费用是大概可以预测的。从执行工作追求效率的角度讲，人民法院要求接受财产的申请执行人包括金融机构先支付补价的做法，是出于保证在期限内尽快完结执行程序、保障双方当事人利益考虑的。但如果评估价可能过高，造成最终处理价格和抵债价格差距过大，结果就会有失公平。我院认为，如果评估价过高问题解决得好，这种差异将不明显。对财政部《银行抵债资产管理办法》的规定与人民法院执行中做法的不同之处，我院将尽可能与财政部协调，争取达成较为统一的意见。同时，财政部建议我院在司法解释中补充关于"抵债金额超过债权本息总额的部分，待抵债资产处置变现后，将实际超出债权本息的部分退还对方"的内容。

感谢您对人民法院工作的关心和支持。

全国政协十一届二次会议提案第4769号

案　　由:关于采取有利措施发展我国物流行业的提案

审查意见:建议国务院交国家发改委会同财政部研究办理

内　　容:由2007年美国次贷危机导致的金融风暴引发了全球性的金融危机,目前,金融危机已对全球实体经济产生了巨大的冲击,2008年世界经济已明显放缓,下行风险逐步加大,前景更加不确定。

物流业作为整体社会经济体系中的重要一环,不可避免也受到全球金融危机的影响,特别是目前外向型经济在我国经济体系中还占有重要地位的情况下,我国物流行业受到的影响比很多国家都更要严重。这种影响已从直接服务于外贸的物流相关行业开始,逐步向国内的生产物流、商贸物流和消费物流领域传导;从东部经济发达地区,向中西部地区扩散。我国国内大型航运企业的业务收入和利润大幅下降,甚至出现亏损。国内最具代表性的企业——中远和中海的经营数据显示,中远2008年前三季度营业收入平均增幅是41%,但第三季度增幅减为27%,增幅下降了大约三分之一。中海集运受到的影响更大,前三季度,中海9月份亏损达到2.7亿元。而铁路在春节期间日均装车数与去年同比减少5528车,下降4.8%。我国物流行业如何在全球金融危机的背景下发展已经成为刻不容缓的问题。诚然,此次国际金融危机对我国物流业带来了巨大的负面影响,但危机里面存在着商机,机遇与挑战并存,机遇大于挑战,这次金融危机也给我国物流业发展带来了一定的机遇,为了把握好这次的机遇,我认为应该从以下几点着手:

1. 推动我国物流行业的整合，我国目前的物流企业普遍比较小，许多物流企业的接货量减少，形成不了规模化经济，另外带来一定的恶性竞争。因此，在这样一个情况下，应制定相应的政策和措施，推动大中型物流企业之间的整合和兼并，同时有条件的大型物流企业还可以走出国门，在国外投资和控股物流企业。

2. 利用国家扩大内需的机会，加快物流园区的建设，做大做强区域型的物流园区，在降低物流成本，从而带动消费的同时也能够使我国物流业得到长足发展。

3. 由于物流行业的行业属性决定了该行业属于微利行业，在金融危机的环境下更容易受到打击，因此国家应该考虑制定相关税收、土地等方面的优惠政策，促进我国物流行业能够实现跨越式的发展。

4. 积极推动我国物流企业的转型。我国的物流行业由于原来进入门槛比较低，大多数物流企业只从事物流过程中的运输、仓储等传统流程的作业，而分捡加工、包装等附加值高的流程由于技术资金等条件的限制，只有少数物流企业才能开展。我国物流企业在这次全球金融危机中已经深刻体会到了没有核心竞争力的危害，因此，我国物流企业应利用这次金融危机带来的机会加快企业的转型，更快融入到全球一体化的经济中去。

主题词： **物流**
提案人： 罗　霞

中华人民共和国国家发展和改革委员会2009年8月27日以发改提案〔2009〕293号文函复：

您提出的《关于采取有利措施发展我国物流行业的提案》收悉，经商财政部，现答复如下：

一、我们赞同您提出的采取措施发展我国物流业的建议。物流业是融合运输业、仓储业、货代业和信息业等的复合型服务产业,是国民经济的重要组成部分,涉及领域广,吸纳就业人数多,促进生产、拉动消费作用大,在促进产业结构调整、转变经济发展方式和增强国民经济竞争力等方面发挥着重要作用。去年以来,随着国际金融危机对我国实体经济的影响逐步加深,物流业作为重要的服务产业也受到了冲击,物流市场需求快速萎缩,市场竞争进一步加剧,运输和仓储等收费价格下跌,企业经营成本居高不下,一批中小物流企业经营出现困难,提供运输、仓储等单一服务的传统物流企业受到较大冲击,不但造成物流产业自身发展的剧烈波动,而且对其他产业的物流服务供给也产生了不利影响。为此,今年 2 月国务院决定将物流业列入十大产业振兴规划,并正式发布了《国务院关于印发物流业调整和振兴规划的通知》(国发〔2009〕8 号,以下简称《规划》)。《规划》作为物流产业综合性应对措施的行动方案,明确提出要按照党中央、国务院保增长、扩内需、调结构的总体要求,通过加快产业的调整和振兴,促进物流业平稳较快发展,培育新的经济增长点,应对国际金融危机的冲击。

《规划》发布后,我委在广泛征求交通运输部、铁道部、工业和信息化部、商务部、财政部等 32 个部门和 4 个协会意见的基础上,牵头制定了《落实物流业调整和振兴规划部门分工方案》,对规划实施工作分工和工作进度做了具体安排,建立了由我委牵头、33 个部门和 4 家行业协会参加的落实物流业调整和振兴规划工作小组,负责沟通情况,协调落实《规划》相关事宜。

二、加快物流资源整合是我国物流业发展的主要任务之一。《规划》明确提出,物流业发展要坚持打破分割封锁、整合现有资源的原则,为物流企业发展创造公平的竞争环境,促进物流服务的社会化和资源利用的市场化,优先整合和利用现有物流资源,提高物流设施的利用率。《规划》突出强调要加快物流企业兼并重组,鼓励中小物流企业加强信息沟通,创新物流服务模式,加强资源整合,满足多样性的物流需要。同时,明确提出要加大国家对物流企业兼并重组的政策支持力度,缓解当前物流企业面临的困难,鼓励物流企业通过参股、控股、兼并、联合、合资、合作等多种形式进行资产重组，培育一批服务水平高、国际竞争力强的大型现代物流企业。目前，我委、工商总局、税务总局等有关部门正在抓紧制定具体的推进措施，促进物流企业兼并整合和跨地区经营。

三、物流园区是物流业发展的重要基础设施。《规划》提出，要在重要物流节点城市、制造业基地和综合交通枢纽，按照规划要求，充分利用现有设施，规划建设一批以布局集中、用地节约、产业集聚、功能集成、经营集约为特征的物流园区。目前，我委正在抓紧制定《物流园区发展规划》，为全国物流园区的规划和建设提供具体的政策引导，提出促进物流园区健康发展的有关措施，推动合理利用土地资源，杜绝盲目投资和重复建设。按照《规划》的精神，物流业的发展既要依靠企业自身的投入，也要依靠银行贷款、股票上市、发行债券、增资扩股、企业兼并、中外合资等途径筹集建设资金，同时，对于涉及全国性、区域性重大物流基础设施项目，中央和地方政府可根据项目情况和财力状况适当安排中央和地方预算内建设投资，以投资补助、资本金注入或贷款贴息等方式给予支持，由企业进行市场化运作。

四、我委正在会同有关部门抓紧制定促进物流业发展的各项政策措施，包括土地、税收、收费、融资和交通管理等方面，并已经着手制定系统的物流产业政策，完善物流的法律法规体系，具体工作由“落实物流业调整和振兴规划工作小组”承担，同时明确了今明两年各部门逐条落实《规划》提出的各项政策措施的要求。其中在税收方面，税务总局将继续实施《国家税务总局关于试点物流企业有关税收政策问题的通知》(国税发〔2005〕208 号)，对我委和税务总局联合确认纳入试点名单的物流企业及所属企业，开展物流业务应按其收入性质分别核算，提供运输劳务取得运输收入按“交通运输业”税目征收营业税并开具货物运输发票，凡未按规定分别核算营业税应税收入的，一律按“服务业”税目征收营业税。上述企业将承揽的运输业务或仓储业务分给其他单位并由其统一收取价款的，应以该企业取得的全部收入减去付给其他运输企业或仓储合作方的运费或仓储费后的余额为营业额计征营业税。今后，国家有关部门还将继续研究和完善物流业相关税收政策，促进物流业发展。

五、大力推进物流服务的社会化和专业化是物流业发展的重要任务。《规划》提出要鼓励生产和商贸企业按照分工协作的原则，剥离或外包物流功能，整合物流资源，促进企业内部物流社会化；要鼓励现有运输、仓储、货代、联运、快递企业的功能整合和服务延伸，加快向现代物流企业转型；要大力发展第三方物流，提高企业的竞争力。目前，我委正在会同有关部门抓紧制订政策措施，促进第三方物流企业的发展，鼓励物流企业向相关的业务领域延伸，提高增值服务能力，增强抵御外部冲击的能力。

感谢您对我国物流业发展的关心和支持。

全国政协十一届二次会议提案第0705号

案　　由:关于加快西部铁路网建设,促进西部经济发展的提案

审查意见:建议国务院交铁道部会同国家发改委研究办理

内　　容:近年来,随着国家西部大开发政策的进一步落实和西部经济社会的快速发展,西部地区铁路运输运力不足、通道单一的"瓶颈"制约越发显得突出。西部地区占全国国土面积的70%,而铁路只占全国通车里程的35%。西部地区铁路运力不足问题直接影响西部地区经济社会的发展,主要表现在:一是铁路干线单一、出口少、支线少、物流中心少;铁路设施比较落后,大多为单线,客货混用;大部分资源富集地区、重要城镇不通铁路,许多物资需要通过长途公路运输到达铁路干线,增加了企业成本,影响了群众生活,远远不能满足发展的需求。二是青藏高原蕴藏着丰富的矿产资源,但这些矿产品的主要市场在东部,大量需要外运。如青海的钾肥、有色金属、石油等主要靠铁路外运,对铁路的依赖性极强。青藏铁路格拉段建成通车后,青海铁路运量增幅明显,以2007年为例,青海铁路运量的增幅比上一年增加26%,在全国各个省(区)市位居第一,就是在这种情况下,大量的产品仍然积压,只能满足产品运往中东部地区30%的需求。为此建议:

一、修建格尔木至库尔勒铁路。该线东起青藏铁路格尔木南站,沿昆仑山麓、柴达木盆地南缘西行,翻越阿尔金山脉,经塔里木盆地逆塔里木河河谷至库尔勒与新疆铁路库尔勒区段站接轨,线路全长1240km,投资估算总额约200亿元。

二、修建西宁至成都铁路。该线从西宁接轨,经循化、同仁至合作,向南经若尔盖至川主寺,利用拟建的成兰铁路川主寺至成都段接

入成都，线路全长约901km，投资估算总额约609亿元。

三、修建格尔木至成都铁路。铁道部设计院认为该线最优化的方案就是从格尔木南山口站接轨，经玛多、达日、班玛、马尔康、茂县到达成都，线路总长度约1032km，投资估算总额约784亿元。

以上三条铁路建成后，将形成以格尔木为枢纽的铁路网络。这对于西部地区来说，将极大地缓解交通基础薄弱，铁路运力不足的压力，也将彻底解决青海省铁路运力不足、通道单一、缺乏铁路网线支撑的问题。第一，格尔木至库尔勒铁路建成后，不仅能有效解决柴达木盆地盐、煤、油等工业产品的运输问题。同时，也能使塔里木盆地的矿产资源得到有效开发。第二，西宁至成都铁路、格尔木至成都铁路建成后可形成四通八达的铁路网线，不仅能大大提升青藏铁路的运能，而且改变西北五省区及四川、西藏、内蒙古等省区过分依赖陇海线、兰新线的现状，拉近青海、西藏、新疆与东中部地区的距离，对于建设南亚大陆大通道也将起到积极的推动作用。三是这三条铁路线路建成后对于推动西部地区经济社会发展有着十分重要的意义。

主题词： **铁路 建设 西部开发**

提案人： 马志伟

中华人民共和国铁道部2009年8月22日以〔2009〕铁政复字第33号文函复：

您提出的《关于加快西部铁路网建设，促进西部经济发展的提案》收悉，现答复如下：

我部十分重视青海及西部地区铁路建设，目前，正在按照《中长期铁路网规划》和铁路“十一五”规划，加快实施青海省及周边地区铁路建设项目，已开工建设了西格复线、兰青铁路复线和西宁站改扩建工程;兰新铁路第二双线国家已批复立项,争取早日开工建设。

您建议中提到的格尔木至库尔勒铁路已列入中长期铁路网规划,我部将根据地方经济发展需要,适时启动前期研究工作。西宁至成都、格尔木至成都铁路是中长期铁路网规划的研究项目,我部将会同地方政府,根据区域经济社会发展、运输需求、筹资情况等因素,进一步研究建设时机和建设方案等。

感谢您对铁路工作的关心和支持。

交通邮电(053)

全国政协十一届二次会议提案第1099号

案　　由:关于改革地方船检体制　规范船舶市场的提案

审查意见:建议国务院交交通运输部研究办理

内　　容:我国的船舶工业几年来呈强劲的增长势头,造船量连续10年占世界前列,船舶市场蓬勃发展,而船舶检验是为保证航行安全而建立的对于船舶实行技术鉴定的制度。我国水上运输船舶实行的是法定检验制度,严格而规范的船舶检验体系对于保证船舶质量,规范船舶市场具有至关重要的作用。

1998年年底,按照国务院水监体制改革的部署,中国船检体制进行了重大改革,中国船级社与船舶检验局实行了"局社、政事"分开。中国船级社(CCS)作为交通部直属事业单位,已经跟国际接轨,实行企业化管理,是国家的船舶技术检验机构,是国际船级社协会10家正式会员之一,能够保证检验标准和服务质量。

同时,我国的船检体制除了中国船级社外,还有地方船检机构承担着大多数国内航行船舶的检验工作。近年来,随着水上运输市场的迅速发展,造船业蒸蒸日上,但是其中也混杂着一些小型造船厂、滩涂造船厂。在当前的地方船检体制下,存在着大量低质量船舶流向市场的状况,向来被认为保证船舶质量第一道防线的船舶检验存在着种种问题:

1. 地方船检机构同航运管理、海事之间存在错综复杂的利益或裙带关系,使有些地方船检重收费、轻检验现象日趋严重,其公正性、技术性、权威性逐渐退化;

2. 有些最基层的船检机构到现在都无法取得海事部门的资质认可却依然从事船检工作,相关管理部门不闻不问;

3. 由于编制的限制，各地船检人员配置与当地造船业规模不相协调，“僧多粥少、僧少粥多”的现象比比皆是。

体制上的缺陷，使船检力量受到削弱，滋生很多问题。如：交通部海事局就处理了一些船检所有目的、有组织进行的违规发证事件；中国船级社与地方船检机构的认证互相不承认，地方船检机构内部的认证也互相不承认，造成异地买船取得当地船检机构的合格证后无法在当地入籍；船检的把关不严和体制上的漏洞造成航船的质量安全得不到保证，具有发生船毁人亡、污染环境的重大事故隐患，同时，也一定程度上造成了船舶市场的不规范。

为此，建议尽快下大力气改革地方船检体制，规范船舶市场，促进船舶工业健康发展。

第一，整合现有的地方船检机构，彻底打破行政区域的划分，从分区而治为垂直领导，统一管理，统一标准，认证互相承认。

第二，指定中国船级社为国内唯一合法船检机构或者加大其国内航行船舶的检验工作。

第三，尽快实施注册验船师制度。

船舶检验质量的好坏，验船师是关键。《注册验船师制度暂行规定》已在2006年颁布，尽快实施这个制度将大大提高对船舶检验机构特别是验船师的管理水平，促进船舶检验工作健康有序发展。

第四，切实加强船舶检验程序控制。

船舶检验涉及内容极其广泛，从图纸的审核、开工前检查、建造项目的确定、船舶建造工艺的认可到检验过程控制、证书及检验报告的签发等，具有很鲜明的技术性和程序性，如果没有科学合理并具可操作性的程序根本无法完成这项工作。必须提高对检验程序的认识，树立程序到位才能检验到位的思想，减少在执行程序过程中的随意性。

总之，应从现状出发，立足长远，要以科学发展观为统领，尽快与国际接轨，以求真务实的态度，改革地方船检体制，遏制低质量船舶的产生，规范船舶市场，杜绝水上安全事故的发生。

主题词： 船舶　管理

提案人： 薛光林

中华人民共和国交通运输部2009年6月29日以交海提字〔2009〕17号文函复：

您提出的《关于改革地方船检体制　规范船舶市场的提案》（第1099号）收悉。经研究，现答复如下：

一、您在提案中列举了船舶检验工作在保证船舶质量、规范船舶市场方面的作用，同时也指出了当前船检工作中存在的种种问题，并提出了改革地方船检体制，规范船舶市场，促进船舶工业健康发展的四点建议，我部对此表示赞赏。

二、关于地方船检体制。我国现行船检工作的体制机制是多年来在实际工作中形成的。多年来，船检工作在这种体制下不断努力适应发展需求，为我国航运业、造船业的发展作出了积极的贡献。随着经济社会的发展，尤其是近几年我国航运业、造船业的跨越式发展，许多地方船检管理体制机制影响了船检工作的发展，内部管理还难以到位，与我国航运业、造船业和经济社会的发展还不相适应，成为制约船检工作科学发展的深层次问题。对此，我部在今年5月26日召开的全国船检工作会议上明确指出，要对现行地方船检管理体制进行改革，并要求各省交通主管部门、地方船检机构都要好好抓住地方政府新一轮行政管理体制改革的机遇，按照“政企分开、政资分开、政事分开、政府与市场中介组织分开”的原则，积极探索船检工作的体制机制，进一步明确机构性质，理顺管理关系，逐步建立适应现阶段经济社会发展水平及船检事业发展需求的船检工作体制机制，从而促进政府公共服务职能的转变。然而，由于船检体制改革涉及面较广，尤其是涉及地方各级人民政府，不可能一蹴而就。地方船检体制改革必须由国务院做出决定才能实现，因此我部将择机与中编办进行沟通并达成一致意见后，正式向国务院提出有关建议。

三、关于注册验船师制度。验船师队伍是中国船检事业发展的根本。验船师队伍的形象,决定着中国船检事业的形象;验船师队伍的专业水平,决定着中国船检在国内国际船检事业中的地位。我部已联合人力资源和社会保障部、农业部制定实施了《注册验船师制度暂行规定》,并于今年4月顺利组织完成了现有验船人员的注册验船师认定考试工作,后续工作正按计划推进。我部在今年的全国船检工作会议上明确指出要推进和不断完善注册验船师制度,加强船检行风建设,加强验船人员培训,抓好验船师队伍建设。我们将通过政府主管机关、地方政府部门和船检机构的共同努力,合力打造一支"使命崇高、技术领先、作风过硬、服务优良"的高素质专业队伍,提升中国船检事业科学和谐发展的能力。

四、关于船舶质量。船舶质量涉及船舶及其配套产品生产企业、设计单位、航运企业、船舶检验等多个方面和有关政府部门,船舶检验是其中一个重要环节。针对前几年由于短期内民营造船企业发展过快等原因出现的低质量造船现象,我部于2005年联合国防科工委、农业部和国家安全生产监管总局,开展了为期两年全国低质量船舶专项治理活动。通过专项治理,非法违规造船行为得到遏制,重点治理的在航船舶质量问题得到整改,一批质量存在严重缺陷的船舶被清除出航运市场,安全隐患得到有效消除,新建船舶质量总体水平明显提高。在此基础上,我部正在积极探索、建立、完善船舶质量长效监管机制,建立船舶生命周期全过程监控机制,不断丰富管理手段,加强船舶建造、营运阶段管理,及时跟踪国际船舶拆解研究动态,确保船舶生命周期全过程的技术安全。

五、关于加强船舶检验程序控制。船舶检验程序控制是保障船舶检验质量的基础,船舶检验质量与船舶安全技术状况密切相关,是船检事业的立身之本,是船检事业的生命线。在今年的全国船检工作会议上,我部明确了今后船检工作的基本思路和确定了一段时间内所要开展的7个方面24项工作。相信通过这24项工作的开展,船检系统的船舶检验质量将会有质的飞跃。

感谢您对船舶检验工作的关心和支持。

全国政协十一届二次会议提案第1790号

案　　由:**关于推进"三网融合",以信息化推动社会主义新农村建设的提案**

审查意见:**建议国务院交工业信息部会同国家广电总局研究办理**

内　　容:所谓"三网融合",就是指电信网、广电网、互联网相互渗透、相互兼容,逐步整合为统一的信息通信网络。"三网融合"是为了实现网络资源的共建共享,避免低水平的重复建设,形成适应性广、容易维护、费用低廉的高速带宽多媒体基础平台。"三网融合"正在成为当今世界信息化发展不可逆转的趋势,国内外的实践也证明"三网融合"的相关技术、消费市场、安全保障等条件已基本具备。但由于体制、政策和各方利益上的问题,"三网融合"在我国发展非常缓慢,特别在城市至今未取得实质性的进展。

2008年10月12日党的十七届三中全会通过的《中共中央关于推进农村改革发展若干重大问题的决定》明确提出:"推进广电网、电信网、互联网'三网融合',积极发挥信息化为农服务作用。"首次以党中央文件形式明确了"三网融合"在农村改革发展中的作用。最近,我对山西省农村信息化建设进行了调研和了解,深切感受到农村信息化对农村的改革发展产生的深刻影响。山西省移动公司和山西省广电部门联手合作在全国率先推进"电话、电视、电脑"三电一线入村入户的"三网融合"工程。通过光缆到村,一线入户的方式,实现电视、电话、宽带同时接入。其中电视采用IPTV的方式,具有电视直播、视频点播、信息浏览等功能,现已上线电视节目50余套,视频点播影片200部,远程教育课件200部;电脑上网带宽可达到2

兆。目前，全省光纤传输网已达21.4万公里，通达100%的乡镇、98%的行政村。山西移动公司已推广“三网融合”用户19.63万户，分布在全省1196个乡镇，15477个行政村，其中IPTV用户3.73万户，多媒体电话用户6.50万户，宽带用户9.40万户。通过“三网融合”的推广，使农民能够低成本享受到全方位的信息服务，一次性接入费用比传统方式减少50%，每月费用降低30%。通过互联网和远程教育，农民可以享受到优质的教育资源，有目标地获取有用信息，对提升农村整体教育水平、提高农民整体素质起到积极促进作用。通过互联网服务，农民能够及时了解农产品的市场行情和供求信息，有效促进了收入的增长；还可以及时了解各地务工信息，促进农民工就业。通过“三网融合”和加快建设农村网络文化站，极大丰富了农村文化娱乐生活，推动了村风文明建设。山西移动公司和山西广电部门的合作实践，充分说明了“三网融合”的推广和农村基础网络建设，刺激了市场需求，推动了“家电下乡”，促进了电信业和广电业的转型，为我国信息产业和信息内容产业提供了巨大的发展空间，从而能够拉动整个国民经济的增长。目前在广大农村，各行业、各实体的利益格局尚未真正形成，“三网融合”推广在农村取得突破性进展相比城市要容易些。所以“三网融合”推广可以从农村入手，首先在农村的信息化建设中取得经验，为进一步在全国推广“三网融合”奠定基础。据此提出以下建议：

一、建议相关部门遵照十七届三中全会《中共中央关于推进农村改革发展若干重大问题的决定》的精神，研究出台“三网融合”的配套政策。梳理与“三网融合”有关的法规、政策，对有碍“三网融合”推广的内容进行修改，同时明确“三网融合”的政策界限、经营内容及管理模式。

二、建议由政府牵头协调，组织各方力量全面实施“三网融合”村村通工程。在这几年电信“村村通”和广电“村村通”工程的基础上，打破行业壁垒，推进业务双向准入，通过公平竞争提高服务质量，从而持续有效地拉动农村消费，促进农村经济良性循环。在工程启动初期，建议政府在财政上给予专项资金支持。

三、坚持发展与管理并重，改革现有的监管体制。将信息内容管理和承载网络的管理相分离，设立统一的网络监管机构和信息内容监管机构，分别实行对网络运营商和信息内容提供商的监管，严格控制信息内容产品的制作审批和传送播出的安全，确保网络上传播内容的合法、健康和有益。

主题词： **农村　网络**
提案人： 陈效达

中华人民共和国工业和信息化部2009年8月4日以工信提案〔2009〕82号文函复：

您提出的《关于推进"三网融合"，以信息化推动社会主义新农村建设的提案》，经商国家广电总局，现答复如下：

诚如您提案中所言，三网融合是当今世界信息化发展不可逆转的趋势。党中央、国务院对此高度重视，并一直把它作为加快推进国家信息化、促进广电、电信发展转型的重要任务。目前，我国各省市基本上都已经开展了三网融合的业务，IPTV、有线电视网、互联网接入和手机电视的用户数均已超过百万。各地也因地制宜，大胆创新，探索了多种三网融合的模式，初步积累了一些经验。但是，推进三网融合还存在内容监管、广电业务市场化以及行政许可等有关问题。

为推动三网融合，工业和信息化部做了大量的工作，并取得了一定成效。技术上，组织开展了三网融合的技术研发和标准制定工作；业务上，鼓励电信运营商与广电部门合作，提供IPTV、手机电视服务。同时，工业和信息化部也在部分地区进行三网融合的试点。在宁夏自治区党委、政府的协调下，中国电信宁夏公司和宁夏广播电视网络有限公司签署了合作建设、经营农村网络电视（IPTV）的协议。由广电提供信息源，把电视节目资源通过电信的宽带网络送到农村。这两家单位合作成立了专门的 IPTV 内容运营公司，以市场为纽带，采用分成模式进行紧密合作。电信负责网络传输，广电负责传送电视节目，收视费由电信代收。宁夏的这种电信和广电的合作方式在突破部门网络资源分割的体制障碍方面进行了有益探索，为全国的三网融合提供了参考。目前，工业和信息化部正在总结宁夏试点的经验，适时逐步推广。

为了进一步掌握全国三网融合的情况，2009 年年初，工业和信息化部向全国 31 个省市自治区和新疆生产建设兵团下发通知，开展了三网融合有关情况的调研。组织专家组到广东省实地考察，走访了当地多家相关企业，并与当地三大电信运营商、广电企业进行了交流。在组织相关领域专家对调研结果进行深入研究的基础上，形成了关于进一步推进三网融合的初步政策建议。

我们认为，推进三网融合，应根据国家已经做出的相关部署，结合当地的信息网络基础设施水平、市场结构、消费特点等，适当增加符合技术发展方向、具有市场潜力、创新商业模式和推广价值等的试点，先行先试，尽快积累经验，推进信息网络基础设施的结构调整。应探索分层监管，立足国情，加快推进监管体制改革，建立适应三网融合要求的新型监管体系。应完善法人治理结构，增强公司的社会责任，切实保障信息内容安全，巩固先进网络文化的主流地位。应把农村三网融合作为社会主义新农村建设的重要内容，把互联网普遍服务纳入"村村通"工程，加大农村信息基础设施投入力度，推进宽带进乡入村，建立信息下乡的渠道，切实推进农村地区的三网融合。同时，以 3G 为契机，推进融合类业务发展，推进业务双向进入。目前，相关研究还在进一步展开，我们争取在最短的时间内形成政策。

非常感谢您对农村三网融合的关注，希望在今后的工作中继续得到您的支持。

全国政协十一届二次会议提案第2169号

案　　由:关于从源头严厉整治违法短信的提案

审查意见:建议国务院交工业信息部研究办理

内　　容:手机的广泛使用给人们提供了一种便捷的沟通交流手段,大大方便了人们的工作和生活。然而,人们在享受方便快捷的同时,又不得不忍受一种新的骚扰,这就是垃圾短信。据报道,一个普通手机用户一天少则能收到几条垃圾短信,多则能收到十几条,甚至几十条,令人不胜其烦。更严重的是那些违犯法律的信息(本提案将此称为违法短信),其内容有假发票、银行卡诈骗、淫秽、赌博、暴力、非法销售枪支、毒品、假钞、假证件、走私汽车广告等信息。在我们撰写本提案的2009年3月4日,仅代开假发票的短信,第一提案人就收到多条。例如,8点52分收到手机号为15524509315发来的信息为:"本公司代开工程款、广告费、劳务费、会议费、咨询费等(保真),可查询,电话13718656976,王刚";10点57分收到手机号为13124260217发来的信息为:"本公司代开北京各种发票,电话13811562657,王莹";13点34分收到手机号为13089647602发来的信息为:"本公司在京办理各行业的各种(国、地税)真票,票章一致,税率低,可网上验证。电话13522290097,李悦";15点34分收到手机号为13001179751发来的信息为:"我公司代开服务业、建筑工程、劳务费、租赁、广告、会议、文化传播、科技等发票,需要请打13911684117,王萍"。

这些信息严重骚扰用户,还给社会带来极大的危害性:第一,扰乱国家经济秩序。在垃圾短信中,假发票、走私车广告占了相当大的比例,这类交易,如果不加制止任其发展下去,带来的后果是国家税收减少,经济秩序混乱。假钞的销售,不仅严重损害人民群众利益,而且严重地影响国家正常金融秩序。第二,影响社会治安。淫秽、赌博、枪支、毒品等交易的广告短信,只要成交一宗,都直接影响社会治安,甚至对人民生命财产安全构成威胁。第三,影响社会稳定。有些短信恶意制造并传播谣言,蛊惑人心,已成为诱发社会不稳定的因素。

目前,垃圾短信尤其是违法短信已成为社会公害,既干扰个人生活,也给不法之徒提供可乘之机。因此,有关部门必须对这个技术上并不难解决但对社会危害极大的问题,真正引起高度重视,立即采取果断措施,大力整治这类短信,从源头上扼制垃圾短信尤其违法短信的蔓延。首先,建议加快相关立法,明确界定垃圾短信的法律责任,对垃圾短信尤其违法短信的制造者和传播者予以严厉惩处;其次,建议有关部门构建异常短信监控体系,及时对违法短信进行拦截封堵;第三,建立用户快速投诉、申诉、举报受理机制。

主题词: 电信　管理

提案人: 张红武　王海波　吕建中　吴金印　王光谦　倪晋仁　邢新会

中华人民共和国工业和信息化部2009年8月19日以工信提案〔2009〕168号文函复:

你们提出的《关于从源头严厉整治违法短信的提案》收悉,现答复如下:

近年来,随着我国移动通信的快速发展,信息网络在国民经济和社会信息化建设中的作用日益显著。各种移动信息服务层出不穷,极大地满足了人民群众的精神文化需求。但与此同时,移动通信服务领域的违法短信息问题也较为突出。多年来,我部高度重视移动信息服务行业管理工作，在治理违法短信息方面开展了大量工作。

一、目前有关通信短信息的立法情况

针对手机短信息服务领域存在的问题，我部会同公安部、国务院新闻办共同起草了《通信短信息服务管理规定》（草案），对短信息服务和信息安全问题进行全面、系统的规范。首先，该管理规定拟设定了专门条款，对发送虚假、诈骗等手机短信息，扰乱社会正常秩序的违法行为予以禁止，明确规定“任何组织和个人不得盗用他人号码或账号发送短信息；不得恶意假冒他人名义发送短信息；不得利用短信息发送诈骗和赌博等违法信息”。其次，针对滥发广告等垃圾短信息问题，拟规定：“未经用户同意，短信息服务业务提供者不得向用户发送带有商业宣传性质的短信息”。第三，拟明确提出电话用户实名登记要求。电信企业在办理电话入网和装、移机手续时，应当登记用户资料。电话用户实名登记信息受国家法律、法规保护，电信企业对用户实名登记信息要采取必要安全措施，妥善保管。除国家法律法规规定的外，任何组织和个人不得复印、留存、查阅和挪用用户实名登记信息。由于用户实名登记工作涉及面广、情况复杂，既涉及新用户的登记，又涉及老用户的补登记、用户登记身份信息的真实性核实等问题，具有一定的操作难度。目前，我部为落实电话用户实名登记工作做了大量的准备工作，拟订了分阶段工作目标、管理细则和相应的宣传方案。相关电信运营企业也根据我部要求，分别制定了工作实施方案。待《通信短信息服务管理规定》正式颁布实施后，此项工作将依法开展。

二、积极开展治理违法手机短信息工作

在抓紧研究制定《通信短信息服务管理规定》的同时，我部联合公安部门开展了依法治理手机违法短信息的专项行动。在专项行动中，全国公安机关对接报的手机违法短信息案件进行了处理，各地通信管理部门和基础电信运营企业配合公安机关对涉案手机号码实施了停止通信服务的措施，有力地打击了手机短信息违法犯罪活动。此外，我部积极指导中国互联网协会设立了“12321网络不良与垃圾信息举报受理中心”。至今，共接受用户对各类违法不良信息内容的举报 21639 起,已及时转相关部门处理。实践证明,群众举报这种社会监督方式,对于查处互联网上违法有害内容发挥了十分重要的作用。

你们在提案中提出了很多好的建议,我部将在今后的工作中予以借鉴,衷心感谢你们对我国移动通信事业的关注与支持。

全国政协十一届二次会议提案第3656号

案　　由:关于挖掘铁路客运潜力的提案

审查意见:建议国务院交铁道部研究办理

内　　容:在铁路客运十分紧张和当前各级各部门齐心协力增设场地迎春运的今天,铁路部门本身也应积极挖掘列车车厢和座位资源潜力,将这部分座位和车厢资源充分利用起来,以缓解座位车厢的拥挤程度,改善乘车环境,缓解客运和春运紧张状况。为此特提如下建议:

一、改革旅客列车乘务人员随车休息轮换班制度将专用车厢资源用于营运。

乘务员是随车休息和轮换班的,并且拥有一节专用的卧铺车厢。每节卧铺车厢有60个左右铺位,每节车厢座位有120个左右的座位。我计算了一下,如果列车行程800公里,座位票100元的话,那么每节座位车厢票额为12000元左右,每节卧铺车厢的票额为12000元左右,乘务人员的休息成本为每人200～330元,休息和轮换班的成本也不低。而这一节车厢可乘座人数占全列火车人数的10%左右,即这节车厢就能增加运力10%左右。如果能将列车乘务员的休息和轮换班安排在营运线上合适的车站(从发车起至该站每差8小时),休息和轮换班,不仅能降低营运成本,又能将这节车厢资源用于营运,增加营运收入,还能缓解目前铁路客运紧张状况,提高铁路客运能力10%左右(即多运送人数10%左右),又可提高乘务人员的休息质量,得到较好的休息,真是一举三得。为此,特建议铁道部门对这一制度进行改革:

1. 尽早废止已经沿袭了50多年的旅客列车乘务人员随车休息和轮换班的做法，制定新的乘务人员休息轮换班制度，让乘务人员能好好地休息和轮换班。

2. 由列车主管部门或其包乘组根据营运线的营运时间确定合适的车站（从发车起至该站每差8小时）设立乘务人员招待所，作为内部专供乘务人员休息和轮换班的场所，这样既节省营运成本，又能盘活铁路系统车站站房资产（也可到车站外租房办内部招待所），还能增加就业岗位和机会。

3. 将专供乘务人员休息轮换班的车厢资源用于营运，增加座位以增加客运收入，同时还能有效缓解目前铁路客运紧张状况，提高客运能力10%左右。

4. 在2009年春运即将来临之时，能否采取临时到车站外租宾馆住房的办法，解决乘务员休息和轮换班的问题，以解燃眉之急。

二、将卧铺车厢座位对无座旅客开放销售和将专用餐车部分改为座位车厢。

坐过火车和睡过卧铺车厢的旅客都知道，卧铺车厢过道旁有20来个靠窗的座位。每列火车有一节专用餐车。

1. 除旅游列车外，其他客运列车，不必设立专用的餐车，可将餐车的2/3用于安装座位，餐车部分只留1/3即可。除旅游列车外，其他列车原则上只卖快餐，餐车部分只保留两张桌子也就可以了。

2. 将卧铺车厢的座位对无座的旅客开放销售，凡乘座卧铺座位的乘客，实行与卧铺旅客同样的管理办法，即进入卧铺车厢换票（牌）。由于卧铺车厢环境比座位车厢好，其座位价格可按旅客座位票价的30%计算卧铺座位票价（可另专门印制卧铺座位票），由列车长（或由其安排乘务员）销售（实行与卧铺同样的管理办法）。

这样的话，列车座位数即可增加200个（如卧铺车厢8个，座位160个，餐车2/3改为座位也可增加70左右个），相当于增加二个多座位车厢，既能在原列车基础上增加20%左右的乘车座位，又能有效缓解列车的拥挤程度，极大地改善旅客的乘车环境，还能增加客运收入。

以上两点,可使铁路客运部门在不增加多大投入的情况下,旅客列车增加坐位320多个,铁路客运在现基础上增加运力30%左右,也不失为目前一个时期内有效地解决铁路乘车难的办法。

主题词: **铁路 运输 管理**
提案人: 潘碧灵

中华人民共和国铁道部2009年8月28日以[2009]铁政复字第40号文函复:

您提出的《关于挖掘铁路客运潜力的提案》收悉,现答复如下:

1. 关于改革乘务员休息制度将宿营车用于营运的建议。随着铁路技术装备水平的不断提高,铁路部门已在逐步改革乘务人员宿营车休息制度。2007年铁道部作出规定,对运行时间不超过12小时的普通旅客列车,不编挂宿营车,运行途中乘务人员不休息,终到后入公寓休息。同时,随着动车组列车的大量开行,运行时间大幅压缩,部分动车组列车已取消宿营车,试行乘务员中途换班异地休息。

对于运行时间超过12小时的普通旅客列车,暂时还需要编挂宿营车。主要原因是这些普通旅客列车运行时间长,基本都编挂有卧铺车、硬(软)座车、餐车、行李车,列车上存有大量的卧具、备品、餐炊具、餐料、商品等,交接内容多,如在中途站实行换班交接,势必增加站停,延长旅行时间,影响交接质量。另外,如果安排乘务人员中途站换班异地休息,又要确保乘务人员在出乘地的休息时间,需要相应增加乘务人员数量。今后,铁路部门将根据旅客列车运营技术条件的改善,在确保运输安全、服务质量和经济效益的前提下,进一步改革乘务员休息制度,尽量减少或取消宿营车铺位占用,将宿营车用于营运,提高旅客运输能力。

2.关于将卧铺车厢座位对无座旅客开放销售和将专用餐车部分改为座位车厢的建议。卧铺车厢的边座是供中上铺旅客在车厢内活动时使用的,如果铁路部门将边座出售,将相应占用卧铺车旅客的活动空间,干扰卧铺车旅客的正常休息,损害购买卧铺车票旅客的权益,因此,在正常情况下还不能将卧铺车厢的边座向无座旅客出售。在春运、暑运等客流高峰的特殊时期,铁路部门为提高客运能力,临时采取减少卧铺车编挂数量,增加硬座车的编挂数量,或者将编组中的卧铺车厢代散座向旅客出售等措施,满足了部分旅客的乘车需求。目前,动车组列车的餐车已经与二等座车合造,对既有利用率不高的普通客车的餐车在特殊时期也已开始发售坐票,以最大限度地增加运输能力。

衷心感谢您对铁路工作的关心和支持。

全国政协十一届二次会议提案第3973号

案　　由:关于完善机场轮椅服务的提案

审查意见:建议国务院交中国民航局研究办理

内　　容:机场轮椅服务不仅关乎我国服务的品质,而且体现出对老人、残疾人、行动不方便人群的人性关怀,由于我国尚未制定一套适用各机场、航空公司的轮椅服务规范,导致出现不同的机场提供不同的服务、有些机场拒绝提供轮椅服务、乘客申请轮椅服务不方便、申请轮椅服务手续繁琐。在一些发达的国家,基本上所有机场都有轮椅服务:包括帮助旅客上电梯,过天桥及需要一直推到座位处的窄型轮椅服务,不但提供出发航站的轮椅服务,也提供中转站和终点站的轮椅服务。旅客只需要打电话告知航空公司何时需要轮椅即可。因此,制定完善的机场轮椅服务规范,显得十分必要和现实。

鉴于机场与航空公司属于不同的主体,因此必须明确为乘客提供轮椅服务的主体是机场还是航空公司;其次对轮椅提供服务需要先由申请人开具医院证明,写保证书等繁琐的程序导致许多需要服务的人不便利的情况进行改进;对乘客不同的需求如何提供服务,机场或者航空公司未能提供轮椅服务应承担的法律责任。

因此,我提议制定一套广泛适用的《机场轮椅使用管理规定》,在全国尽快建立一个申请和使用轮椅的统一成熟的标准和服务流程,给老人和残疾人士旅行提供最大的便利,体现中华民族尊老爱幼,助人、关怀的传统美德。

主题词:　民航　管理

提案人:　吴德立

中国民用航空局2009年6月3日以民航答字〔2009〕43号文函复：

您提出的《关于完善机场轮椅服务的提案》收悉，现答复如下：

感谢您对民航事业的关心和支持，您提出的问题具有一定的代表性，切实反映出航空公司和机场在残疾人运输服务方面存在的问题和不足。

作为行业主管部门，我局高度重视残疾人航空运输工作，把提高残疾人航空运输服务水平作为学习实践科学发展观的重要内容之一，一直督促航空公司和机场完善无障碍设施设备，提高为残疾人服务的能力。

2007年10月～2008年4月，为满足保障残奥会航空运输的需要，我局为航空公司和机场配置机上专用窄型轮椅215辆，窄型轮椅938辆，普通铝合金轮椅1790辆，车载轮椅电瓶车12辆。这些设备将于近期进行二次分配，覆盖140余个民航机场，基本能够满足残疾旅客航空旅行的需要。

今年4月30日，我局在总结残奥会航空运输经验的基础上，制定了《残疾人航空运输办法（试行）》，填补了法律上的空白。该办法第二十条、二十一条规定，承运人、机场和机场地面服务代理人应备有供具备乘机条件的残疾人在机场及登离机时使用的轮椅。具备乘机条件的残疾人托运其轮椅的，可使用机场的轮椅。具备乘机条件的残疾人愿意在机场使用自己轮椅的，可使用其轮椅至客舱门。同时该办法还规定，承运人、机场和机场地面服务代理人应在候机楼的主要出入口为残疾人提供相应的服务，并设有醒目标识。因此，残疾人到达机场即可享受轮椅及其他服务，不需要医院证明和其他手续。应当注意的是，如果残疾人需要承运人提供机上专用窄型轮椅或托运电动轮椅的，应于规定时间内在定座时提出，并提前3小时在机场办理乘机手续。

再次感谢您对民航工作的关心，欢迎您继续关注民航事业的发展。

全国政协十一届二次会议提案第3975号

案　　由:关于改革出租车行业体制的提案

审查意见:建议国务院交交通运输部研究办理

内　　容:继重庆发生出租车罢运事件后,去年11月10日,海南三亚市和甘肃永登县两地也出现了出租车罢运。由于各地政府处理得当,没有引发重大事件。但从本质上看,这是长期以来我国不合理的出租车行业体制酝酿的必然苦果,不在重庆发生,也会在其他地方发生,今天发生了,以后还可能再发生。

现有的出租车公司,除国有体制公司外,其他的众多公司中,有许多并没有存在的理由。这些公司往往通过某种背景拿到特许经营执照,不但垄断着经营权,而且向不得不挂靠的个体出租车司机收取高额的管理费,或称之为“份子钱”。这种份子钱各地收取的标准不同,但普遍收得很高。在收取管理费的同时,基本上不进行管理,也很少为出租车司机服务,这种奇特的现象有人用“不劳而获”来形容。一个仅仅是一般规模的公司,业内人士透露,老板可以什么事也不干,一年一百多万是稳赚的。

造成这种现象的根源,是现有的出租车行业“公司化”体制。这一体制规定,出租车必须公司经营,限制个体进入,无处可去的个体出租车经营者,唯有投奔公司,方能继续生存。被政府文件和行业法规固定下来的“公司化”,使出租车“公司”从一个市场主体变成了一个管理机构,一个将公共资源、政府权力“商品化”的载体,其本质就是政府一次垄断下的二次垄断,面对严重不公的行业利益分配法则和空洞缺位的服务,司机敢怒不敢言。

事实证明，出租车行业目前这种公司制，根本达不到所谓“有利于加强行业监督管理，有利于走规模化、集约化之路，提升抗风险能力”的目的，相反，却催生出一个变相获利的垄断群体，造成种种矛盾。因此，全面改革出租车行业体制，取消强制性的“公司制”，放开市场，启动真正的市场化运行体制是必然的选择。这项改革不仅将理顺出租车行业的体制，也必将推动出租车市场的巨大发展，对扩大就业和方便出行都会有很大的促进。

建议：

一、取消现有的出租车“公司制”规定，全面放开出租车市场。凡是符合从业资格的本地公司、外地公司以及个人，都可以申请运营出租车的经营权，按照优胜劣汰的原则，公正、公平配置，目前不得不挂靠公司的出租车司机，可以允许脱离公司以个人身份经营。在资源配置上，个人与公司一视同仁，尤其不能歧视个体经营者。

二、为了强化行业管理，可以由各市总商会出面，组建由个体出租车司机参加的出租车司机行业协会，协会对外代表个体出租车司机整体，对内加强管理和监督。个体司机缴纳一定会费，接受协会的管理，并享受相关的服务。协会内部要逐步建立一个有利于行业自律的信用系统，通过建信誉档案和服务质量考核，实现自律和相互监督。

三、出租车经营权有偿使用停止以后，可以采用服务质量招投标重新进行经营权的配置。这样做，一是不增加出租车经营者和司机的负担；二是实行公开、透明的操作，引入竞争机制；三是以服务质量作为能否中标的主要标准，符合优胜劣汰和公正、公平的市场竞争原则，符合广大乘客的利益。为此，相关部门要逐步建立服务质量考核体系，完善出租车公司和个体司机的质量信誉档案，设置一套比较客观、准确的指标体系，把服务质量的定性要求转化为定量指标。

四、出租车行业是现代城市交通的重要组成部分，也是城市形象的一张名片，政府相关管理部门和商会要进一步加强对整个出租车行业的管理和监督，同时，也要关心和保护他们的正当权益，促进这个行业的健康发展。

主题词：　　城市　交通

提案人：　　汤燕雯

中华人民共和国交通运输部2009年6月30日以交运提字〔2009〕21号文函复：

您提出的《关于改革出租车行业体制的提案》(3975号)收悉。经研究,现答复如下：

您的提案客观分析了出租汽车行业体制方面存在的问题,并就如何理顺出租汽车行业管理体制提出了具体建议。我部将认真研究,采取切实可行措施,促进出租汽车行业规范发展。具体做好以下工作：

一、明确发展方向。出租汽车经营模式主要有公司制、个体经营等多种模式,我部将对这些经营模式进行深入研究,重点分析哪种经营模式能更好地满足乘客出行安全、优质服务的消费需求,更好地节约能源和社会成本,提高运输效率和维护社会稳定,明确我国出租汽车行业发展方向。

二、规范行业管理。正如您提出的组建出租汽车协会加强自律、采取服务质量招投标配置经营权、建立完善出租车公司和个体司机的质量信誉档案等建议,我部正在组织起草出租汽车行业政策,就完善企业运营机制、发挥中介组织作用、加强行业自律、建立市场准入制度、加强经营权管理、规范公司与司机的收益分配、保障司机的合法权益、完善质量考核体系等方面提出明确的要求,以引导出租汽车行业健康发展。

感谢您对交通运输事业的关心。

全国政协十一届二次会议提案第1828号

案　　由:关于大力发展太阳能光伏产业　构建能源安全供应体系的提案

审查意见:建议国务院交国家能源局会同住房城乡建设部、科技部研究办理

内　　容:一、案由

我国是目前世界上少数几个以煤炭为主要能源的国家,一次性能源消费结构中煤炭的比例高达70%,而全球平均比例仅为28%。可见我国能源消费结构很不合理。要从根本上解决我国的能源战略安全问题,必须依靠清洁能源,并立足于国内供应。从全球讲,太阳是一个十分巨大的能源,它送到地球的光功率就有12万TW。与此相比,现在人类社会的总能耗约13TW,全世界发电装机容量不到4TW,都比太阳送到地球的光功率小得多。地球上的所有石油资源相应的能量,只相当太阳在一天半时间内供应给地球的光能。因此,在现有的几种主要形式的可再生能源中,太阳能具有最为广阔的发展前景。未来,太阳能必将成为最重要的可再生能源。我国更具有得天独厚的利用条件。我国太阳能资源丰富地区的面积占国土面积的2/3以上,年辐射量超过60亿焦耳/平方米,每年地表吸收的太阳能大约相当于1.7万亿吨标准煤的能量。因此,有必要将太阳能作为我国能源安全供应体系中最具战略意义的能源并给予相应的重视。目前,我国的可再生能源在能源结构中的所占比例只有8%。虽然国家已于2006年1月1日正式颁布实施了《可再生能源法》,但在可再生能源发展中仍然存在不少问题,如:政策和激励措施力度不够;市场保障

机制不完善;技术开发能力和产业体系薄弱等。严重制约了我国太阳能光伏产业的发展。据中国资源综合利用协会可再生能源专业委员会(CREIA)与欧洲光伏产业协会、世界自然基金会等联合发布的《2007中国光伏发展报告》显示,中国国内太阳能电池的累计装机不到全球太阳能电池累计装机的2%。

与此相反,德国、日本、西班牙、意大利等太阳能光伏产业发展迅速的国家却采取了一系列力度大且切实可行的政策措施。早在20世纪末,德国为了有效鼓励本国的"建筑—光伏一体化(BIPV)"市场的快速发展,实施了"10万屋顶计划"。政府向安装者提供长达10年的无息贷款。正是因为政府的高度重视和大力扶持,德国已取代日本成为了世界太阳能光伏产业发展的领军国家,2006年,其新增装机容量即达到了1150兆瓦。西班牙、意大利、法国、葡萄牙、希腊等国也陆续成为后起之秀。

针对目前我国在能源安全供应体系构建和太阳能光伏产业发展中存在的主要问题,我提出以下建议:

二、建议

1.政府通过立法立规进一步推动太阳能光伏产业和太阳能能源的使用。太阳能产业的开发,要有集群配套的产业基地,有效整合各种资源。在政府大力扶持下,打造太阳能产业带基地,集太阳能热水器、集热器,太阳能空调和电池片、硅片、光电照明、光伏发电等产业和企业全面发展的产业格局,力争五年至十年内太阳能产业成为我国支柱产业之一,成为新的经济增长极。太阳能产业是可再生的绿色能源,对建设资源节约型和环境友好型社会有广阔的发展空间,政府应出台法规和政策支持鼓励对太阳能发电及民用产品和零配件生产的投资;统一规划,制定标准,统一企业行为,依法规范执行太阳能在民用建筑等方面的使用。

2.集中力量攻关研发,增强自主创新能力。目前太阳能利用中的难点很多,有些科技前沿的课题,如:太阳能转换效率技术、可再生能源建筑应用技术、建筑节能改造成套技术、高效热泵采暖制冷技术等。为了开发进而有效利用太阳能,必须集合一批专家、学者和科技人员,整合高校和科研机构的科研资源,建立科研交流平台,发挥科研机构和科研人员的作用,集中力量攻关研发,增强自主创新能力,才能使我国太阳能产业可持续发展。

3. 城市利用太阳能可遵循先试点,后推广,再普及的顺序。利用太阳能首先从光电照明入手,即太阳能交通信号灯、路灯、草坪灯、庭院灯,运动景观灯等,灯为景添韵,光为城增色,既点亮了城市,又生态发展了城市。逐步提高太阳能光电照明灯的利用率。

4. 大力推广、鼓励太阳能热水器的使用。太阳能以其清洁、源源不断、安全等显著优势,成为关注重点。在太阳能产业的发展中,太阳能热水器的热利用转换技术无疑是最为成熟的,其产业化进程也较光伏电池、太阳能发电等产业领先一步。国外太阳能已步入大规模利用阶段,2008 年德国太阳能行业实现两位数增长。中国已成为全球最大的太阳能热水器生产大国。但立法,推广、普及还很不够。

5. 城乡建筑应尽快使用太阳能。建议尽快出台相关规定,在新建的 12 层及以下住宅和新建、改建及扩建的宾馆、酒店、商住楼等有热水需求的公共建筑,统一设计和安装太阳能热水系统,并将应用太阳能热水系统的情况作为节能建筑、绿色建筑、优秀设计、优质工程等评选的重要指标之一。

主题词: **能源　安全**

提案人: 姚凯伦

国家能源局 2009 年 8 月 24 日以国能提案〔2009〕21 号文函复:

您提出的《关于大力发展太阳能光伏产业　构建能源安全供应体系的提案》收悉,现答复如下:

太阳能是重要的可再生能源资源，取之不尽、用之不竭，开发利用太阳能资源符合未来能源发展方向。在全球气候变暖日趋明显、能源问题日益突出的形势下，太阳能光伏发电技术得到了世界各国的重视，许多国家制订了光伏应用计划和经济激励政策，有效地促进了光伏产业发展。近年来，全球光伏产业以年均30%以上的速度快速增长，光伏发电技术进步很快，建设成本大幅下降，市场竞争力明显增强。在国际光伏发电市场的拉动下，我国光伏产业也得到了快速发展，2008年光伏电池产量超过了200万千瓦，位居世界第一。与此同时，晶体硅材料的产能也快速增长，将很快出现供大于求的局面。目前，我国已经形成了从晶体硅材料、电池生产到组件封装以及专门生产设备制造等比较完整的产业链。但受太阳能光伏发电成本较高的影响，我国光伏发电产品98%出口到国外，国内市场主要用于解决偏远地区无电人口用电和特殊行业的用电问题，市场应用规模较小，尚不能满足国内光伏产业规模日益扩大的需要。在当前国际金融危机的新形势下，硅材料价格和光伏发电成本迅速下降，及时启动国内市场，不仅对保增长、扩内需、调结构具有重要的现实意义，而且对促进我国光伏产业发展具有长远的战略意义。因此，我们原则同意您提出的大力发展太阳能光伏产业的提案。

关于财政补贴、上网电价、科技示范政策问题。为促进我国光伏发电产业加快发展，各有关部门正在根据不同领域的光伏应用市场，综合利用财政、价格和科技等政策，支持光伏电站建设和光电技术进步。一是对在太阳能资源丰富的荒漠地区建设的大型并网光伏电站，实行优惠上网电价政策。国家将以甘肃敦煌10MW沙漠并网光伏发电示范项目的招标上网电价为基础，制定近期建设大型并网光伏电站的上网优惠电价。今后根据技术的进步和产业的发展，再通过招标竞争方式确定新的上网电价。二是对小型分散的主要满足自身用电需要的建筑物屋顶并网光伏发电，实行财政补贴辅之以净电量上网政策。目前，财政部和住房城乡建设部已制定了《太阳能光电建筑应用财政补贴资金管理暂行办法》，利用可再生能源资金支持建筑物屋顶光伏发电系统建设，每千瓦补贴20元。与建筑结合的光电系统要以满足建筑物自身用电需要为主,发电和用电导致的电量不平衡由电网调节,建筑物与电网之间实行净电量政策。三是为支持光伏发电产业技术进步,财政部、科技部和国家能源局已下发了《关于实施金太阳示范工程的通知》,由中央财政从可再生能源专项资金中安排一定资金,支持光伏发电技术在各类领域的示范应用及关键技术的产业化,所建项目的上网电价执行当地的平均上网电价。

关于修改可再生能源等法律法规问题。我国《可再生能源法》及其配套政策的颁布和实施,极大地促进了可再生能源产业的发展。但在快速发展的同时,还存在规划、并网、设备质量等方面的制约,需要在法律层面进行修改或完善。目前,全国人大环资委正在开展《可再生能源法》的修改工作,将对有关可再生能源规划、并网和补贴等方面的内容进行完善,将会较好地解决制约可再生能源发展的突出问题,促进包括光伏发电在内的可再生能源的又好又快发展。

关于推广使用太阳能热水器问题。为扩大太阳能热利用规模,财政部与住房城乡建设部于2006年开展了可再生能源建筑应用示范工程建设,对符合条件的示范项目给予财政补贴。2008年,国家将太阳能热水器纳入家电下乡补贴范畴,对于进入家电下乡补贴范围的产品国家给予13%的财政补贴。同时,我们也在研究扩大太阳能热利用市场政策,将农村太阳能热利用纳入农村民生工程和基础设施,支持太阳能热水器、太阳能房在农村的普及,提高农民生活质量,支持农村(包括县城)医院、卫生院、养老院、寄宿制学校等建设太阳能热水工程等。

非常感谢您对我国太阳能光伏产业发展的关心和支持!

全国政协十一届二次会议提案第1944号

案　　由:关于风电发展的资源规划和自主风电配套产业链的提案

审查意见:建议国务院交国家能源局会同财政部、科技部研究办理

内　　容:近些年我国火电装机增速下降较快,水电装机增速持续上升,风电装机保持高速增长,可再生能源及新能源以较快的速度发展。国家将风能作为发展可再生能源的首选。"十一五"时期《可再生能源十一五规划》发展的总目标是:到2010年,可再生能源在能源消费中的比重达到10%,其中,风电总装机容量达到1000万kW。但是由于风资源和风能技术等方面的制约,在风能的开发利用中存在以下问题:

一、风资源不能综合开发利用。我国在近海分布了约70%的风能资源,内陆则主要集中在东北三省、河北、内蒙古、甘肃、青海、西藏和新疆等能耗相对较低的省或自治区。风电场占地空间非常大,在风电场布置范围内,有时影响到种植业、养殖业以及工业项目的开发。

二、风电技术设备自主创新能力低。近年来从市场份额看,国产风电机组比例也在上升,但国外制造商仍占据优势地位。从产品结构看,我国已基本掌握兆瓦级以下风电机组的制造技术,但符合需求趋势的兆瓦级机组仍处于试用和推广阶段,技术来源以许可证生产、联合开发、合资生产为主,自主创新能力低。从零部件制造看,在不同环节自主创新能力高低不一,不能支持完整的配套产业链的形成,目前国内叶片、齿轮箱、发电机等零部件已基本能实现自主生产,但轴承、控制系统等还是主要依赖进口。国外的制造商用技术和图纸赚取了我国风电效益的大部分。

三、风电并网安全性差。风力发电本身可控性较差，风电机组的抗干扰能力不强，而且我国风能资源分布相对集中，除近海地区外，内陆地区的风电均需向中东部进行长距离输电，为了保证风电接入电网后电网的稳定和供电质量，必须完善风电并网技术。由于目前没有风电机组和风电场的入网标准和检测标准，绝大部分风电机组的功率曲线、电能质量、有功和无功调节性能、低电压穿越能力没有经过检测和认证，而且多不具备上述性能和能力，并网运行的风电机组对电网的安全稳定运行造成很大的影响。

四、缺少促进风电产业发展必要的税收支持。目前我国可再生能源所得税项目还没有任何优惠。我国从1998年起免征大型风机进口关税，这对风力发电建设是一个很大的扶持。但在发电环节，风电生产"按增值税应纳税额减半征收"。这一优惠政策实际上并不优惠，因为风电不消耗任何燃料，其进项税近乎为零，而煤电的燃料成本占总成本的70%以上，即使按全额纳税，其纳税额依然低于风电。因此，现行的税收政策体现不出对风电的扶持。

五、金融支持力度不够。据分析，工程建设费用通常占风力发电成本的85%。一般情况下工程投资中除去资本金外，大部分资金都需要通过各种信贷途径来解决，因此贷款条件（利率、还款期和手续费等）对项目财务评价影响很大。在国外，风电项目建设一般都可以利用政府优惠贷款，其还款期长，利率优惠（如国际金融贷款，中长期，利率较优惠；国家政策性贷款，在满足国家规定的一些条件的前提下，贴息2%）。但在国内，目前政府对风力发电既没有投资补贴，政策性优惠贷款也几乎空白。而且，2008年席卷全球的金融危机也给风力发电带来了前所未有的挑战，首先，外资退出，金风科技、湘电风能等均遭受到外资企业的退出。第二，融资困难，可再生能源的信用危机、高昂投资成本与高风险并存等因素的存在，将促使可再生能源在短期内出现融资困难现象，而相应的技术不到位、政策扶持少等，从而阻碍风电的发展。

六、缺少健全的可再生能源电力市场。受到技术条件的制约，风电价格一般都要高于燃煤发电。如果不解决价格补偿问题，风电产业的发展必然裹足不前。国际上，除了采取政府补贴等措施外，还通过建立绿色能源市场，在加强宣传教育提高人们环保意识的同时，采用自愿认购绿色能源的办法化解价格矛盾，促进可再生能源的发展。我国目前，还缺乏这样的可再生能源电力市场，缺少利用社会环保意识的提高和社会力量解决能源可持续发展问题的机制。

针对以上情况，提出如下建议：

一、在资源开发过程中，应根据我国各种资源的分布特点，优化资源开发容量的配比，调整能源结构，合理开发；

二、首先在风能资源普查工作的基础上，进一步做好大型风电基地风能资源的调查，充分考虑与当地能源结构、环境、社会情况等相互配合，统筹制定全国风电开发规划；

三、尽快完善风力发电的一些基础性、系统性的研究工作，改善我国风电技术上依赖进口的局面，发展具有自主知识产权的技术和产品，形成完整的风电配套产业链；

四、尽快研究建立风电机组入网认证和风电场并网运行的检测评价制度体系；

五、建立可再生能源电力市场，解决能源可持续发展的机制问题；

六、财政部门应在金融支持上加大力度，帮助风电企业渡过难关。

主题词： 电力 能源

提案人： 陈星莺

国家能源局2009年8月31日以国能提案〔2009〕33号文函复：

您提出的《关于风电发展的资源规划和自主风电配套产业链的提案》收悉，经商财政部、科技部，现答复如下：

风电是目前技术最成熟、最具规模化发展条件的可再生能源发电技术，已成为增加能源供应、保障能源安全、应对气候变化和推动经济社会可持续发展的新兴产业。

我国风电发展始于20世纪80年代中期，由于当时风电建设成本高，特别是我国没有自己的风电设备制造产业，在很长一段时期内，我国风电发展缓慢，到2000年年底，我国风电装机容量仅34万kW。2003年以来，国家采取特许权招标方式推进风电的规模化建设，重点支持风电设备制造的自主化，有效带动了我国风电设备制造业的发展。2006年《可再生能源法》实施以来，支持风电发展的政策措施进一步完善，实行了风电增值税减半征收、风电投资企业享受所得税减免、外商投资企业采购国产风电机组返还设备增值税等政策。财政部出台了《风力发电设备产业化专项资金管理暂行办法》，对国内企业新开发的、具有自主产权并实现产业化的首台50兆瓦级风电机组整机及叶片、齿轮箱、发电机、轴承等关键部件给予补助。

目前，我国已有多家风电整机制造企业和几十家零部件生产企业，总产能接近1000万kW，涌现出了金风科技、华锐科技、东方汽轮机等多家形成规模生产能力、具有世界知名度的企业。国产兆瓦级风电机组技术日趋成熟，制造水平日益提高，同时价格普遍比国外同类产品低20%左右，已逐渐在国内市场形成主导地位。

在风能资源调查评价方面，已主要利用气象资料开展了全国风能资源评价工作，基本摸清了全国风能资源的分布状况和特点。为进一步做好风能资源评价工作，在风能资源普查的基础上，又安排2.88亿元财政资金支持中国气象局建立全国风能资源专业观测网，开展全国风能资源详查工作，为加强风能资源开发利用工作创造条件。

关于风电接入电网的问题。由于我国风能资源丰富地区距电力负荷中心较远，随着风电建设规模的扩大，电力送出已成为风电场建设的决定性因素。我们已委托相关单位研究制定风电场并网技术规范工作，研究风电场的出力特性，开展电网接纳风电能力的研究，做好大型风电送出输电规划工作。为加强风电机组并网运行的检测认证工作，目前我们正会同国家电网公司研究建设国家风电设备及并网检测中心和试验风电场的方案。

关于对风电企业加大金融支持力度问题，国务院已出台当前金融促进经济发展的若干意见，明确按照区别对待、有保有压原则，支持符合国家产业政策的产业发展，加大对节能减排重点领域的信贷支持。未来我们将与有关部门进一步研究具体的支持措施。

我们将认真研究您的建议，进一步完善风电发展政策，推动风电产业又好又快发展，为优化能源资源配置，促进经济社会持续健康发展做出积极贡献。

感谢您对国家能源工作的关心和支持。

全国政协十一届二次会议提案第2069号

案　　由:关于改变水消费模式,建立节水型社会的提案

审查意见:建议国务院交水利部会同国家发改委研究办理

内　　容:多年来,我国经济社会发展取得巨大成就的同时,资源消耗高、浪费大、生态退化、环境污染等问题没有得到根本解决。国内生产总值的能源、原材料和水资源消耗仍大大高于先进国家的平均水平,浪费现象相当严重,特别是水的浪费和流失问题十分突出。我国水资源总量为2.8万亿立方米,低于巴西、俄罗斯和加拿大,与美国和印度尼西亚相当,但人均和亩均水资源量仅为世界水平的1/4和1/2。据统计,我国正常年份缺水量近400亿立方米,其中农业缺水约300亿立方米。长期以来,公众和工农业生产对待水资源过于漫不经心,被无谓浪费掉的水资源不计其数。例如,冲厕用水占目前城市生活用水量的35%以上,自来水管滴漏和冲厕马桶水箱长年漏水现象司空见惯但未引起重视。

目前,我国正在遭遇历史罕见的严重干旱,笼罩在国人心头的焦虑警示水危机将是我国长期面临的问题。为了应对日趋严重的缺水形势,应积极提倡适度消费,发展清洁生产和循环经济,坚持资源开发与节约并重。改变水消费模式,建立节水型社会,是我们唯一的选择。为此,提出六点建议:

一、以水定发展格局,以水定灌溉面积,从生产力布局和发展模式层次上为水资源的合理配置奠定基础。实施以提高用水效率为中心的水资源开发利用策略,制定与经济发展有机结合的生态环境保护措施,从加强节水型资源的统一管理和提高用水效率入手,以实现农业水资源供需的基本平衡。

二、加大现代化节水灌溉投资并重视抗旱节水灌溉技术，建设新型节水农田，从根本上为节约用水、预防旱灾奠定基础。提高农田水利基本建设和开展以水土保持为重点的生态环境建设，强化农田水利全面建设，实行大、中、小、微型水利并举的方针，推行节约型农业。加快节水灌溉工程建设，实行节水抗旱是实现农业可持续发展的方向。健全农业应急抗旱机制，制定农业抗旱法规，规范旱情预测预报标准。

三、我国应该提高迄今为止仍保持在极低水平的水价，研究用水的价格政策，通过价格杠杆和限标等措施优化配置水资源，引导人们养成良好的用水习惯，促进节约用水，科学用水。

四、为了避免长期干旱的灾难性后果，我们必须改变其水消费模式，更好地控制浪费，对水的使用进行更严格的监管。应积极提倡将处理后的工业废水和生活污水作为再生水在农业灌溉、绿化和非饮用水系统中加以利用。发达国家利用再生水灌溉面积已占到全部灌溉面积的30%。结合防污体系的建立，将再生水用于灌溉作为解决我国未来水资源紧缺的一项重大措施来对待，切实加强研究与示范，逐步扩大推行。

五、善用海水资源及再生水作为冲厕水，减少淡水及自来水消耗。香港水务署从20世纪60年代便开始向市民供应海水冲厕，到目前为止覆盖范围已达香港人口的99%，600多万市民基本可享受这项免费服务。目前，青岛、天津、深圳、厦门等沿海城市利用海水冲厕已做出了成功的尝试。在沿海地区利用海水冲厕，是切实可行并且大有前途。

六、国家应进一步加大对节水科技研究的支持力度，鼓励广大科技工作者为建设节水型社会做出贡献，同时加大宣传力度，真正树立起节水光荣的社会新风尚。

主题词： **水利　节约**

提案人： 刘　昕

中华人民共和国水利部2009年7月17日以〔2009〕水资源办字第16号文函复：

您提出的《关于改变水消费模式，建立节水型社会的提案》收悉，经商国家发展改革委，现答复如下：

我国水资源供需矛盾突出，人均水资源占有量远低于世界平均水平。人多水少，水资源分布不均，与生产力布局不相匹配，这既是现阶段我国的突出水情，也是我国长期面临的基本国情。同时，水资源利用效率较低，水环境恶化进一步加剧了水资源供需矛盾，水资源短缺已成为我国经济社会可持续发展的瓶颈之一。坚持开源与节流并举，节约优先，加快建设节水型社会是解决我国水资源问题的根本出路。

《水法》第8条规定："国家厉行节约用水，大力推行节约用水措施，推广节约用水新技术、新工艺，发展节水型工业、农业和服务业，建立节水型社会。"为落实科学发展观，推动全社会大力节水降耗，提高水利资源的利用效率，加快节水型社会建设，2006年我部会同国家发改委、建设部发布实施了《节水型社会建设"十一五"规划》。规划分析了我国水资源利用现状、存在的问题、节水工作面临的形势和任务，提出了节水型社会建设的指导思想、原则和目标，节水型社会建设的重点领域、重点工作及保障措施。与此同时，各地也相继编制了区域节水型社会建设"十一五"规划，根据区域的水资源承载能力，调整经济发展布局，合理配置、高效利用、有效保护水资源。各地区对节水型社会建设高度重视，坚持政府在节水型社会建设中的主导作用，逐步建立推进节水型社会建设的体制机制，推动力度进一步加大，政策措施进一步落实，用水效率和效益进一步提高，全民节水意识进一步增强。目前，全国节水型社会建设试点达82个，省级试点近200个。

一、关于农业节水。我国是一个农业大国，灌溉在农业发展中占有重要的战略地位。为大力推进节水灌溉工作，我们采取了一系列措施，取得了一定成效。一是加强领导，建立目标责任制；扩大宣传，提高全民节水意识。二是加强水资源和节水灌溉项目管理。三是建立稳定的投入保障机制，一方面加大中央财政和地方财政的支持力度，同时鼓励和引导农民增加对节水灌溉的投入，运用补偿机制调动社会投入节水灌溉的积极性。四是加强部门协调，建立有效的工作机制，统一制定全国节水灌溉发展规划与节约用水政策。五是加强节水灌溉技术创新与推广，健全节水灌溉技术服务体系，加快科技成果转化。六是加强节水灌溉政策与法规建设。下一步，我们将继续把节水灌溉作为一项革命性措施来抓，研究与经济社会发展相适应的农业节水灌溉体制机制和投入机制，加大技术创新的力度，在保障粮食安全的基础上，大力推进农业节水工作。

二、关于水价改革。2004 年，国务院办公厅印发了《关于推进水价改革促进节约用水保护水资源的通知》，提出了水价改革目标是建立充分体现我国水资源紧缺状况，以节水和合理配置水资源、提高用水效率、促进水资源可持续利用为核心的水价机制，并明确要求加快推进对居民生活用水实行阶梯式计量水价制度。已实施的地区合理核定各级水量基数，在确保基本生活用水的同时，适当拉大各级水量间的差价；对非居民用水在科学制定各类用水定额和非居民用水计划，严格用水定额管理，实施超计划超定额加价收费方式，缺水城市要实行高额累进加价制度。截至 2008 年年底，36 个大中城市中有半数实施了居民生活用水阶梯式水价收费方式，非居民用水超计划超定额加价制度在全国范围内得到了普遍实施。为促进节约用水，提高用水效率和效益，我部按照中央关于推进资源性产品价格改革的要求，大力推进水价改革；水利部、国家发改委印发了《关于改革水价促进节约用水的指导意见》、《关于改革农业用水价格有关问题的意见》等水价改革指导性意见；2004 年，水利部、国家发改委印发了《水利工程供水价格管理办法》，标志着我国水价改革进入了规范化、科学化新阶段。

2004年修订印发的《城市供水价格管理办法》，明确居民用水阶梯式计量水价可分为三级。2008年，财政部、国家发改委、水利部印发了《水资源费征收使用管理办法》，规范了水资源费的征收、使用和监管，强化了水资源费在水资源管理中的经济调节作用。

农村税费改革以来，农业水价改革、水费计收成为农村工作和社会关注的热点和难点。针对这一问题，我部在深入调研的基础上，提出了以“两改一提高”为核心的农业水价综合改革政策建议，即对灌区末级渠系工程实施节水改造，建设完好的水利工程设施；进行用水管理体制改革，推进农民用水自治，建立农业水权制度，逐步实行国有水利工程水价加末级渠系水价的终端水价制度；提高水的利用效率和效益，减轻农民负担，保障国家粮食安全。目前在17个省75个项目区开展了农业水价综合改革试点。据初步调研，部分试点项目在2009年春灌中节约灌溉用水50%左右，农民亩均水费支出降低了30%～50%，效果非常显著。

今后，我部将进一步加强与国家发改委、财政部的沟通协调，争取进一步加大农田水利基础设施的投入，完善末级渠系工程设施，大力推进农民用水户协会规范化建设，进一步健全和完善水价形成机制和水费计收体制，逐步推广农业终端水价制度，促进节约用水，保障国家粮食安全。同时，我们将在充分考虑用户承受能力的前提下，继续推进水价改革，进一步加大居民生活用水阶梯式水价制度的实施力度，完善非居民用水超计划超定额加价制度，促进水资源节约利用，提高用水效率。

三、关于非常规水源利用。国家十分重视再生水和海水的利用工作，《水法》要求“加强城市污水集中处理，鼓励使用再生水，提高污水再生利用率”；《节水型社会建设“十一五”规划》明确提出，在科学合理开发利用地表水、地下水的同时，开发利用海水、再生水、矿井水、雨水等非常规水源，增加可供水量，缓解水资源短缺。目前，再生水已在工业、农业、城市绿化、市政环卫、生态景观等方面以及公共建筑生活杂用水中得到了广泛应用。目前，我部启动了《污水处理回用条例》立法前期工作。下一步，我们将积极支持对污水处理后的再生水在城市绿化、道路清洗、洗车及其他非饮用水系统中的利用，同时对处理后的污水尤其是工业废水，作为再生水在农业灌溉中的应用要进行严格监管，在确保再生水水质安全的前提下合理利用，确保不引发食品安全和饮水安全问题。

为加快海水利用，促进水资源的可持续发展，2005 年国家发改委会同国家海洋局、财政部共同编制并发布实施了《海水利用专项规划》。规划明确提出要重点发展海水淡化、海水直接利用和海水化学资源综合利用。近年来，国家发改委已利用国债资金加大对重大节水示范项目、推广项目和新技术研发项目的支持力度，安排了一批海水淡化重点示范工程。今后，国家发改委等有关部门将继续加大《海水利用专项规划》实施力度，重点建设以海水作为工业冷却水为主要内容的重点行业海水直接利用工程、以供应城市居民饮用水为目标的大中型海水淡化重大示范工程、大生活利用海水示范工程等十大工程。

四、关于节水科研。2005 年，我部会同国家发改委等有关部门发布实施了《中国节水技术政策大纲》，重点阐明了我国节水技术选择原则、实施途径、发展方向、推动手段和鼓励政策。用于引导节水技术研究、产业发展和节水项目投资及重点技术方向，促进节水技术的推广应用，限制和淘汰落后的高用水技术、工艺和设备。长期以来，节水科技研究一直是水利科技发展的重点领域。特别是近年来，在节水型社会建设方面，针对我国节水农业发展中存在的关键技术问题，以节水农业前沿关键技术创新、关键设备、重大产品研发以及技术体系集成与示范为主要内容，先后组织实施了“节水农业技术研究与示范”、“现代节水农业技术体系及新产品研究与开发”、“节水计量自动化控制技术推广”等一批节水科技项目，取得了一系列重要成果。在国家财政部、科技部等部门的大力支持下，我部积极筹措资金，支持节水科技研究立项达 10 多项，有力推动节水科技的发展。下一步，我部将会同国家发改委、财政部等有关部门继续发挥在政策、资金等方面的支撑作用，按照“创新增源、转化增效、示范增实、服务增力、宣传增智”的总体思路，加强基础研究工作，大力促进节水科技成果向工程和产业的转化，充分开发现有科技成果以及示范工程带来的成套成熟技术，带动节水工业产业的快速发展。同时，结合“水体污染控制与治理”国家重大科技专项的实施，突破技术瓶颈，解决技术难题，实现水资源的可持续综合利用。

五、关于节水宣传。为进一步提高全社会节水意识，近年来，我部每年都在3月22日“世界水日”和“中国水周”、“全国城市节水宣传周”举行内容丰富、形式多样的节水宣传活动，向全社会普及节水知识，提高公众节水意识。今年我部与全国青联、全国节水办、国家机关青联共同举办了“落实科学发展观、节约保护水资源”大型主题实践活动，推出了中国节水大使遴选、节水公益歌曲征集、“青春！水的印记”漫画和Flash征集等活动，广大公众积极参与，社会反响强烈。同时，水利部还推出了系列节水宣传活动，通过举办节水公益广告、节水知识竞赛和节水用水先进技术产品展览等形式，增强全社会水资源忧患意识和节约意识。今后，我部将会同有关部门继续加大节水宣传的力度，实施全民共建节水型社会的宣传教育，充分利用广播、电视、报刊、互联网等各种媒体，深入宣传节水的重大意义，不断提高公众的水资源忧患意识和节约意识，提升科技对我国节水型社会建设实践的支撑和引领能力，动员全社会力量参与节水型社会建设，形成人人参与节约和保护水资源的良好氛围。

全国政协十一届二次会议提案第3617号

案　　由:关于加大地质找矿力度　规范矿产资源开发秩序的提案

审查意见:建议国务院交国家安全生产监管总局会同国土资源部、国家能源局研究办理

内　　容:湖北是煤炭消费大省,同时又是缺煤省。目前探明煤炭资源储量约12亿吨,其煤层厚度在40～80公分,平均厚度约60公分,属极薄煤层,主要供民用和地方工业用煤的补充。原有的3000多家煤矿山,经过多年的整顿,2005年矿山总数降至725家。按照国家安监总局下达的指标,2008年我省矿山总数降至500余家。三年煤炭矿山专项整顿工作尚未结束,国家发改委于2008年年底再次给湖北下达指标,要求将矿山总数控制在400家以内。由于没有经过任何形式的调查和论证而提出煤矿山限制指标,造成煤矿山关闭过多,给部分地区农民生活用煤、农业生产用煤等带来一定的影响,也对自然生态环境保护带来负面影响。其主要体现在如下几个方面:

一、过多地关闭煤矿山,不同程度地给我省西部山区农民造成了生活困难。现保留的煤矿山500余家中,有345家分布于我省西部山区县和少数民族地区,约近千万人。其中40%以上为少数民族,居住地集中在海拔800～2000米高山区,是烤烟、魔芋种植基地。当地农民有着长年烤火的习惯,由于交通闭塞、山大人稀,靠外运煤进山是不可能的,其生活和农业生产用燃料主要是煤炭。因此,给当地的农民生活造成一定的困难。

二、煤炭资源探矿权项目勘察结束后,由于受煤矿山指标限制而转不了采矿权,严重损害了投资人的合法权益。我省6年共投放煤炭探矿权70个,其中社会投资项目61个(已办理有偿取得手续),财政投资9个。煤炭勘查项目平均投资在1000万元,极少数投资达到2000万元。70个项目投资总额已达到7亿多元。由于受人为的煤矿山指标限制,探矿权项目在完成勘查工作后,不能依法转为采矿权,使投资无法收回,企业因此而陷入破产的境地。特别是部分下岗职工用买断工龄的钱集中起来申请办理的探矿权不能转为采矿权时,这些人更是陷入生活绝境。

社会投资申办的探矿权项目,是依法通过有偿取得的,其合法权益应受到法律保护。但现实恰恰相反,探矿权人结队上访,给社会带来一定的负面影响。

三、大量的关闭煤炭山,山区农民由烧煤改柴,必然出现大量砍伐森林的局面,对森林资源和环境保护不利。

结合上述种种弊端,必将会对长江天然防护林及生态环境造成危害,其损失将是无法估量的。特向有关单位建议:

一、合理调整湖北煤矿山的指标。鉴于煤矿山主要分布在西部山区,应坚持以人为本、以民为本,以民用煤为主的客观事实,按科学发展观,合理制定矿山调控指标,将调控总数确定在570家左右。

二、依法保护探矿权者的合法权益。1.属于有计划的安排勘查工作结束的项目,按规范转采矿权;2.属于由政府出资对社会投资的勘查项目予以回购用作资源储备,从而体现依法行政。更重要的是避免探矿权人投资无法收回,而造成企业破产,消除由此产生的社会不安定因素的隐患。

三、要用科学发展观指导资源整合。对安全隐患,应科学论证,不能采取一家矿山出安全事故,停产所有矿山的做法。应将涉及安全隐患,违规操作的企业有针对性地进行查处,并限期整改或关停,而对有序开采规范经营的企业应根据科学发展观,给予政策上的扶持和优待,维护其合法权益,促进企业的正常化运营,形成矿山开采的良性循环。这样,既有效遏制安全事故的发生,又促进企业和当地经济效益的发展。

矿山的关停涉及企业的发展,职工的生存和社会的稳定,是一项艰巨复杂的工程。政府职能部门要在摸清情况调查研究的基础上，以人为本，有情操作，同时保证安置经费及时、足额到位，用科学发展观指导企业的发展，从而保证企业安全、有序、持续的生产。

主题词： **地矿　安全**

提案人： 陈春林

国家安全生产监督管理总局2009年9月19日以安监总提函〔2009〕46号文函复：

您提出的《关于加大地质找矿力度　规范矿产资源开发秩序的提案》收悉，经商国土资源部、国家能源局，现答复如下：

煤炭是我国重要的基础能源，煤炭工业在国民经济中具有重要的战略地位。新中国成立以来，我国煤炭工业取得了长足发展，煤炭产量持续增长，生产技术水平逐步提高，煤矿安全生产条件不断改善，在国民经济和社会发展中发挥了重要作用。但由于我国小煤矿点多、面广、能力低，存在着结构不合理、增长方式粗放、科技水平低、资源浪费严重、环境治理滞后、历史遗留问题多等突出问题，生产安全事故多发。“十一五”期间，国家出台了整顿规范小煤矿、鼓励大型煤矿企业兼并改造中小型煤矿的产业政策，通过资产重组、资源整合、联合改造，实现煤矿开采的正规化、机械化、规模化。

一、关于保留煤矿数量指标的问题

2008年10月，在多次征求有关部门和地方人民政府意见，充分吸纳各方面建议的基础上，国家发展改革委、国家能源局、国家安全监管总局、国家煤矿安监局四部门联合印发了《关于下达“十一五”后三年关闭小煤矿计划的通知》（发改能源〔2008〕2624号），计划到2010年年底，全国小煤矿数量由2008年的14069个减少到9952个，压减比例为29%。其中，湖北省由484个减少到400个，压减比例为17%，已充分考虑了湖北省煤炭工业发展的实际。

2008年，湖北省煤矿共发生生产安全事故81起、死亡101人，煤矿百万吨死亡率达10.601，远远高于全国煤矿1.182的平均水平，煤矿安全生产形势十分严峻。

湖北省人民政府高度重视煤矿安全生产及整顿关闭工作，省人民政府办公厅印发了《关于推进煤矿关闭工作的通知》（鄂政办函〔2009〕35号），决定2009年再关闭56处小煤矿，提前实现“十一五”末全省保留400处小煤矿的工作目标。

我们认为，湖北省应抓住煤炭产业结构调整的时机，深入开展煤矿整顿关闭工作，加快对省内小煤矿的整合改造和兼并重组，提高煤矿安全生产水平；同时，加快能源结构调整，大力发展太阳能、风能、生物质能等可再生能源，加强宏观调控和产运需衔接，并加强与省外大型煤矿企业的联系，确保煤炭供应。

关于您提出的国家相关部门应加强调研，充分听取有关方面意见的建议，国家能源局将在编制煤炭工业发展“十二五”规划时，系统研究小煤矿的发展问题，并结合湖北省煤炭工业发展实际统筹考虑。

二、关于保护探矿权者合法权益的问题

依据《矿产资源法》等有关法律法规，国务院以及国土资源部等有关部门在探矿权申请、延续、变更、注销和探矿权转采矿权等方面制定了一系列完善的制度，国家保护已经取得的探矿权不受侵犯。关于煤炭探矿权转采矿权问题，如果备齐规定的要件，符合国家产业政策，探矿权人可以申请转采矿权。

为防止“以采代探”行为，实现安全生产，国家对于煤炭资源勘查项目设计实施坑探工程的均坚持从严审批政策。国土资源部《关于加强煤炭资源勘查项目坑探工程监督管理的通知》（国土资电发〔2007〕37号）规定，不得擅自实施坑探工程，确需使用坑探工程的，必须在编制坑探工程专项设计并经有关部门许可和报经省级国土资源管理部门审查批准后方可实施。

2008年5月19日，为吸取湖北省荆门市东宝区漳河镇李家洲煤矿“5·7”透水事故教训，湖北省人民政府办公厅印发了《关于进一步推进煤矿整顿关闭工作的通知》（鄂政办电〔2008〕110号），明确规定：禁止普查阶段煤矿勘查项目进行坑探施工，已施工项目应立即停止坑探施工并依法调整变更勘查方法，详查以上煤矿勘查项目允许实施坑探施工的，应比照煤炭矿井进行安全管理，在取得安全生产（施工）许可后方可实施坑探施工。

三、关于煤炭资源整合的问题

正如您所提出的，近年来，部分地区在煤矿发生事故后，采取了责令辖区内其他煤矿一律停产整顿的做法，这多为地方政府为防止事故而采取的一项应急性措施，其虽可在短时间内防止事故，但也确实影响了部分规范经营矿井的正常生产。国家有关部门不鼓励采取这种措施，有的地区也通过地方法规明确禁止采取这种措施。

为进一步规范资源整合工作，国土资源部正会同国家安全监管总局等部门起草关于深化矿产资源开发整合工作的意见，指导各地按照推进整合与产业结构调整相协调，矿产资源勘查与开发相衔接，资源效益与环境效益、安全生产相统一，政府引导与市场运作相结合的原则，综合运用法律、经济和必要的行政手段，采取参股、兼并、收购等多种方式，深入推进整合工作。对列入整合范围的煤矿企业，可以享受当地政府支持企业兼并重组、淘汰落后产能的优惠政策。对矿业权设置布局不合理、易发生生产安全事故的矿区，一律先停产再整合。国土资源部门将会同有关部门，进一步加强对整合矿井的实地检查，确保整合到位，防止假整合。

感谢您对煤炭工业的关心和支持，欢迎继续提出宝贵意见。

全国政协十一届二次会议提案第4589号

案　　由:关于加大力度,扶持中小型企业持续健康发展的提案

审查意见:建议国务院交工业信息部会同财政部、中国银监会、中国证监会、科技部研究办理

内　　容:改革开放以来,我国中小企业发展迅速。截止到2007年年底,我国中小企业数占全国企业总数的99.8%。中小企业的工业总产值和实现利税分别占全国总额的50%以上,并提供了75%以上的就业机会。中小企业已经成为保证我国经济发展、市场繁荣和社会稳定的重要基础。

近年来,我国政府已充分认识到中小企业在国家经济结构中的极其重要的作用,从国家领导人的讲话,有关法律、政策的制定,到财政专项资金的划拨等大量的举措,无疑都有利于中小企业的发展。

但是,我国中小企业的发展环境却依然远远满足不了自身的发展,急需我国政府下大力气,在法律、融资、技术创新、人才培养即社会化服务等方面进行切实有效的支持,从而彻底改变中小企业的弱势地位,持续健康地发挥巨大的作用。

一、加快立法,形成扶持中小企业的法律体系

中小企业因其脆弱,需要国家法律的特殊保护。目前扶持中小企业的法律只有《中小企业促进法》,此外所有的扶持措施都是以部委文件的形式下发,缺乏权威性和稳定性。应将其中行之有效的政策通过立法的形式固定下来,形成促进中小企业可持续发展的融资、创新、人才培养、信息化、反垄断的法律体系,为中小企业的发展奠定坚实的法律基础。

二、建立多层次、全方位的中小企业融资体系

(一)税收减免及财政补助

对中小企业创业实施税收减免和适当的财政支持。中小企业购买机械设备,可从纳税额中扣除部分购买费用,或实施特别折旧制度。延长亏损企业纳税金额的扣除年限。对中小企业的技术进步、技术改造提供税收减免。

政府可牵头联手商业银行成立非赢利性的中小企业风险投资公司,帮助有发展潜力的初创公司顺利成长。

(二)改善金融服务

提高中小企业金融服务的专业化水平,成立政策性的中小企业银行,专门为中小企业发展提供资金,并为担保机构担保提供再担保。引导扶持担保机构和再担保机构的发展,扩大中小企业融资范围。发展企业间的互助合作担保贷款制度。加快政策性中小企业基金建设。

对中小企业贷款规模给予倾斜,确定其在贷款总量中的比例。

推进信贷产品创新,满足不同中小企业融资需求。推行动产抵押、股权质押、商标质押等新型抵押方式,有效解决中小企业融资抵押、质押难问题。

(三)鼓励发行债券及上市

鼓励中小企业以市场化融资为主,尤其以资本市场直接融资为主,理顺债券发行审核体制,逐步放松规模的限制,扩大发行额度完善债券担保的信用评级制度,支持经营效益好、偿还能力强的中小企业通过发行债券融资。

加强市场监管,完善上市程序和交易制度,规范信息披露,推动中小企业板向真正的创业板过渡。

三、成立技术支持机构,帮助中小企业技术创新

借鉴香港生产力促进局的成功经验,在国家层面及各地成立生产力促进机构,通过发展新技术及新能力,帮助中小企业提高产品和服务的附加值,进而提升竞争力。

香港生产力促进局对中小企业生产过程中的每个环节,都可以提供支持和帮助。在他们的长期帮助下,很多企业从不知名的小厂一路

发展壮大成为行业翘楚。这里有28个研发中心、10个实验室、几百位各行业专业顾问,每年为上万中小企业提供涵盖生产科技、信息科技、环境科技及管理系统等范畴的广泛服务。

鼓励中小企业设立技术开发和技术培训机构,鼓励科技人员向企业流动,注重在实际工作中培养企业的技术开发人员,增强企业的自主创新能力。

引导中小企业建立与科研机构、大专院校的协作关系,促进科研成果向中小企业的转化。提升企业核心竞争力。为中小企业技术创新建立良好的信息、咨询、技术服务保障体系。

四、建立中小企业培训机构

高素质的人力资源也是中小企业发展的关键。劳力成本过高,专业培训不足,往往是中小企业面对的两大难题。

国家及各级政府成立遍布全国的中小企业培训机构,划拨专项资金,制定长期的中小企业教育培训计划,举办不同形式的经营管理培训班,有步骤、有重点地组织对于中小企业经营管理者和员工的培训。

组织退休的管理、技术人员,通过自愿或合同的方式向小企业提供各项辅导和建议。

五、整合资源,完善社会化服务

在政府方面,整合政府资源,成立强有力的中小企业服务部门,负责制定保护、扶持中小企业利益的政策,并协调相关政府部门切实解决中小企业发展中的问题。

在社会化服务方面,以政府的中小企业服务机构为龙头,各类商会、协会为骨架,社会服务中介为依托的多方参与的遍及融资担保、技术创新、人员培训、管理咨询等全方位的中小企业社会化服务体系。营造全社会关注与支持中小企业的良好市场环境。

在当前经济持续低迷,中小企业纷纷倒闭或开工不足,数千万人失业的严峻形势下,尽快出台扶持中小企业的政策,更有着维护社会安定的重大现实意义。

主题词: **企业 发展**

提案人: 林铭森

中华人民共和国工业和信息化部2009年9月8日以工信提案〔2009〕197号文函复：

您提出的《关于加大力度，扶持中小企业持续健康发展的提案》收悉，经商科技部、财政部、证监会、银监会，现答复如下：

中小企业是我国国民经济的重要组成部分，在经济社会发展中发挥着不可替代的功能和作用，是推动我国经济社会发展的重要力量。目前，中小企业占全国企业总数的99%以上，创造的最终产品和服务价值相当于国内生产总值的60%左右，上缴税收约为国家税收总额的50%。中小企业还提供了75%以上的城镇就业岗位，成为国有企业下岗失业人员再就业，农民工、复员转业军人、高校毕业生等就业的重要渠道。促进中小企业健康发展，对于优化经济结构、加快生产力发展、吸纳新增就业人员、确保国民经济又好又快发展，具有十分重要的现实意义。

一、关于加快立法，形成扶持中小企业的法律体系

2002年6月29日第九届全国人民代表大会常务委员会第二十八次会议通过了《中华人民共和国中小企业促进法》（以下简称《中小企业促进法》），并于2003年1月1日正式施行。根据法律规定，国务院各有关部门和各级政府按照各自的工作职责，加强了对中小企业工作的组织领导和协作配合，在资金支持、融资担保、创业扶持、技术创新、市场开拓、社会服务等方面，出台了一系列支持中小企业发展的政策措施；27个省（自治区、直辖市）出台了贯彻落实法律的地方性法规（规章）或综合性政策文件。这些法规和政策的出台，进一步落实了法律规定，丰富了促进中小企业发展的政策内容。

如您所言，目前我国在扶持中小企业发展的立法和政策方面还有待于完善。与美国、日本等发达国家相比，在中小企业立法方面还有

相当大的差距。特别是在各级政府及其工作人员转变观念、服务企业,提高行政效能和服务能力,依法行政,规范执法,保护中小企业合法权益等方面,迫切需要做出制度性安排,并切实执行。对您提出的建议,我部将会同有关部门,认真研究,共同努力,逐步建立和完善内容广泛、覆盖全面的促进中小企业发展的法律政策体系,营造有利于中小企业发展的政策环境、行政服务环境,依法促进中小企业的健康发展。

二、关于建立多层次、全方位的中小企业融资体系

(一)税收减免及财政补助

为解决中小企业融资难问题,支持中小企业创业及发展,国家出台了一系列税收优惠政策。如,对纳入全国试点范围的非营利性中小企业信用担保、再担保机构,对其从事担保业务取得的收入,3 年内免征营业税;从 2009 年 1 月 1 日起,将小规模纳税人增值税税率统一下调为 3%;对小型微利企业按 20% 的低档税率征收企业所得税;对创业投资企业采取股权投资方式投资于未上市的中小高新技术企业 2 年以上的,可以按照其投资额的 70% 在股权持有满 2 年的当年抵扣该创业投资企业的应纳税所得额,等等。上述政策对扶持中小企业,特别是创业初期中小企业发展发挥了重要作用。

企业所得税法实施条例规定,企业由于技术进步,产品更新换代较快的固定资产,以及常年处于震动、高腐蚀状态的固定资产,可以缩短折旧年限或采取加速折旧的方法;企业购置并实际使用环境保护、节能节水、安全生产等专用设备的,该专用设备投资额的 10% 可以从企业当年的应纳税额中抵免;当年不足抵免的,可以在以后 5 个纳税年度结转抵免。财政部表示符合条件的中小企业可享受税法规定的加速折旧、投资抵免优惠政策,而不宜因为是中小企业就降低标准。

为鼓励技术创新,国家制定了一系列鼓励技术创新活动的税收优惠政策。如,企业开发新技术、新产品、新工艺发生的研究费用可以在计算应纳税所得额时加计扣除;对经国家有关部门认定为高新技术企业的中小企业,可以按照现行政策规定享受高新技术企业税收优惠政策;企业符合条件的技术转让所得等,可以免征、减征企业所得税;对

企事业单位、社会团体和个人等社会力量，通过公益性的社会团体和国家机关向科技部科技型中小企业创新基金管理中心用于科技型中小企业技术创新基金的捐赠，企业在年度利润总额12%以内的部分，个人在申报个人所得税应纳税所得额30%以内的部分，准予在计算缴纳所得税税前扣除；对符合条件的科技企业孵化器自用以及无偿或通过出租等方式提供给孵化企业使用的房产、土地，免征房产税和城镇土地使用税，对其向孵化企业出租场地、房屋以及提供孵化服务的收入，免征营业税，等等。这些政策的贯彻落实体现了对中小企业技术创新活动的税收扶持。

《国务院关于实施〈国家中长期科学和技术发展规划纲要(2006～2020年)〉若干配套政策的通知》(国发〔2006〕6号)明确提出，“加快发展创业风险投资事业”，“鼓励有关部门和地方政府设立创业风险投资企业，引导创业风险投资企业投资处于种子期和起步期的创业企业”。2007年，财政部与科技部在认真研究和总结国内外创业投资引导基金运作模式及实践经验的基础上，共同研究制定了《科技型中小企业创业投资引导基金管理暂行办法》，设立了首支国家级创业投资引导基金——科技型中小企业创业投资引导基金。其中，阶段参股为引导基金最为重要的支持方式，即通过参股方式与创业投资合作，并吸收一定的社会资金共同设立新的创投基金，支持初创期科技型中小企业，以引导社会资金缓解初创期科技型中小企业的融资瓶颈。目前引导基金的试点工作正在顺利推进。对您提出的“成立非赢利性的中小企业风险投资公司”的建议，考虑到当前引导基金可发挥创业投资机构在项目选择市场化、服务专业化方面的积极作用，有利于促进初创期中小企业健康发展，扩大中央财政资金的社会受益面，避免财政资金分配不公。而成立国家级中小企业风险投资公司，容易引起项目选择的行政色彩，挤占创业投资机构的生存空间，不利于创业投资行业市场化运作和健康发展，不利于发挥财政资金对社会资金的引导作用。因此，财政部表示当前应维持现有政策模式，同时进一步完善政策体系，创新支持方式，为促进初创期中小企业的发展发挥更加积极的作用。

(二)关于改善金融服务,建立专门的政策性金融机构,引导扶持担保机构和再担保机构发展

目前,各级政府已经出台了包括税收优惠、设立担保机构提供担保、允许商业银行自主重组贷款等措施,支持金融机构对中小企业发放贷款。2008 年年底,银监会下发了《关于银行建立小企业金融服务专营机构的指导意见》,鼓励各家银行建立准子银行、准法人性质的中小企业金融服务专营机构,实施独立经营。2009 年 3 月,银监会召开全国提升中小企业金融服务水平(电视电话)会议,明确提出包括国家开发银行、五大国有商业银行、12 家股份制商业银行和邮政储蓄银行在内的 19 家银行金融机构必须于 2009 年第二季度末前完成满足"1 +3"要求的专营机构建立工作。其中,"1 +3"要求中的"1"是指 19 家银行总行须专门下发文件成立一级部制机构,专职负责中小企业金融服务,"3"是指"三个独立",即独立的信贷计划、独立的财务和人力资源配置,独立的信贷评审系统和中小企业客户标准。目前,已有多家银行建立了专营机构,其他银行也在有条不紊地推进专营机构建设。银监会表示下一步将以"六项机制"为基础,以专营机构为抓手,着力提高中小企业金融服务的专业化经营水平,为中小企业提供更为专业、更大力度的金融服务。

关于建立专门的政策性金融机构,银监会表示暂不考虑新设中小企业(政策性)银行,而是充分利用现有的银行机构、网点、后台支持等资源,构建独立经营、独立核算的中小企业金融服务专营机构。

引导扶持中小企业信用担保机构发展,是解决中小企业融资难的有效途径之一。近年来中央财政加大了对中小企业信用担保机构的支持力度,促进了担保机构的发展。特别是 2008 年下半年,为应对国际金融危机对我国中小企业的冲击,中央财政追加安排 10 亿元资金,加大了对管理规范、资本实力较强的担保机构开展中小企业信用担保业务的补助力度,增强中小企业的融资能力。此外,中央财政分别于 2008 年和 2009 年上半年共计安排 9 亿元资金,支持东北地区中小企业信用再担保机构,进一步加快了中小企业信用担保体系建设。

(三)关于鼓励发行债券及上市

联合发行中小企业短期融资券和集合债券,是缓解中小企业发展资金不足的重要手段。近年来,国务院有关部门正在积极研究探索中小企业债券融资的有效方式。如:采取“统一组织,统一担保,集合发行,各自负债和偿债”的模式,2007年成功试点发行了10亿元深圳市中小企业集合债券(20家企业)和3.05亿元中关村高新技术中小企业集合债券(4家企业)。2009年4月又成功发行了5.15亿元大连市中小企业集合债券(8家企业)。中小企业集合债券正在进一步推广。

为支持中小企业利用资本市场拓宽直接融资渠道,2004年在深圳证券交易所推出中小企业板。截止到2009年6月底,中小企业板上市公司已达273家,通过IPO融资达979亿元。为稳步推进创业板市场建设,经国务院批准的《首次公开发行股票并在创业板上市管理暂行办法》自2009年5月1日起实施。7月26日,银监会根据此办法和相关规定正式受理企业的申请材料。创业板市场的建立,将为成长型创业企业提供新的融资平台。

三、关于成立技术支持机构,帮助中小企业技术创新

近年来,国务院有关部门认真贯彻国务院《关于发挥科技支撑作用促进经济平稳较快发展的意见》(国发〔2009〕9号)精神,在推进中小企业科技创新方面重点开展了以下工作:一是创新科技投入的方式,推动科技金融的改革创新,综合利用政府资助、科技贷款、资本市场、创业投资、发放债券等方式,加强对于科技型中小企业的融资支持;二是整合现有的科技资源,建立起大中小企业产学研紧密结合的面向企业的服务平台,支持建立产学研用结合的产业技术创新战略联盟,加强行业内大中小企业的创新合作,加快先进技术向中小企业的技术辐射和转移;三是实施科技人员服务企业行动,建立科技人员与企业的沟通机制和交流平台,鼓励知识产权、技术转移、人力资源服务等中介机构为科技人员与企业双向选择提供服务,支持科研院所和高等院校的研发团队与企业结成战略联盟,共建技术创新和成果转化中心;鼓励科技人员创办科技型中小企业,孵化器、大学科技园、技术转移机构等为科技人员创业提供条件和支持;四是大力发展技术创新服

务体系，大力发展孵化器、大学科技园、生产力促进中心、技术转移机构等服务机构，开展创业辅导师和专业孵化行动、生产力促进中心体系建设重点省行动和技术转移促进行动，为中小企业提供科技创业、技术咨询、技术转移、市场推广等服务。

四、关于建立中小企业培训机构

2003年以来，为贯彻落实《中小企业促进法》，在中央财政预算资金的支持下，我部组织实施了以提高中小企业经营管理人员素质为主要内容的中小企业银河培训工程，加大了对中小企业培训工作的支持力度。几年来，依托各类中小企业服务机构和培训机构，累计完成中小企业经营管理人员集中面授近50万人，网络培训800万人次。培训内容涉及企业管理、创业知识、安全生产、质量管理、政策法律环境等，其中企业经营管理知识培训约占55%，创业技能培训约占20%，产业集群、信用担保、信息化、安全生产以及各类专业知识培训占25%。

银河培训工程收到了较好的社会效益，已经成为地方中小企业工作的一个有效切入点和建立中小企业服务体系的重要内容之一，并逐步发展成为较有影响的中小企业政府服务工程之一。中央人才工作领导小组已连续四年将银河培训工程列入全国人才工作重点。

五、关于整合资源，完善社会化服务

推进中小企业服务体系建设是实施《中小企业促进法》，引导中小企业发展的重要内容。几年来，我们加大了对中小企业服务体系建设的步伐，一是积极培育各级中小企业综合服务机构，通过服务资格认定、业务委托等方式，发挥工商联、行业协会（商会）和综合服务机构等的作用，引导和带动专业服务机构的发展；二是将服务机构建设与服务业务开展结合起来，针对当前中小企业发展中的薄弱环节，支持服务机构以培训、创业、信用、咨询、信息等服务业务为重点，开展服务工作，解决中小企业创立和发展过程中急需解决的问题；三是加快中小企业公共服务基础设施建设，通过引导社会投资、财政资金支持等多种方式，重点在产业集群和产业集聚区建设一批产品研发、检验检测、技术推广等公共服务平台，支持小企业创业基地建设，改善中小企业的创业和发展环境，加大对中小企业信息服务网络的支持，加快技术交易、人才交流、远程培训和电子商务等重点信息服务项目的建设。

感谢您对中小企业工作的关心和支持。

全国政协十一届二次会议提案第0587号

案　　由:关于推进农村中小学标准化建设的提案

审查意见:建议国务院交教育部研究办理

内　　容:党的十七届三中全会通过的《中共中央关于推进农村改革发展若干重大问题的决定》提出了实现“农村人人享有接受良好教育的机会”的历史性任务,对新世纪新阶段农村教育工作进行了全面部署,充分体现了党中央坚持优先发展教育、建设人力资源强国的意志和决心,为农村教育事业的改革和发展指明了前进方向。《中华人民共和国义务教育法》和教育部《关于进一步推进义务教育均衡发展若干意见》提出要研究制定义务教育阶段学校办学基本标准。近年来,中央和地方各级财政对农村义务教育的投入进一步增加,农村地区全部实现了免费义务教育,广大农民群众教育负担大大减轻,高兴地形容现在是“种田不纳税,上学不缴费,农民得实惠,和谐好社会”。

但我们也必须清醒认识到,农村义务教育事业发展水平与广大农民群众的殷切期望还有很大差距。农村义务教育阶段学校办学条件仍然较差,相当一部分农村贫困地区的校舍、教学设施达不到国家规定的基本标准。农村教师整体素质亟待提高,待遇偏低严重制约了留住人才和教学质量的提高。因此,必须大力推进农村义务教育阶段学校标准化建设,全面实现义务教育整体水平的提升。实施农村中小学标准化建设,是高标准、高质量普及九年义务教育,缩小区域内学校之间办学条件的差距,促进义务教育均衡发展的需要;是进一步巩固危房改造成果,确保校舍安全,达到学校长治久安的有效途径;是增加教育投入,提高办学水平,加快农村义务教育发展的重要措施;是创造良好的软硬件和现代校园环境,发展高水平教育,建设人力资源强国的基础工程。为此,提出如下建议:

一、制定标准,明确农村中小学标准化建设的目标和规划

随着经济社会和教育事业的快速发展,原有的义务教育办学标准已经不能完全适应新的形势和发展的需要,建议国家会同有关部门抓紧研究制定城乡统一的义务教育办学标准,使每一所农村学校都成为合格学校,努力把学校建成当地最安全、最坚固、最让群众放心的地方,促进城乡义务教育均衡发展。

二、加大资金筹措力度,确保农村中小学校标准化建设项目顺利实施

按照新修订的《义务教育法》提出的要“明确各级责任、中央地方共担、加大财政投入、提高保障水平、分步组织实施”的基本原则,逐步将农村义务教育全面纳入公共财政保障范围,强调从办学条件、经费投入、师资水平、教育教学质量等方面逐步缩小城乡之间、地区之间、学校之间义务教育发展中的差距。一是各级政府要进一步加大教育投入力度,确保在2010年前后实现国家“十一五”规划和中共中央十六届六中全会提出的“逐步使财政性教育经费占GDP比例达到4%”的目标。二是要设立专项资金,加大对按中西部经济欠发达地区农村义务教育阶段学校标准化建设的支持力度。

三、切实加强对实施农村中小学校标准化建设的支持和指导

要按照“安全、适用、耐用、够用、经济和美观”的原则,结合各地经济社会发展实际,充分考虑新农村建设、城镇化发展和学龄人口变化等因素,结合区域经济社会发展规划,按照“适度超前、相对集中、以人为本、方便群众”的原则,以及“高中向县城集中,初中向乡镇集中,联村建小学的”思路,制定中小学布局调整规划和年度实施计划并认真组织实施。

四、加强督促检查,积极推进工作

建议将义务教育阶段学校标准化建设纳入各级政府及相关部门年度目标管理考核和政府各级督导机构专项督导的重要内容。对工

作落实、任务完成好的单位，给予表彰奖励；对未按要求实施的，将追究单位及其相关责任人员的责任。

主题词： **农村　普教　建设**

提案人： 赵　韩

中华人民共和国教育部提案办理2009年8月18日以教提案〔2009〕第143号文函复：

您提出的《关于推进农村中小学标准化建设的提案》收悉，现答复如下：

城乡教育均衡发展是推动教育事业科学发展的关键环节。统筹城乡教育，加快发展农村教育，促进义务教育均衡发展，始终是我国教育的一项重要政策。近些年，我们会同国家有关部门，出台了一系列政策措施，加快农村中小学校标准化建设步伐，大力推进农村义务教育事业发展。

在资金投入方面，自20世纪90年代中期以来，中央相继组织实施了一系列重大教育工程项目，支持各地特别是中西部农村中小学校舍建设，累计投入500多亿元，新建和改扩建了大批校舍。去年四季度以来，以贯彻2008年中央经济工作会议精神，扩大内需、促进经济平稳较快增长为契机，中央又安排专项资金80亿元用于中西部农村初中校舍改造。

在体制机制改革方面，2003年，国务院作出了进一步加强农村教育工作的决定，召开了新中国成立以来第一次全国农村教育工作会议，决定新增教育经费主要用于农村，建立和完善"以县为主"的管理体制。2005年，国务院决定建立农村义务教育经费保障新机制，将农村义务教育全面纳入国家财政保障范围；我部研究出台了《关于进一步推进义务教育均衡发展的若干意见》,要求把推进义务教育均衡发展摆在更加重要的位置,加强薄弱学校师资队伍建设,努力提高每一所学校的办学质量。

在法律保障方面,2006 年,新修订的《中华人民共和国义务教育法》进一步明确了各级政府举办义务教育的责任,对国家财政全面保障义务教育所需经费和促进义务教育均衡发展等重大问题作出了法律规定,为推动我国义务教育持续健康发展提供了有力的法律保障。

在标准建设方面,适应农村义务教育发展中出现的新情况、新问题,组织专家对《农村普通中小学校建设标准》进行了修订,对农村中小学校园和校舍建设做出了新的规范,提出了更高的要求;同时,在教学仪器设施、图书资料配备方面也研究出台相应的标准体系,为推进农村中小学校标准化建设提供了重要依据。

在师资建设方面,近几年来先后会同国务院有关部门共同研究出台了免费师范生农村学校服务期制度、农村义务教育阶段学校教师特设岗位计划、城镇教师支援农村教育、农村学校教育硕士师资培养计划、师范生农村实习支教、农村教师远程培训等重大的创新举措,取得了显著的效果。当前,还正在抓紧推进实施义务教育绩效工资改革。

上述这些举措,显著改善了农村学校特别是薄弱学校的办学条件,有力地推进了城乡义务教育均衡发展,为推进中小学标准化建设打下了坚实的基础。

但是,必须清醒地看到,农村教育仍然是我国教育事业最薄弱的环节,推进城乡义务教育发展均衡依然任重而道远。对于您提出的关于推进农村中小学标准化建设的提案,我们进行了认真研究,赞同您提出的诸项建议,在对已经取得的经验进行认真总结的基础上,进一步加强对义务教育均衡发展的引导和规范,采取更加有力的举措,继续加大对农村学校建设的支持力度,加快推进农村中小学标准化建设,促进城乡义务教育协调发展。

感谢您对教育工作的关心和支持,欢迎再提宝贵意见。

全国政协十一届二次会议提案第1914号

案　　由:关于坚持教育公平,实行分类指导,推进我国教育均衡发展的提案

审查意见:建议国务院交教育部研究办理

内　　容:我国幅员辽阔,各地经济社会发展水平存在较大差距。在推进教育事业改革和发展的进程中,应当把实现教育公平、实现教育均衡发展作为一个重要目标。特别是应充分考虑中西部地区、民族地区的实际,在教育投入、政策制定等方面给予重点倾斜,支持这些地区进一步加快教育事业的发展。以河南为例,河南省是一个人口大省、农业大省、教育大省:全省人口几乎占全国人口的1/10。但高等教育优质资源十分缺乏。到目前为止,全国"985"高校43所,河南没有一所,"211"高校仅一所。2008年全国高等教育毛入学率23%,河南省仅为20.5%,远远不能满足人民群众对高等教育的需求。2009年,国家安排河南省招生计划为36.95万人,经过努力,全省的生源计划将达到45万人左右,据此测算,全省普通高考录取率在46%左右,比全国平均水平低至少10个百分点。因此对于中西部地区,要区别对待、重点扶持,有具体措施促进快速发展。

一、教育公平为基本原则

教育公平是人的全面发展和社会公平正义的客观要求。党的教育方针明确规定,坚持教育为社会主义现代化建设服务、为人民服务,实际上,就是要通过大力发展教育,促进教育公平,保障每个人都有受教育的机会,最终促进人的全面发展和社会公平。改革开放以来,我国的教育事业取得了巨大成就,义务教育、高等教育快速发展,但有关教育公平的问题日显突出。

二、立足国情促进教育公平

立足国情、因地制宜，让公共教育资源向中西部贫困地区、民族地区倾斜，推动农村同城镇、中西部同东部的教育协调发展，逐步实现基本公共教育服务均等化。健全学生资助制度，切实保障经济困难家庭、进城务工人员子女平等接受义务教育，让所有的城乡新增劳动力都能接受必要的职业教育培训。

三、合理分配教育资源

国家在教育公平原则基础上，对于教育资源的分配趋于更加公平合理化，对于教育经费、教育配额等应考虑教育的长期性和教育资源国民普遍享有的原则，消除教育发展的不平衡性，逐步消除由于地区经济发展水平不平衡而导致的受教育机会、程度和教育发展建设的不平衡。

主题词： 教育　发展

提案人： 司富春

中华人民共和国教育部提案办理2009年8月18日以教提案〔2009〕第110号文函复：

您提出的《关于坚持教育公平，实行分类指导，推进我国教育均衡发展的提案》收悉，现答复如下：

您关于因地制宜、分类指导，促进教育公平的意见很有价值。近年来，在教育事业迅速发展的同时，教育公平问题也引起了社会各界的广泛关注，也是我们近几年来在工作中始终关注的重要问题。在党中央、国务院的高度重视下，促进教育公平已成为国家基本教育政策，国家出台了一系列重大举措，全力保障人民群众享有接受良好教育的机会。

第一,坚持公共教育资源向农村、中西部地区等倾斜,推动公共教育协调发展。近年来,国家将农村教育摆在了“重中之重”的战略位置,2007 年农村义务教育投入总额 2992 亿元,比 2003 年增长了 119%,年均增长速度比全国教育经费总投入的增长速度高 3.4 个百分点。启动实施了一系列工程,建设了 7000 多所寄宿制学校,远程教育已覆盖 36 万所农村中小学,使中西部地区学校的办学条件较大改善,办学质量不断提高。建立了农村义务教育经费保障机制,将农村义务教育全面纳入国家公共财政保障范围,中央与地方各级财政累计将新增农村义务教育经费约 2180 亿元,这些投入主要用于中西部地区。

第二,大力发展职业教育,覆盖城乡的职业教育培训网络基本形成。扩大中等职业教育招生规模,2008 年达到 820 万,全国中职和高职招生总规模达到 1100 万,在校生超过 3000 万。“十一五”期间中央财政将安排 100 亿专项资金,切实改善职业院校办学条件和教学质量。大力开展农村劳动力转移培训、企业职工培训等,年培训 1.5 亿人次以上。大力推行工学结合、校企合作和半工半读,积极推进东西部之间、城乡之间的职业院校联合招生、合作培养。

第三,加强对高等教育资源分配的宏观调控,地区差异有所缩小。坚持招生计划增量部分向中西部地区倾斜,2008 年从招生计划增量中专门拿出 3.5 万人,指定到包括河南在内的 5 个高等教育资源缺乏、升学压力较大的中西部省份招生,2009 年,安排了 6 万人。全国高校招生录取新生中农村户口学生的比例已超过城市户口学生,并进一步提高。启动实施“对口支援西部地区高等学校计划”,采取一对一的方式,实施对受援高校的支援和全方位合作。

第四,建立健全家庭经济困难学生资助政策体系,每年受助学生总数近 1.8 亿。全面免除城乡学生学杂费;为农村学生提供免费教科书,为家庭经济困难的寄宿生提供生活补助。建立健全了普通本科高校、高等职业学校和中等职业学校家庭经济困难学生资助政策体系,资助学生超过 2000 万人,高校资助面超过 20%,中等职业学校资助面超过90%。

第五,重视做好进城务工人员子女和农村留守儿童接受义务教育工作。坚持以公办学校为主、以流入地为主,把进城务工人员子女接受义务教育纳入当地教育事业发展规划,对进城务工人员子女接受义务教育实行与当地学生同等对待的政策。建立了农村留守儿童档案,健全动态监测机制,制定有效的教育与管护措施,进一步加强对农村留守儿童学习、生活的管理。

我国是一个13亿人口的发展中大国,正处于并将长期处于社会主义初级阶段。实现教育公平,将是一个需要长期奋斗的历史过程,任重而道远。温家宝总理在今年的政府工作报告中指出,要"使人人享有平等的受教育机会,不让一个孩子因家庭经济困难而失学"。我们将深入学习贯彻党的十七大精神,高举中国特色社会主义伟大旗帜,深入贯彻落实科学发展观,坚持教育优先发展,着力促进教育公平,让孩子们上好学,努力办好人民满意的教育,为建设人力资源强国而奋斗。

教育部一直很关注河南省高等教育的发展,"九五"期间已将郑州大学列入"211工程"进行重点建设。为进一步加大对河南省高等教育的扶持力度,2004年,我部与河南省人民政府签订了省部共建郑州大学协议书,这也是教育部签署的第一个共建地方高校协议。根据协议,教育部将对郑州大学改革、发展、建设等方面给予更多的指导和扶持。在此基础上,2008年,我部又与河南省人民政府共建河南大学,对其给予一定的经费投入和政策支持,促进学校进一步提高办学质量和效益。

"985工程"是国家为实现现代化、培养国家自主创新能力而实施的建设工程,其目标是建设若干所世界一流大学和一批国际知名高水平研究型大学。"985工程"是一项国家战略,其实施主要考虑到财政投入可能、国家长远发展战略需要和学校的办学水平及质量等因素。实现"985工程"的建设目标也是一个长期过程,从目前来看,学校的布局是基本合理的,原则上不宜再新增学校。今后"985工程"的重点是加强对现有高校的建设,走内涵发展道路,尽快提高办学水平和质量。对河南省的高等教育发展,我们会通过其他适当的方式继续给予支持。

今后,我们还将在教育工作中,进一步加强调查研究,吸收您在提案中的相关建议。

感谢您对教育工作的关心和支持。

全国政协十一届二次会议提案第1923号

案　　由:关于重视母语教育,提高汉语能力的提案

审查意见:建议国务院交教育部研究办理

内　　容:我们国家的语言教育存在着外语热、汉语冷的现状,一方面是大学生都要参加英语的四、六级考试,出国还要参加托福、雅思等各种外语考试,外语教育和考试要求明确、体系完整;一方面是大中小学语文课时被压缩或挤占,国民语文应用能力堪忧,提笔忘字、汉字书写水平下降、不能顺畅与人交流及博士毕业写不好一般应用文等现象屡见不鲜,汉语能力评价考核标准还很缺乏。

语言能力包括听说读写各个方面,传统的语文教学存在重读写、轻听说的倾向,结果造成很多学生口头表达能力不强,缺乏与人交际沟通的能力;近些年随着电脑文字录入技术的广泛应用,学生提笔忘字、书写能力下降的现象也很严重。而在社会交流日益频繁的今天,个人能力结构中演讲、书面表达、影响和说服别人、准确沟通与交流这样的语言文字应用能力显得尤为重要。

现在国家提出要建设人力资源强国,推动社会主义文化大发展、大繁荣,这些决策深得人心。但是一个不重视母语教育、国家通用语言文字普及推广程度不高、国民语文应用能力不理想的国家,称不上是一个人力资源强国,也谈不上社会主义文化的大发展、大繁荣。

鉴于以上考虑,希望政府有关部门特别是教育部要进一步重视母语教育,提高国民汉语能力。并提出以下建议:

一、在母语教育方面,中小学要保证语文课时,提高语文教学质量,特别是要注重提高学生的汉字书写能力、应用能力和口语表达能力;大学语文课程只能加强,不能削弱,取消或减少大学语文课程的做法要及时纠正,要在大学语文课程中增加口语表达能力培养的内容,提高大学生与人交际沟通的能力,帮助大学生提高求职面试的成功率。

二、加快汉语能力评价标准和考评体系建设及考试的实施。教育部、国家语委推出的普通话水平测试对于普及普通话、提高口语水平有很大的促进作用,近两年推出的汉字应用水平测试对于提高汉字应用水平、提高书写能力也有很大帮助。实践证明,通过语言类考试这个形式,以考促学,以评促学,带动引导全社会重视汉语学习、使用及能力的提高,是一个行之有效的手段。但是国内在汉语能力测评方面还缺少一个综合考查应测人听说读写全面语文能力的考试,因此建议国家有关部门及时推出能够考评应测人汉语听说读写能力的综合类语言考试,尽早建立综合、全面的汉语能力测试体系,明确客观评价汉语水平和能力的方式,为不同层次人群的母语学习和能力提升提供参照,为社会相关行业从业人员职业语言能力要求提供参照。

主题词: 文字 语言

提案人: 秦 和

中华人民共和国教育部提案办理2009年8月19日以教提案〔2009〕第107号文函复:

您提出的《关于重视母语教育,提高汉语能力的提案》收悉,现答复如下:

一、母语教育在我国中小学教育中具有无可比拟的地位,是当代中小学生学习的重要内容。各级教育行政部门和中小学校始终对母语教育予以高度重视,把学习汉语、写好汉字作为中小学教育教学的重要任务。在全国实施的义务教育课程方案中,必学课程约17门,其中语文课程的课时最多，占到义务教育阶段九年总课时的20%～22%。学校应当按照课程方案的规定，开齐课程、开足课时，但在实施过程中，经常有其他课挤占语文课程课时的现象。我部多次在不同的文件中要求严格课程管理，保证各门课程的课时。

2001年，我部正式印发《全日制义务教育语文课程标准（实验稿）》，从识字、写字、阅读、写作、口语交际、综合性学习等诸方面对我国中小学生应达到的汉字书写能力、应用能力和口语表达能力作了明确规定。在总目标中，明确要求“认识3500个左右常用汉字”，要使学生“能正确工整地书写汉字，并有一定速度”，“具有独立阅读的能力，学会运用多种阅读方法”，“能具体明确、文从字顺地表述自己的意思，能根据日常生活需要，运用常见的表达方式写作”。要求学生“具有日常口语交际的基本能力，学会倾听、表达与交流，初步学会文明地进行人际沟通和社会交往”。同时在上述几个方面都分学段、循序渐进地提出了明确具体的目标要求，以切实提高学生的语文综合素质。

为提高学生汉字书写技能，2002年5月，我部印发《关于在中小学加强写字教学的若干意见》，提出中小学写字教学要使学生学会写铅笔字和钢笔字，学习写毛笔字，使学生具备正确书写汉字的基本能力。同时要求“学校应组织学生开展写字、书法的课余活动”，“鼓励有书法爱好的学生开展个性化艺术活动”，培养学生的兴趣。2008年，我部基础教育课程教材发展中心审定通过了中国语文报刊协会规范汉字书写专业委员会编写的《小学规范汉字书写》（全12册，李行健、季恒铨主编，西泠印社出版社2008年出版）。2009年，我部语言文字应用管理司组织开展“首届全国大中小学生规范汉字书写大赛”，全国32个省级单位均已部署开展比赛，初赛报名参赛人数近千万，其中中小学生参赛人数超过500万。该活动产生了积极的社会反响，对于广大教师、学校及各级教育行政部门重视开展规范汉字书写教育起到了引导作用。同时，我部拟在近期组织制定汉字书写等级标准及评价办法，以进一步引导中小学加强汉字书写教育及评价、考核。

二、大学语文课程对提高人才培养质量具有重要作用。高等学校应结合实际，积极创造条件，重视加强大学语文课程改革和建设。近几年来,我部高等教育司积极推进大学语文课程建设,开展了全国性的大学语文教师的培训工作,大力加强大学语文课程改革,建设了多门国家级精品课程。一些高校也积极探索大学语文课程的改革,如南开大学、东南大学等。因高校课程设置问题涉及高校办学自主权范畴,为此,教育行政部门不宜对大学语文课程开设作硬性规定,该课程如何设置由学校自行决定。今后,我们将继续依托教学指导委员会,引导高校重视大学语文课程的建设,在大学语文课程中增加运用语言能力,特别是口语表达能力培养的内容,不断提高人才培养质量。

三、加快汉语能力评价标准和考评体系建设及考试的实施。继普通话水平测试之后,为考查高校学生、教师、公务员、编辑、记者等相关行业从业人员汉字的认读、选用、辨误、书写等汉字应用水平,为其职业能力评定提供参考,从而引导人们重视提高汉字应用能力和文化素质,2006 年 8 月,教育部、国家语委发布《汉字应用水平等级及测试大纲》,决定实施汉字应用水平测试,并于 2007 和 2008 年先后组织 3 个省(市)2.7 万人、11 个省(区、市)3.7 万人开展试点测试工作。参测人员覆盖党政机关、学校、新闻媒体、公共服务行业四大重点领域,其中高校学生参测人数 2007 年为 17518 人,9% 未达标,2008 年为 25427 人,5.4% 未达标。随机抽取有效调查问卷 6131 份统计结果显示:89.12% 的应试者支持开展此项测试。测试在试点地区产生了积极反响,受到舆论普遍关注。2009 年将继续在 10 个省(区、市)开展此项测试。

2008 年,国家语委与教育部考试中心开始合作研发"汉语能力测试"体系,旨在对应国家通用语言文字立体测试体系建设,参照普通话水平测试和正在逐步铺开的汉字应用水平测试,建立汉语能力测试标准体系,从听、说、读、写四个方面全面考查应试人的汉语综合能力,构建完整的汉语作为母语的语言能力测评体系;通过制定评价标准与进行综合测查,提升国民的汉语应用能力,以适应实施人才强国战略和促进文化大发展大繁荣对国民语文素质的要求。目前相关课题组正在开展标准及测试大纲研制工作,力争在 2010 年开展试测。

感谢您对教育及语言文字工作的关心和支持。

全国政协十一届二次会议提案第2022号

案　　由:关于重视中小学幼儿园自然灾害安全教育刻不容缓的提案

审查意见:建议国务院交教育部研究办理

内　　容:一、提案的起因

在去年的四川汶川特大地震中,中小学生成为最大的伤亡群体之一,许多鲜花般的生命被地震吞噬,我们从电视画面中看到,绵竹市东汽中学数百名师生被埋;北川中学1000多名师生被埋;聚源中学千余名师生被埋……但经历了同样的大地震,四川安县桑枣中学——一所著名的初级中学,连续13年都是全县中考第一名,因为家长都拼命把孩子往里送,学生最多的班达80多名学生。学校所在地就是紧临着地震最为惨烈的北川,地震发生后,全校2200多名学生,上百名老师,从不同的教学楼和不同的教室中,全部冲到操场,以班级为组织站好,仅用时1分36秒,2000多师生无一伤亡。桑枣中学教学楼全部倒塌,为何可以做到师生无一伤亡?这是由于校长叶志平有着强烈的避险意识,他的学生平时接受了很好的自然灾害安全教育和多次演习的结果。

我国位于北半球中纬度环球灾害带与环太平洋灾害带交汇的位置,是世界上自然灾害发生广泛、灾种多样、灾情严重的国家之一。全球多种灾害(除现代火山灾害外)在我国都有发生,尤其以地震、干旱、洪涝、泥石流、滑坡、风暴潮的危害最为严重。我国自然灾害发生的频率高、强度大,全球20世纪发生的54起重大自然灾害中,我国占了8起。我国人口众多,即使在自然条件恶劣的地区人口的密度也比其他国家高得多,形成了自然灾害人员伤亡大,工农业生产和财产损失严重的特点。建筑垮塌后可以重建,甚至建得比灾前还好,但自然灾害给人体造成的死亡、伤残等生理伤害,以及造成恐慌、忧愁、痛苦等心理和精神伤害却许久难以弥补。中小学幼儿园是灾害中未成年人最密集和最难立即疏散的地方之一,学生的安全意识和自救能力也相对最差最弱,是承灾人群中的脆弱群体,他们是祖国的未来,家庭的希望和家长的精神支柱,他们的生存状况牵动着千千万万个家庭的心。所以加强中小学幼儿园自然灾害安全教育责任重大,刻不容缓。

二、中小学幼儿园自然灾害安全教育现状

安全教育没有常规化、制度化。虽然有关部门规定,每年3月份最后一周的星期一,是全国中小学生"安全教育日",但真正落实(或知道这个日子的意义)的学校不多,即使是知道或落实的许多中小学幼儿园也只是在这一天(或某些特定时间)进行安全教育,很多也只是为应付上级部门的检查搞的形式主义。

教育的广度和深度不够。目前中小学幼儿园安全教育多偏向于交通、火灾、饮食、疾病、治安、用电等安全教育,而对自然灾害中的安全教育相对薄弱,且重口头教育,轻行动指导。

现有的自然灾害安全教育课程设置不合理。绝大多数的中小学幼儿园没有规范的自然灾害安全教育教材,只在个别教材的某些章节有所体现,或在安全宣传小册子、宣传画上有体现。事实上,我国新课程改革后,人教社等编著了科学、规范、内容齐全的高中地理教科书《自然灾害与防治》,但令人遗憾的是:只是高中教材,幼儿园和义务教育阶段没有;新课程实验区的省区有,其他省区没有,即使在新课程实验区,该教材也形同虚设,因为这只是地理科目的选修教材,不选学地理科的学生是不学,高考也不考《自然灾害与防治》的内容。

三、建议

1.国家教育部门应立即着手指导编写相关的中小学校自然灾害安全教育教材。并通过举办各种专题讲座、开展知识竞赛等多种形式,对全国中小学、幼儿园学生以致全体国民进行预防和应对自然灾害的安全教育。普及的内容从幼儿到成人深度、广度上可各有侧重不同,使全体国民树立忧患意识和避害意识。

2.要在所有中小学校幼儿园中健全各项自然灾害预警体系和制定防灾应急预案。定期组织开展安全演练,开展紧急疏散、逃生自救演练,提高师生应对自然灾害突发事件的能力。还要建立监督检查机构,定期检查,不搞走过场。

主题词: 普教 灾害

提案人: 李 崴

中华人民共和国教育部2009年8月17日以教提案〔2009〕第146号文函复:

您提出的《关于重视中小学幼儿园自然灾害安全教育刻不容缓的提案》收悉,现答复如下:

教育部一直将安全工作作为学校教育教学工作的重要内容之一,并坚持"积极预防和科学预防"的工作原则,把开展安全教育、提高师生的安全意识、防灾意识和应急逃生与自救能力,以及学校应对各类突发事件的能力作为安全工作的重中之重,在加强中小学公共安全教育法制建设、开展防灾减灾教育、开展日常安全教育与培训、开展紧急疏散演练、编制《公共安全教育读本》、《中小学安全工作指南》和安全知识科普读物等方面采取了一系列措施。

一、加强中小学校公共安全教育法制建设,将公共安全教育纳入学校课程。《义务教育法》第二十四条明确规定要"对学生进行安全教育",从法律层面对中小学校开展安全教育工作提供了依据和保障。以十部委部长令形式印发的《中小学幼儿园安全管理办法》明确规定"加强安全宣传教育培训,提高师生安全意识和防护能力"是学校安全管理工作的重要内容之一,同时专门对学校开展日常安全教育与培训的形式和内容等进行了明确规定,特别是要求学校要针对预防洪水、地震、火灾等灾害事故，认真开展安全教育培训与紧急疏散演练，使师生掌握基本的安全防范知识和避险、逃生、自救的方法。国务院办公厅转发教育部制定的《中小学公共安全教育指导纲要》，将中小学公共安全教育分为预防和应对社会安全、公共卫生、意外伤害、网络、信息安全、自然灾害以及影响学生安全的其他事故或事件六个模块纳入了中小学校教育。在2001年制定的全日制义务教育课程标准中，结合中小学地理、科学、品德与生活、历史与社会等学科课程，将减灾和防灾知识纳入了国家的学校课程。

二、积极开展安全教育与安全演练。一是我部通过印发一系列的意见、通知、预警、通报等文件，针对各类灾害事故发生的规律与特点，要求各地结合本地实际、结合事故发生规律和特点、结合学生认知特点，深入开展内容丰富、形式多样的安全教育和自救逃生演练活动。二是举行"全国中小学生安全教育日"。自1996年起，确定每年3月最后一个星期的星期一为"全国中小学生安全教育日"。安全日当天，全国各地中小学校因地制宜、积极采取多种形式开展安全教育主题活动。陕西、安徽、辽宁等地还将"安全教育日"拓展为"安全教育周"或"安全教育月"。三是加强日常安全教育。各地中小学校将安全教育纳入学校日常安全管理工作，通过学科渗透、地方课程、班团队会、升旗仪式、专题讲座、墙报板报、参观现场等多种途径和方法，全方位、多角度地开展安全教育。四是安全知识编进中小学教材。根据学生年龄特点和教材内容，从2006年秋季起，在小学《品德与生活》、《品德与社会》和《思想品德》等学科教材的封二、封三中印上了中小学生安全知识宣传插图，使中小学生时刻保持安全意识。五是向中小学校提供安全教育各种资源。每年向部分地区中小学生赠送意外伤害保险，安全知识图书、挂图、卡片和安全教育光盘。先后组织编写了《中小学公共安全教育知识读本》、《中小学安全工作指南》、《中小学安全管理手册》等安全教育图书和科普宣传手册，并配发到农村学校，推动中小学校安全宣传教育。2007年教育部、中国气象局向全国所有中小学校免费发放了防雷知识光盘和手册，普及防雷安全知识。2008年暑期前制作和收集了部分安全教育光盘与电子图书资料，并挂到教育部官方网站，同时通过中国教育卫星宽带网向全国中小学校传送，供广大中小学师生观看。2009 年第一个“防灾减灾日”前夕，我部联合公安部、气象局等 6 家单位向西部、沿海农村中小学校免费赠送了“安全知识教育资源”，并精心挑选了部分优秀资源挂到教育部官方网站，同时向全国发文，要求各地到网上免费下载并组织师生学习。六是各地在每年开学初、放假前，都有针对性地部署中小学校集中开展安全教育，并在每年暑期前组织学生同上一堂安全教育课或组织收看安全教育专题节目。2008 年 9 月 1 日，我部联合国家减灾委、国家体育总局、中央电视台等 8 家单位，邀请体育、娱乐明星与全国亿万中小学生共上《开学第一课》，在全国引起很大反响。另外，我部还积极加强与公安、建设、地震、团中央、质检、卫生、宣传等部门的合作，联合开展多种形式的安全教育宣传工作，努力营造多部门参与、全社会关注的安全工作氛围。

三、每年积极会同有关部门联合开展中小学安全大检查工作，对各地中小学校开展安全教育情况进行检查，督促各地不断提高安全教育的针对性和实效性。一是 2008 年 1 月我部联合中央综治委，开展校园周边治理专项检查，本月我部将再次联合中央综治委，开展 2009 年度校园周边治理专项检查。二是 2008 年 4 月派员参加国务院组织开展的南方低温雨雪冰冻灾害后重建工作专项督察。三是 2008 年 10 月代拟了《国务院办公厅关于加强校园及周边建筑安全的通知》，并按照通知要求，会同建设、安监等部门于 11 月对河南、山东等 6 省校园及周边安全隐患排查情况进行督察，并向国务院做了报告。目前我部正会同公安、建设等部门对全国道路安全畅通县进行抽查。

四、大力开展中小学校长和教师安全培训工作。通过近几年的努力，全国基本建立了国家、省、市、县、校五级中小学校长和教师安全教育培训体系。通过各级培训，每年使所有中小学校长和教师都在不同层面接受一次安全培训。建立了学校卫生人员培训基地，定期对学校卫生管理人员和专业人员进行业务知识培训。针对农村边远地区、事故多发地区和管理薄弱地区，教育部将工作重心下移，采取“送培下乡”的方式，面向基层开展国家级中小学校长安全专题培训。特别是

2006 年以来，教育部创新培训模式，通过面授与远程培训相结合，在中部 10 省举办了国家级安全专题培训班，直接组织培训了 1 万多名农村中小学校长、省级培训骨干和教育行政干部。同时，通过实施有关西部中小学校长培训项目、中西部农村中小学校突发公共卫生事件防控培训项目、暑期西部农村中小学教师远程教育培训计划、援藏中小学教师培训计划和援疆中小学教师培训计划，对西部各省中小学校长和 10 余万名中小学教师进行了培训。

今后，我部将进一步加强中小学幼儿园安全教育工作，采取多种有效手段，提高学生的安全意识和学校防灾避险的能力。

感谢您对教育工作的关心和支持，欢迎再提宝贵意见。

全国政协十一届二次会议提案第2850号

案　　由:关于科学合理地进行高等院校职称评定的提案

审查意见:建议国务院交人力资源和社会保障部、中国科学院、中国社科院分别研究办理

内　　容:2008年以来,我国高等院校进行了职称重新评定工作,将以往笼统的教授、副教授、讲师、助教四级职称,细分为一级教授、二级教授、三级教授等十数等。这样,更真实而确切地反映了被评者的教学科研水平,有利于推进教学与科研,同时也与国际惯例有某种程度的接轨。

但是这个职称评定在标准和规范上有不科学的地方。比如:一级教授是由国家直接授予高级教员,其对象主要是中国科学院院士和中国工程院院士。

但在国内,哲学社会科学及艺术类的范围内,是不设院士的,于是从事哲学社会科学及艺术学的高等院校教员,就几乎不可能评上一级教授。据我所知,北京大学文史哲类被评为一级教授的,仅季羡林先生一人。北大如此,全国其余高等院校情况可想而知了。

中国在哲学社会科学及艺术学高等教育领域的水平真的就这么低吗?其实际情况是,在上述领域中,中国有不少的顶尖人才。比如汉学也就是中国传统文化的研究与教学,其中心不在中国又在哪里?现在许多外国都在成立孔子学院,而我们国内却连这方面的一级教授都几乎没有。这是完全说不过去的。中华民族的伟大复兴,不仅仅是指经济水平和自然科学技术上去了,它更是指中华文化、文明被更加发扬光大。

所以我们应该立即着手改变职称评定过程中这种文理不平衡不合理的现象。

为此建议：

一、哲学社会科学及艺术学等门类，评定一级教授时，另行制定标准，不要按两院院士这类标准一刀切。

哲学社会科学及艺术学等学科确有高水平的人才，应该被授予一级教授职称。标准总是能定出来的。

二、或者，另行设立社会科学类院士，社会科学类院士可以并入中国科学院院士行列，也可以另起炉灶，于中国社会科学院名下实施。

主题词： 高教　职称

提案人： 黄维若

中国社会科学院2009年7月6日以社科办函字〔2009〕14号文函复：

您提出的《关于科学合理地进行高等院校职称评定的提案》——全国政协十一届二次会议第2850号提案，已由全国政协办公厅交我院同人力资源和社会保障部、中国科学院分别研究办理。和您一样，我们对合理地进行哲学社会科学职称评定也很关注并原则赞同您的意见。现将我院有关情况和意见向您回复如下：

2006年，原人事部印发了《事业单位岗位设置管理试行办法》（国人部发〔2006〕70号）和《（事业单位岗位设置管理试行办法）实施意见》（国人部发〔2006〕87号），要求在事业单位试行岗位设置管理制度。87号文对专业技术一级岗位的任职条件进行了规定：①中国科学院院士、中国工程院院士；②在自然科学、工程技术、社会科学领域做出系统的、创造性的成就和重大贡献的专家、学者；③其他为国家做出重大贡献、享有盛誉、业内公认的一流人才。该文同时还规定,“确定专业技术一级岗位的具体办法另行制定”。这三条中具有可操作性的只有第一条,即两院院士的评选,哲学社会科学领域由于目前没有明确的任职标准和操作办法而无法设定一级岗位。

2005 年,为落实“5·19”中央政治局常委会议精神,我院组建了学部,设立了学部委员作为我院的最高学术职务和荣誉称号。这是按照党中央的要求,努力探索构建哲学社会科学创新体系的一项重大改革举措。首批 47 名学部委员均是我院在职的学术带头人,选择的人数较少,评选的标准较高,代表了我院的最高研究水平。我们认为,我院的学部委员符合专业技术一级岗位的条件。我院多次与人社部沟通,希望加快一级岗位具体管理办法的出台,并建议人社部能够参照我院学部委员的标准设为专业技术一级岗位。但人社部事业单位管理司答复认为,专业技术一级岗位是国家专设的特级岗位,设置权在国家。人社部组织开展的专业技术人员一级岗位设置工作分两步进行:第一步主要针对自然科学研究领域,两院院士及部分学部委员直接设为一级岗位,下一步将涉及哲学社会科学研究及其他领域,但哲学社会科学研究领域很难确定统一的评价标准。人社部正在根据哲学社会科学研究的特点,抓紧制定方案,拟于 2009 年内全面启动。

中国社科院将继续关注并积极与人社部相关部门进行沟通,推动专业技术一级岗位具体管理办法的出台和实施。

以上情况,供参考。

全国政协十一届二次会议提案第3545号

案　　由:关于加强当前农村教育有关工作的提案

审查意见:建议国务院交教育部研究办理

内　　容:农村初中、小学新一轮撤点并校,集中办学好处很多,但由于工作力度大,许多后续工作还没有跟上,加上农村居住分散,目前还存在一些"后遗症",群众反映比较强烈。针对当前农村教育的实际情况,建议教育部门从政策和制度层面,加强以下四个方面工作:

1.加强农村住校生的心理辅导工作。农村学生一周甚至半个月回家一次,和父母交流很少;在学校里,教师要忙于教学,不可能每一个学生都照顾到,学生和老师交流得也很少。为此,要加强对学生的心理呵护,学校要安排好学生的各类活动,如组织学习电脑、写字、画画、音乐、舞蹈、棋类、剪纸、种花等各种兴趣小组,定期举办学习成果展览会、文艺晚会、辩论会、故事会和各类健康文体活动。

2.加强农村小学生的路途安全保卫工作。农村居住分散路途较远,有些地方气候环境差,道路难行,学生年龄小,学生的路途安全问题突出。为此建议:有条件的地方,学校应和交通部门联系开通学生周末班车线路,学生回家应有大龄同学结伴。偏远地方的学生,尽可能动员周日少回家,要回家也要有父母接送或大龄同学结伴。

3.加强对农村住校生的安全保卫和医疗保健工作。农村中小学集中办学,孩子年龄小,管理难度高。学校不但要管学生的学习,还要管学生的生活。不但上课要管,下课要管,晚上睡觉还要管。为此建议:学校要设专职校医,实行安全保卫和医务人员24小时值班制。安全保卫要有定点值班,也要有流动巡逻检查人员,要建立突发事故的防控机制。

4.加强对贫困家庭的扶贫解困工作。实行寄宿制后。学生家庭负担在一定程度上有所增加。虽然有义务教育“两免一补”(免学杂费、免书本费、补助寄宿生活费)政策,但离家到中心校或者集中办学点读书,又增加了一笔生活费、交通费支出,对一些贫困家庭来说,无疑更加重了负担。如何扶贫解困,让每一个农村孩子都能上学,是一个忧心的话题。为此建议:要建立和完善困难学生助救机制,确保农村贫困孩子完成学业。学校要设立扶贫帮困基金会,组织动员学校师生和社会各界赞助、捐献经费和日常生活用品,弘扬互助友爱精神。对贫困生、特困生要建立底册,并积极争取县、乡、村及有关部门支持帮助。对因撤点并校而辍学的学生,学校要深入农产户家庭,做好思想工作,解决实际问题。

主题词: 学生 教育

提案人: 马立群

中华人民共和国教育部提案办理2009年8月12日以教提案[2009]第141号文函复:

您提出的《关于加强当前农村教育有关工作的提案》收悉,现答复如下:

一、关于加强农村寄宿学生心理辅导工作问题

改革开放以来,教育部高度重视中小学心理健康教育,多次印发文件对各地心理健康教育进行指导,心理健康教育在中小学从无到有,逐步完善,取得了明显成效。近几年来,随着农村寄宿制学校建设的加快,农村地区寄宿学生人数大幅度增加。各地有针对性地加强了对这部分学生的心理健康教育和关爱工作。一是建立心理健康教育

机制。设置“心理健康教育指导室”,安排专人负责心理健康教育,开展了心理健康辅导讲座、门诊咨询等多种心理健康教育活动。二是将心理健康教育渗透在学科教育及各类活动中,充分发挥学科教学和活动课程在心理健康教育中的作用,促进心理健康教育向纵深推进。三是加强对寄宿制学校生活教师的心理培训,提高寄宿生管理人员的心理知识水平。四是组织成立课外兴趣小组,开展有益于学生身心发展的各种文体活动。

但是目前心理健康教育还面临许多困难和问题,突出表现为理论指导缺乏、师资数量严重不足、教师专业水平不高、心理健康教育活动缺乏规划、规范等。下一步,我们将总结各地开展农村寄宿学生心理教育的经验和做法,推动各地开展专门课题研究,逐步形成比较完善的寄宿学生心理健康教育模式。

二、关于加强农村中小学校车安全工作问题

教育部一直高度重视中小学校车安全工作,多次印发文件对各地校车安全工作进行指导。教育部与公安部联合印发了《关于实施国家标准〈机动车运行安全技术条件〉(GB 7258—2004)第2号修改单的通知》,对校车安全技术标准、统一校车外观标识和标牌等做出了明确规定。目前,全国共有20多个省已经或正在制定校车管理办法,对专用校车颜色进行统一喷涂,非专用校车统一放置标牌。近年来,一些地方加大政府指导和投入力度,鼓励企业积极参与、规范运营,逐步探索出了一些好的做法。2008年教育部与公安部联合召开了“全国中小学校车交通安全管理现场会”,积极推广一些地方的成功做法和经验,重点推广他们逐步探索出的政府主导、市场运营、财政补贴、减免税费等有效的校车管理和运营机制。

今后,我们将认真做好中小学特别是农村中小学校车安全工作,同时,加强对学生的安全教育和管理,保证中小学生上学途中的安全。

三、关于加强农村寄宿学校安全保卫问题

教育部一直将寄宿制学校安全工作作为寄宿制学校教育教学工作的重要内容之一,把开展安全教育、提高师生的安全意识、防灾意识和应急逃生与自救能力,以及学校应对各类突发事件的能力作为寄宿制学校安全工作的重中之重。2006 年至今，教育部先后发布和实施了《中小学幼儿园安全管理办法》、《西部地区农村寄宿制学校建设工程项目学校管理暂行办法》和《教育部关于当前加强中小学管理规范办学行为的指导意见》，这些规章制度主要是针对目前寄宿制学校存在的一些突出问题而制定的，涉及寄宿制学校管理职责、安全管理、卫生管理、饮食管理、住宿管理等方面内容。同时教育部等部门建立了定期安全检查制度，每年教育、公安、安监、建设等部门联合开展校园及周边安全检查，寄宿制中小学校是检查的重点之一，以此督促各地开展农村寄宿制学校安全隐患排查工作。今后，我们将组织力量加强对寄宿制学校安全管理工作进行研究，总结推广各地的好经验好做法，努力做好寄宿制学校安全管理工作。

四、关于加强家庭贫困学生资助工作问题

国家高度重视解决农村家庭经济困难寄宿学生生活补助问题。2007 年年底，国家出台了进一步落实补助家庭经济困难寄宿生生活费政策。对中西部地区，中央出台的基本补助标准为小学生每人每天 2 元，初中生每人每天 3 元，所需资金由中央和地方按照 5∶5 比例分担；对东部地区中央财政给予奖励性补助。2008 年，中央财政落实寄宿生生活补助资金 41 亿元，地方财政落实补助资金 50 亿元。这一政策的实施较大程度的减轻了农民群众的经济负担，据测算，中西部家庭经济困难的寄宿小学生平均减负 700 多元，初中生减负 1100 多元。尽管各地财政加大了对农村家庭困难学生的补助，但与实际需求相比，还远远不够。今后，我们将继续加强调查研究，及时完善有关政策，确保家庭经济困难学生完成义务教育学习。

感谢您对教育工作的关心和支持，欢迎再提宝贵意见。

全国政协十一届二次会议提案第3560号

案　　由:关于加强青少年汉字书写教育的提案

审查意见:建议国务院交教育部研究办理

内　　容:一、书法是中华传统文化重要组成部分,对当代中国文化建设有着特殊意义

胡锦涛总书记在十七大报告中指出,"中华文化是中华民族生生不息、团结奋进的不竭动力,""文化越来越成为民族凝聚力和创造力的重要源泉,越来越成为综合国力竞争的重要因素。"

当今国家间的软实力较量尤其看重国家的文化竞争力。汉字是中华文化的重要载体,弘扬中华民族的优秀传统文化,不能不重视汉字书写在文化传承方面的重要作用。汉字书写是中华文化5000年得以延续的重要支撑。无论中国人走到哪里,即使口音不通,只要提笔写字,就能够彼此沟通。汉字书写质量也往往反映出一个人的修养、学识与阅历,而这种技能的养成是年复一年,反复练习的结果。

中华祖先创造的方块字不仅可以记录思想,而且在实践中发展出丰富的书写技艺,即中国书法。中国书法是中华传统艺术主干之一,也是整个中华文化网格中的重要节点与承载者,在中华文化的传承与发展中发挥着自身的文化功用。

(一)传统书法在今天依然具有重要的价值

中国书法在漫长的历史长河中孕育出自身的审美特征与艺术内涵,形成了篆、隶、楷、行、草等丰富多彩的书体,成就了灿若繁星的书法大家。书法在今天依旧发挥着独特的美育功能,带给世人丰富而细腻的审美享受,为每一个学习书法的人带来精神上的愉悦。

中国书法凝聚了中华民族在长期历史进程中形成的审美意识，是中华传统艺术的根，对其他传统艺术，如绘画、篆刻等均产生了重要影响，一些重要的审美范畴甚至彼此重合。今人欣赏、学习传统绘画、篆刻等艺术，离不开对传统书法的理解。

书法同时还蕴涵着形式美的基本规律，如均衡、对称、和谐、统一。我们从商代甲骨文的形体构造中就可以看到这些美的基本要素。古人在书法形式美创造中取得的成果为今天艺术创造提供着丰富的养料，是今人的宝贵财富。例如，北京奥运会各比赛项目的标志设计就借鉴了书法中大篆的形式因素，既新颖独到，又极具视觉美感。

(二)传统书法是传承中华文化的重要桥梁

中国书法的文化关联面非常广阔，这是其他传统艺术无法比拟的。

传统书法随着汉字字体演变而发展，甲骨文、篆书、隶书、楷书，对这些不同字体的书艺练习，必然兼及对汉字构造的深入理解。

传统书法涉及多样的材质器物，笔墨纸砚、甲金竹石，都属于广义的书法文化的一部分。从这些古人创造、完善并使用的器物上，我们可以体会到先人的才艺与智慧。

古代遗留的大量书迹，或为卜辞诏册，或为摩崖造像，或为碑铭尺牍，或为匾联扇稿，这些古代文化生活的片断，涉及中华文明制度文化、礼俗风情的方方面面，从中我们可以贴近先人的文化生活，体察中华文化丰富的内涵。

书法同时还是普及面最广、民众参与度最高的一门传统艺术，弘扬传统书法更有利于在广大群众中传承与弘扬传统文化。

(三)弘扬传统书法有利于增进民族的文化向心力

传统书法是我们共同的文化财富。传承书法文化可以在国人心中唤起共同的文化记忆，有利于增进华夏儿女彼此间的文化联系、理解与默契，增进民族的文化向心力。北京奥运会的中国印会徽，开幕式中借鉴的古代书画的卷轴样式，唤起了国人强烈的文化共鸣。如果没有广泛的对于书画文化的理解，就不会产生这种集体的审美冲动与文化自豪感。

中国汉字对世界文化发展产生过重大影响。近年来,随着我国国力的提升,汉字越来越受到世人的重视。不久前,韩国的多位前总理联名上书韩国现任总统李明博,要求在小学实施汉字教育。在日本,学生被要求能够认识和书写2000个汉字。许多日本人能写一手规范的汉字。汉字的文化辐射力在今天不可低估,而汉字传统书写技艺的训练有利于汉字书写水平的提高和对于汉字文化的深入理解,有利于充实我们的文化影响力。

二、汉字书写技艺在当前被轻视现象依然严重

2008年12月1日至4日,全国政协书画室曾组织调研组对广东一些中小学书法教育走进课堂活动组织比较好的地方进行了专题调研。12月17日调研组又邀请教育部基础教育司、中国文联、中国书协及北京、广东等学校的代表座谈。与会专家充分肯定了广东等地在推动书法教学工作中所取得的成绩。广东书法课目前已成为中小学必修课,每周一节,专用教材编写以及专业教师培养工作同步推进,领导重视,教育部门真抓实干,取得了很好的成绩。在北京、上海、天津等大城市,一些学校也已经开始通过专业课程、兴趣小组的方式培养学生对书法的学习。

但从全国总体情况看,教育部关于推动中小学书法教育政策的实施情况并不乐观。

我们在调查中发现,当前青少年汉字书写丑陋,错别字多的问题依然比较突出。普通中小学生中能写一手整洁、漂亮汉字的比例很低,很多学生的作业信手乱涂,更不用说传统意义上的汉字书写结构、笔画顺序了,即使研究生、博士生的汉字书写水平也大不如前。

目前,90%以上的学校特别是高中没有书法课。一般中小学校没有专职的书法教师,多由语文教师兼职,其中大部分语文教师自己也没有接受过严格的专门训练。在一些大学里,担任书法教学的也大都是外聘或兼职教师。

信息化时代使用电脑是时代进步的标志,这一点没有人可以否认。但目前的情况是,青少年写字的时间越来越少,老师布置的作业也经常要求学生用电脑打印制作,连作文和读后感都要求打印后上

交。汉字书写技能有被逐渐替代的危险，这就不能不引起我们的警觉！

三、传统书写技艺面临衰亡的原因

（一）文化生态改变带来的影响

传统书法作为一种有代表性的中华文化形态，在信息社会的今天尤其面临衰亡的危险。

近代以来，中华文化的哲学内核、价值框架、审美观念均经历着前所未有的文明激荡。处在中华核心文化圈的传统书法艺术也受到重新审视。书法在传统文化世界里所处的地位，发挥的功用均发生着变化。

书法是用毛笔写汉字的艺术，所谓“笔软而奇怪生焉”，随着近代以来书写工具的改变，毛笔逐渐让位于铅笔和钢笔。在传统社会中书法是受教育的人普遍要掌握的一门技艺，随着工具的改变，这门技艺逐渐远离了公众的生活。

近年随着计算机技术的普及，“写汉字”这最后的书法属性也丧失掉了。当代青少年头脑中的普遍观念是，写一手好字，不如打一手好电脑。笔画书写顺序的习得，字形结构的驾驭，汉字大小远近安排的因势利导，这些残存的书法因素都因使用键盘倚仗拼音录入汉字而一下子消失了。传统汉字书写技艺在当前遇到的危机是前所未有的。

（二）应试教育的影响

应试教育使教师、家长和学生都把注意力放在文化知识的学习和积累上，与考试不挂钩的书写能力被严重忽视。传统书法在学校里更多的只是个别学生为校争光的手段。大多数学校没有书法课，很多中小学的书法课名存实亡，学校不教，学生们也没时间学，因为高考不考书法。应试教育体制几乎将书法排斥在外。

四、进一步推动青少年书法教育的几点建议

国家对推动中小学书法教育曾经提出过一些指导意见。

《国家“十一五”时期文化发展规划纲要》中指出要“重视中华优秀传统文化教育和传统经典、技艺的传承。在有条件的小学开设书法、绘画、传统工艺等课程，……中小学各学科课程都要结合学科特点融入中华优秀传统文化内容。”

有关主管部门在推动青少年书法教育方面也采取了一些措施。教育部2002出台的《关于在中小学加强写字教学的若干意见》的文件就中小学生学习书法的重要性、为学生写好汉字创造环境、提供必要条件以及不同年龄段的学生学习书法应该达到什么样的标准提出了新的要求。

新制定的《普通高中美术课程标准》在普通高中美术课程中首次设置了“书法·篆刻”学习模块。

从以上文件中不难看出党和国家对传统文化的重视，但目前学生书写教育现状与党和国家的期望差距仍然很大。我们建议从以下四个方面加强青少年传统书法教育。

(一)提高对青少年书法教育重要性的认识

青少年学习传统书法的现状差强人意，根源还是在于有关部门认识不够。

青少年学习传统书法关系到母语文字书写水准的提高，关系到传统艺术与文化的传承，关系到国家文化力的建设。这样说源于书法在中华传统文化中重要的艺术与文化地位，以及广泛的文化关联，源于书法在信息化时代令人担忧的处境。汉字书写技艺是我国对人类文化所作的独特贡献，是中华传统文化的巨大财富。我国文化潜力的发挥离不开具备传统文化修养的当代中国人，尤其是年轻人，因此弘扬优秀传统文化必须从基础做起，从中小学教育抓起。

(二)把书法教育列入学校教育工作的考核序列

各级教育部门要切实落实国家教育规划。

参考成功经验，集思广益，编好书法教材，设定具体的书法课程标准的阶段目标。

落实书法课一周一课制，改变一些地方普遍将书法课归入美术课或语文课的做法。中小学每周保证一节书法课。一到三年级是小学生识字阶段，把识字与练字结合，即把字怎么写和怎样写好结合，因为发生在基础阶段而显得尤为重要。

教育部门要对学生汉字书写提出具体要求。针对信息社会学生普遍使用电脑的情况,建议教育部门对学生上交的作业提出手写汉字达到一定比例的规定,并且对书写质量提出要求。毕业考试及高考的作文部分应明确提出对书写质量的要求。

历史经验表明,传统书法的生存与发展离不开一定的实用性。20世纪80年代,书法获奖高考可以加分,后来因为种种原因这项制度被废止了。我们提议,在没有找到更好的升学制度来取代现有高考制度前,应该考虑恢复书法获奖高考加分的制度。

学校还可以设计各种活动、仪式,创造氛围,激发学生对传统书法的兴趣。比如,要求学生毕业时用毛笔写自己的毕业留言;高中生举行成人仪式时用毛笔书写自己的成人宣言。这些都有利于创造一种重视书法的氛围。

(三)丰富书法教育课程的文化内涵

书法教育除了教会学生写毛笔字外,要让学生能够分得出基本的字体与书风,分得清字的好坏,甚至比较明显的真伪。要给学生正确的引导,提高对于传统艺术的审美情趣。

学习书法并非要求人人成为书家,而是通过学习规范书写,养成严谨而良好的人格风范,陶冶高尚情操,突出书法教育的美育作用。

通过对书法文化的讲授,提高学生对其他中华传统艺术的审美能力。利用教授传统书法的机会,加强对相关传统文化的学习。

(四)加强书法教师队伍培养

建议师范类院校广泛设立书法专业,招收书法专业的本科生和研究生。综合类大学艺术院系开设书法专业,以扩充中小学书法师资队伍。教师在实行资格考核的同时应附加书写考试,特别是语文教师更要严格要求。

我们这一代人在新的世纪里肩负着中华文明复兴的伟大使命。作为一名文化工作者,我们关注的是传统书法的发展问题。古老的汉字在今天越来越受到世人的重视,在汉语的母国,汉字书写却出现了“饥荒”!为此我们大声疾呼,要重视汉字书写,深入推进全国中小学书法教学工作。我们期待国家进一步加强对传统书法教育的重视,期盼孕育在中华文化土壤中，极具艺术品质与文化价值的传统书法在新的文化环境里能够发扬光大！

主题词： **青少年　教育　文字**

提案人： 苏士澍　欧阳中石　王明明

中华人民共和国教育部2009年8月12日以提案办理教提案〔2009〕第127号文函复：

你们提出的《关于加强青少年汉字书写教育的提案》收悉，现答复如下：

随着社会的发展和进步，电脑已成为普遍使用的工具，网络学习方式也在广泛应用，这确实对我国中小学校的传统学习方式带来冲击，使汉字的写字和书法教育受到了一定的削弱。但无论学习工具和学习方式发生多大变革，汉字是我国法律规定的国家通用语言文字，是当今记录汉语言的唯一书写符号系统，又是中华民族重要文化遗产并具有独特历史文化价值，汉字教学在我国中小学教育教学中的地位是不可撼动的，识写汉字必然是当代中小学生学习的重要内容，通过写字教学还要“陶冶学生情感、培养审美能力和增强对祖国语言文字的热爱和文化的理解”。教育部一直高度重视中小学生汉字的学习，几十年来，在教育部印发的课程和教育教学的有关文件中，始终把写好汉字作为中小学教学的重要任务。

2001年开始在全国实施的基础教育新课程，在《基础教育课程改革纲要（试行）》中特别指出：“在义务教育阶段的语文、美术课中要加强写字教学。”为使写字教学要求进一步得到落实，在基础教育的各相关课程标准中，都对写字教学（包括书法）提出明确要求。

在《义务教育语文课程标准》总目标中，要求“能正确工整地书写汉字,并有一定的速度”。在分学段的目标中,小学一二年级要求“能按笔顺规则用硬笔写字,注意间架结构。初步感受汉字的形体美”,“努力养成良好的写字习惯,写字姿势正确,书写规范、端正、整洁”;三、四年级要求“能使用硬笔熟练地书写正楷字,做到规范、端正、整洁。用毛笔临摹正楷字帖”;五、六年级要求“硬笔书写楷书,行款整齐,力求美观,有一定的速度。能用毛笔书写楷书,在书写中体会汉字的优美”;七至九年级要求“在使用硬笔熟练地书写正楷字的基础上,学写规范、通行的行楷字,提高书写的速度。临摹名家书法,体会书法的审美价值”。

《义务教育美术课程标准》提出“欣赏我国书法、篆刻的代表作品”;《普通高中美术课程标准》“内容标准”专门设有“书法、篆刻”一个系列。

2002年教育部印发了《关于在中小学加强写字教学的若干意见》,提出中小学写字教学要使学生学会写铅笔字和钢笔字,学习写毛笔字,使学生具备正确书写汉字的基本能力。“各门课程都应重视写字教学”,培养良好的写字习惯是所有老师的共同任务。要特别重视学生日常写字,各科作业都应要求书写规范、认真、端正,真正做到“提笔就是练字时”。“学校应组织学生开展写字、书法的课余活动”,“鼓励有书法爱好的学生开展个性化艺术活动”,培养学生的兴趣。

在教育部印发的《学校艺术教育工作规程》中规定,每三年举办一次全国中小学生艺术展演活动。一般每次展演活动分为基层开展活动、省(区、市)组织展演和全国集中展演三个阶段,历时两年。在艺术展演活动中列有“艺术作品类”专项,包括了书法活动项目。为吸引广大学生踊跃参加书法活动项目,采取了按学生年龄分小学、中学段,由教育部门逐级推荐评选书法、篆刻作品,对评选出来的佳作,逐级予以奖励并组织展出的方法。此外,由中国艺术教育促进会、中国校外教育杂志社等社团组织举办的中小学生书画评选活动,均把书法列为主要活动内容。

各省、地(市)教育行政部门组织的中考都对书写和卷面整洁度提出要求,设有卷面整洁分。教育部考试中心制定的《普通高等学校招生全国统一考试大纲》中的作文等级评分明确规定“每1个错别字扣1分”;对作文卷面书写状况及水平,设列了“字迹工整”、“字迹清楚”、“字迹基本清楚”和“字迹潦草难辨”的四个评分等级,总分为20分,其权重占作文总分的三分之一。

由于在各个环节对汉字书写和书法教育活动作出了规定和要求,当前中小学校是以课堂教学、作业、兴趣小组、竞赛、美化校园等多样、丰富的方式进行汉字书写教育,并成为学校的一项常规教育工作。

关于在师范、艺术类院校增设书法专业,培养专门的书法教学人才的建议,教育部一直重视加强师范生的书写技能训练,将书写“三笔字”(粉笔字、钢笔字、毛笔字)作为中小学教师的一项职业技能,并将其作为推动师范院校深化教育教学改革、提高师范生培养质量的一项重要内容来抓,组织制定了书写“三笔字”技能训练的基本要求和训练大纲。许多师范院校开设了相关课程,为学生提供书法学习的相关资料,举办形式多样的观摩、展览、比赛等活动,切实提高了师范生的书写技能。目前已有20多所师范院校招收书法专业本科生或硕士生、博士生,培养了一批专门的书法教学人才。教育部师范教育司将认真研究教师资格考核中附加书写考试的建议,目前,大多数省份在教师资格教育教学能力测试中已将书写能力作为重要考核内容。教育部将在研制教师资格测试标准和测试方法时,将语文教师的书写能力作为教育教学能力测试的重要内容。

目前高校设置专业依据《高等学校本科专业设置规定》和《普通高等学校本科专业目录》执行,其中,目录内有专业249种,目录外有专业278种。设置书法专业属于《普通高等学校本科专业目录》外专业,高校有设置自主权,可以根据有关规定,经过论证、审议等程序后设置。教育部鼓励有条件的师范院校开设书法专业,以进一步推动书法教学人才的培养,还将积极引导高校重视包括书法在内的中国传统文化课程或讲座的开设。

中小学生的学习时间有限、精力有限,还处在成长过程中,中小学校的教育只能为学生奠定未来发展的基础,难以做到学会未来可能用到的全部知识和技能。目前,各有关部门陆续提出了许多在基础教育领域增加学习内容、增设课程的要求,反映了对下一代健康成长的关怀,但累加起来,却又导致学生过重负担。因此,教育部对在中小学新增课程持十分慎重的态度,许多必须进行的教育尽量渗透在相关课程中进行。我们十分赞成三位委员所提学生“学习书法并非要求人人成为书家,而是通过学习规范书写,突出书法教育的美育作用”的目标要求,教育部对中小学校书写教育所做的各项规定,也是要达到这一目标,同时并不排除今天对书法有兴趣爱好的学生中,今后会涌现出一批书法大家。中小学校只要认真落实教育部的各有关规定,基本能完成对写字教学和书法教育的要求,考虑学生每周学习时间有限和单独设课的教师队伍建设等问题,目前还难以单独设立书法课程。

目前全国执行的义务教育课程方案中,在规定国家课程的内容和课时比例的同时,留出16%～20%的课时由地方和学校自主安排课程内容,以满足学生不同需要,使学校教育更丰富多彩和有特色。地方和学校可以利用这部分课时为有书法兴趣爱好的学生开设书法课程。

感谢你们对教育工作的关心和支持,欢迎再提宝贵意见。

全国政协十一届二次会议提案第4660号

案　　由:关于陶艺进入中小学美术教育的提案

审查意见:建议国务院交教育部研究办理

内　　容:为了更好地提升我国中小学学生素质教育水平,使中小学学生身心得到全面的发展,在美术课教育中增设陶艺课程是很必要的。

1.泥土是人类最亲和的材料,制作陶艺能使学生手脑并用,把动手和动脑结合起来,并能放松学习的压力。

2.通过用泥土自由地成型表现,能激发学生们的想象力和创造力。

3.学生们通过陶艺的学习,还能培养朴实的审美意识,并能了解我国优秀的传统陶艺文化。

国家的发展,民族的未来,教育为本,进一步提高和完善我国中小学美术教育,提升学生的综合素质是当务之急。

主题词:　　普教

提案人:　　朱乐耕　许钦松　尼玛泽仁

中华人民共和国教育部提案办理2009年8月19日以教提案[2009]第119号文函复：

你们提出的《关于陶艺进入中小学美术教育的提案》收悉，现答复如下：

美术教育在提高与完善人的素质方面具有独特作用，该课程是学校进行美育的主要途径，是中小学全体学生必修的课程，在实施素质教育的过程中具有不可替代的作用。

2001 年实施的基础教育新课程，在《义务教育美术课程标准》中设置了"设计·应用"学习领域，让学生运用一定的物质材料和手段，围绕一定的目的和用途进行设计与制作，传递、交流信息，美化生活及环境，培养学生的设计意识和实践能力，其中包括与学生生活有关的现代设计基础和传统工艺，如陶艺等。该课程要求，通过学习学生应达到：了解"物以致用"的设计思想，并运用设计和工艺的基本知识和方法，进行有目的的创意、设计和制作活动，发展创新意识和创造能力；感受各种材料的特性，合理利用多种材料和工具进行制作活动，提高动手能力等。同时强调，教学内容的选择应贴近学生的生活实际，联系社会，加强趣味性、应用性，使学生始终保持学习的浓厚兴趣和创造欲望。在活动建议方面，义务教育 1～2 年级的教学内容中设有"造型·表现"学习领域，教学建议中提出："用黏土等可塑性材料，通过揉、搓、压、捏、切挖和堆塑等方法进行简单器皿和动物形象的造型"；5～6 年级的教学内容中设有"设计·应用"学习领域，教学建议提出："学习陶艺的制作方法"，使学生具有民族自豪感，乐于了解人类文化艺术的成就"；7～9 年级的教学内容中设有"设计·应用"学习领域，教学建议提出："练习制作陶艺小品"等。

《普通高中美术课程标准》中设置了"绘画·雕塑"内容系列，"雕塑”部分的学习建议提出“认识雕塑语言、类型和制作方法，选用泥、石膏和木等材料进行创作实践”，设置了“设计 · 工艺”内容系列，提出“据自己的兴趣在印染、编织、刺绣、陶艺、装饰画等门类以及竹木、石、贝壳、金属、塑料和各种废旧物品等材质的工艺制作中选修一种或数种内容”，并提出“灵活选用身边的材料，运用各种工具和加工方法，根据功能和审美的要求，有创意地完成一件以上的设计作品或工艺作品”的标准要求，加强学生对中国传统文化的理解，提高创造力和想象力。

义务教育和普通高中课程设置方案为地方课程、学校课程留出了空间，学校可以利用这部分课时开设体现当地特色和学生兴趣需要的本校课程。据了解许多地方课程和学校课程中都有关于中华传统文化的教育内容。如浙江省天妃小学把陶艺教学作为学校的办学特色之一，计划一个月进行一次全校性的陶艺教学活动，锻炼学生们的动手能力，感受艺术之美，领略生活之真。

感谢你们对教育工作的关心和支持，欢迎再提宝贵意见。

全国政协十一届二次会议提案第4656号

案　　由:关于进一步加强少数民族聚居区民汉双语教育工作的提案

审查意见:建议国务院交教育部研究办理

内　　容:一、基本情况

西双版纳傣族自治州辖一市两县,国土面积19124.5平方公里,总人口106.45万,境内居住着12个世居少数民族,少数民族人口占全州户籍人口总数的76.9%。其中,傣族人口有30余万,布朗族人口有3.6万,占全州总人口的35.6%。到目前为止,西双版纳州共有各级各类学校436所,在校学生170647人,其中少数民族学生占69.45%。

在西双版纳州的12个世居少数民族目前仍然以本民族语言作为日常交际的工具,其中,傣族和布朗族共同使用傣文,因此,西双版纳历来十分重视双语教育,早在20世纪50年代中期就开始推行傣汉双语教育,至今已有50多年的历史,为西双版纳民族文化和社会经济的发展作出了积极贡献,取得较好效果。目前,全州开展双语教学的共有16个乡镇,58所学校,136个班级,学生5451人,傣汉双语教师122名。经过多年的探索与实践,西双版纳州双语教学形成了以下六种模式:双语单文模式、双语双文模式、"分—合—分"模式、"增设"模式、"选修"模式、"傣汉翻译理论"模式。

二、开展双语教育的重要意义

双语教育是民族教育的重要内容。目前,绝大多数少数民族仍然以本民族语言作为主要的交际工具,同时,很多语言现在正成为濒危语言。不管是本民族语言已成为或即将成为濒危语言的民族还是不会使用或极少使用汉语的少数民族都需要进行本民族语言和汉语这两方面的双语教育。因此,在少数民族地区加强双语教育有着非常重要的价值和意义。

双语教育是保存与传承民族文化的重要手段。一方面,双语教育可以通过传授母语使得民族的语言得以延续下来,民族语言所承载的民族文化、传统等信息也得以在双语教育中传承下来;另一方面,双语教育有利于掌握主体民族语言从而更好地吸取、接受主体文化等多元文化的优秀成果。西双版纳州在开设傣文课同时,教师还向学生介绍傣族的谚语、成语、诗词、天文历法、道德礼仪等,这使得傣族学生对本民族的文化内涵有进一步的了解和认识。

双语教育是少数民族现实生活的需要。汉语之所以成为各民族的共同交流语言,成为全国通用语言,是由它的社会文化价值、使用范围及其影响等因素决定的,一个民族如果不通晓汉语,就无法与外界交流,当然也很难发展,因此,双语教育也是民族平等、民族团结、各民族共同进步的重要途径。

双语教育是发展民族教育,提高民族教育的教学质量的有效途径,对开发民族儿童智力,激发民族学生的学习积极性,提高汉语文的教育教学质量有重要意义。通过开展双语教育,西双版纳州小学阶段傣汉双语班的汉语文学习成绩普遍比普通班要高出15%～20%。在汉语文教学中,教师用傣文翻译对照,民族学生更易听懂理解,从而促进民族学生学会学好。

三、存在问题和困难

一是思想认识不到位,有的人认为双语文教学只能是加重学生负担,学不学无所谓。

二是傣汉双语文师资不足,双语教育人才缺乏。

三是傣文教学没有统一的课程标准和教学具体要求,缺乏对从事“双语”教育教师的评价机制,教师教学积极性普遍不高。

四是民族文字教材的编写和发行跟不上形势发展的需要,民族文字出版物品种少,教学辅助资料匮乏,给教学造成了一定的困难。

五是经费不足,导致教材编写、师资培训无法操作,且傣文教材没有列入国家“两免一补”范围，无法向学生免费发放。

四、建议

（一）恳请国家把少数民族地州的民文教材纳入国家“两免一补”政策范围，教材对学生实行免费发放。同时出台民汉双语文学校的民文教师编制政策。针对实施双语文教学的学校比单语文学校多一门民文学科的实际，适当提高双语文学校师生比例，增加编制，配齐教师，做到民文教师单列。

（二）制定民汉双语文教育教学中长期发展规划，把民汉双语文教学工作作为少数民族自治州巩固“两基”成果、提高教学质量、传承和弘扬民族文化的重要举措。

主题词： **教育　语言**

提案人： 玉帕新

中华人民共和国教育部提案办理2009年8月24日以教提案〔2009〕第152号文函复：

您提出的《关于进一步加强少数民族聚居区民汉双语教育工作的提案》收悉，现答复如下：

党和政府十分重视少数民族双语教学。“十五”以来，加大了资金支持力度并出台了关于民文教材出版发行亏损补贴政策。关于免费供书问题，实施双语教学的省区特别是以民族语言授课为主单科加授汉语文这一模式的学校，其属于国家课程的各学科民文教材均已纳入免费供书范围；民族语文课教材除个别省区正在协调解决外，大多数省区也已解决了免费供书问题。据我们了解，云南省实施双语教学的18个文种的民文教材虽然没有明确纳入国家“两免一补”政策范围，但由于有民文教材出版发行亏损补贴政策的支撑，目前对学生也是免费发放的。

关于实施双语教学学校的教师编制问题,中央编办、教育部、财政部今年下发了《关于进一步落实〈国务院办公厅转发中央编办、教育部、财政部关于制定中小学教职工编制标准意见的通知〉有关问题的通知》(中央编办发〔2009〕6 号),强调各地要从满足教育教学基本需要出发,对开设双语教学课程的班级,按照从严从紧的原则适当增加编制。各地方可根据本地区的具体情况来确定。

谢谢您对少数民族双语教育工作的关心。

全国政协十一届二次会议提案第0100号

案　　由:关于推进产学研结合技术创新体系建设的若干建议的提案

审查意见:建议国务院交人力资源和社会保障部、科技部、教育部、工业信息部、财政部分别研究办理

内　　容:近年来,产学研结合的技术体系建设深入人心,全国上下纷纷推出了一些政策措施。当前在面对国际金融危机的大背景下,推进我国产学研结合的技术创新体系建设、提升自主创新水平、实现产业升级和转型、增强国家竞争力、对经济社会的发展具有重大意义。进一步发挥企业主体作用,加强产学研结合,提升科技创新能力,是应对危机、积极发展的重要途径,但目前在具体的运作过程中仍然存在着如下一些问题:

一、企业主体作用未充分发挥。目前我国的创新主体仍为高校、科研院所,这是长期以来体制机制形成的。正是由于企业与学研相比科研实力较弱这种不对称性,使得产学研合作基础不稳定。学研与产业结合很弱,学研的技术创新往往忽略企业生产成本、周期问题和效率问题,导致技术创新产生的产品或者服务与市场脱节,不能满足产业的需求。虽然国家目前要求申请创新项目资助必须以企业为主、高校科研院所为辅联合申请,以此强化学研与产业的结合,但实际在申请项目过程中,企业主体作用并未真正发挥,高校、科研院所对从属地位颇有微词,由此产生许多矛盾。

二、政府引导作用不足。政府各部门虽然对产学研关注程度非常高,并各自采取相应的扶持政策,但由于缺乏统一协调机制,各部门、各地方各自为战,力量分散,难以形成对产学研支持的合力,造成一定

的资源浪费。此外，政府对产学研的投入尚不能和产业的发展需求相匹配，仍然存在差距。对于那些研发周期长、投资大的基础项目，企业因风险巨大往往热情不高，而政府也缺少长期的、持续性的投入，导致深层次的产学研合作难以开展。

三、产学研的合作模式与产业技术创新的需要不适应。产业技术重大创新投入高、风险大，系统性和复杂性大大增加，要求参与创新的各部门形成持续稳定的合作关系。而目前主要以项目为载体的产学研合作因组织形式松散，很难适应产业技术重大创新的需要，往往需要产业技术联盟这样比较稳定和长期的战略合作组织形式。2007年，科技部等六部委牵头启动的产业技术创新战略联盟试点工作，一方面缺少可靠的产业技术重大创新引导资金，另一方面又缺少国家在重大产业技术创新方面的政策支持，困难重重。

四、产学研利益保障机制不健全。产业技术重大创新是高风险和高收益相伴而行，如何保障各方利益，需要探索。目前，产学研合作协议往往对责、权、利界定不清，对风险共担没有共识，对知识产权、成果转化收益等合作成果的分享缺乏明确可操作的规定，从而为日后利益分配、风险共担留下隐患。此外，对协议的履行也缺乏有效的监管，各方的履约守约意识也需要加强。

五、符合要求的产学研领军人才、创新团队缺乏。产学研关键领军人才缺乏，科技创新团队尚未形成。企业缺乏可直接转化为生产力的技术创新人才。高校、科研院所的人员对市场需求不熟悉。高校和企业的人员互不流通，沟通不畅，对彼此的优势与需求互不了解。但由于目前高校、科研院所的人事管理体制造成科研人员不愿意主动深入企业，企业人员也较难被高校科研院所认同，导致技术创新领军人才和创新团队缺乏。

当前，要使我国经济健康稳定发展，在复杂多变的国内外经济环境中转危为“机”，科技具有极为重要的作用，推进我国产学研结合的技术创新体系建设具有重要的现实意义，为此提出如下若干建议：

一、加强政府引导、资源整合。建议针对已经出台的产学研结合的各项激励政策，及时形成落实细则和具体的配套措施，通过调整重大科技资源配置、制定重大产业发展规划等，充分发挥政府的引导作用，培育市场对科技创新的导向作用；在一定领域中，通过政府优先采购，将产学研成果列入政府采购目录，对企业技术创新实施有效支持，形成市场对科技创新成果需求的引导，实现对行业的推动；完善各部门协调机制，从构建信息平台入手，加强政府部门之间的横向沟通，实现资源共享，形成推动产学研进步的合力。

二、完善政策，强化企业技术创新主体作用。建议建立企业自主创新评价体系，在税收、贷款等方面，根据企业自主创新的业绩，落实相应的优惠政策；在高新技术企业认定、研发费用加计扣除等政策的落实中，企业通过产学研结合的合作研发、委托研发和集中研发所发生的研发费用应全额计入研发费用，以引导和激励企业主动与高校、科研机构结合；国有大企业产学研结合所发生的费用在业绩考核中可视作利润，引导企业领导人树立“创新有风险，不创新风险更高”的理念，强化对其自主创新业绩的考核。

三、加大产业技术创新投入，加快构建产业技术创新战略联盟。建议加大对产业技术创新联盟的支持力度，设立相应产业重大创新专项基金，在关键技术研究、技术基础研究以及公共性技术研究等方面形成持续稳定的投入，并通过产业专项资金投入引导各类社会投资机构介入到产业技术创新联盟的早期技术研发当中。此外，要努力营造有利于战略联盟发展的良好政策环境，结合《科技规划纲要》配套政策的实施，既要引导战略联盟用足用好已经出台的政策，又要研究制定有针对性的政策措施，促进联盟发展。

四、尽快制定《产学研合作促进法》。以立法形式明确产学研各方利益、风险分担共享机制，预防知识产权纠纷，强化产学研结合的管理机制；并在法律上明确产学研结合项目可享受创业投资的相关政策扶持和资金支持，产学研结合企业可比照创业投资企业吸收风险投资。

五、深化改革，创新人才培养和评价模式。形成合理的人才培养与流动机制，建立合理的人才评价模式，积极培养技术创新领军人才，形成创新团队。利用产学研平台，加快大学毕业生的培养，既减少企业雇佣风险，又减少毕业生实习和就业压力，为企业培养一批基础人才。推动高校、科研院所建立青年研究人员到企业挂职制度，为企业技术改造和成果产业化发挥聪明才智，加深对市场的认识。在高校、科研院所内建立合理的知识创新和技术创新两套科研业绩评价体系，保证从事技术开发与从事基础研究的研究人员具有同等学术待遇，提高科研人员进行技术创新的积极性，提升产学研的原始技术创新能力。

主题词： **技术　创新**

提案人： 九三学社中央

中华人民共和国人力资源和社会保障部2009年6月24日以〔2009〕人社提字第6号文函复：

你们提出的《关于推进产学研结合技术创新体系建设的若干建议的提案》收悉，根据我部职能，现就企业人才培养问题答复如下：

企业是自主创新的主体，人才是企业实现自主创新的主导力量。近年来，在中共中央、国务院的正确领导下，我国人才队伍发展迅速。目前，我国专业技术人才总量已达4100多万人，享受国务院特殊津贴的高级专家有15.8万人；技能人才总量达到9890万人，初步形成了专业技术人才选拔、培养制度，以就业再就业培训、企业职工培训、农民工培训和劳动预备制度等为主要内容的技能人才培训制度，以及人才评选表彰制度等，形成了较为完备的制度体系。但是，与实现自主创新的需要相比，企业人才明显不足。截至2007年年底，我国国有事业单位专业技术人才2024.8万人，而国有企业单位专业技术人才776.7万人。作为市场主体和科技创新的重要平台，国有企业的人才占有量明显偏低。

为进一步加强企业人才队伍建设，我们开展了多方面工作。在宏观管理方面，不断加大对企业人才队伍建设支持的力度。在政府特殊津贴专家选拔、百千万人才工程实施、海外高层次留学人才引进等方面，结合企业实际情况，支持企业发展。在专业技术人才能力建设方面，实施好专业技术人才知识更新工程，发挥企业积极性，培训企业需要的专门人才。特别是在博士后事业发展方面，1994 年开始，在企业设立博士后科研工作站，目前全国已经累计设立博士后科研工作站 1670 个。工作站通过高等院校和企业联合招收、培养博士后的方式，实现了高等院校、科研院所的人才资源和企业优势资源的有机融合，加快了高等院校、科研院所科研成果的转化，促进了企业科技创新能力的提高，对促进企业人才队伍建设起到了重要作用。

根据中共十七大提出更好实施人才强国战略的总体要求，着眼于为建设创新型国家、实现全面建设小康社会奋斗目标，我们正在编制全国专业技术人才队伍建设中长期规划，同时会同有关部门编制人才队伍发展的中长期规划。在制定规划、研究政策时，我们将对企业人才队伍发展给予进一步关注，重点是创新人才培养和评价模式，形成合理的人才流动机制，积极培养技术创新人才，搭建创新团队，为企业技术改造和成果转化、产业化提供智力支持。

感谢你们对人力资源和社会保障工作的理解和支持。

全国政协十一届二次会议提案第0633号

案　　由:关于加强国家版图意识,规范地图管理的提案

审查意见:建议国务院交国家测绘局会同教育部研究办理

内　　容:地图不同于一般的消费品,它通过其符号、色彩、名称注记等形象直观地表示出国家的疆域范围和边界,反映了一个国家在领土主权方面的意志和外交立场,地图上的国界线常常被视同为领土主权的依据。它是国家版图的主要表现形式,具有严肃的政治性、严密的科学性和严格的法定性。

国家历来十分重视对地图市场的管理,先后颁发了《中华人民共和国地图编制出版管理条例》、《地图审核管理规定》、《公开地图内容表示若干规定》等法律法规和规范性文件。但近年来由于缺乏国家版图意识、不懂地图知识,在某些媒体、网站、广告中不断出现损害我国主权和领土完整、违背"一个中国"原则的问题地图,不仅损害了广大消费者的利益,而且严重损害了国家利益、民族尊严和国家形象,造成了不好的政治影响。为此有必要加强对国家版图的宣传,让地图法规和知识深入人心。建议如下:

一、利用多种宣传工具,广泛宣传地图知识和国家版图意识。建议在中小学课本中加入地图知识教育,使公民从小就有国家版图意识。

二、加强地图制作的管理。地图的制作必须由有地图编制资质的测绘单位来完成,地图在编制出样图后,在印刷、展示、登载之前必须送国家测绘行政主管部门审核。编制地图以及展示未出版的绘有国界线以及省级行政区域界线的地图产品(含图书、报刊插图、示意

图),应当事先按规定向省级以上测绘行政主管部门送审试制样图。审核的意义在于,地图表示的内容是否准确,有无遗漏,从而保证地图质量,维护国家主权和利益。

三、规范地图的使用。单位和个人在日常使用中,要以国家权威部门制作并发布的地图为准,杜绝非标准、不规范的"地图"在市场上销售。

四、加强地图市场监管力度。国家及省政府有关部门要主动承担各自的责任,加强地图市场的监管,定期专项清理,清除市场上的不规范地图。同时公布举报电话,发动群众,让人人都来参与地图市场的监管工作。

主题词: 测绘 管理
提案人: 钟起煌

国家测绘局2009年8月4日以国测函〔2009〕94号文函复:

您提出的《关于加强国家版图意识,规范地图管理的提案》收悉,现答复如下:

为贯彻落实《国务院关于加强测绘工作的意见》(国发〔2007〕30号)和《国务院办公厅转发测绘局等部门关于加强国家版图意识宣传教育和地图市场监管意见的通知》(国办发〔2005〕5号)等文件精神,国家测绘局、中宣部、外交部、教育部等部门近年来先后举办了"爱我中国——国家版图知识竞赛"、"全国地理信息应用成果及地图展览会"等活动,印发了《关于严格遵守使用中国地图有关规定的通知》,各省(自治区、直辖市)人民政府开展了形式多样的国家版图意识教育活动。同时,不断加大地图市场监管力度,2008年,经国务院同意,国家测绘局、外交部、工业和信息化部、公安部、工商总局、新闻出版总署、新闻办、保密局8部门联合开展了互联网地图和地理信息服务违法违规行为专项治理工作；据初步统计，各地开展地图市场行政执法检查3000多次，查处各类地图违法案件1500余起，查封、收缴违法违规地图产品37万多件，其中，涉及政治性问题的地图产品7万多件，地图市场秩序进一步好转。

一、利用多种形式，深入开展国家版图教育活动。不断创新宣传形式，增强宣传效果，在充分利用电视、广播、报刊等传统媒体的同时，在互联网络等新型媒体上进行宣传。通过发送短信、电视播放公益广告、招募宣传志愿者、开展知识竞赛等方式开展宣传。教育行政主管部门长期以来非常重视对中小学生的国家版图意识教育，一直把地图知识的教育渗透在中小学各学段的教学中。例如："运用地图说出我国地理位置及其特点"；"记住我国的领土面积，在地图上指出我国的邻国和濒临的海洋"等都是基本的教学点。近期，教育行政主管部门将对义务教育阶段各学科教材进行修订，进一步在教材中加强对学生地图知识教育，增强学生的国家版图意识。

二、加强资质管理，完善地图市场准入制度。从事地图编制活动的单位应当依法取得测绘行政主管部门颁发的测绘资质证书，并在许可的范围内开展地图编制工作。国家测绘局最新修订的《测绘资质分级标准》对地图编制资质设立了9个专业范围，加强了管理。测绘资质年审制度设立了年度注册专章，明确将单位信用情况、违法测绘行为被依法处罚情况纳入测绘资质年度注册核查的主要内容，违法测绘单位将受到"不予注册，并依法降低测绘资质等级或注销测绘资质，情节严重的，吊销其测绘资质证书"等处罚。

三、规范地图审核，保证地图质量。依据《地图审核管理规定》，地图在出版、展示、登载、引进、生产、加工前，地图编制单位必须提交试制样图等相关材料送测绘行政主管部门审核。国家测绘局按照"规范、便民、高效"的要求，继续完善地图审核的行政审批制度，确保公平公正。优化审图流程，缩短审图时间，提高审图效率，对符合条件的地图审核申请，依法受理，按时审核，及时反馈。规范程序，严把地图审核关，杜绝各种不符合地图管理规定的地图进入市场，从而保证地图质量，维护国家主权和利益。

四、做好公共服务，促进地图市场规范发展。测绘行政主管部门充分发挥测绘成果资源优势，及时为社会提供地图公共服务。国家测绘局正在组织编制、完善并发布一批多语种、多尺度的网络版中国地图、世界地图，支持地图门户网站建设，发布地图产品目录，逐步提供在线地图搜索等公众地理信息服务。树立主动服务意识，充分利用政府部门资源、信息优势，研制开发更多、更好的地图产品，引导公众使用标准、规范的地图，满足公众个性化、多样化需求。

五、建立长效机制，加强地图市场监管力度。通过积极探索，初步形成牵头部门常抓不懈、有关部门协同配合、人民群众广泛参与的地图市场长效监管机制。通过联席会议等方式，建立健全政策互通、信息交流、协商工作等工作机制，严格规范地图产品生产经营的各个环节，维护地图市场秩序。搭建信息沟通平治，通过设立举报电话，招募地图市场义务监督员等方式，充分发挥公众举报和监督作用，鼓励公众对地图市场的经营行为进行监督。

全国政协十一届二次会议提案第0642号

案　　由:关于成立"维护知识产权法制机构"的提案

审查意见:建议由最高人民法院、公安部分别研究办理

内　　容:20世纪80年代我国相继出台了"专利法"、"商标法"、"版权法"等法律法规,这对维护知识产权人利益和缔造新型国家、坚持科学发展战略无疑是有决定性意义的举措。

但是由于我国步入市场经济体制的时间不长,人民大众对于知识产权的认识还很模糊,自觉不自觉地违反知识产权的事件还很多,国际影响较为突出,相关执法部门由于人少力薄难以应付众多的案件,依赖公安部门办案也因警力不足而力不从心。加上知识产权涉及面广、专业性强的特点,致使执法难度加大,不少案件久拖不决或根本无法接办。

为此我调查了解不少人后认为,根据当前形势,可以参照铁路、森林等部门的做法,建立维护知识产权的执法体系,单独成立知识产权法庭和警察队伍(暂时或长期)以加大维权力度,这样做有以下积极意义:

一、向国际社会表明我国在维护知识产权方面的力度和决心;

二、对国内广大民众创新成果提供有力保障,对侵权者是个震慑;

三、对推进科学发展观有促进作用。

主题词:　　**知识产权　法制**

提案人:　　王刁三

中华人民共和国公安部2009年6月22日以公提字〔2009〕第90号文函复：

您提出的《关于成立"维护知识产权法制机构"的提案》收悉，现就涉及公安工作的有关问题答复如下：

随着知识经济的深入发展，知识产权在我国经济社会发展中的作用日益彰显，保护知识产权也成为保障和推动我国创新发展的重要内容。正如您提案中所指出的，建立专门的知识产权执法队伍、加大维权力度对我国维护经济秩序、促进科学发展具有重要的积极意义。自1998年新刑法和新刑事诉讼法的颁布实施以来，我部设立了专门的知识产权工作机构，负责指导、协调全国公安机关打击侵犯工业产权和侵犯著作权犯罪工作。各地公安机关的相应部门具体负责侵犯知识产权犯罪案件的侦办工作。

近年来，全国公安机关切实履行职责，积极推进知识产权刑事保护工作。2006年以来，连续发动"山鹰"行动、"山鹰二号"行动、打击盗版"百日行动"、"打击网络侵权盗版行动"等一系列专项打击行动，累计破获各类侵犯知识产权犯罪案件1.1万起，涉案价值逾87亿元。另有一大批案件按照非法经营罪和生产销售伪劣产品罪定罪处罚。同时，为改进与相关行政执法部门的协作，形成执法合力，我部先后会同海关总署、国家知识产权局等部门建立起加强知识产权保护的衔接配合制度，摆脱事后移送案件的传统模式，建立起重大线索即时通报机制，有效提高了公安机关主动进攻能力和整体执法效能。此外，我部积极加强与权利人企业的沟通交流，会同有关企业、协会先后联合举办了六届"中国知识产权刑事保护论坛"，形成了公安机关与国内外企业之间交流与宣传的良好平台。

但是，我们也清醒地认识到，打击侵犯知识产权犯罪也面临着诸多问题和挑战，如社会公众的知识产权意识不强，侵权商品在国内外仍具有较大的需求市场；由于知识产权具有专业性强、涉及面广等特点，对执法人员的专业化水平提出了更高要求；侵犯知识产权犯罪活动更趋狡猾、隐蔽，各类利用高科技手段、跨国跨境知识产权犯罪活动时有发生，公安机关执法办案的难度不断加大。针对您提案中的建议，我部进行了认真研究，将着手开展以下工作，着力推动公安机关知识产权刑事保护工作迈上一个新台阶：

一、严厉打击各类侵犯知识产权犯罪活动。我部将继续把打击侵犯知识产权犯罪列入重要工作内容，切实肩负起打击和防范侵权犯罪的职责，不断满足权利人和广大人民群众对我们的期待和要求。对重点区域和犯罪猖獗的地区，将有重点、有计划地开展专项打击和区域整治，重点打击幕后组织者、策划者，彻底摧毁生产、包装、批发、销售、出口等整个犯罪网络链条，切实维护知识产权权利人的创新利益，保障和推动我国经济社会和谐发展。

二、强化公安执法队伍的专业化。我部将通过举办执法培训班、开展电视电话教学等培训形式，增强基层办案人员对知识产权犯罪活动规律特点的了解，切实掌握侦查技能的运用，提升能力和水平。同时，针对法律适用中亟待解决的重点难点问题，我部将尽快加以研究解决，着手制定有关规范性文件，统一法律适用尺度，完善鉴定认定程序，改进侦查管辖体制，规范调查取证标准，确保打击工作的长效化、机制化。

三、推进政府部门间、政府与社会的优势互补、良性互动。我们将推动建立与行政执法部门的预警防范、专业指导相结合的协作机制，推动国内企业建立现代化知识产权管理制度。同时，通过开展深入、持久的社会教育，教育群众尊重自己和他人的知识产权，自觉抵制假冒盗版商品，努力营造全民关心和参与知识产权保护的社会氛围。

知识产权保护是一项长期的社会工程，需要全社会的共同努力，我部将进一步加强与社会各界的沟通合作，为我国构建创新型国家，实施知识产权战略提供强有力的法律保障。有关情况和工作进展我部将及时向社会公布，同时也期待您和社会各界对我们的工作提出新的意见和建议。

感谢您对公安工作的关心和支持。

全国政协十一届二次会议提案第0648号

案　　由:关于加强建设创新型国家理论研究的提案

审查意见:建议国务院交国务院研究室会同科技部、中国科学院、中国社科院研究办理

内　　容:党的十六大以来,以胡锦涛同志为总书记的党中央综合分析国内外发展大势,立足国情,面向未来,提出增强自主创新能力、建设创新型国家的重大战略思想。2006年党中央国务院召开全国科学技术大会,做出实施科技规划纲要增强自主创新能力的决定,发布了《国家中长期科学和技术发展规划纲要(2006～2020年)》,明确提出了"自主创新,重点跨越,支撑发展,引领未来"的新时期科技工作方针,对未来15年我国科技改革发展做出全面部署。党的十七大强调,提高自主创新能力、建设创新型国家是国家发展战略的核心、提高综合国力的关键,要坚持走中国特色自主创新道路,把增强自主创新能力贯彻到现代化建设各个方面。国家制定一批促进自主创新的政策和措施,实施一批科技重大专项,加大自主创新投入,构建国家创新体系,推进创新型国家建设。

目前,建设适应社会主义市场经济和国际竞争需要的国家创新体系,是当前国际形式下我国经济和科技发展面临的一项重大课题。国家创新体系是一个国家新知识产生、扩散和应用的网络,是国家核心竞争力的基础。能否产生出大量经济社会发展所需的知识并使这些知识尽快发挥重大作用,是衡量国家创新体系能力和效益的重要标准。一个运转良好的国家创新体系,不仅是一个国家经济和社会发展的重要支撑,也是应对日趋激烈国际竞争的重要保障。

世界上国家快速发展模式有两种,一种是完全引进型,如巴西;另一种是创造型的,在引进的基础上搞创新,典型国家有日本和韩国。目前我国就是根据我们的国情采用的第二种创新模式,能更快更好地推进创新型国家建设的步伐。全国各行各业对中央的这一举措呈现了极大热情,也都在创新建设中有所突破。

全国政协委员视察团到北京、江苏、浙江、安徽等地调研发现,部分省、市、地区企业、科研机构及高等院校在创新过程中热情很高,但创新意识难以满足需要,对创新型国家、创新型省、市建设的认识不够,在具体实施上感到很迷惘。出现这一问题的根本在于没有具体的科学创新理论的指导,只是按照上级的部署搞创新。

为此提出以下建议:

1. 由国务院政策研究室及社会科学院组成加快建设创新型国家理论研究办公室,根据国家发展战略和我国具体国情,负责研究有指导价值的建设创新型国家理论,以此成果指导各级政府和部门形成相应的政策和决策。从宏观的角度进行国家创新型建设的理论研究;建立完善有效的创新规律、方法的理论研究;创新体系上理论研究,以保证创新政策能顺利有效地进行。

我国目前的理论创新任务十分繁重。支撑经济发展、解决经济难题的目标,很多需要寻找技术新领域、新思维和新出路;制度创新则需要首先在中国特色社会主义理论上有创新突破;西方现代经济学帮助我们建立了有效率的市场体制,但不能帮助我们在"中国特色"上走到底,经济学在技术指标层面上的突破也在等待重大理论创新。理论创新是建设创新型国家的先导。当我们在某种技术上仍然落后于他国时,我们才需要在科技领域按照他国设定的大前提条件下重点在技术层面创新、演绎和发明。但这种状况,对致力于建设创新型国家的中华民族来说,不会永远持续下去。用理论创新引导技术创新、制度创新和管理创新,才能使这个国家快速成为创新型国家。

这就给国家的社会科学院提出了更高的要求,创新型国家宏观理论以及国家创新体系建设理论均需完善、深化和突破,通过理论指导,进一步推动国家创新建设的步伐。

2. 建议国家政府部门制定相关激励政策，使广大干部不再消极地上支下派，发挥领导干部自身的领导管理才能，主动解决当地社会问题；使广大人民群众中潜在的智慧能被大量激发，解决众多社会问题及社会矛盾，如大学生就业创业等，调动广大人民群众的创新主动性，使我国成为人人能创新、时时有创新、处处有创新的创新型大国。

3. 对各级干部尤其是有决策权的干部和技术部门负责人，应进行创新知识、创新意识、创新规律的培训，使之成为创新型干部，成为创新型的领军人物，加快各省、地、市以及国家的创新型建设。

4. 各大高校是知识创新、技术创新、人才创新的重要基地，大学生是创新型国家建设的生力军，加强高校领导尤其是教师的创新教育培养尤为关键，进行创新知识、创新意识、创新规律的培训，使其成为创新型教师。只有教师的创新能力加强了，才能更好地培养出创新型学生。河北工业大学有一套总结国内外创新知识的培训教材，效果显著，只用30课时，就能使学生创新能力提高3～4倍。

5. 对广大技术人员及各技校学生进行创新教育培训，使之提高创新意识、掌握创新规律和创新知识，才能更好地在工作中发挥创新才能。

总之从国家层面上，加强创新型国家的理论研究，在此指导下制定更有效的创新政策，加强创新培训，使干部成为创新领军人物，通过大量创新教育培训，使广大教师、技术人员、学生等成为创新生力军，就会使我国在不太远的将来成为创新型强国，实现国富民强。

主题词： 创新　理论

提案人： 刘玉岭

国务院研究室2009年6月9日以〔2009〕国研函字第17号文函复：

收到您提出的《关于加强建设创新型国家理论研究的提案》，我们组织有关部门进行了认真研究，现答复如下：

1.关于加强“建设创新型国家理论研究”问题。所提意见很重要，符合建设创新型国家的总体要求。党的十六大以来，党中央、国务院高度重视创新理论的研究工作，各地各部门、大专院校、科研机构都不断加大对创新理论的研究力度，拿出了不少研究成果。我室作为国务院的直属办事机构，非常注重创新理论的研究工作。在国务院的重视和支持下，今年我室又专门成立了教科文卫司，一个重要职能就是从宏观层面加强对创新理论的研究。据我们初步了解，中央不少单位也具有类似研究职能，都在加强这方面的工作，取得了许多成果，为党和国家有关决策发挥了重要作用。但与经济社会发展的现实需要相比，对创新型国家建设基本理论的重视程度和支持力度都有待加强。当前，全球金融危机的影响在日益加深，加强创新理论研究对克服金融危机影响，建设创新型国家有着重要的指导意义。我们认为，有关部门从不同方面，共同加强理论研究，不断丰富研究内容、深化研究成果，从总体上对创新理论研究工作是有利的。因此，目前情况下，暂无成立“创新型国家理论研究办公室”的必要。

2.关于制定相关激励政策、对各级干部进行创新培训、对高校领导和教师加强创新教育，以及对技术人员和技校学生加强创新教育培训等问题。所提建议有较强的现实针对性，是今后需要着力加强的。近年来，党中央、国务院加强了对创新工作的领导，各地、各部门也高度重视，应当说，出台了不少政策法规，在加强对各级干部、高校领导和教师，以及对技术人员和技校学生进行创新教育培训等方面采取了一系列措施,有些已经显现出了很好的成效。但从国家发展的现实和长远看,我们在创新理论研究和创新工作的组织领导方面都还有不少差距,需要方方面面共同努力,不断探索,用更多、更好、更有针对性的理论研究成果指导我国经济社会发展的实践。

非常感谢您的意见建议,希望您继续关注这一问题,为不断丰富创新理论研究,把我国建成创新型国家建言献策。

全国政协十一届二次会议提案第1759号

案　　由:关于引导高校在国家创新体系中发挥更大作用的提案

审查意见:建议国务院交教育部研究办理

内　　容:近年来,高校凭借其丰富的智力资源和技术资源优势,促进了高新技术产业的蓬勃发展,在国家的创新体系建设中发挥了重要作用。但随着科学技术的迅猛发展,高校在重大科技创新、与区域经济发展特色结合和人才定位培养等诸多方面,暴露出了许多问题,与新形势下国家创新体系建设的要求不相适应,远远没有发挥高校在建设国家创新体系中的主导和引领作用。为此,我们针对高校在国家创新体系中发挥的作用进行了调研,形成建议如下。

一、我国高校的发展现状及其在国家创新体系中的作用

改革开放30年来,我国高等教育事业获得了快速发展,高等教育规模迅速扩大,整体水平快速提升。目前,全国共有不同层级和不同类别的高校1973所,科技力量不断壮大,研发队伍由1986年的15.7万人,发展到2007年的27.2万人,约占全国研发人员总数的15%,而每年在校研究生数量2007年已超过100万人,在校本科生规模2007年达到1700万人;科技体系也不断完善,建成了以国家重点实验室、国家工程研究中心、哲学社会科学创新基地为代表的三个平台支撑新体系,以及旨在实现科技成果产业化的转化服务平台。目前在220个已建成的国家重点实验室中,依托高校的有137个,占到62.3%。同时积极承担科研任务,如"973"项目,高校占到立项总数的65.7%,而作为"973"第一首席科学家的项目,占到总项目的68%。同时"863"计划、国家科技支撑计划等其他科学研究计划中,高校也占了相当高

的比例。科技创新能力也不断提高,取得一大批标志性的科技成果,从1985到2007年,高校共获得国家自然科学奖457项,占总数的52%;国家技术发明奖1130项,占总数的35.9%;国家科技进步奖2775项,占总数的29%。

目前,在全国1973所高校中,最高学位授予权为博士学位的学校有245所,最高学位授予权为硕士学位的有212所,最高学位授予权为学士学位的学校为157所,其他高校1359所。全国各级各类高校科研水平参差不齐。随着"211"工程和"985"工程的实施,全国高校60%的科技经费、80%的国家级科研课题和科技成果明显向有较高水平的50～60所研究型学校集中,80%的博士生在这些学校培养。仅2006年,"211"及省部共建高等学校的科技课题项目、发表学术论文数量比重就超过了50%,特别是科技课题实际支出、国家奖获得、技术转让收入、专利出售实现金额方面的比重超过70%,而其他本科院校特别是高等专科院校科研实力相对不足,各项比重均较低。其次,教育部直属院校和地方院校的科研能力相对较高。2006年教育部直属院校的科技课题项目比重占39.02%,课题实际支出占52.85%,实现国家成果数量64.74%。第三,工科院校的科技能力较高,其次为综合性。工科院校的科技课题数量占41.91%、科技课题实际支出费用占58.96%、专利出售项目总量占71.18%。

二、我国高校发展过程中存在的主要问题

(一)定位不清,存在盲目发展问题

目前各高校发展定位的表述虽有办学类型之分、办学层次之别、办学特色之异等,但实质上,我国不同类型高校发展定位的问题却是惊人地雷同,如有些地方院校本身不具备进行科研创新的实力,但其科研投入仍然较大,这就导致与其办学定位相违背,阻碍了学院的发展。另外,各级各类高校存在着办学模式趋同化、培养人才类型单一化的问题。特别是随着近些年的扩招和合并,我国研究型大学大多在向巨型化发展,"大而全"的模式抹煞了学校的特点,与此同时其他大学的"升格"、"合并",盲目"够高"现象也屡见不鲜,形成了盲目扩张的现状。

（二）未区分管理，考核指标相同

目前，我国高等学校系统内已经形成了综合性大学与单科性大学、研究型大学与教学型大学、普通高校与职业（成人、继续教育）高校、部委院校与地方院校、公立高校与民办高校等多种类型、多种层次并存的基本格局。然而在当前我国高校系统中尚没有明确的分类标准，政府、社会对不同类型高校的角色期待也是模糊的，这样造成政府和教育主管部门对高校的"命令"与"指挥"缺乏针对性；同时高校也没有明确的角色认同，在国家创新体系建设中很难找到合适定位。另外，在高等院校之间、院校不同学科之间，一般采用同一考核指标与考核方法，未做到区分管理，同时由于考核指标与标准的制定缺乏深层次调研，考核指标体系无法兼顾全面性和可操作性，不同学科考核存在不可比性，同时，考核指标不能随实际情况及时调整，往往与高校的发展战略与目标相脱离。

（三）学校特色与国家发展目标联系不紧密

党的十七大提出了建设人力资源强国和创新型国家的发展战略，高等教育从自身的使命和任务出发，提出建设高等教育强国，服务国家发展的重大目标。但是，目前全国各类高校发展特色与国家发展目标联系不紧密，在办学类型、特色专业建设以及课程定位、设置等方面还不能完全适应国家经济、科技、社会发展对高素质人才的需求。管理机制不能很好地引导不同类型高校根据自己的办学定位和发展目标，发挥自身优势，实施区域高等教育特色化战略，促进高等教育与区域社会经济发展相协调。

三、关于推动各级各类高校在国家创新体系中发挥更大作用的建议

（一）统筹规划、合理定位，以二级学科为基本单位，明确其在国家创新体系中的位置

高校的发展定位直接关系着高校人才培养目标及其规格的制定，是高校制定发展战略、实行有效管理、实现自身特色的基础和先导。教育主管部门应对不同类型高校的创新体系建设进行统筹规划，特别要对未来我国高等教育的发展目标、高校分类和建设层次、高校改革

方向和高校评价体系等关键问题做出更为科学系统的判断，提出高校未来发展的战略原则，为不同类型高校的自身定位和制定战略规划提供指南。明确界定研究型大学、教学型大学和综合性大学的分类特征，明确各类大学人才培养方向，合理定位科研的比重，平衡教学和科研关系。水平高、条件好的研究型大学或综合性大学，应多开展一些基础研究，以科研产出为侧重点；缺乏条件的综合性大学和教学型大学以及单科学院则应以培养具有较强的实践能力的应用型人才为办学目标，多开展一些应用研究和技术开发。不同类型的高校，应结合自身的长期发展目标和特色优势条件，以二级学科为基本单位，明确在国家创新体系中的功能和定位。

（二）分类管理、科学考核，引领各级各类高校形成同类高校竞争、不同类型高校相互补充、协调发展的格局

不同类型、不同层次高校的差异性发展定位，要求政府对高校应实行分类指导、分层次管理，并制定科学的考核标准和体系。要改变针对不同类型高校的各类评估基本上沿用一个标准和尺度的现状，不断完善高校的评价标准和体系。可实行按高校类型进行分类评估，不同类型和层次的高校有不同的质量标准，以形成同类高校竞争、不同类型高校相互补充、协调发展的格局。明确研究型大学的类型特征，把研究型大学的建设发展与创建世界一流大学的目标结合起来；通过制定分类指标体系，明确各类高校在国家高校体系中的相对位置，促进各高校更加理性地看待其发展目标，鼓励高校的特色发展方向，避免因盲目追求学校规模和学科布局“大而全”可能带来的资源浪费；加强对专科/职业型院校的支持。这部分院校不仅数量众多，而且承担了高等教育大众化的主要任务，因此，它们的发展方向和质量标准对整个高等教育体系的健康发展有着重要影响。

（三）发展特色、注重实效，使各类高校在国家和区域创新体系建设中发挥作用

高校要根据政府和教育主管部门界定的分类特征，结合地方经济社会的特点确定高校办学的特色、目标、方向以及人才培养模式。研究型大学要结合自身优势资源和区域社会经济发展要求，整合优秀科

技资源，建立自身的优势特色学科，促进学科交叉，实现人才融合和流动，建立优良的科研基地，打造尖端学科，突出研究型大学在创新建设中的支撑作用。鼓励博士型、硕士型大学与本科大学/学院的特色发展，提升学科建设，重视科研成果的转化，打造学校品牌、专业品牌与科研品牌。还要加强对专科型/高职院校的发展，突出其在高校创新建设中的基础作用，并根据学校办学特色、学科专业特色、课程特色，进行自身的创新体系建设，发挥在国家或区域创新体系建设中的应有作用。

主题词： **高教　创新**
提案人： 王修林

中华人民共和国教育部提案办理2009年8月28日以教提案〔2009〕第166号文函复：

您提出的《关于引导高校在国家创新体系中发挥更大作用的提案》收悉，现答复如下：

自1995年以来，教育部先后印发了适用于不同型类高校教学评估方案。2004年，在总结十年评估经验的基础上，我部研制印发了高等学校本科教学工作水平评估方案，并根据分层分类指导的原则，先后补充印发了对设研究生院重点建设高校部分评估指标的调整说明和对医药、体育、艺术等类高等学校评估指标的调整说明。首轮本科教学评估于2008年上半年完成，从总体上看，这些评估方案比较符合当前的高等教育的实际。

目前，为做好新一轮本科教学评估工作，教育部已成立了“教学评估分类指导研究课题组”，对全国高校进行科学的分类，在此基础上提出分类评估实施方案，根据大学的不同功能、定位开展评估。目前我们正在加紧研究大学的分类和特色问题，争取在《纲要》中给予体现，进一步明确大学在国家和区域创新体系中的位置。我们相信随着不断调整和改进，评估工作将越来越适合我国高等教育发展的需要，中国的高等学校会发挥其应有的最大作用。

感谢您对高等教育的关心和支持。

全国政协十一届二次会议提案第2866号

案　　由：关于加大对我国社会信息化基础设施投入　推动电子信息产业发展的提案

审查意见：建议国务院交工业和信息化部会同人力资源和社会保障部、卫生部研究办理

内　　容：电子信息产业一直是国民经济战略性、基础性和先导性支柱产业，其重要性不言而喻，温家宝总理在2009年2月18日主持召开国务院常务会议，审议并原则通过电子信息产业调整振兴规划。

这意味着，虽然我们在当前国际市场需求急剧下降、全球信息产业深度调整的宏观形势下，电子信息产业作为我国十大重点振兴产业之一，如果产业环境得到持续改善，依然面临着重要的发展机遇。而对于电子信息产业来讲，产业发展环境最为重要的元素，除了各种鼓励和优惠政策、国家重大专项投入之外，就是可持续的市场空间。

在这里我想要建议的，就是通过加大我国社会信息化基础设施的投入，提升社会管理水平、政府决策、监管和服务水平的同时，解决城乡信息不对称的问题，给予电子信息产业以良好的、可持续的市场空间。我国目前的企业信息化水平相当于发达国家90年代中期的水平，而社会信息化的水平还要更加滞后。

市场的拉动作用有时候超过政策的激励作用，因为市场是构成完整产业链的最重要的一个环节。可以说，对于企业来讲，给市场可能比给政策还重要。

建议国家高度关注以下几个方面的社会信息化问题：

建立全国联网的社会保障信息系统。十六大报告指出:"建立健全同经济发展水平相适应的社会保障体系,是社会稳定和国家长治久安的重要保证。"没有完善的社会保障体系,就没有社会稳定的物质条件,就没有改革和发展的牢固基础。可以说完善社会保障体系是一项有着战略意义的任务,我们不能忽略信息技术对这项关键任务所能起到的支撑作用。我国目前缺乏一个统一的全国联网的信息系统,导致社会保障不能异地交付和支付、各地方的社保服务水平和规范性差异大,缺乏对社保基金的有效监管机制等问题。建立全国社保信息系统在技术层面不存在任何问题,可以说主要是整体规划、落实资金和具体执行问题。

伴随着我国医疗卫生体制的改革,建议加大医院管理、临床信息化和区域卫生服务信息化的投入,使医院向"以电子病历为核心的临床管理信息化"过渡,并逐步形成有安全保障的全国联网的电子病历和医疗卫生资源的信息库。目前美国、英国、瑞士等世界发达国家都在不断地利用 IT 技术以降低医疗成本、提高医疗水平。这意味着电子病历、网上预约、网上处方、远程诊断、异地医疗资源的共享成为可能。而对于我国这样一个医疗资源分配不平衡的国家来讲,不仅可以提高资源的利用率和有效性,而且可以在信息有效安全共享的过程中提升我国整体的医疗卫生服务水平。

加强互联网基础设施的建设。我国的城乡差距中很大的一个问题,是信息不对程,或者说获得信息的途径与成本不平衡。我国城市人均电脑拥有率已经达到 60%,发达的地区例如北京、广州、上海已经达到 90% 以上,而农村目前的人均拥有率大概只有 3.6%。互联网的设施的分布也是如此不均衡。

作为本提案的附件,是由中国互联网协会、清华企业家协会(TEEC)的互联网行业企业家共同提议,经协会领导、相关会员企业和业内专家的数次研讨后提出的对我国互联网基础设施投资的建议。建议投资光纤铺设、骨干网建设等基础设施,实现目标是在全国大部分的家庭、企事业单位实现宽带接入以及骨干网扩容。对于互联网的投资与其他基础设施、民生工程等投资一样,将在未来对中国社会产生巨大的影响，将使我国在未来很长时间内享受与之直接相关的知识经济、信息社会、创新型发展为背景的全球国力竞争成果。

主题词： **信息　产业**

提案人： 严望佳

中华人民共和国工业和信息化部2009年8月11日以工信提案〔2009〕117号文函复：

您提出的《关于加大对我国社会信息化基础设施投入　推动电子信息产业发展的提案》收悉，经商人力资源和社会保障部、卫生部，现答复如下：

一、关于建立全国联网的社会保障信息系统。如您建议所说，我国的社会保障因涉及面广，政策差异性大，统筹层次不一致等诸多因素，导致各地信息系统建设尚存在较多的差异。为解决这一问题，多年来，原劳动和社会保障部坚持统一规划、统一标准、统一建设的原则，积极推进全国劳动保障信息系统建设。2003年经国务院批复建设的金保工程，成为推动劳动保障信息化统一建设的一个重要标志。

金保工程一期建设以社会保险为重点，其基本任务是：建立中央、省、市三级劳动保障数据中心，集中管理业务和决策信息；搭建中央、省、市三级安全高效的网络系统；建立标准统一的应用系统，包括业务管理子系统、公共服务子系统、基金监管子系统和宏观决策子系统；重构和优化业务处理模式，实现对经办业务全过程的信息化管理，为宏观决策、基金监管和社会化服务提供全方位技术支持。

在社会保障数据中心建设方面，截至2008年年底，全国已建248个省级统一数据中心（包括4个直辖市、26个省级劳动保障部门和218个地市），在总体上呈现出了部省市三级数据中心分布的局面。

下一步，将进一步完善部级数据中心的功能，建立三级纵向联网数据交换平台，为实现统一的社保信息系统提供有力支持。

在全国网络建设和数据应用方面，截至2008年年底，32个省级劳动和保障部门全部实现了与部中央数据中心的网络连接，310个地市实现了与省级数据中心的联网，占全国地市总数的87.32%。下一步，将完成所有省级数据中心和地市间的联网工作，完成部省级网络与省市级网络的贯通工作，进一步扩大市域网的覆盖面，为开展全国性人力资源和社会保障业务提供便捷高效的网络环境。同时，金保工程全国联网数据应用已初见成效。养老保险全国联网已覆盖全国所有省份，每月上传到部里数据量已涵盖1.64亿人，占参保人员总数近90%；医疗、工伤、生育保险的全国联网工作已开始在全国启动。

在统一社会保障卡发放方面，截至2008年年底，具备人力资源和社会保障部批准注册资格的地市级以上城市110个，已批准的发卡人数超过1.2亿，实际持卡人数达4400多万人。

在全国应用系统建设方面，社保应用系统的建设主要分为本地应用和跨区应用两大块。针对本地应用，主要采取统一规划，系统指导，统一平台软件，同时允许地方根据本地社保的实际需求对信息化系统进行一定调整。人力资源和社会保障部组织开发的社会保险核心平台软件目前已经在340多个统筹地区使用。

针对跨地区应用，人力资源和社会保障部从起步阶段就设计了统一的全国性信息系统，一方面从2003年起积极推动全国联网数据采集工作，并基于这些数据开展基金监督、宏观分析应用；另一方面从2007年启动包括异地居住退休人员管理服务、跨统筹地区转移社会保险关系、异地就医联网结算在内的异地业务管理系统的建设，并开始探索对异地业务的有效支持。

随着我们对社会保障规范化、精细化需求的不断探索和努力，社会保障信息化已经开始进入标准化建设和科学管理的统一规划阶段，我们相信，在金保工程全国联网的基础上，全国各地社会保障应用系统集中程度会逐步提高到全国统一的信息系统，必将更加有力推动社会保障事业全面发展。而伴随着社保信息化事业的进展，也将给我国电子信息产业发展创造更好的环境。

二、关于建议加大医院管理、临床信息化和区域卫生服务信息化投入。医院管理、临床信息和区域卫生服务信息化的投入按资本主体分为政府投入、医院投入和社会投入三种形式。就医院信息化投入而言,目前投入的主要部分来自医院自身,政府对医院信息化投入比重较少。区域卫生信息服务信息平台建设方面则主要由政府投入。

中共中央、国务院《关于深化医疗卫生体制改革的意见》中提出,要大力推进医药卫生信息化建设,以推动公共卫生、医疗、医保、财务监管信息化建设为着力点,整合资源,加强信息标准化和公共服务信息平台建设,逐步实现统一高效、互联互通。卫生信息化的投入资金将逐步得到加强。

三、关于电子病历、网上处方和远程诊断。由于医疗服务涉及人的生命,关于电子病历、网上处方和远程诊断工作需要在卫生行政部门的规范下逐步展开。1999 年,卫生部发布《关于加强远程医疗会诊管理的通知》,提出对远程医疗会诊系统实行分级管理,并对远程会诊的业务范围、行为主体和责任主体提出明确要求。

《关于深化医药卫生体制改革的意见》中提出了开展电子病历和远程医疗的要求。但就目前而言,电子病历和网上处方应用仍然处于试点阶段。卫生行政部门正在研究和制定相应的技术规范和管理制度,以实现在患者隐私保护和信息安全基础上的信息共享。我们相信,我国医疗信息化的不断发展必将给我国电子信息产业的发展创造更大的市场空间。

四、关于加强互联网基础设施建设。近年来,工业和信息化部高度重视农村信息通信基础设施建设和信息服务的推广应用,大力推进农村地区信息化进程,从 2004 年开始在全国范围开展了村村通电话工程。工程实施五年以来,累计直接投资约 460 亿,共为 7.3 万个行政村和 5.3 万个 20 户以上的自然村开通电话,全国通电话的行政村和自然村的比例分别提高了 10 个百分点和 2 个百分点,达到了 99.7% 和 99.4% 。在此基础上,农村互联网发展迅速,目前全国 95% 的乡镇通宽带,98% 的乡镇能上网,全国 27 省份实现“乡乡能上网”。下一步,工业和信息化部将进一步加大农村通信基础设施建设,推动农村宽带网的普及和信息技术的应用,将宽带延伸到所有乡镇和大部分行政村,将基础电信企业各地分散孤立的平台进行整合,同时以农村信息通信网络和业务平台为信息传递手段,重点开展农村信息服务网点建设和农村信息内容开发两方面工作。我们相信,这些基础设施建设将极大地促进我国电子信息产业的发展。

非常感谢您对社会信息化的关注,希望在今后的工作中继续得到您的支持。

全国政协十一届二次会议提案第2872号

案　　由:关于实施地震灾区恢复重建现代服务体系科技行动的提案

审查意见:建议国务院交科技部会同卫生部、教育部、商务部、四川省政府研究办理

内　　容:在党中央、国务院的统一部署下,四川地震灾区灾后恢复重建工作已全面开始,包括城市及新农村建设规划、房屋和道路等基础设施建设均已展开,充分体现了党和政府以及全国人民对灾区人民的关怀之情。与此同时,灾区也迫切需要恢复重建以支持民生为重点的生存、生活和生产的现代服务和产业体系,一是需要长期和有效地关爱灾区人民,建立面向几千万受灾民众的灾后医疗、家庭救助和健康服务体系;二是需要重新建立灾区的教育体系,解决灾区大量的教育与职业培训工作;三是需要重新建立灾区人民赖以生存的产业体系,发展灾区特色产业集群,建立城乡统筹现代服务体系。

面对灾区急切而巨大的救援需求,需要创新模式,集成全国优势力量,及早进行科学规划,及时采取科技行动。为此,提出实施地震灾区灾后重建现代服务业科技行动的建议,并建议由科技部牵头,联合卫生部、教育部、计生委、中国残联等相关部门和四川省人民政府进行实施。

"地震灾区灾后重建现代服务业科技行动"的具体建议如下:

一、开展区域协同医疗服务,建立现代医疗服务体系

1. 加强医疗协同服务

在灾区重建工程中,建立非灾区各优势资源医疗机构与灾区

各医疗卫生机构之间的协同服务机制；建立面向灾区的医疗卫生人员培养体系。总结经验教训，进一步建立科学的急救、分诊、转送、后续医疗等应急协同医疗救援的方法和模式，提升对受灾伤员的医疗救治质量和效率，最大限度降低伤残率和死亡率，以备不时之需。

2. 开展远程家庭救助服务

建立地震灾后家庭远程救助综合信息服务平台，结合灾区人口和计划生育服务机构，联合其他相关非政府机构和专家志愿者，开展灾区家庭心理疏导和心理干预、再生育咨询服务和优生优育咨询服务。建立灾后残疾人综合救助信息服务平台，提供残疾人就业培训、就业指导以及咨询服务。

二、开展远程教育与职业培训，提升人民群众的文化素质

开展"灾区中小学远程教育应用示范"，在重灾区的中小学开展基于国产软硬件的低成本、实用化的远程教育系统应用。开展灾区重建中的职业上岗培训和高职人才培养，采用面授和网络相结合的方式，建立发达地区与灾区"一对一"携手联合培养机制。

三、科学发展特色产业集群，促进灾区经济发展

创新模式，建设城乡配套的特色工业产业基地，发展专业化配套的中小企业集群；开发应用支持产业链协同的服务平台，组织实施信息化工程，支持企业群体协作。协同资源，重建旅游和休闲("农家乐")服务特色产业链，开发覆盖旅游和休闲服务产业链全程的服务平台，实施数字化旅游工程，打造旅游和休闲服务集群式供应链。科技支撑，构建特色产业链服务支持体系。

四、开展城乡统筹，构建电子商务与现代物流体系

建设城乡统筹的电子商务与现代物流体系，将灾区经济发展与全国的发展融成一体。包括：构建城乡统筹的电子商务与现代物流服务支持平台，围绕灾区果蔬产业基地，构建城乡一体的果蔬供应链业务协作体系；建设果蔬产业集群式供应链，形成果蔬经销集散地和物流中心。构建城乡统筹的果蔬产业服务支持体系，重建(或建立)果蔬生产力促进中心、果蔬交易市场和物流中心，形成城乡统筹的果蔬产

业服务支持体系。

主题词： 科学 技术

提案人： 孙林夫 尼玛泽仁 陈 放 雷世银 高晓笛 张晓梅 王福耀 陈智伦 黄润秋 罗 霞 谢商华 陈炳德 张庆成 洪建胜 胡先春 阿侯蜀革 施 杰 王 康 田伏洲 朱长林 戴晓雁 徐建群

中华人民共和国商务部办公厅2009年6月1日以商办商贸函〔2009〕42号文函复：

按照政协提案办理程序要求，现将第2872号提案涉及我部业务的意见转去，供参考。

一、关于“科学发展特色产业集群，促进灾区经济发展”的意见

近年来，四川省绵阳市在电子信息领域的生产技术水平不断提高，产业特色越发明显，带动效应日益增强，形成了以长虹、九洲为龙头和纽带的电子信息产业群。2006年，我部会同你部认定绵阳市为国家科技兴贸创新基地（电子信息），通过省部共建，采取政策、资金等手段大力支持绵阳市电子信息产业的发展，两年多来，共提供优化机电和高新技术产品进出口结构资金1200万元，创新基地建设取得显著成效。特别是在“5·12”特大地震发生后，在各部门的积极支持下，在绵阳市委、市政府的高度重视下，基地建设克服了地震的不利影响，2008年各项工作取得了较好成绩。为促进灾区经济振兴，我部将继续支持绵阳电子信息产业的发展，努力把基地建设推向新的台阶。

二、关于“开展城乡统筹，构建电子商务与现代物流体系”的意见

20世纪90年代以来，以电子商务、物流配送为代表的新型流通方式在我国快速发展，在当前经济形势下，大力发展电子商务与现

代物流,对扩大内需、拉动消费升级具有重要意义。我们赞同委员们提出的建设城乡统筹的电子商务与现代物流体系,将灾区经济发展与全国的发展融成一体的建议。近年来,我部开展了大量工作,取得了初步成效,下一步,将继续做好相关工作,全力促进灾区恢复重建。

(一)健全电子商务发展环境

电子商务的持续健康发展,离不开健全成熟的政策与法制环境支撑。经过深入研究和全力协调,我们根据商务工作职能起草并下发了《商务部关于促进电子商务规范发展的意见》(商改发〔2007〕490号),对提高社会公众对电子商务的认知度和认可度,改善网上交易环境,引导交易参与方规范各类市场行为起到了积极作用。会同有关单位起草并发布了《电子商务模式规范》和《网络交易服务规范》两项推荐性行业标准。积极研究起草《无店铺销售管理办法》并已形成初稿,拟从信息披露、交易规则、企业备案登记、行业自律等方面规范无店铺销售行为,将在进一步修改完善后公开征求意见,力争尽快出台。

(二)搭建现代服务业服务交互支撑平台

我部直属事业单位中国国际电子商务中心已完成了国家“十一五”科技支撑重点课题——现代服务业服务交互支撑平台的建设任务,该平台面向国家现代服务业的共性技术服务需求,通过搭建一站式的服务集成环境,支撑电子商务、现代物流、协同医疗、数字家庭、数字教育、数字旅游等现代服务业典型领域的发展。该平台提供的搜索、即时通讯、网络视频、无线短信、电子支付等服务已经成功地支持了四川省区域协同医疗项目建设。下一步,我部建议运用现代服务业服务交互支撑平台为地震灾区恢复重建现代服务体系提供共性技术支撑。

(三)实施“双百市场工程”

为解决农产品“卖难”问题,促进农业增效、农民增收、农村发展,同时保障农产品流通安全,我部2006年启动了“双百市场工程”,安排近9亿元资金,重点支持农产品冷链、质量安全可追溯两大系统和检验检测、结算、信息、监控、废弃物处理五大中心建设和改造。3年累计核准365家大型农产品批发市场和流通企业的796个项目为“双百市场工程”建设项目。今年,我部将会同财政部继续实施“双百市场工程”,建设和改造蔬菜、水果、肉类、水产等大型鲜活农产品批发市场,扶持县乡镇农贸市场进行标准化建设与改造。在安排批发市场资金和数量时,我部将对四川省继续予以支持。

全国政协十一届二次会议提案第1036号

案　　由:关于促进民营企业发展文化产业的提案

审查意见:建议由中央宣传部会同文化部、财政部研究办理

内　　容:世界金融危机对中国文化产业而言,机遇大于挑战。从美国、日本和韩国等国家的文化产业发展的历史经验来看,在经济萧条时期,文化娱乐消费会逆市增长,发展文化产业有利于拉动内需、刺激经济,有利于社会稳定,也有利于增强国家软实力。

促进中国文化产业的大繁荣大发展,离不开民营企业。但是,发展文化产业的诸多问题,已成为制约民营企业发展文化产业的瓶颈。为促进我国文化产业的蓬勃发展,发挥民营经济发展文化的积极性、主动性和创造性,建议政府着重解决好以下几个问题:

一、尽快建立公平交易的市场平台。我国文化体制改革为民营文化企业发展创造了有利条件,但由于与文化市场相关的规制与监管不完善,使民营文化企业缺乏公平竞争的市场环境。如:我国电视台跟电视剧制作公司之间还没有形成平等的市场主体关系,电视剧的交易实质上还不是真正的市场行为。在民营文化企业制作的影视节目审核和销售过程中,民营文化企业基本上没有话语权,制播内容和渠道上的博弈问题依靠民营文化企业自身无法解决。

二、尽快建立公平竞争的市场机制。由于文化产业的资源与意识形态的相关性,资源基本上都集中在国有控制,形成了行业上的垄断。垄断的结果不可能产生竞争,没有竞争就不可能促进发展,也就不可能给广大百姓带来文化上的实惠。这种文化垄断今后不打破,文化产业的发展势必受到制约。在加强监管的前提下,应拿出一部分资源与

民营合作，通过引进民营体制和机制来参与和促进整个文化产业的发展。在国际竞争日趋激烈的背景下，应给民营企业更多的机会，必须突破体制上的局限。

三、尽快建立公平待遇的市场环境。本着“平等准入、公平待遇”的原则，放宽民营资本等社会力量进入文化产业的准入政策，积极鼓励和支持民营企业进入文化产业。鼓励支持民营资本投资经营文化设施，兴办国家倡导的文化事业或兴建公共文化设施；积极鼓励民营资本参与文化事业单位的改制改组，以控股、参股、合作等形式，兴办影视制作、发行、放映、演艺、娱乐、经营等文化企业，并享受国有文化企业同等待遇；允许以个人声誉和版权、经理人资质等无形资产作价参与组建文化企业。

四、积极鼓励民营经济参与国有文化单位的重组改造。鼓励民营经济以技术、品牌、知识产权等生产要素作价参股，或以投资、参股、控股、兼并、收购、承包、租赁、托管等形式，参与国有文化单位转制改企的资产重组，在资产处置、收入分配、人员安置、社会保障、财税政策等方面，按国有文化单位转制改企的相应政策执行。允许民营资本以合资、合作、并购等形式，参与国有文艺表演团体、演出场所等文化单位的公司制改造，民营资本可以在改制后的公司中控股。转制前已办理的各项专项审批手续和文化经营许可证，不因其所有制性质改变而取消。民营经济参与兼并、收购国有文化企业，应享受国家有关优惠政策。

五、切实加大对文化产业的投入。中央用于扩大内需4万亿财政计划中有400亿用于文化、教育、卫生领域，文化投入所占比重非常小，即便能够发挥作用，也主要体现为文化基础设施的建设，难以转化为文化消费，近期内对文化产业的促进作用非常有限。政府应设立国家文化产业发展专项资金，通过财政贴息、补息、建立风险投资基金等方式扶持文化企业加快发展。同时建设公共文化服务体系，开放公共文化产品和服务市场，将人民群众潜在文化需求转化为现实文化需求，推动消费结构升级，进一步发展文化生产力。

六、切实拓宽民营文化企业的融资渠道。按照“谁投资、谁所有、谁受益”的原则，引导民营文化企业通过发行股票、债券、转让产权等方式直接融资，广辟融资渠道；引导金融机构向民营文化企业提供贷款择优、利率优惠的服务；发挥民营企业信用担保体系的作用，推进政府、银行、企业、担保机构的合作，健全向银行推荐优质项目的长效机制，组织开展文化产业贷款项目的推荐工作，努力缓解民营文化企业贷款难；积极做好文化产业项目储备工作，进一步加大招商引资工作力度，促进我国民营文化企业与国(境)外企业的合作。

主题词： **文化　发展　资金**

提案人： 茅永红

中共中央宣传部2009年5月28日以中宣提字〔2009〕2号文函复：

您提出的《关于促进民营企业发展文化产业的提案》收悉，您提出的六条建议很好，现将有关情况答复如下。

党的十六大以来，为推动社会主义文化大发展大繁荣，党中央积极鼓励和支持社会力量参与文化建设和文化产业发展，鼓励和支持非公有资本以多种形式进入政策许可的文化产业领域，大力发展非公有制文化企业，逐步形成以公有制为主体、多种所有制共同发展的文化发展格局。目前，非公有经济已经成为建设社会主义先进文化的不可或缺的重要力量。

近年来，党中央、国务院先后出台了《关于深化文化体制改革的若干意见》、《国家“十一五”时期文化发展规划纲要》、《关于加强公共文化服务体系建设的若干意见》、《关于鼓励和支持文化产品和服务出口若干政策》、《关于非公有资本进入文化产业的若干决定》等文件，其中，对非公有资本参与文化产业的领域范围和支持政策均有较明确的规定。相关部委正在认真贯彻文件精神，制定配套政策，将文件精神落到实处。目前，我部正牵头制定文化产业振兴规划，以应对当前国际金融危机的新形势和文化领域改革发展的迫切需要。

关于文化产业发展专项资金问题，此项资金已设，2008 年中央财政对“扶持文化产业发展专项资金”安排了 10 亿元资金，今后将在此基础上逐步增加注资，并实行市场化运作，采取贷款贴息、股权投资、风险投资、以奖代补、担保补贴等方式，支持文化产业发展。关于拓宽民营文化企业融资渠道问题，我部已于 2008 年会同文化部、国家广电总局、新闻出版总署等部门组成专题调研组，就文化产业融资问题进行调研，目前正在制定相关政策文件，其中，将包含解决非公有制中小文化企业融资难问题的内容。

感谢您对文化体制改革工作的关注和支持。

全国政协十一届二次会议提案第1045号

案　　由:关于实现文化产业发展新突破的提案

审查意见:建议由中央宣传部会同文化部研究办理

内　　容:当前,世界经济正面临一场极其深刻的变革。胡锦涛总书记在党的十七大报告中提出"文化软实力"的概念,中国和平崛起要依靠硬实力的增强,更要依靠软实力的积累和提高。文化产业是全球经济一体化时代的"朝阳产业"、"黄金产业",有人称之为"21世纪的最后一块暴利蛋糕"。文化产业在世界各国经济发展中的地位越来越重要。在经济文化相互交融的趋势下,大力发展文化产业,不断提高文化的竞争力,是时代的呼唤,是中国改革发展的必然要求。

中国拥有极其丰厚的文化资源,几千年的文明史造就了博大精深的中国文化。但是,作为一个有着悠久历史文化的大国,中国文化占世界文化市场的份额却不高。综观各国文化在世界文化市场中的份额,美国占43%,欧盟占34%,在亚太地区占有19%的份额中,日本占10%,韩国占5%,而中国和其他亚太国家共占4%。一个有五千年文明历史的国家,却没有赢得"文化大国"的美誉,其中存在的问题值得深思。

同发达国家和地区相比,我国文化产业的发展主要存在以下不足:一是结构分布不均衡,区域差异明显。从区域结构上分析,东部地区无论营业总收入还是就业人数明显强于中西部地区,中西部地区的文化产业总量少、规模小、特色不明显、产业聚集力弱。二是文化产业规模偏小,总量偏少,水平偏低,综合竞争力不强。同时,文化产业经营方式比较单一,没有依托主业形成文化产业链和多元化的产业发展格局。三是投资渠道单一,开放程度不高,没有或缺少文化产业发展的专项资金,而文化企业通过资本市场融资也刚刚起步,还处于探索阶段。四是文化产业基本上是以传统文化资源、传统工艺技术为主,而且科技含量偏低,附加值不高,高素质人才短缺,市场竞争能力不强。造成这些方面的原因除了思想不够开放、观念比较陈旧以外,主要是体制、机制和政策上存在许多障碍。

一、深化改革,在理顺文化管理体制上实现新突破。我国的文化产业发展能否有根本性突破,重点在于体制方面的创新改革,积极推进文化产业相关领域行政管理机构重组,加速政府职能的转变,改变当前行政管理体制不适应文化产业发展的状况,逐步实现政府职能部门依据政策、法规对文化产业实行法制化、规范化、科学化的管理,建立科学合理、灵活高效的市场运作机制。对文化产业和文化事业采取不同的管理和经营模式,是促进文化产业快速发展的当务之急。要打破现阶段仅仅局限于依靠文化行政部门"做大做强"文化产业的思路,要在文化投资主体多元化方面寻求政策思路。要建立多渠道的投资体制和有效的筹资机制,充分利用财政、税收、信贷和价格等经济杠杆,在资金投向、产业结构和整体布局、文化产品生产和文化市场管理等方面,体现政策导向。在政策允许的范围内打破行业垄断,积极吸收境外资金和社会资本投入文化产业。应尽快形成以政府投入为主导,以企业投入为主体,以市场融资为主力的文化投入机制,鼓励、支持、引导、开创多元资本进入各类文化企业,不断完善投资服务体系。

二、完善政策,在营造有利于文化产业发展的社会环境上实现新突破。我国的文化产业虽然具备了一定规模,但尚处于初始阶段,在国际竞争中处于弱势。要努力建立起符合国际规则、符合我国国情、符合社会主义文化发展需要的文化产业政策。要扶持具有市场领导地位的文化企业以及潜力型企业,鼓励这些企业不断提升文化创造力,通过开发特色文化产品、特别是能够走向国际市场的文化产品,不断增强企业的核心竞争力。应当积极鼓励企业参与竞争,减少行业部门垄断和行政性垄断,摆脱各类文化企业对政府的依赖性,鼓励大型国有企事业文化单位为我国文化走出去做出积极的贡献。随着我国经济的持续高速发展,文化旅游与会展业成长快速,可以强力打造具有国际影响力的品牌化项目和特色城市文化产业,利用不断累积的资源和管理经验,逐步走向国际化。

三、扩大开放,在依靠市场经济法则推动文化产业发展上实现新突破。文化企业是文化产业的主体,也是创新发展的主体,更是全球化竞争的主体。要按照市场经济规律,通过联合、兼并、重组等,加快在全国范围内组建若干跨地区、跨部门、跨行业和跨所有制的,一业为主、兼营相关产业的综合性文化集团,参与国际竞争。要制定文化企业兼并、联合、重组政策,充分利用全社会的文化资源发展文化产业。文化产业集团的组建,不能以小凑大,将劣质资产也组合进来,而要将原有的资产、机构、人员、设备做认真清理,并采取跨行业、跨系统、跨地区兼并、联合、重组的办法,不但要鼓励行业内的文化企业进行强强联合,而且要敢于和其他科技含量高、资产增值快的系统外企业集团联手,也可引导邻近省份在共同经营文化产业方面,实现强强联合。

四、培养人才,在壮大文化产业队伍上实现新突破。一是坚持以人力资源开发为重点,培养具有领先的策划能力、文化产品创新能力、市场营销能力和具有国际视野的优秀文化创意和经营管理人才,造就一支政治强、素质高的文化产业企业家人才队伍。二是打破行业、部门等界限,整合文化资源,引进和培育人才,构建人才战略高地,培育和造就能够驾驭品牌企业和企业集团的高端人才。三是以文化站、农民自办文化户为基地,不断巩固、充实、提高农村业余演出队伍,采取有效措施吸引专业人才充实到基层文化站,坚持以民间艺人、文化能人和文体活动爱好者为骨干,培养和激励乡土艺术家,充分发挥他们的带头示范作用。

主题词:　**文化　产业　发展**

提案人:　樊庆斌

中共中央宣传部2009年5月28日以中宣提字〔2009〕3号文函复:

您提出的《关于实现文化产业发展新突破的提案》收悉,现就有关问题答复如下。

1. 关于深化文化体制改革问题。党的十六大以来,中央高度重视文化体制改革工作,下发了《关于深化文化体制改革的若干意见》,对深化文化体制改革、推动社会主义文化大发展大繁荣作出战略部署。近几年来,中央有关部门和各级地方党委政府认真贯彻中央精神,不断深化文化体制改革,取得明显成效,主要表现在:深化公益性文化事业单位改革,大力发展公益性文化事业,公共文化服务体系基本框架初步形成;积极推进国有经营性文化单位转企改制成为真正文化市场主体,优化资源配置和产业结构,文化产业的规模化、集约化和专业化水平不断提高,实力显著增强;加强文化产品市场和要素市场建设,打破地区封锁、行业垄断,推动统一、开放、竞争、有序的现代文化市场体系的建立;推动政府职能转变,实行政企分开、政事分开和管办分离,实现政府由管直属单位向管社会、由办文化向管文化转变;实施文化"走出去"战略,中华文化国际影响力进一步扩大,等等。

2. 关于制定文化产业政策问题。近几年来,党中央、国务院先后制定了《关于非公有资本进入文化产业的若干决定》、《关于文化领域引进外资的若干意见》和《关于鼓励和支持文化产品和服务出口若干政策》等政策性文件。2008年,对国办发〔2003〕105号文件进行修订,国务院办公厅印发了《关于印发文化体制改革中经营性文化事业单位转制为企业和支持文化企业发展两个规定的通知》(国办发〔2008〕114号)。今年国家还将就文化产业融资、培育骨干文化企业等出台专门政策。

3. 关于培养人才问题。为了造就高素质的人才队伍，我部将经营管理人才和专门技术人才纳入全国宣传文化系统“四个一批”人才培养工程之中，定期组织对经营管理人才进行集中培训和赴海外学习。今后我部将继续加强对宣传文化企业领军人物和各类高层次专门人才的培养，继续办好经营管理人才和专门技术人才培训班，培养一批熟悉市场经济规律，懂经营、善管理的人才。同时，吸引财经、金融等领域的优秀人才进入文化产业；加强对体制外人才的培养，以及海外文化创意、研发、管理等高端人才的引进。通过这些措施，为我国文化产业发展提供强有力的人才保障。

感谢您对宣传文化事业的关心和支持。

全国政协十一届二次会议提案第1146号

案　　由:关于提升中国2010年上海世博会文化内涵的提案

审查意见:建议由上海市政府研究办理

内　　容:中国2010年上海世博会中国馆如何提升既精深又普及,既历史又现代的中国文化内涵,这对打造创意世博、和谐世博、快乐世博,向世界兑现奉献一届"成功、精彩、难忘"的世博会的承诺,完美体现"城市,让生活更美好"的主题,具有十分重要的意义。

源于工业革命萌芽之际的世博会,至今已经先后举办了40多届,主要经历了多个发展阶段:19世纪中后期展示工业革命成就;20世纪前期,科技繁荣与呼吁和平;到了20世纪后期,世博会主题更趋多元,表现科技、生态、文化、人文等,并从更多地追求进步的理念到"可持续发展"等类似理念,更多地关注人文发展和以人为本的人文精神来提升世博会文化内涵,这是世博会恒久不衰的主要原因。

世博会的形式是展会,表现手段是科技,其背后支撑的则是文化。中国2010年上海世博会的文化内涵应该包括五千年历史积淀的"中国元素"和充分反映现代社会经济崛起、文化繁荣、科技创新、民族兴旺的新的"中国元素"。"中国元素"是多种意义的涵盖,是中国文化的升华,并表现在多方面。"中国元素"应该在中国2010年上海世博会上得到高度体现,让博大精深,内涵丰富的"中国元素",以其旺盛的生命、民族的自信和人民的欢乐感动中国、感动世界。

世博会从创办的第一天起面对的就是创新,创新是世博会文化内涵的主要精神之一,是推动世博会发展的主要动力。法国人在巴黎世博会的浪漫创意,增加了艺术感,在很大的程度上改变了世博会的展示理念，尤其是创新建造的举世瞩目的埃菲尔铁塔，开了世博会的历史先河，所引领的现代建筑风潮至今不衰。在世博会上创新体现得越多就越符合世博会的主题。提升中国2010年上海世博会的文化内涵，首先表现在文化、经济、科技、社区、城乡互动五个方面对“城市，让生活更美好”这一主题的文化阐释上。其次，要让更多的海外观众在亲和中接受与喜爱“中国元素”，中国2010年上海世博会主题的文化内涵展示就必须要有大的创新。这需要学习借鉴吸取世界先进理念和成功经验，学习借鉴2008年北京奥运会，拿出让世界惊奇的创意。“中国元素”只有剥落一切表皮，才能在世博会凸显晶莹真境。

为此建议：

1. 在中国2010年上海世博会举办期间，要充分利用开幕庆典、开园仪式、闭幕式、中国馆日和传统节庆，以及大量的文化演艺娱乐活动，真实、科学、有效地诠释和展示中华悠久的历史文化、繁荣昌盛的现代文化和中化文明魅力，以提升上海世博会的文化内涵。要利用世博会的契机，增强中国文化与世界文化的交流，用文化的方式同世界各国人民开展平等友好、富有感性的交往，面向世界，融入世界。演绎中国文化要依照求真、求理的自然法则，更好地把握与世界各国文化的“差异性”和“共通性”，关注“接受文化”的问题，让世界各国人民乐于接受，参与互动，流连忘返，交口称赞。

2. 中国2010年上海世博会中国馆的布展要改变以往中国馆内容古板与千篇一律，借助现代先进的科技手段，使展示方式更加亲切、幽默，富于想象力和创新精神。要向世界全面、立体地展示中华民族的灿烂文明、深厚的文化沉积，特别要多展示现代中国，尤其是改革开放以来所取得的辉煌成就，尽量减少用古代的成就来证明自己的重要性。要提高创新性，加强互动性，使广大的海内外参观者产生认同感，激发兴趣，加深印象，达到“成功、精彩、难忘”的办博效果。

3. 中国2010年上海世博园区要内外结合，动静结合，积极培育和发扬饱含中国元素的海派文化，如石库门文化等，充分展示中国各民族丰富多彩的民俗文化，要让具有浓郁地方特色的民族传统文化演绎延伸到世博园区之外，充分形成园区内外文化互动，交相呼应的创新格局，形成园区内外联动的狂欢高潮，从而向全球充分展示城市文化的元素，凸显城市文化的魅力，提升城市文化的品位，把世博会办成饱含中国文化内涵的欢聚、沟通、展示与合作的世界性的文化盛会。

主题词： **文化 纪念活动 上海**

提案人： 屠 杰 陈方红 陈联合 陈励君 浦 江 吴承业

上海市人民政府（函）2009 年 6 月 29 日以沪府函〔2009〕63 号文函复：

你们提出的《关于提升中国 2010 年上海世博会文化内涵的提案》收悉。我市领导十分重视，批请上海世博局会同有关部门认真研究和办理。现将办理意见函告如下：

一、关于利用世博会各类活动平台，展示中国的历史文化、现代文化和文明魅力，增进中外文化交流的建议

世博会是展示全球多元文化的大舞台。在上海世博会期间组织丰富多彩的文化演艺活动，对全面展示中国文化，促进各国文化交流，推动文化创新发展，对打造创意世博、和谐世博、快乐世博，向世界兑现奉献一届“成功、精彩、难忘”的世博会的庄重承诺，具有重要意义。

上海世博会举办期间，将充分利用各类庆典和园区内的各类演艺场所，举行大量的、丰富多彩的文化演艺娱乐活动。在党中央、国务院的领导和世博会组委会、国家有关部门的指导下，我市正精心组织策划一批具有浓郁中国本土、传统文化特色的活动，通过对中国历史文化与现代文化进行合理的演绎，充分展示中国文化的深厚历史底蕴和近年来文化大发展、大繁荣的成果，展现中华文明的独特魅力。

为依托世博会这一平台，增进中国文化与世界文化的交流，以文化的方式促进中国与世界各国人民开展平等友好、富有感性的交往，

并把握文化的“差异性”和“共通性”，使各国人民乐于接受、积极参与，有关方面在深入调查研究、广泛听取意见和建议的基础上，尝试以“主题、首演、时尚、奖项、世界非物质文化遗产、本土特色、名人名团、同城效应、科技含量、街头巡演、开闭园活动、艺术节庆、艺术展览、合作、创新、启迪、创意、传递、互动、合理”20个关键词为引领，为组织者遴选演艺节目、参展者申报节目提供依据，并充分体现对于文化多样性的尊重。

二、关于把握重点内容、运用科技手段，完善中国馆的展示方式，突出亲切幽默、富于想象力和创新精神的建议

将在“城市，让生活更美好”的主题下，通过文化创意和对中国元素的创新运用，让国内参观者对本国文化有一个惊喜的“再发现”，进而感悟中国城市的发展方向。同时，让国外参观者感到展示内容亲切易懂，体会中国哲学、中国智慧和城市发展道路的普世意义。通过结合主题、面向未来的科技亮点和展示手段创新，增添时代感和未来感，以全面、立体地展示中华民族的灿烂文明、深厚的文化积淀，使中国国家馆成为展示中国特色的城市化发展道路以及国家形象的一个良好平台。

在中国馆的建筑设计上，我们突出了“城市发展中的中华智慧”的主题，结合中国深厚的城市发展传统，展示一条具有中国特色的城市发展道路，让参观者感受中国城市强大的生命力和包容性，领悟“师法自然”的中国城市发展智慧。采取在中国古建筑中具有代表性的“斗拱”形式，设计了冠名为“东方之冠”的国家馆，寓意“以柔克刚”。因其在形态上近似传统粮仓，还为世博主题添加了“民以食为天”的生动注脚。在国家馆和地区馆的整体布局上，以地区馆的平和舒展，映衬国家馆的居中升起、层叠出挑，嵌入中国哲学对“天”与“地”关系的理解，隐喻天地交泰、万物咸亨。

在中国馆展示设计上，我们正以“寻觅”为主线，立足改革开放30多年来中国城市的发展历程，追溯历史，展望未来，从人文视角展现中国城市发展特点、挑战和应对之道。对享誉世界的《清明上河图》进行富有创意的再现，展示中国古典城市发展的巅峰，借此回溯中国城

市的传统智慧。运用现代科技手段,在展馆核心层设立了一个集合装置艺术和多种媒体的体验型影院,通过一场经历震撼、思索、惊喜的情感体验之旅,带领观众领略中国改革开放以来城市和生活的巨大变化,努力使人觅得并感悟“中华智慧”的精髓。目前,我市有关方面还在与国家发展改革委、科技部等进行沟通,希望引入中国最具亮点的创新科技,将中国馆最后一个展区设计成为概念性广场,让人从中感受现代科技和中国式生活方式的结晶,感受中国城市可持续发展的未来。

三、关于世博园区内外结合、动静结合,培育和发扬饱含中国元素的海派、民俗文化,凸显城市文化魅力的建议

上海世博园区内的各类活动由中国2010年上海世博会有关组织机构负责举办,园区外各类活动主要由上海市举办,具体由市文广影视局牵头落实。

对上海世博会的“动静结合”的建议,有关方面已予以考虑。“动”的一面,通过举行各种丰富多彩的演艺活动等得到体现。“静”的一面,通过举办艺术展览,对来自全球民间的各种艺术门类的作品进行展示反映。

上海各文艺单位将紧扣世博需求,进一步整合资源,进行节目对接,积极培育和发扬饱含中国元素的海派文化。一是上海创作力量将参与重要活动策划;二是上海文化单位将参与世博活动征集;三是上海文化资源将参与世博“上海周”活动。此外,我市还将进一步搭建平台,努力扩大世博文化效应,包括建立市场共享机制,将世博活动辐射到园区外乃至长三角地区以及全国各地巡演;建立社区联动机制,把精彩的世博活动引入社区,与市民进行各种形式的互动和交流,生动演绎城市社区的和谐互动等。

上海世博会期间,其他省(市、区)还将通过中国馆、地方馆展示以及参与各种文化演艺活动等,充分展示本地区文化特色、中国各民族的民俗文化特色。

衷心感谢你们对中国2010年上海世博会筹办工作的关心和支持。

全国政协十一届二次会议提案第1161号

案　　由:关于改进救灾捐献宣传工作,加强救灾物资管理使用的提案

审查意见:建议由中央宣传部、国家发改委、民政部分别研究办理

内　　容:2008年,面对我国南方部分地区罕见的低温雨雪冰冻灾害和严重的地震灾情,党中央、国务院高度重视,周密部署;中央领导同志时刻关注灾情变化和抗灾救灾工作的进展,深入受灾严重地区检察指导工作、慰问群众,极大地鼓舞着灾区人民勇战灾害、重建家园的斗志和信心;全国人民更是心系灾区,纷纷捐款捐物,志愿报名赶赴灾区抗灾救灾的热心群众更是数以万计,在无情的灾难面前,彰显出伟大仁德的道德风尚。灾难过后,灾区所面临的灾后重建恢复生产任务十分繁重,救灾工作不能松动,不但要考虑眼前,还要谋划长远。自然灾害的发生具有必然性与偶然性,我们对于复杂气候变化与地壳运动等自然规律的把握仍需一个较长的认识过程,难以准确地对每一次灾情发出预警。因而,如何组织好财力、物力、人力支援灾后重建是我们应对灾难的一项重要任务。对此,针对改进救灾捐献的宣传号召和加强救灾物资的管理使用工作提出如下六点意见:

一是人民群众的捐献活动不能成为政府的强制行为。广大干部群众和团体自愿捐献是一种自发行为,其精神动力源自民族文化的仁义道德,是人道主义救援精神的体现,也是我国坚持社会主义精神文明发展的方向、重视建立社会主义核心价值体系、抓好思想道德建设的成果体现。一方有难,八方支援,救助灾区人民尽快脱离苦难,是党和国家及全国人民的迫切愿望。然而,这些年来,一些

地区的政府和领导不从实际出发，单纯地追求捐献物资的数额多少，把这一工作视为自己的工作政绩，要求所在单位人人都要捐款捐物，有的单位还按照不同等级划分捐款底线。捐献活动由自愿自发变成了对行政指示的贯彻执行，在一定程度上影响了干部群众及社会团体的捐献热情与积极性。面对众志成城奋力救灾的热情，建议各级政府和党政机关在充分发挥服务性职能，组织好募捐的宣传号召，鼓励广大干部群众与社会团体踊跃捐献的同时，要避免向人民群众提出捐献的任务和指标，以免扭曲了人民群众为灾区人民献爱心的自发意愿。

二是要正确引导新闻媒体对赈灾捐献活动的宣传报道。灾情发生后，新闻媒体在第一时间对灾区情况展开跟踪报道，让全国人民及时了解到受灾群众的疾苦，对于激发全社会合力救灾的热情起到了积极作用。在充分肯定新闻媒体对赈灾工作宣传报导作用的同时，建议政府在抗灾救灾的特殊时期给予其政策性引导，使新闻报导着重体现强大的民族凝聚力与团结互助的民族精神，加强对民族文化精髓的宣传，以道德文化的感染力和奉献精神为主导来鼓舞民心，避免在全民赈灾的特殊时期因过多的负面新闻而引发一些不必要的社会舆论和思想波动；淡化单纯地对知名团体和个人捐献物资数额的公开登榜，避免形成人为的捐献竞赛或社会舆论对部分知名团体和个人道德至高点的声讨；新闻从业人员赶赴灾区报导灾情不要"一窝蜂"、"一阵风"，组织工作要井然有序，赈灾报道工作要善始善终，要有连续性，而且新闻内容更应突出灾后的重建情况。

三是政府要加强对群众和社会团体支援灾区建设项目的计划指导。根据不同地区受灾程度的评估，建议政府尽快统筹灾后重建工作，按照应急救援、基础重建、恢复生产等若干阶段，制定短期、长期的工作指导计划，中央根据现实情况加强对城市间对口援建的指导力度，有效整合资源，促进援建物资的便利流通；在灾区新城重建并逐步恢复生产的过程中，各级政府增加相应的政策性引导，优化产业结构，取缔灾前落后亏损的经济项目，引进先进的经济效益好的新项目，提高综合生产能力，鼓励有经济实力的企业及个人对灾区投资开发；同时，加大对环保和节能工作的力度，加强动植物疫病防控，改善生产、生活环境，提高可持续发展能力。以防止有的地区灾后变为贫困区、落后区，推动灾区恢复生产，加快灾区建设，为今后促进灾区经济发展、提高灾区人民生活水平奠定良好的基础。

四是切实完善赈灾款物的管理使用措施。加强赈灾款物的管理使用，是影响灾区重建的基础性工作，要对灾区和全国人民负责，必须坚决杜绝在赈灾物资使用中的贪污腐败行为。建议切实加强对权力运行的监督制约，制定党和政府对赈灾物资的管理使用条例，加强对领导干部、关键岗位人财物管理使用的监督，严格实行地方党委、纪委的责任制，上级纪检监察机关派出的督办人员，要切实履行职责，加大检查力度，对违规行为不得手软，各级政府要继续坚持政务公开、厂务公开、村务公开和公共事业单位办事公开制度，提高政府工作透明度和公信力，综合运用人大、政协、司法机关、群众舆论等多方面的监督措施，完善赈灾物资的管理使用。

五是各级政府对赈灾及灾后重建工作要加大财政投入。多年来，各种异常极端的灾难现象频频发生，面对严重、多发的灾情，单纯依靠发达地区的财力支援与民众捐献难以满足灾区灾后重建的需要，同时，频繁地由经济较发达地区捐赠和支援，也会给这些地区带来一定的压力和负担，以致影响这些地区的经济建设和人民群众的积极性。因此，为有效加快灾区重建恢复生产的速度，同时在全社会范围保持高昂的民族团结精神，建议国家及各级政府在每年财政税收收入中增加赈灾税部分，作为赈灾专款使用，在一些地区发生灾害后，尤其是一些受灾严重的地区能及时得到较大的财力投入。

六是灾区人民要发扬艰苦奋斗、自力更生、不等不靠的精神，积极投入灾后重建工作。灾情过后，部分受灾严重的地区基础设施遭到毁灭性破坏，许多民众无家可归，灾区人民的生活居住环境恶化，在百废待兴的局面下十分需要外部援助。然而在促进事物发展的内外部因素方面，内因是根本，外因是条件。建议灾区政府在领导灾区人民充分借助外部援助进行重建的基础上，引导灾区人民发扬艰苦奋斗、自力更生、不等不靠的精神主动作为，成为支持灾后重建工作的重要力量，协助配合政府开展各项灾区重建工作，积极恢复生产、发展经济，走出困境。

主题词： **灾害 宣传 计划 管理**

提案人： 王同琢

中共中央宣传部2009年7月5日以中宣提字〔2009〕26号文函复：

您提出的《关于改进救灾捐献宣传工作，加强救灾物资管理使用的提案》收悉。经研究，现就有关问题答复如下：

新闻媒体对赈灾捐献活动的报道，对于激发全社会共同救灾的热情起到了积极作用。但正如您所说，有关部门还应更好地对媒体进行政策性引导，使新闻报道着重体现我强大的民族凝聚力与团结互助的民族精神，纠正个别不当报道，避免形成人为的捐献竞赛等问题。在这方面，近几年我们做了一些工作，要求各新闻媒体把握正确舆论导向，大力宣传伟大民族精神，防止出现产生负面影响的新闻报道，取得了较好成效。

我部将和有关部门一起研究制定赈灾捐献活动宣传报道的规定，还将通知中央新闻媒体和各级党委宣传部门加强对赈灾捐献活动宣传报道的把关和管理，指导和督促媒体始终把握正确舆论导向，积极配合党和政府开展各项灾区重建工作。

感谢您对新闻宣传工作的关注和支持。

全国政协十一届二次会议提案第2116号

案　　由:关于进一步鼓励媒体监督食品和药品安全的提案

审查意见:建议由中央宣传部会同国家食品药品监管局研究办理

内　　容:2008年我国举办了无与伦比的奥运会,其后,神舟7号也顺利完成了航天员出仓的创举。正当国民仍在热烈庆祝以及世界各地人民仍在热烈地讨论之际,却出现了含三聚氰胺的奶粉事件。世界人民由此将目光高度集中在三聚氰胺上,把我国刚取得的成果全部掩盖,影响所及,我国所有产品的质量均被质疑,受害儿童的后遗症亦陆续浮现。

其实,奶粉含三聚氰胺并非个别公司事件,而是差不多整个行业普遍存在,相信最初的违规者可能不知道这种物质会对人体构成严重的伤害。由个别企业开始这种做法,基于企业之间的激烈竞争,又不想被其他企业侵占自己原有市场,故亦采取相同的违规做法,最终引发今次事件。

事发后,中央政府采取有效措施解决三聚氰胺的问题,同时也要求执法部门加强管理。虽然近期已通过了《食品安全法》,但是本人相信不安全食品的事件以后仍会发生,原因是我国幅员辽阔,人口众多,执法部门不容易监管。因此,本人建议:

要求新闻媒体进一步加大对食品、药品安全进行监督。过去已有事实证明,媒体的监督将会发挥巨大的监察作用;

要求新闻媒体作广泛宣传,并鼓励广大群众举报不安全食品和药品;

增加化验所的数目,免费或以优惠价格接受传媒和市民委托化验；

增加食品和药物检查人员的数量，并加强有关的培训工作。

主题词： **新闻　医药**

提案人： 石汉基

中共中央宣传部2009年7月5日以中宣提字〔2009〕21号文函复：

您提出的《关于进一步鼓励媒体监督食品和药品安全的提案》收悉。经研究，现答复如下：

食品和药品安全关系到群众健康和社会稳定，我部一向高度重视相关报道。在“三鹿”奶粉等食品、药品安全事件发生后，我部迅速组织新闻媒体，及时、准确、公开、透明、适度地报道事件进展，宣传有关部门出台的各项处理措施及成效，报道相关企业为确保产品质量所做的工作，积极正确引导社会舆论，稳定公众心理，稳定市场秩序。除了应对突发食品和药品安全问题外，我们要求各新闻单位认真做好食品和药品安全的日常报道，积极营造全社会重视质量安全的良好氛围。

您在提案中就媒体如何发挥对食品、药品安全监督作用提出了有关建议，这对我们今后开展相关工作很有帮助。今后，我们将继续做好有关食品、药品安全的宣传报道，主要是：大力宣传中央关于食品安全工作的各项措施部署；宣传各地各部门高度重视、精心组织，积极采取有效措施把食品、药品安全整顿工作落到实处并取得成效的情况；宣传加强诚信建设，在生产加工销售等环节严把质量关，确保食品、药品安全质量的先进典型；及时发布有关食品、药品安全的最新信息；开展舆论监督，加强正面引导，在全社会营造重视产品质量安全的氛围。

感谢您对我们工作的关注和支持。

全国政协十一届二次会议提案第2900号

案　　由:关于发挥文学在对外宣传中的作用的提案

审查意见:建议国务院新闻办(中央外宣办)研究办理

内　　容:我是一个美国人,生于1915年,1947年来到中国参加革命。自20世纪50年代初外文出版社成立起,我就在那里工作,直到1983年退休。外文出版社的主要职能是通过翻译、出版并向海外发行中国的文学作品来提升外国对中国的认识,进而广交朋友。我的工作是翻译、编辑、撰写文章。我们最初的服务对象是以英语为母语的读者,主要是美国读者。

四十多年来,外文出版社将中国两千年浩瀚文学宝库中的几百部作品翻译并出版。这些作品不仅让海外读者感受到了中国文学的魅力,同时也向世界传达着中国人的精神本质与情感——他们的爱,他们的恨,他们的愿望与憧憬。

唐诗、宋词、明清的戏剧小说、哲学家和社会改革者的散文诗赋、"五四"时期的作品,以及在中国共产党领导下的知识分子、农民、战士笔下的故事等,都反映了中国人民的思想和心声。

这些文学作品形式多样、题材广泛,但都表达了人们对贪官污吏的痛恨,对欺压弱者的权贵的愤怒,对贪图权力的富人的嘲讽,对追逐名利者的蔑视,对大男子主义者的憎恨,对狭隘偏激者的讽刺。

同时,这些作品还反映了人们对正直善良者的赞誉,对长者的尊敬,对诚实守信之人的褒奖。

这是一笔灿烂辉煌的文学遗产!

二十世纪三四十年代美国的经济大萧条导致很多人失业,劳动力市场动荡。由于极度担心自由主义的活动，美国政府采取了国家镇压的方式。知识分子受到严格管制，对共产主义的中国表示友好是危险的事情。中国的出版物在美国是被严令禁止的。只有非常有限的几部书以隐蔽的形式进入了一些进步书店，而购买这些书的美国读者从来不知道中国文学作品的存在。一般书商不敢经销我们的图书，这种现象持续了40年。

偶尔也有例外的时候。一次是在1952年，美军在朝鲜战场上遭受其有史以来的第一次军事溃败，只得签署停战协议。美国人非常想知道贫穷落后的中国是如何成为了如此强有力的对手。此后，纽约的自由出版社收到了中国小说《新儿女英雄传》的英译本，小说讲述的是抗日战争时期(1937～1945年)，机智的游击队员在敌强我弱的情况下进行自卫斗争的英雄故事。意识到中国军队在朝鲜战场上的表现已唤起美国民众足够的好奇心，自由出版社决定出版发行《新儿女英雄传》。这本小说在有限的读者群中销售还是不错的。

第二次是在1982年尼克松访华期间，美国军队在东南亚的失败和与苏联的纷争，使美国政府对中国的态度不像以前那样强硬。尼克松的这次访问使得美国年轻人得以尽情表达他们发自内心的对中国的友好。他们竞相购买福建渔民的帽子和英文版《毛泽东语录》。

然而，美国政府对中国的敌视一直持续，直到2008年北京主办奥运会时才有了实质性的改变。奥运会期间，成千上万的外国游客来到北京，数百万外国人收看了赛事的电视转播。这一体育盛典为中国提供了充分展示五千年历史文化的机会，而同时展现的中国近现代以来所取得的成就更令世人惊羡。

此次金融危机严重困扰了美国经济，而中国经济不仅能够保持平稳发展，还提供了吸引社会投资的发展机会。今天，中美关系发生了巨大转变，两国人民的友好情谊和对彼此文化的迷恋正在不断加深。我们终于有机会发挥由于美国过去的敌意阻挠而未尽的职责。美国终于对中国的出版物打开了市场。

我特此提出以下建议：

一、由外文出版社组织一个由本社专家和其他历史文化专家学者组成的委员会,专门审核我们已经翻译出版的文学书籍和期刊。

二、选取一些优秀作品,重新编辑,使其更好地适应以英语为母语的读者的阅读习惯。

三、加强这些图书和期刊在英语国家的出版和发行,在公关推广和广告宣传上提供支持。

外文出版社的同事告诉我,他们目前正在再版部分“熊猫丛书”,并将一些中国经典名著译成英文,这一点很值得赞赏。同时外文社正致力于一个他们称之为“21世纪中国文学”的项目。此项目的主要内容是中国在21世纪创作出版的文学作品,另有一小部分是20世纪90年代的作品。外文出版社称希望通过这个系列丛书,将中国当代文学出版现状介绍出去。

这个项目很好。除此之外,外文出版社仍应义不容辞地履行其向世界展示中国两千年文学遗产精髓的职责和使命。

我们一致认为,这项工作将成为有力有效的文化宣传手段。

希望外文出版社将此富有意义的工作进行下去,坚定信念,执著不动摇。

主题词: **文学　宣传**

提案人: 沙博理　江绍高　马胜荣　海　霞　李宝善　刘振英　周海婴　李东东　黄　庆　刘　恒　范冰冰　万　捷　王军伟　龚亚夫　李小棠　毛福民　石　峰　于永湛　刘长乐　赵昌平　黄书元　贾　永　卢世琛　杨　波　李景瑞

国务院新闻办公室2009年5月22日以国新办发函〔2009〕23号文函复：

您提出的《关于发挥文学在对外宣传中的作用的提案》收悉，现答复如下：

好的文学作品既包含不同种族之间共通的情感，又展现了中国特色，能够唤起读者的共鸣，有较强的感染力，即使是文化背景不同的读者也易于理解和接受，在传播中国文化、诠释价值观念、展示中国形象等方面有着不可替代的作用。为此，我们非常重视文学作品在对外宣传中的作用，利用多种方式促进中国文学作品在其他国家的传播。

一、文学类图书"走出去"渠道多样

随着中国出版机构与国际出版界的交流越来越多，中国图书走向国际出版市场的步伐也逐渐加快，输出形式更趋多样。除了在国外实现本土化出版和发行外，依靠版权输出和合作出版，以及作家直接向海外出版商销售版权，包括文学类图书在内的中国图书在海外图书市场逐渐显露身影，有的甚至登上畅销书行列。

中国国际出版集团除加大力度翻译出版中国经典名著和当代文学作品外，还在北美、中东和拉美地区建立了分支机构，实现图书出版和发行的本土化，使得中国的文学作品能够更好地进入对象国主流社会。本土化的操作方式以国内资源为依托，把选题策划和印刷发行前移到对象国和地区，打通对象国的发行渠道，国内根据前方要求编辑制作图书，并聘请对象国人员参与书刊的编辑策划印刷发行工作，利用他们的视角和语言优势，提高书刊的针对性。图书出版后，利用对象国的渠道进行销售。这些措施，有力地推动了我国书刊进入国外主流社会，提高了在海外的发行量和影响力。该集团自主出版、与国外知名出版社合作出版图书数量和质量均有提高。其中，该集团所属美国长河出版社出版的《紫金山燃烧的时刻》、《见证中国——一个犹太记者的回忆录》等图书,登上当地销售排行榜,进入美国主流社会。

国际版权贸易和合作出版是世界各国文化交流的重要组成部分,是中国书业走出去的主要方式,多数的出版机构采取这样的方式与国外出版机构进行合作。随着中国经济的崛起和国际地位的不断提高,国际上越来越重视中国,外国人非常渴望通过文学作品了解中国,尤其是现代中国,中国当代作家的作品引起了国外读者以及书商的兴趣。在这样的背景下,文学类作品的输出呈现出繁荣的局面。人民文学出版社与哈珀柯林斯集团签署协议,计划用5年的时间将50部中国当代文学精品输出到英美国家的主流图书市场。这些作品均由美国著名汉学家及西方研究近现代中国文学领域的杰出翻译家翻译。重庆出版集团与英国坎农特出版集团签署合作协议,计划在30多个国家出版"重述神话"系列中国卷图书。国内出版的畅销书《狼图腾》由英国企鹅出版集团买断版权,该书不仅创下了10%的版税收入记录,也是我国图书首次被一次性买断全球英文版权。迄今为止,该书已经输出近30个语种的版权,预计发行到110多个国家和地区。

除此之外,越来越多的海外出版商直接找到我国作家申请版权,作家自己将自己的作品推向海外成为了主流。中国知名作家王蒙有30多部作品被译成20多种文字,张贤亮的作品在国外有30多个语种的版本,此外,铁凝、冯骥才、韩少功、刘心武、莫言、余华等国内知名作家在国外都有相当的影响力。

二、政府机构对中国文化海外输出支持力度加大

为了加快中国图书"走出去"的步伐,从2004年起,我办联合新闻出版总署实施了"中国图书对外推广计划",以资助翻译费的形式鼓励国外出版商购买中国图书的版权,并创办英文杂志和中英文网站,宣传和推介中国优秀的文学作品。新闻出版总署还出台了"支持重点出版企业申办出口权"、"'走出去'图书书号不限量"等八项优惠政策,支持中国图书"走出去"。该计划实施5年来,累计有335种文学类图书得到了资助,这些图书在19个国家出版,被翻译成法、英、韩、俄、阿、葡、西、蒙、德、越、日、意、拉脱维亚文13种文字。随着"中国图书对外推广

计划”在海外出版界认知度的提高，国外出版机构出版中国主题图书的积极性不断提高，通过购买中国图书版权、与国内出版社开展合作出版等形式陆续推出中国主题图书，以满足各国读者了解中国的需求。从2009年起，我们还启动了“中国文化著作翻译工程”，以更大的力度推进包括文学类图书在内的高品质中国图书在国际出版市场的传播。

文学图书的翻译质量问题一直是困扰中国图书为外国读者所接受的巨大障碍。目前我国文学作品的翻译人才比较匮乏，具有较高水平的翻译人才更是稀缺，致使一些高水平的文学图书无法走出国门。针对中国文学作品在海外推介过程中遭遇“翻译瓶颈”问题，新闻出版总署联手英国企鹅出版集团每年举办一次中英文学翻译培训研讨班，通过中外翻译家、作家、出版商之间的互动研讨、切磋翻译技巧，进一步培养我国翻译人才，推动中国文学作品走向世界。“中国图书对外推广计划”也着手创建翻译人才库，通过与中国翻译协会的合作，翻译人才库正逐步将国内外的翻译人才纳入其中。达成版权输出意向的出版社可以通过翻译人才库查询相关翻译人才资料，为图书寻找合适的翻译人才。

三、今后工作的设想

经过国内出版界及政府有关机构的努力，中国图书进入国际图书市场的比例大大增加，中国作家和作品在国际上的知名度也有较大提升。今后，在促进文学类图书“走出去”方面，政府将在以下几个方面予以支持：

1. 继续支持国内出版机构自主翻译出版中国文学作品，促进实物出口，努力扩大在国际市场的影响力。

2. 利用“中国图书对外推广计划”和“中国文化著作翻译工程”继续支持出版机构输出版权和合作出版中国文学作品。

3. 提倡和支持作家与国际出版界接触和交流，利用国际书展等机会宣传推介作家和作品。如邀请在国际上有一定影响力的中国作家参与法兰克福书展等国际书展，组织研讨会、签售会等相关活动，帮助国外读者更多地了解中国作家和作品。

4. 加大政府对翻译人才的培养力度，开辟更多有效手段解决翻译问题。

全国政协十一届二次会议提案第3520号

案　　由:关于新文化运动纪念馆增设相关复原和展览的提案

审查意见:建议国务院交国家文物局研究办理

内　　容:2009年5月4日是五四运动90周年纪念日。20世纪初叶,在中国大地掀起的一场以西方资产阶级民主主义为思想武器的新文化运动,高举民主和科学两面旗帜,向两千年来神圣不可侵犯的封建思想、道德、文化宣战。这场思想启蒙运动,唤醒了一代青年,打开了遏制新思想涌流的闸门,带来了空前的思想解放,孕育了新的革命风暴。1919年爆发的以爱国学生为先导的五四运动,以前所未有的彻底反帝反封建的姿态,揭开了中国新民主主义革命的序幕,一批中国先进知识分子,最终确立了马克思主义信仰。近一个世纪来,在五四精神的感召下,全国各族人民特别是广大青年在中国共产党领导下,为争取民族独立和人民解放,实现国家富强和人民富裕而不懈奋斗。五四精神已渗透到中国社会前进的每一步,成为中华民族的宝贵财富。

位于老北大红楼的北京新文化运动纪念馆,是旧址类纪念馆。为配合五四运动90周年纪念活动,该馆于一年前就确定了旧址复原和陈列展览的总体目标。他们坚持以马列主义、毛泽东思想、邓小平理论和"三个代表"重要思想为指导,深入贯彻科学发展观,坚持"保护为主、抢救第一、合理利用、加强管理"的文化遗产保护方针,坚持"以人为本"和贴近实际、贴近生活、贴近群众的原则,通过旧址复原和陈列展览,展示五四新文化运动的历史风貌。为此,决定主要从两个方面着手来开展工作。第一,突出旧址类纪念馆的展示特点,以科学严谨的态度，准确把握五四新文化运动标志性建筑北大红楼旧址复原的历史特征，营造真实的历史氛围。如：时任图书馆主任的李大钊办公室、毛泽东工作过的阅览室、时任北大校长的蔡元培办公室、时任北大文科学长的陈独秀办公室、时任北大教授、后任北大文学院院长、校长的胡适办公室，以及新潮社等旧址复原。让人们走进历史，走进当年的老北大。第二，坚持历史唯物主义原则，举办主题陈列《新时代的先声》，陈列以历史脉络为主线，以文物、图片为主，科学地采用高科技手段，突出重点，营造亮点，揭示五四新文化运动丰富深刻的历史内涵和精神。同时，举办蔡元培、陈独秀、李大钊、胡适、鲁迅、毛泽东等和五四新文化运动重要人物的专题展览。当然还包括其他一些内容。这个总体方案是得到主管部门支持和批准的。

但是，这个方案在主管部门决策时大打了折扣。主要原因不在对内容的不同看法，而在旧址楼层的分配上没有给予足够的保障，只给了旧址的一层半，而将大部分留作他用。对此，纪念馆无可奈何，只能自己修改方案：复原只保存原有的李大钊办公室和毛泽东工作过的阅览室，其他的都取消了；陈列展览只保存了主题陈列《新时代的先声》和蔡元培、陈独秀专题展览，其他的也一并砍掉了。这一段历史被割断了，丰富的历史内涵被掏空了。可以想象，展出后效果也将大打折扣。特别像胡适这样享誉国内外的著名学者，我们更应实事求是地对其在五四新文化运动中的作用予以客观的展示，产生的影响将是正面的、积极的。为此，我建议：

一、主管部门应认真研究如何贯彻落实革命旧址类的博物馆、纪念馆保护和利用的基本原则，使他们能够在构建社会主义和谐社会中充分发挥作用，更好地为爱国主义教育、弘扬和培育民族精神服务，为公民道德建设服务，以推动社会主义文化大发展大繁荣。

二、对于新文化运动纪念馆的工作应给予更多的关心和指导，包括增设一些必不可少的旧址复原和陈列展览，最好是按原定总体方案去进行，使其成为文物博物馆界受广大观众欢迎和喜爱的文化精品。

三、此次如赶不上90周年纪念活动，可将增设相关的复原和展览作为第二期工程，列入该馆发展规划中。总之，应从长计议，站得高一点，目标远大些。

以上建议不妥之处，恳请批评指正！

主题词： 纪念活动　展览

提案人： 夏燕月　董良翚　杨力舟　秦百兰　陈　醉　傅　磬
单霁翔　郭瓦加毛吉　侯　露　陈　力　龙　瑞
刘锡津　赵有亮　朱世慧　滕矢初　阿拉泰　赵汝蘅
丹　增　刘　敏　李延声　任远征　余　辉　黄　宏
冯　英　耿其昌　宋春丽　王成喜　赵秀云　冯小宁
关牧村　杜滋龄　孟广禄　倪　萍　赵维绥　胡　珍
盛小云　徐庆平　陶斯亮　安家瑶　王　占　阎维文

国家文物局 2009 年 6 月 5 日以文物博函〔2009〕651 号文函复：

你们提出的《关于新文化运动纪念馆增设相关复原和展览的提案》已交由我局办理。经认真研究，现答复如下：

新文化运动是中国近现代史上极为重要的历史事件。新文化运动纪念馆的对外开放，对加强新文化运动旧址、相关文物资料的抢救、保护和利用，加强对未成年人革命传统教育和理想信念教育，构建社会主义先进文化阵地具有积极意义。

我局一贯重视新文化运动纪念馆的建设与发展，对该馆举办展览、充实藏品等相关业务工作都给予积极支持与指导。针对该馆报送的陈列方案和旧址复原方案，我局曾多次提出具体修改意见，并专门组织中宣部、中央文献研究室、中央党史研究室、社科院等单位的有关专家、学者进行评审论证。

在我局的帮助与协调下，2009 年 4 月 22 日，北京新文化运动纪念馆重新开馆仪式暨《新时代的先声——新文化运动陈列》开幕仪式在北大红楼顺利举行，全国政协副主席孙家正等有关领导同志出席活动并参观了展览。此次重新开馆，已将旧址复原作为展览的重要组成部分，复原了李大钊办公室、毛泽东工作的第二阅览室、新潮社社址、北大图书馆登录室和第十四书库等，较充分地再现了北京大学旧址原貌，取得了良好的社会反响。

今后，我局将一如既往地关注与支持北京新文化运动纪念馆的建设，以有利于北大红楼旧址的保护，有利于新文化运动相关文物、史料的收藏、研究和展示为根本原则，以充分发挥其爱国主义教育、革命传统教育和理想信念教育功能为最终目的，指导和协调新文化运动纪念馆相关业务工作的开展。

谨向你们致以诚挚的谢忱！

全国政协十一届二次会议提案第3625号

案　　由:关于设立国家文物安全专项经费的提案

审查意见:建议国务院交财政部会同国家文物局研究办理

内　　容:为全面加强文化遗产保护能力建设、推进文化遗产事业科学发展,2008年下半年,全国文物系统集中力量,进行了为期50天的文物安全大检查。这是新中国成立以来规模最大、范围最广的一次文物安全专项检查行动,完成了85%的全国重点文物保护单位和58%的重点博物馆的安全检查,内容包括安全防范设施、队伍及管理情况,共采集数据近50万条。检查的结果表明,文物安全存在巨大隐患,形势十分严峻,情况不容乐观。

首先,我国文物保护范围和领域不断扩大,文物安全工作任务更加艰巨。根据第二次全国文物普查,我国共调查登记不可移动文物40余万处,截止到2008年年底,正在开展的第三次全国文物普查,又新发现不可移动文物16余万处;2006年5月,国务院公布了第六批全国重点文物保护单位1080处,几乎达到了前五批全国重点文物保护单位数量的总和;目前,我国有世界文化遗产26处,世界文化与自然混合遗产4处;全国共有2400余座博物馆,博物馆的数量还在以每年100余座的速度增加;馆藏文物2000万件(套),随着考古发掘和文物征集成果的扩大,馆藏文物不断充实;博物馆免费开放使观众数量急骤增加,2008年全年观众总数已经超过2亿人次,所有这一切都进一步加大了文物安全工作的任务。

其次,安全防范设施严重短缺,文物犯罪手段不断升级。据统计,按照公安部和国家文物局制定的安全防范设施配置和质量标准,被调查的2012个全国重点文物保护单位中，防盗、防火、防雷设施达标率分别仅为21.78%、27.39%、45.21%；246家重点博物馆中，防盗、防火设施的达标率分别为55.28%和50.41%。这表明大部分全国重点文物保护单位和重点博物馆的安全防范设施配置严重不足，而且已有的安全防范设备也存在质量不高和设备老化的问题，大多依靠工作人员严防死守，防护能力和抵御风险能力较差。全国重点文物保护单位和重点博物馆尚且如此，其他各级文物保护单位和一般博物馆安全防范设施配备情况可想而知。2006至2008年，国家文物行政部门共接报全国文物行政违法案件544起，损害文物建筑、占压大遗址、损毁古墓葬、破坏文物原生环境的现象时有发生。据公安部门统计，全国每年破获文物犯罪案件约2000余起，一些文物犯罪活动呈现跨区域、跨国境特点，犯罪手段呈现专业化、暴力化、集团化趋势，危害极大。

目前，当务之急是加大文物保护单位和博物馆安全防范设施配备的经费投入，首先全面解决全国重点文物保护单位和重点博物馆等文物收藏单位的安全防范设施建设问题。根据被调查单位的初步统计，全部完善接受调查的2012个全国重点文物保护单位和246家重点博物馆的安全防范设施，资金需求共计42.89亿元。其中全国重点文物保护单位防盗设施建设需19.69亿元、防火设施建设需12.34亿元、防雷设施建设需5.25亿元、重点博物馆防盗设施建设需3.06亿元、防火设施建设需2.55亿元。而目前每年由国家财政投入的文物安全设施建设经费仅为0.5亿元，资金缺口巨大。

为此，建议国家设立文物安全专项经费，加大投入力度，按照《国务院关于加强文化遗产保护的通知》提出的2010年文化遗产保护状况得到明显改善、2015年文化遗产得到全面有效保护的目标，争取在2015年前完成所有全国重点文物保护单位和重点博物馆的安全防范设施建设。

主题词： 文物　经费

提案人： 单霁翔　夏燕月　董良翚　朱世慧　胡　珍　詹祥生
王　霞　赵汝蘅　冯　英　田　青　倪　萍　滕矢初

阿拉泰　黄　宏　王习三　李延声　王成喜　王次炤
余　辉　吴玉霞　刘　敏　张　柏　宋春丽　李维康
关牧村　冯小宁　汪文华　侯　露　于魁智　冯　远
席　强　刘锡津　田军利　吴祖强　吕章申　张廷皓
王川平　张　平　王兴东　吴为山　宋雨桂　郎丽华
张和平

中华人民共和国财政部2009年5月31日以财教函〔2009〕21号文函复：

你们提出的《关于设立国家文物安全专项经费的提案》收悉，现答复如下：

2008年下半年，全国文物系统进行了为期50天的文物安全大检查。检查结果表明，文物安全存在较大隐患，文物保护工作任务仍然十分艰巨。为此，你们建议政府财政设立文物安全专项经费，解决全国重点文物保护单位和重点博物馆等文物收藏单位的安全防范设施建设问题。

近年来，中央财政十分重视文物保护工作，专门设立了“国家重点文物保护专项补助经费”，并在每年“国家重点文物保护专项补助经费”中安排各级文物保护单位安防消防经费5000万元，用于购置安全防范设施，以增强全国重点文物保护单位和重点博物馆的防火和防盗能力，基本缓解了文物安全保护的压力。

《中华人民共和国文物保护法》规定，各级人民政府应保护本行政区域内的文物，文物保护所需资金由文物所在地政府解决。对确有困难的地方政府，根据《财政部国家文物局关于颁发〈国家重点文物保护专项补助经费使用管理办法〉的通知》（财教〔2001〕351号）的有关规定，向中央财政申请专项补助。因此，中央财政将按照中央地方事权财权职能划分和有关规定，统筹考虑文物安全方面经费的需求。考虑到全国重点文物保护单位的防火设施和重点博物馆的防盗设施问题的特殊情况，中央财政拟从 2009 年起，在新增的“国家重点文物保护专项补助经费”中增加安排部分经费，重点解决全国重点文物保护单位的防火设施和重点博物馆的防盗设施问题，具体事宜由我部和文物局协商落实。今后，中央财政将进一步加大对国家重点文物保护的投入力度，并进一步调整经费的支出结构，适当向文物安全设施建设倾斜。

感谢你们对财政工作的关心和支持，欢迎再提宝贵意见。

全国政协十一届二次会议提案第4357号

案　　由:关于启动国家重要文物保护管理信息系统工程的提案

审查意见:建议国务院交国家文物局会同工业和信息化部研究办理

内　　容:中国是世界文明古国,在漫长的历史长河中,中华文明源远流长,留下了浩瀚如海且弥足珍贵的文化遗产。这些文化遗产遍布全国各地,真实见证了中华民族自强不息、百折不挠的伟大发展历程,蕴涵着中华民族特有的精神价值、思维方式和意识形态,体现着中华民族旺盛的生命力和不竭的创造力,凝聚着中华民族的杰出智慧,是中华民族的魂之所系、根之所在,是联结民族情感的纽带。近期出现的圆明园被盗文物拍卖事件,尤其引起广大民众对文物的关注,激发了国人的民族情结,体现了文物的特殊价值所在。党和政府历来重视文物工作,做出了一系列重大决策和部署,充分加强了文物保护和管理工作。但与此同时,伴随着工业化、城镇化、市场化的深入发展和大规模城乡经济建设热潮,客观上对文物及其原生环境造成了严重的威胁,少数单位和个人文物保护意识淡薄,文物被破坏的恶性事件也时有发生。文物保护工作也面临着很多难题,具体表现如下:

1. 文物管理技术手段滞后,缺乏有效监管手段。

尽管国家文物局非常重视文物的保护与管理工作,国家发改委也给予大力投资,但限于技术手段滞后,多年来对一些濒危文物或重要文化遗产地的保护现状缺乏有效和及时的监管,无法在紧急情况下或发生突发事件时及时采取有效的保护措施和应急处置方案。近期屡屡发生的古遗址、古建筑损毁事件,让人扼腕叹息,给我国文物造成了难以挽回的巨大损失。

由于缺乏有效的监管网络和监管手段，造成各地对使用各级政府投资下达的修复或抢救工程的监督监管力度仍然不够；特别是目前文物出入境监管，由于缺乏现代化和信息化的监管手段，监管不力的现象仍然存在。国外仍有来路不明的中国文物展出情况，其中不乏属于偷运出境的盗运藏品，这种现象不仅伤害国民感情，也对我国文物保护工作造成了极为不利的影响，必须采取果断和科学的举措坚决予以抵制和有效阻断。

2. 文物数字化资料不全不细，影响保护和管理的工作质量。

数字化档案资料不全，已经成为文物保护和管理工作的瓶颈之一。传统的手工记录、手纸文本，很难实现文物账目的统一管理，为文物安全保护工作带来极大困难，也不利于全国文物状况的综合统计与科学分析，无法提供国家宏观决策的有效支撑；由于缺乏完整细致的数字化档案资料，也为文物修复工作带来很大障碍。例如2008年发生的四川汶川大地震造成了文物的极大破坏，在部分文物修复过程中由于原始记录不够精确，因此很难完全恢复到初始状态。

为此，我们强列呼吁：国家要加大文物信息化建设的经费投入，尽快启动“国家重要文物保护管理信息系统工程”，解决传统方法无法有效实现的文物监管工作，通过信息化手段促进文物保护工作的有效落实。工程包括如下具体内容：

1. 开展重要文物监管信息系统建设。研发并推广使用文物出入境监管审核系统软件，形成出入境数据定时上报机制，动态分析出入境文物数据，为各级文物管理机构和相关国家机关提供决策与业务支持；实时监控世界遗产地的保护规划、保护工程实施情况，切实保障世界遗产地及其周边原生环境的安全，遏制违规、违法事件；建立全国重点文物保护单位的安全信息实时上报、定期统计分析机制，确保文物行政部门能够及时掌握文物安全信息；建立民间收藏文物的身份编码，尝试提供社会文物的自主登录、信息认证和在线咨询服务。

2. 搭建文物保护与管理的技术支撑平台。通过文物信息化标准规范研究、基础网络环境建设、重要信息技术研发和安全保障体系建设，提供文物保护与管理工作的有效技术支撑。

通过“国家重要文物保护管理信息系统工程”的实施，将促进文物保护、管理工作的有效提升，实现最大限度的文物保护。经初步估算，该工程一期投资约1.5亿。

主题词： **文物　信息**

提案人： 张　柏

国家文物局2009年7月9日以文物博函〔2009〕793号文函复：

您提出的《关于启动国家重要文物保护管理信息系统工程的提案》收悉，已交由国家文物局会同工业和信息化部研究办理。经会商工业和信息化部，现答复如下：

在党和国家的高度重视下，文物、博物馆事业得到全社会的大力支持，得到人民群众的热情参与，实现了重大发展，取得了一系列重要成就。与此同时，随着我国经济社会的快速发展和城乡建设热潮的兴起，文物保护管理工作面临着新的形势和严峻的挑战，传统的工作方式和技术手段越来越难以适应文物保护工作需要。通过信息化手段对重要文化遗产进行有效和及时的监管，加强对国家文物数字化档案资料的保存和管理，不断提高文物保护的管理和服务水平，已成为推进文物事业科学发展的迫切需要。

国家文物局、工业和信息化部赞赏您关于加强国家重要文物保护管理信息化建设的相关建议，认为这是一份对文物保护管理信息化工作具有建设性意义的提案。国家文物局将在已有工作基础上，参照您在提案中的相关建议，开展以下工作：

一、编制实施文物博物馆行业信息化发展“十二五”规划

国家文物局已经启动文物博物馆行业“十二五”发展规划的调研

工作，通过问卷调查、实地考察和专家座谈会的方式，全面掌握文物博物馆行业信息化建设、应用现状和发展趋势。在此基础上，编制文物博物馆行业信息化发展“十二五”规划，并在规划指导下，科学、统筹、合理地开展信息化建设工作。

二、实施文物博物馆重要文物监管信息系统建设

目前，国家文物局已经建立了考古发掘电子审批系统、专项经费补助经费申报系统等，并正在建立文物调查及数据库管理系统。但是，由于经费等多方原因，在很多急需开展的领域，如您提到的文物出入境监管审核、世界遗产地监测管理、建立民间收藏文物信息数据库等方面，还需要开展大量工作。今后，国家文物局将整合现有资源，统筹规划、建设重要文物监管信息系统，搭建文物保护与管理的技术支撑平台，解决传统方法无法有效实现的文物监管工作，通过信息化手段促进文物保护工作的有效落实。

三、积极争取有关部门的支持

根据《国家基本建设项目管理办法》和《国家电子政务工程建设管理暂行办法》，国家文物局组织中国文物信息咨询中心编制上报了《国家文物保护管理信息系统（一期）工程（2009～2011 年）项目建议书》，我局将继续督促有关单位补充完善项目建议书，争取得到有关部门在技术、经费上的支持。

感谢您对文化遗产保护和博物馆工作的关心和支持。

全国政协十一届二次会议提案第0396号

案　　由:关于免费为农村妇女开展妇女病普查和把农村妇女妇科病免费检查纳入国家公共卫生服务体系的提案

审查意见:建议国务院交卫生部会同财政部研究办理

内　　容:妇女疾病严重危害妇女的身心健康,严重影响着广大妇女的生命安全和生活质量。妇女病普查是对各种妇女常见病多发病防治工作的最有效方法,内容包括宫颈癌、乳腺癌、生殖道感染和性传播疾病等重点疾病的筛查以及相应的咨询服务、健康教育等,可以实现妇女病的早发现、早预防、早治疗。

一、农村妇女病问题不容忽视

近年来,我国妇女妇科疾病发病率呈现递增趋势,乳腺癌和宫颈癌发病率和死亡率也逐渐上升。据统计,我国40%的女性患有不同程度的妇科病,尤其是农村妇女,由于保健意识和卫生条件差等因素,患病率更高。据世界卫生组织统计,我国农村妇女生殖道患病率为35.8%。在妇女病中,乳腺癌、宫颈癌发病率和死亡率高,已成为妇女生命的两大杀手,我国的乳腺癌、宫颈癌平均发病率分别为40～50/10万和138.74/10万;每年有宫颈癌新发病例14万,占世界宫颈癌新发病例总数的28.80%,每年约有2万妇女死于宫颈癌,死亡率达11.30%。福建省妇幼卫生年报表显示:全省妇女病检出率呈逐年上升趋势,2007年为35.38%,较2002年的20.32%提高15个百分点,其中宫颈癌、乳腺癌的发病率升高明显,2007年宫颈癌、乳腺癌的发病率分别由2002年的5.04/10万升高至55.27/10万和7.44/10万,厦门市2008年普查,宫颈癌发病率达60/10万。农村妇女宫颈癌、乳腺癌患病率明显高于城市，且癌前病变发生率更高，而且趋于年轻化。而新加坡、英国、加拿大、澳大利亚、美国等发达国家，妇女每年均接受一次妇女病普查，宫颈癌发生率仅1.3～8.5/10万。厦门市海沧区2004年建区以来，区妇幼保健院、计生局联合，为2万多育龄妇女实施妇科病检查，平均每年普查率为19.31%。妇科病患病率从2004年的68%下降到39.90%。事实证明，定期开展妇女病普查，大力提高广大妇女对妇女病防治知识的知晓率，是有效降低妇女宫颈癌、乳腺癌患病率的重要手段，早筛查、早诊断是治疗癌症的关键措施，对提高生存率和生活质量，降低治疗成本都至关重要。早期乳腺癌、子宫颈癌治疗后10年生存率可达90%以上，且可保留乳房及生育功能。在我国早期乳腺癌和子宫颈癌的治疗费用约1万～2万元，而晚期的治疗费用则高达10万元以上，癌症一旦转移半数以上死亡。由于免费或补助开展妇女病普查普治的机制尚未建立，我省及至我国妇女病普查率仍然很低，2007年我省妇女病普查率为12.85%，普查人群主要集中在行政机关和企事业单位，虽然卫生、妇联等部门积极配合，积极为农村贫困妇女做免费普查，但杯水车薪，大部分农村妇女未能接受妇女病的普查。农村妇女未能接受妇女病普查和治疗的主要原因：一是经济状况差，无条件参与健康保健，小病拖成大病；二是思想观念滞后，妇科病防治知识少，保健意识不强，有的甚至认为妇科病是见不得人的病，不敢上医院去检查和治疗；三是农村医疗卫生资源相对不足，技术水平有待提高；四是现行的新型农村合作医疗政策对妇女病关注不够。不少农村妇女终生未做妇科疾病的检查，妇女病患病率高，得不到及时的治疗，以致小病拖成大病，延误了治愈的时机。因此，全面开展妇科常见疾病普查，是提高妇女健康水平的当务之急。

二、开展农村妇女常见疾病普查的几点建议

1.把农村已婚妇女免费生殖健康检查列入政府“惠民工程”，为全国农村20～65岁已婚妇女进行常见妇女病普查，普查的主要疾病包括生殖器官炎症、生殖器损伤性疾病、生殖器肿瘤、乳腺疾病，普查时间为每两至三年一次。

2.各级妇联、卫生、计生等部门配合，采取多种形式加强健康教育宣传力度，增强农村妇女自我保健意识。

3. 加强农村合作医疗（卫生院）人员的技术培训，提高基层妇幼人员技术水平。

主题词： 妇女 保健

提案人： 简少玉

中华人民共和国卫生部2009年8月17日以卫提函〔2009〕272号文函复：

您提出的《关于免费为农村妇女开展妇女病普查和把农村妇女妇科病免费检查纳入国家公共卫生服务体系的提案》收悉。经商财政部，现答复如下：

妇女病防治是妇幼保健工作的重要组成部分，妇女病普查是妇女病防治的主要内容。定期开展妇女病普查，不仅可以及时发现和治疗妇科常见病、多发病，并及时进行处理，而且可以扩大对妇女进行卫生保健知识的宣传、指导，提高防治疾病的效果。20世纪70年代起，妇女病普查普治已形成制度，列入妇女保健的常规工作内容，其后又被纳入《中国妇女发展纲要》和《中国儿童发展纲要》，受到政府和有关部门的关注。“在农村妇女中开展妇科疾病定期检查”已写入2009年《政府工作报告》和发展改革委发布的《2009年国民经济和社会发展工作计划》。同时，2009年起，农村妇女“两癌”检查项目被纳入国家重大公共卫生服务项目，“两癌”检查将作为一项普惠政策在我国农村地区逐步开展。

一、以“两癌”为重点，开展妇女病防治工作

从20世纪50年代起，全国开展了大规模的宫颈癌防治工作，通过宣传宫颈癌防治知识，有组织有计划地对妇女进行宫颈癌普查，

应用宫颈刮片细胞学检查技术早期筛查宫颈癌,对宫颈癌病例进行治疗等防治工作,使更多的早期宫颈癌患者得到及早治疗,晚期宫颈癌发生率下降,宫颈癌的患病率及死亡率逐年下降,有效地减少了宫颈癌对妇女健康的威胁。如 1959 年北京市宫颈癌患病率为 646/10 万,1972～1976 年下降至 90.46/10 万,1984 年降至 7.95/10 万,目前患病率为 5.8/10 万。

2005 年,中央财政转移支付开始支持以防治宫颈癌为重点的癌症早诊早治项目,并于 2006 年 2 月起正式启动实施。至 2008 年 9 月,宫颈癌项目点已从 5 个扩展到 42 个,分布在全国 31 个省(区、市)。项目实施以来,共筛查适龄妇女 118436 名,发现宫颈癌及癌前病变病人 796 例,其中早期病例 736 例,早诊率 92.5%,治疗率达 90.40%。通过举办培训班、现场示范、提供学习进修机会等多种形式,对基层卫生人员进行了连续技术培训,累计受培训约 1000 余人。

2008 年,利用中央财政补助地方卫生专项资金,卫生部在全国 30 个省(区、市)53 个县(区)选择项目点开展妇女乳腺癌筛查工作,并组织专家制定技术方案,开展了对各省管理和技术人员的培训。同时,在 6 个筛查试点地区开展了"中国女性乳腺癌筛查优化方案的多中心研究",通过不同筛查方法的评价,确立适合我国国情的乳腺癌筛查模式。

根据《中共中央国务院关于深化医药卫生体制改革的意见》(中发〔2009〕6 号)和《国务院关于印发医药卫生体制改革近期重点实施方案(2009～2011 年)的通知》(国发〔2009〕12 号)关于实施国家重大公共卫生服务项目的有关要求,从 2009 年开始,在全国 31 个省(区、市)的 221 个县开展农村妇女"两癌"检查项目,中央财政安排 7640 万元专项资金予以支持,目标在今后 3 年内,为 1000 万农村妇女免费"两癌"检查。

我部通过妇幼卫生年报动态掌握全国城市和农村的妇女病查治情况;通过生殖道感染防治项目推广生殖道感染防治规范化服务;开展妇女病防治工作专题调研,了解当前妇女病普查普治工作现状,总结妇女病普查普治工作经验和不足,探索现阶段妇女病普查普治工作模式,并以此为依据制定妇女病防治工作管理办法和技术指南。

二、我国妇女病防治工作存在的问题

一是近年来妇女常见病、多发病、感染性疾病的危害加重。新中国成立以后已基本控制的妇女生殖道感染和性传播疾病,从20世纪80年代开始逐渐回升。二是近年来宫颈癌的发生处于持续不降的"平台期"。1985～2006年20多年间,宫颈癌患病率在8.2～11.51/10万之间波动,我国每年仍有新发病例约13.15万,占世界宫颈癌新发病例总数的28.8%,且发病年龄提前,使宫颈癌防治工作面临新的挑战。三是近年来导致乳腺癌发病率有明显增加的趋势。研究显示我国女性乳腺癌的发病率从2001年的17/10万,上升到2006年的52/10万,5年期间增长了3倍,年均增长速度高于欧美国家。四是妇女病检查率总体偏低且地区差异较大。根据年报数据显示,2007年我国妇女病检查率全国平均为38.5%,仅比1998年提高0.9个百分点,全国各地妇女病检查率在12.3%～86.2%之间,且农村普遍低于城市。

造成上述问题的原因是多方面的,如近年来初次性行为的低龄化、多个性伴以及生殖道感染/性传播疾病的流行等均增加了女性持续感染人乳头状瘤病毒(HPV)、发生宫颈癌的危险;随着我国城乡生活水平的提高和现代化进程的加速,居民的生活方式、饮食结构和居住环境都发生了巨大变化等诸多因素的影响,导致乳腺癌发病率有明显增加的趋势。但主要是由于妇幼卫生投入不足导致公共卫生服务不够到位,城乡妇女病普查制度得不到有效落实,妇女缺乏相关防治知识,导致妇女常见病、多发病的干预措施未能有效实施,尤其是在农村和边远山区等经济欠发达地区。

三、今后工作方向和措施

常见妇女病的普查普治工作是一项长期工作,尤其需要在农村地区进一步加大妇女病普查制度的落实力度。2009年起,农村妇女"两癌"检查项目被纳入国家重大公共卫生服务项目,中央财政安排专项资金予以支持。"两癌"检查将作为一项普惠政策在我国农村地区逐步开展,这意味着我国农村妇女妇女病普查迎来了新的发展机会。今后，我们将在以下几个方面积极努力。

一是抓住医改契机，积极推动农村妇女“两癌”检查项目的实施和开展。做好项目规划，制定项目管理和实施方案，提出工作目标和要求，明确“两癌”检查技术标准和流程，组织实施，并对各地项目执行情况进行指导和监督，确保项目的科学规范开展。在项目开展过程中探索开展“两癌”检查项目的模式，积累经验，争取将该项目进一步扩展，惠及更多的农村妇女。

二是规范妇女病检查服务，加强队伍建设和人员培训。组织专家制定“两癌”检查技术标准和服务流程，对相关医务人员进行业务培训，统一操作规程，提高基层“两癌”检查队伍的服务能力。另外，我部目前正在组织制定《妇女常见病防治工作管理办法》，进一步规范医疗保健机构提供的妇女常见病防治相关服务，不断提高妇女病防治服务能力。

三是进一步加大健康教育力度，在全社会开展内容丰富、形式多样、容易为广大群众接受的宣传活动。重视妇女病防治知识、医疗救助等信息的获得，提高群众的卫生知识水平和自我保健意识，做好项目组织动员工作，使广大妇女消除顾虑，自觉参加检查。在医疗保健机构和医务人员中做好培训工作，把普查知识的宣传和健康教育作为妇女病防治工作的重要内容，利用检查的机会，大力宣传普及常见妇女病防治知识。充分发挥妇联、人口计生委等在组织、宣传、教育、引导方面的作用，不断增强农村妇女的健康意识，提高农村妇女的健康水平。

感谢您对卫生工作的关心和支持。

全国政协十一届二次会议提案第2846号

案　　由:关于重视和发展学校体育的提案

审查意见:建议国务院交教育部研究办理

内　　容:北京奥运会的成功举办,大大振奋了我国人民的爱国主义精神,提升了我国的国际地位,促进了国际奥林匹克运动的发展。在欢呼中国体育代表团取得优异成绩之时,也应当看到不足之处。我国虽已是体育大国但远不是体育强国,同一些体育强国相比差距还很大,尤其是我国在田径、游泳、足球等基础性和集体项目的运动成绩依然相当差。其中重要的原因就是我国群众性体育的基础差,特别是学校体育不够发达。

从获得金牌的运动员数量上看,此次美国奥运代表团摘金36枚,但拿到金牌的运动员人数达11人,占了代表团总人数的近1/5。而我国共获51枚金牌,拿到金牌的只有63人。在三大球的6项中,美国获得4金(54人拿金牌),中国只获1铜;在基础项目(田径、游泳)81项中美国共获19金54奖,澳大利亚7金24奖,我国只有1金8奖。

从运动员的组成上来看,美国奥运代表团大部分是大学生,其中仅斯坦福大学、加州理工大学和密西根大学三校就有120人(分别为48、45和27人),这三个学校的运动员共获22枚金牌,占美国金牌数的近2/3！其中拿了8块金牌的“飞鱼”菲尔普斯就是密西根大学选送的。纵览历届奥运会,仅这三个大学就取得奖牌495枚,其中斯坦福大学222枚,加州大学155枚,密西根大学118枚。

从学校拥有的体育场馆来看,美国斯坦福大学的大型体育场馆就有10多个,包括篮排球馆、游泳跳水馆、击剑体操馆、田径场、足球场、棒球场、网球场等;密西根大学有游泳跳水馆、体操排球馆、篮球馆、网球馆、田径场、足球场、棒球场、冰球场等10多个大型体育设施;耶鲁大学至少有10个大型体育场和4个体育馆,其中包括6万多座的大体育场、15000座的网球场、6800座的棒球场以及田径馆、网球馆和一个有9层楼的包括球类游泳体操等的大型综合体育馆。这些体育设施也承担了包括奥运会在内的各类大型比赛,如洛杉矶奥运会的游泳、跳水、水球、自行车、体操、网球、手球、曲棍球、柔道、举重等项目均在加州大学等学校;亚特兰大奥运会的奥运村就建在佐治亚工学院内,游泳、跳水、水球、花样游泳、现代五项、拳击、羽毛球、艺术体操、排球、篮球等比赛都是在大学进行的;连续几届美国田径奥运选拔赛都在俄勒冈大学举行。

近年来,我国的大中小学校的体育设施有了一定的改进,这次国务院又决定在北京高校建了4个奥运场馆,但与我国庞大的学生人数和需求相比仍明显不足。加之重智育轻体育的倾向严重,我国学校体育发展不够好。据教育部、体育总局等五部局1985～2005年开展的青少年健康普查显示,我国青少年体能素质包括速度、耐力、柔韧性、爆发力、力量等持续下降,尤其是后10年下降幅度增大。超重肥胖学生比例迅速增加,城市男生达1/4,视力不良率初中为58%,高中为76%,大学生达83%。专家一致认为,体育锻炼不足是造成这种情况的决定因素。

国民体质是国家综合素质的重要方面,我国在校学生有近3亿人,他们是祖国的未来,德智体美全面发展是我国的教育方针。我国体育工作的方针就是“发展体育运动,增强人民体质”,因此要按照科学发展观的要求,以人为本,切实加强学校体育工作。特提出以下几点建议:

一、逐步增加学校体育设施。应当把学校体育设施列入国家基础设施建设规划,作为拉动内需的重要内容,增加投入。今后国家和各地举办国内国际体育赛事,如全运会、大运会、城运会、亚运会、世乒赛等,应尽可能利用现有场馆,不应动辄大兴土木修建豪华场馆,如必须新建时,应尽可能建在学校或学校附近。这样即可以满足比赛需要,又可使赛后场馆得到充分利用。社会体育设施应该免费向学生开放。

二、要克服重智育轻体育的倾向。毛主席曾勉励青年学生要“健康第一,学习第二”。1917 年我国著名教育家、北京大学校长蔡元培先生在阐释“德育、智育、体育、美育”时,将体育放在首位,他说:“今请首言体育……殊不知有健全之身体,始有健全之精神;若身体柔弱,则思想精神何由发达?……以体育之提倡,贵乎全体四万万人中。”中国奥运先驱、南开学校校长张伯苓在 20 世纪 20 年代就指出,“无论学校与社会,必须德智体群四育并重,不可偏于求知的智育”。他认为,“体育比什么都重要。不懂体育的不应该当校长。”在他的领导下,学校修建了当年天津最大的运动场南开大操场,先后又修建了 15 个篮球场、5 个足球场、6 个排球场、17 个网球场等,成为全国著名的体育强校,同时也为社会培养了大批优秀人才。

学校体育要面向全体学生,要去除功利思想,把锻炼学生身体和意志、学会锻炼方法、养成锻炼习惯作为学校体育的基本目标,认真上好体育课,切实保证学生体育锻炼的时间,因地制宜开展多种体育活动,如跳绳、跑步、有体育元素的游戏等,学校体育的重点应在田径(跑跳投)、球类、游泳等。要切实办好学校和县市区的学生运动会,把学校体育活动作为评价学生和学校工作的重要指标。

三、体育和教育部门应共同做好学校体育工作。教育部门要切实加强体育行政管理和服务,体育部门要支持帮助教育部门和学校开展体育活动,支持有条件的学校举办或与体育部门合办高水平运动队,发展传统体育项目,并向国家和省队输送运动员。要把省市和全国学生运动会,包括足篮排球等单项运动会作为体育部门和教育部门共同的工作、着力办好。

主题词: 学校　体育

提案人: 廖晓淇　许善达　高金榜　黄英豪　赵维绥　张景安
李学明　蒋超良　常小兵　贺　平　刘安东　瞿振元

教育部对全国政协十一届二次会议第2846号提案的答复：

你们提出的《关于重视和发展学校体育的提案》收悉，现答复如下：

近年来，学校体育工作在党和政府的关心下取得长足的发展，但是由于经济发展的不平衡和历史的原因，你们所反映的我国青少年体质健康水平下降，学校体育设施和条件不足，学校重智育轻体育，以及体育课和体育活动时间难以保证等问题，在一些地区和学校不同程度的存在。

党中央、国务院历来高度重视青少年的健康成长。2007年5月7日，中共中央、国务院下发了《关于加强青少年体育增强青少年体质的意见》，《意见》是指导我国深化教育改革的重要文件，是新时期加强学校体育工作的纲领性文件。对全面贯彻教育方针、全面推进素质教育、加强青少年体育、增强青少年体质，促进青少年全面发展具有重大而深远的意义，对解决当前青少年体质健康问题具有重要的指导意义。

根据中共中央国务院《意见》，当前和今后一个时期，将继续采取强有力的措施，解决学校体育工作存在的主要问题，进一步加强学校体育工作。

一、认真落实"健康第一"的指导思想，把增强学生体质作为学校教育的基本目标之一，建立健全学校体育工作机制，充分保证学校体育课和学生体育活动时间，广泛开展群众性青少年体育活动和竞赛；加强体育师资队伍建设，不断提高体育教育教学质量；全面完善学校、社区、家庭相结合的青少年体育网络，培养青少年良好的体育锻炼习惯和健康的生活方式，形成青少年热爱体育、崇尚运动、健康向上的良好风气和全社会珍视健康、重视体育的浓厚氛围。

二、广泛开展亿万学生阳光体育运动，确保学生每天锻炼一小时。根据以前重智育轻体育的现状，教育部连续两年召开了亿万学生阳光体育的运动现场推进会，鼓励全国青少年学生到阳光下、到操场上、到大自然中广泛地参与体育活动。教育部要求各中小学要认真执行国家课程标准，按照课程计划安排体育课时，保质保量上好体育课，每天上午安排25～30分钟的大课间体育活动并形成制度，没有体育课的当天，学校必须组织学生进行一小时集体体育锻炼并列入教学计划。课程安排上，积极探索适合学生特点的体育教学形式和教学内容，充分调动学生上好体育课的积极性。继续办好多层次多形式的学生体育运动会，积极开展竞技性和群众性体育活动。学校每年要召开春、秋季运动会，因地制宜地经常开展以班级为单位的学生体育活动和竞赛，做到人人有体育项目、班班有体育活动、校校有体育特色。

三、进一步办好体育传统项目学校和高等学校高水平运动队，充分发挥其对群众性体育的示范带动作用。高校高水平运动队建设对提高高校体育运动水平，促进竞技体育与学校体育的可持续发展发挥了重要作用，2005年教育部印发了《关于进一步加强高等学校体育工作的意见》，建立了普通高等学校高水平运动队评估制度，当年有235所符合要求的高校建立了高水平运动队。为了推进基础教育阶段体育后备人才培养工作，促使学校多出人才，出好人才，教育部积极会同有关部门加强“体教结合”工作，进一步改进人才培养模式体系。2007年教育部会同国家体育总局，在原有基础上，评定了100所体育传统项目学校，进一步拓宽了青少年体育人才的培养渠道。2008年4月，国家体育总局和教育部联合下发了《关于开展全国青少年校园足球活动的通知》，《通知》要求各地积极制定工作计划，明确职责分工，首批确定从全国44个城市中选择1470所小学和776所初中启动开展了全国青少年校园足球活动。校园足球活动的开展，对调动青少年学生足球运动锻炼的积极性，切实提高学生足球技能水平，以及建立良好的校园足球文化将发挥积极的促进作用。

四、加快学校体育场（馆）建设。在2002年和2008年发布施行的《城市普通中小学校舍建设标准》、《农村普通中小学校建设标准》中分别对各级中小学校的体育活动用房作了规定，在《农村普通中小学校建设标准》中还明确规定学校建设用地包括了建筑用地、体育运动场用地和绿化用地，其中体育运动场用地根据体育课、课间操及课外活动等方面需求，规定了相应的生均用地指标。2008 年教育部、卫生部、财政部又印发了《国家学校体育卫生条件基本标准》以下简称《标准》，并要求各级各类学校按照《标准》配齐、配足学校体育卫生场地器材设施。地方上，不少地区加大了对学校体育经费的投入力度，设立了学生阳光体育运动器材支持项目，把中小学体育设施配置经费纳入中小学办学条件改善的专项资金统筹解决。在实施《标准》的基础上，不少地区也正在进一步规范学校体育场地建设的设施布局。在大型基础设施的建设上，中央财政投入了大量资金进行体育场馆基础设施建设，奥运会等不少大型比赛的场馆均建在校内，今后这样的情形将成为发展的趋势。当然，由于我们目前的起点比较低，较之于发达国家的体育设施的投入和布局我国还存在很大的差距，但是今后学校体育场馆建设较为薄弱的情况将会得到改善。

感谢你们对教育工作的关心和支持，欢迎再提宝贵意见。

全国政协十一届二次会议提案第1204号

案　　由:关于将8月8日设立为中国体育节的提案

审查意见:建议国务院交国家体育总局研究办理

内　　容:2008年8月8日,第29届奥运会在北京顺利开幕。百年期盼,一朝梦圆。北京成功举办真正的无与伦比的奥运会并首次夺取金牌第一,不但向国际社会彰显了中国精神,让世人对中国刮目相看,也极大地激起国人的爱国及参与体育运动健身的热情。为此,建议我国将8月8日定为"中国体育节",其理由如下:

1. 设立"中国体育节"具有极其重要的纪念意义。在解放前,中国积贫积弱,国人被称为"东亚病夫",举办奥运会是想也不敢想的事;从一代伟人邓小平1980年最早提出申办奥运会的设想,到2008年成功举办,也经过了长达28年的时间。夺取奥运奖牌更是中国人长达数十年的努力和追求。从1932年刘长春参加奥运会预赛被淘汰到2008年夺得100多个奥运会金牌,从只有一个运动员参加奥运会到我国自己主办第29届奥运会,中国人终于实现了多年的梦想。北京奥运会的成功举办标志着中国体育的崛起,洗刷了"东亚病夫"的耻辱,设立"中国体育节"无疑具有重要的纪念意义。

2. 可以进一步普及体育运动及提高国民身体素质。成功举办奥运会,仅是一个好的开端。但奥运会再辉煌,也只是在每隔四年中有十几天,很难长期在国人中种下或延续热爱体育运动的种子。好的开端是成功的一半,而在好的开端下趁热打铁设立体育节,就可以得到事半功倍的效果。设立体育节,倡导人们养成"每天锻炼一小时,健康工作五十年,幸福生活一辈子"的良好习惯,通过设立"体育节"这个纪念日，促进全民参与体育健身活动，推进全民健康。

3. 凸显体育的重要性。自从网上发出支持设立中国体育节的倡议以来，网民对设立体育节的支持态度异常鲜明，支持率很高。网民之所以支持设立一个中国体育节，其最重要原因还在于希望通过设立体育节，凸显体育锻炼在国民日常生活的重要性，进而促进全民体育的发展。实事求是地说，尽管我国被外界称之为“体育超级大国”，但谁都知道，这个“超级”是仅指竞技运动而言，对全民体育来说，我们还停留在很落后的水平，许多民众难得参与体育锻炼，广大农村更是严重缺乏体育基础设施。因此，很有必要通过设立体育节，广泛宣传体育在强身健身、增强中华民族整体身体素质的重要性。

4. 国外已有多个国家设立体育节的先例。设立体育节也是一个“国际惯例”。据了解，这是包括美国、法国、日本在内的世界很多国家的一个普遍做法。为了纪念1964东京奥运会，日本将奥运会开幕日(10月10日)设为体育节，每年的这一天，全民放假参加体育健身运动。我国若将在北京举办奥运会日期(8月8日)设为体育节，亦可充分体现“生命在于运动”、“发展体育运动，增强人民体质”体育精神。我们应该承认，中国虽然夺取第29届奥运会金牌总数第一，但作为十三亿人口的泱泱大国，离体育大国的称号还相去甚远；尽管我们的竞技体育近三十年来取得了可喜成就，但群众体育却止步不前，甚至有所退步。设立体育节，可以促进国民积极主动地参与体育运动，缩小中国与体育强国之间的差距。

5. 设立国家体育节可以更好地继承奥运文化。2008年8月8日的奥运开幕式，并不是一个简单的庆典。这个仪式中的一些精神内涵，应该被继承下来。通过设立体育节，将8月8日铭记下来，成为奥运文化在中国延续的软性载体。如此，必将大力促进全民体育，提高国民的身体素质。不可否认，从参与奥运会到承办奥运会，中国体育的发展进步有目共睹，取得了巨大成就。尤其以近两届奥运会为例，中国竞技体育已经呈现“巅峰”状态。因此，我们在弘扬奥运文化的同时，应把更多聚焦的目光投向全民体育，因为体育毕竟要回归到本质，要为全民服务。全民体育的蓬勃发展，才是体育真正的胜利，也是成为体育超级大国的核心所在。而北京承办奥运会对于我国全民体育的普及与推动是绝佳的契机。在奥运会举办之后,通过设立体育节,使更多的民众参与体育运动,对体育产生热情,从而使大量奥运会后闲置下来的场馆得以充分利用,推动社区体育、乡村体育、校园体育等活动,以提升全民体质,推动中国体育的全面发展。

主题词: 体育

提案人: 林绍彬

国家体育总局2009年6月9日以体办字〔2009〕92号文函复:

您提出的《关于将8月8日设立为中国体育节的提案》收悉,现答复如下:

近年来,随着体育事业的不断发展,设立全国统一的"体育节"已经成为了全国人民普遍的期盼。尤其是随着北京奥运会的胜利举办,为了进一步提高全民族体育意识和健康素质,鼓励人民群众更多地参与体育健身活动,呼吁设立全国统一的体育节日的呼声达到了新的高潮。我们认为,以2008年奥运会为契机,设立体育节,既有利于广泛宣传体育和奥林匹克知识,推动体育健身活动广泛开展,形成健康文明的生活方式,为构建社会主义和谐社会做出努力,又纪念了中华民族百年企盼的奥运会在北京举办,意义深远。

为此,国家体育总局就设立体育节日问题进行了深入研究,并在全国体育系统广泛征求了意见。国务院法制办也就设立体育节日相关问题,分别召开了中央、国务院有关部门听证会和专家论证会。大家对设立全国统一的体育节日达成了一致意见。

2008年,国家体育总局向国务院提交了"关于将8月8日确定为全民健身日”的请示，并将《全民健身条例》（送审稿）报请国务院审议。《全民健身条例》第十三条规定，“每年8月8日为全民健身日，各级人民政府及体育行政主管部门应当在全民健身日组织开展健身宣传、教育和活动，国家机关、企业、事业单位、社会团体和其他组织应当结合自身条件积极参与。公共体育设施应当在全民健身日向公众免费或优惠开放，并免费提供健身指导服务。鼓励其他体育设施在全民健身日向公众免费或优惠开放。”

2009年1月，国务院下发了《关于批准设立“全民健身日”的批复》，将每年的8月8日确立为“全民健身日”。《全民健身条例》也已列入国务院2009年立法工作计划，力争年内出台。相信随着全民健身日的确立和《全民健身条例》的出台，我国体育事业的发展必将进入一个崭新的阶段。

感谢您对体育工作的关心和支持！

全国政协十一届二次会议提案第1992号

案　　由:关于我国仿制药品的商品名称亟待规范管理的提案

审查意见:建议国务院交国家食品药品监管局研究办理

内　　容:一、我国仿制药的商品名现状

我国目前有5000多家国内制药企业,几乎全部以仿制为主。为了提高企业的知名度,上市的仿制药的名称令人眼花缭乱。尽管SFDA在2006年3月发布了"关于进一步规范药品名称管理的通知",通知称"针对当前社会反响药品名称混乱、一药多名等问题,为加强药品监督管理,维护公共健康利益,现就规范药品名称有关事宜通知如下……",但通知中未见对多家生产的相同仿制药的商品名数量的限制,导致国内仿制药品的一药多名现象继续泛滥。以国内常用的两种药品为例:

1. 阿奇霉素(Azithromycin),大环内酯类抗生素,处方药。本品专利保护期已经过了多年,现据不完全统计,其中商品名近二十个,如:里奇、芙琦星、丽珠奇乐、齐诺、赛乐欣、博抗、维宏、其仙、奇谷美、亦欧青、朗倍、罗欣首抗、洛奇、奇迈星、瑞琦霖、维路得等,其中含有"奇"或其同音字的就将近十个。

2. 氨氯地平(Amlodipine),降高血压药,处方药。本品专利保护期到2007年9月,仅仅一年多的时间就有近十个商品药名出现,如:兰迪、平能、宁立平、欣络平等。

二、仿制药商品名混乱导致的危害

一药多名对生产企业来讲,或许能够增加其药品的知名度。但在医疗机构和社会药店,开处方药品的医生和调配药品的药师,面对如

此多的一药多名非常易引发差错和重复用药，引发用药安全事件，此种事例屡见不鲜。此外，在病人病历上记录的药品五花八门的商品名，将严重影响病人医疗文件记录的规范性和可靠性，也不利于临床医学原始资料积累和追溯。因此，仿制药商品名混乱对病人安全、医学发展以及药品流通监管均有长远的不利影响。

一药多名现象主要发生在仿制药领域。各国对策不同，但大多数国家采取谨慎使用政策。中国的特殊性在于生产仿制药的企业数量远远高于其他国家，因此一药多名现象在我国格外突出，我国实际上已经成为一药多名的重灾区，如不采取坚决措施，无论对病人安全还是行业发展将后患无穷。

三、建议

针对上述情况，建议政府主管部门制定符合国情的规定，尽早遏制仿制药品一药多名泛滥。具体做法如：

1. 限制仿制药商品名数量：只允许前3～5个企业可申请起商品名，其后企业无资格申请商品名。

2. 禁止仿制药起商品名，但兼顾企业利益和责任的方法：仿制药名采用“通用名＋企业缩写名”的方法命名。如氧氟沙星－双鹤；氧氟沙星－扬子江。

主题词： **卫生**
提案人： 李大魁

国家食品药品监督管理局2009年7月8日以国食药监办函〔2009〕90号文函复：

您提出的《关于我国仿制药品的商品名称亟待规范管理的提案》收悉，现答复如下：

药品名称管理非常重要。针对社会反响强烈的药品名称混乱、一药多名等问题，为加强对药品名称的管理，维护公众健康利益，我局于2006年3月15日出台了《关于进一步规范药品名称管理的通知》（以下简称《通知》）。

《通知》明确规定，只有新的化学结构、新的活性成分的药物，以及持有化合物专利的药品方可申请商品名称，其他药品包括仿制药一律不得使用商品名称。

为规范商品名称，《通知》还对药品商品名称的命名原则作了相应的规定：药品商品名称所用文字不得使用国际非专利药名（INN）的中文译名及其主要字词，也不得引用与药品通用名称音似或者形似的文字作为药品的商品名称。

您提出的关于仿制药商品名的建议，我们将认真研究，不断完善药品商品名称的管理。

感谢您对药品监督管理工作的关心和支持。

全国政协十一届二次会议提案第2002号

案　　由:关于建立预防接种异常反应补偿救济机制的提案

审查意见:建议国务院交财政部、卫生部分别研究办理

内　　容:预防接种是指根据疾病预防控制规划,利用疫苗,按照国家规定的免疫程序,由合格的接种技术人员,给适宜的接种对象进行接种,提高人群免疫水平,以达到预防和控制传染病发生和流行的目的。随着我国公共卫生事业的发展,预防接种作为预防疾病最经济、最有效的措施之一愈发显示了其重要性。由于个体差异,接种时机体的免疫状态不同等诸多因素,不可避免地会产生接种反应。预防接种不良事件中的疫苗反应分为一般反应和异常反应。一般反应是指在免疫接种后发生的、由疫苗本身所固有的特性引起的、对机体只会造成一过性生理功能障碍的反应。异常反应是指合格的疫苗在实施规范接种过程中或者实施规范接种后造成受种者机体组织器官、功能损害,相关各方均无过错的药品不良反应。

为保证预防接种工作的开展,卫生部先后颁布了《预防接种工作实施办法》(1963年3月19日),《关于加强计划免疫工作的通知》(1978年9月1日),《预防接种后异常反应和事故的处理试行办法》(1980年1月22日),《全国计划免疫工作条例》(1982年),之后相继有不少地方法规或规章出台。尽管这些规定对推动和规范预防接种工作起了一定作用,但远远不能满足实际工作的需要。对接种异常反应的处置,我国还缺乏实施的具体法规和裁定责任归属的专门权力机构,目前的处理办法是组织一个卫生系统的专家组做鉴定,并不追究其民事责任。

近年来，预防接种异常反应事件时有发生，上海出现了“糖丸”疫苗异常反应致残事件，江苏出现了注射“百白破”三联针致坐骨神经损伤事件等。因为缺少明确法律依据，导致司法实践中量裁不一。同时，由于各方均无过错，所以往往得不到合理的赔偿。

预防接种工作关系到千家万户儿童的身体健康，但现有法规已经明显滞后，赔偿办法更是明显与目前社会的实际情况不相匹配。建立健全一套完备的预防接种法律、法规已是迫在眉睫。

为此建议：

结合我国国情，借鉴世界各国行之有效的经验，制定“预防接种异常反应救济法”和建立“预防接种异常反应救济基金”，保护被接种人的合法权益。

一、制定“预防接种异常反应救济法”

1. 要将预防接种异常反应用法律形式加以概括和确定，依照法律保护公民的一切合法权益的原则，保证接种单位和个人都受到法律保护。

2. 设立一个完整的预防接种异常反应鉴定制度（包括权利机构、人员组成及鉴定原则等）。

3. 要明确责任归属。若是疫苗因素造成的损害，应追究生产厂家的责任；接种途径、部位错误、重复接种、用量过大的，则是医务人员的责任。只有把责权明确，才能把侵权责任分清。

4. 要明确赔偿的范围。预防接种异常反应赔偿应重在迅速补偿损害，降低无过错当事人的经济损失和风险。在设定救济补偿范围时，应考虑与民事赔偿制度的联系与区别，符合我国的经济现状，如着重补偿因生命及健康导致财产的重大损失，其范围应包括医药费、残障生活补助、抚养金、丧葬费等。救济给付额应按照残障程度等级分别计算、给付。

5. 要明确救济给付的条件。救济给付应符合：(1)疫苗须经行政管理部门审批并合法登记；(2)疫苗使用方式正确，无接种过失或明显缺陷；(3)疫苗生产及经营企业、疾病控制机构或医疗机构、医师都无法律责任或责任不明确；(4)异常反应损害须达到一定严重程度。

二、建立“预防接种异常反应救济基金”

建议由政府牵头，建立“预防接种异常反应救济基金”。

筹集救济资金主要依靠企业。补偿基金的来源可以是以下两个方面：一是疫苗生产商或进口商的药品保险费。经过核准登记的疫苗生产企业或进口商，按实际销售额的一定比例计算，逐年支付。如果前一年发生预防接种不良反应，第二年增加支付额。这种做法需考虑企业的承受能力，也应防止其支出救济基金后以降低疫苗质量作补偿。二是依靠政府补助及社会捐助，因为基金运作具有社会公益目的，社会各方都应给予一定的资助。

在基金的管理上，要明确申请救济给付及管理的程序，可由政府与企业共同管理，同时设立相应的技术鉴定专家组织。申请救济的给付，应严格按照申请、技术鉴定、审核等程序进行。

主题词： 防疫 救济

提案人： 王启仪 李竟先 陈伟明 吴 鸿 周健民 高体健 彭 钊 张新建 何 维 刘晓峰 游宏炳 王 路 龚建明 于文明 张光奇 姚 克 牛广明 陈绍军 陈勋儒

中华人民共和国财政部2009年9月14日以财社函〔2009〕52号文函复：

你们提出的《关于建立预防接种异常反应补偿救济机制的提案》收悉，现答复如下：

一、关于免疫规划工作。为了加强免疫规划工作，2003～2006年中央财政共安排计划免疫补助资金80509万元，专项用于计划免疫冷链设备购置、在高危地区和高危人群中开展脊灰疫苗强化免疫活动、保持全国急性迟缓性麻痹病例监测系统正常运转和高敏感性、麻疹强化免疫和检测、乙脑监测试点、加强常规免疫工作(包括接种补助、专业人员培训)等项目。从2007年开始,国家进一步扩大免疫规划的范围,将国家免疫规划疫苗增加到14种,预防15种传染病,所需疫苗和注射器的购置资金全部由中央财政承担。2007～2008年,中央财政共安排免疫规划资金527267万元,对疫苗、注射器的购置以及部分困难地区预防接种补助以及冷链设备购置给予专项补助。今后,中央和地方财政都将认真贯彻落实医改意见和实施方案的要求,按照《传染病防治法》和《疫苗流通和预防接种管理条例》的要求,继续加大投入,切实保证免疫规划工作顺利开展。

二、关于建立"预防接种异常反应救济基金"。因预防接种异常反应造成受种者相关损失如何赔偿,2005年国务院颁布的《疫苗流通和预防接种管理条例》(国务院令第434号)已有明确规定,具体为:"因接种第一类疫苗引起预防接种异常反应需要对受种者予以补偿的,补偿费用由省、自治区、直辖市人民政府财政部门在预防接种工作经费中安排。""因接种第二类疫苗引起预防接种异常反应需要对受种者予以补偿的,补偿费用由相关的疫苗生产企业承担"。据此,我们认为,对疫苗接种异常反应补偿的资金渠道是明确的,符合条件的受种者可以通过上述渠道获得补偿,关键在于抓好落实,不宜再用疫苗生产企业或进口商实际销售额的一定比例筹集建立预防接种异常反应救济基金。

感谢你们对财政工作的关心和支持,欢迎再提宝贵意见。

全国政协十一届二次会议提案第2161号

案　　由:关于尽快解决市场上廉价药品短缺,保证百姓基本用药的提案

审查意见:建议国务院交卫生部、工业信息部、国家食品药品监管局、人力资源和社会保障部、国家发改委分别研究办理

内　　容:药品作为一种特殊的商品,关系到人民的生命和健康。当前百姓看病药价太高的难题还没有得到根本解决,常见廉价药逐渐消失、廉价救命药紧缺的问题需要引起社会强烈关注。

国内一份对12个城市42家三甲医院临床用药调查结果,大医院缺常用"廉价药"的情况严重。短缺药品的数量高达342种。短缺药品主要是医院临床大量使用的常用药、治疗特殊病的药品。这些短缺药品都有一个共性,就是价格便宜。短缺药的价格分析表明,211种药的价格大部分在30元以下,其中130种药在10元以下,占到61.6%。而10元以下的短缺药中,5元以下的药品占了69%,3元以下的占42%。

发改委的调研结果,确定250余种廉价短缺药品。廉价有效药品的短缺将对群体性患者的生命和健康带来严重的威胁。是"看病难、看病贵"中的又一个需要国家高度重视和尽快解决的民生难题。

廉价有效药品短缺的原因:

一、全国现有4000多家药厂,生产品种的97.4%是已上市品种的同类仿制药。如此大量的仿制药上市,冲击了"廉价药"市场。而且,国家定价政策并没有向"廉价药"倾斜,保护力度不够。药品审批监管不严、定价招标对"廉价药"保护不力、药品目录管理没有发挥应

有的作用，三方面的因素，导致了“廉价药”短缺。

二、廉价常用药品利润低，生产成本高，生产厂家不愿生产、流通企业不愿意经营、医院“以药养医”体制促使廉价药品的短缺，医院愿意采购高价药品，医务人员愿意给患者多开药，开贵重药已经成为一种普遍的现象。廉价药品在终端消费环节受到抑制。医疗费用的负担最终还是转嫁给老百姓。要让百姓看病更便宜，就要监督和保障医院、医生使用“廉价药”。

为此建议：

一、将廉价常用短缺药物管理作为国家药品管理的重要内容。增加相应的职能和专门机构，建立药品长效管理机制，保持信息渠道畅通，动态地反映药品供需情况，避免临床必需药品断档。其主要职责是：开展短缺药品的申报、调查、登记和信息反馈；组织审核和评价短缺药品；指导和督促药品生产企业投入或恢复短缺药品的生产，组织流通企业对短缺药品的调拨和配送。

二、推进我国药品定价机制改革。采取“限高和保低”相结合的定价原则，允许廉价药适当提价，对用量大、价格低的临床常用药进行价格保护和政策扶持。使廉价药有一个合理的利润空间，提高生产企业、经销企业、使用单位的积极性。尽快对所有药品实行国家统一定价，切实保障人民群众的基本用药。

三、严格药品的准入和注册管理。提高药品准入的门槛，对所有药品进行重新审查，对常用药物的同类仿制品种要严格筛选，取缔那些主要成分相同、疗效没有明显改善的药品。严格控制新药的审批，对仿制药的生产和上市控制一定的数量。

四、为廉价药制定目录，廉价药的生产和临床应用要有衔接，不能随意中止廉价经典药的生产。建议由相关部门牵头，邀请临床专家、药企流通人员为廉价经典药界定概念、划定范围，对临床一线的必备药进行筛选，尽快为价格低廉、疗效显著、有一定市场需求的药品制定“廉价药目录”，纳入医保目录。保障基本用药。

五、加快医疗卫生体制改革步伐，从根本上解决以药养医问题。国家有关部门加快制定和推行医疗机构用药规范制度，特别是针对常见病和多发病，在基层医院推广用药规范，从技术上提供指导，规范医务人员的用药行为，促进合理用药。

主题词： 医药　物价

提案人： 戴秀英　刘荣玉　孙丰源　孙建方　肖　红　吴以岭　翁国星　高春芳　夏　宁　菊红花　范　利　温建民　邱贵兴　史大卓　李森恺

国家食品药品监督管理局2009年7月8日以国食药监办函〔2009〕88号文函复：

你们提出的《关于尽快解决市场上廉价药品短缺，保证百姓基本用药的提案》收悉，现对涉及我局职责的问题答复如下：

建立严格的药品准入和注册管理体系，严把药品审批关，一直是我局高度重视的问题。我国医药行业企业数量多，研发水平参差不齐，一定程度上存在盲目申报仿制等现象。为鼓励企业研发创新，减少低水平重复，我局加强对政策法规的修订，严把药品审评审批关口，引导企业合理研发和申报。

我局2007年修订施行的《药品注册管理办法》一方面体现了鼓励创新的药品监管理念，对创新药品给予了更多的鼓励和支持，包括从改变审评方式、建立专用通道、审评人员早期介入、允许修改补充资料、优先审评等方面采取措施进行鼓励；另一方面也提高了对仿制药品的技术要求，强调仿制药应与被仿制药在安全性、有效性及质量上保持一致，要求企业应对自己的产品与被仿制品种进行充分的对照研究。

感谢你们对药品监督管理工作的关心和支持。

全国政协十一届二次会议提案第3489号

案　　由:关于新时期加强群众体育工作的提案

审查意见:建议国务院交国家体育总局研究办理

内　　容:北京奥运会的成功举办,不仅书写了奥林匹克运动新的辉煌篇章,也极大地激发了广大群众的体育意识和健身热情。但奥运会结束后如何保持人民群众的体育热情,实现从体育大国向体育强国迈进的宏伟目标,是当前群众体育工作面临的重要任务。

一、群众体育工作现状

我国已初步形成了一整套推动群众体育发展的措施体系:一个计划——全民健身计划纲要;两块基石——国民体质监测与群众体育现状调查;三项保障——全民健身路径、中华体育健身方法、社会体育指导员制度;四项内容——全民健身活动周、全民健身先进表彰、五个亿万工程、四个"一二一"目标;五个重点群体——青少年、农民、妇女、残障人、老年人。使过去缺乏量化标准的群众体育,变得有法可依、有章可循,可以考量。另外,我国在体育场地的建设上也有长足进步。截至2003年年底,全国共有各类体育场地850080个,占地面积比1995年年底增长110.28%。同时,群众体育组织网络初步形成,中华全国体育总会所属会员基本覆盖了全国城乡的广大地区。开展的体育下乡、体育进社区活动日益深入,大大改善了人民群众的精神生活和健康素质。

二、群众体育工作存在的问题

一是人民群众不断增长的体育需求与社会体育资源不足之间的矛盾依然突出。各级财政对群众体育投入没有强制经费比例,社区便民健身设施少，商业体育场馆贵，学校和企事业单位场馆等开放度低，体育场地设施人均拥有量低，布局不合理，城乡发展不平衡，地区发展不平衡。二是各级体育行政部门宏观调控、社会行政和行业管理职能不强，管办不分的问题仍然存在。全民健身组织网络虽已初步形成，但各类体育组织的作用未能充分发挥，传统的群众体育组织管理模式已不适应体育事业发展的需求，群众体育的社会化程度不高。三是广大群众体育锻炼科学指导有待加强。截至2007年年底，全国具有技术等级称号的公益性社会体育指导员近45万人，由于缺乏有效的管理机制和激励机制，相当一部分社会体育指导员没有履行职责。体育锻炼科普知识普及率低等，导致群众体育锻炼缺乏科学指导，随意性和盲目性现象较突出。

三、新时期群众体育工作的建议

（一）将加强体育工作列入经济社会发展目标，进一步加强体育场地设施建设。各级政府应切实履行提供体育公共服务和公共产品的重要职能，充分发挥主导地位，保证每年的政府财政预算中有一定比例的体育事业费，并随着经济社会发展逐年加大群众体育经费投入。要把"农民体育健身工程"纳入新农村建设的总体规划，加大体育场地设施建设与城乡规划、住宅区建设相结合的力度。积极推动体育与教育部门加强合作，学校和体育系统体育场馆向公众开放。国家彩票公益金应重点向西部倾斜投入。

（二）加强完善全民健身组织网络化建设和管理，推进体育社会化进程。进一步明确政府和社会的权事划分，实现政事分开，管办分离，出台相关政策，支持、引导各类体育组织开展群众体育工作。

（三）尽快制定国家《社会体育指导员管理条例》，加强体育指导员队伍建设。《关于"上海市社会体育指导员社区指导站"建站及迎世博先行先试工作的意见》在上海已试行，有关部门应开展调研，认真总结经验，尽早出台国家《社会体育指导员管理条例》，使社会体育指导员真正成为全民健身队伍的排头兵和群众体育事业发展中重要的技术骨干力量。

（四）制定《中共中央、国务院关于加强青少年体育增强青少年体质的意见》配套政策，真正树立“健康第一”的观念，把体育项目作为一种技能列为中、小学的一门必修课，强制要求初中毕业必须学会1或2个体育运动项目，并作为毕业的一个条件。

主题词： 体育

提案人： 朱奕龙　李玉玲　张　茵　邱维廉　浦　江　潘庆林　李群华

国家体育总局2009年6月17日以体办字〔2009〕108号文函复：

你们提出的《关于新时期加强群众体育工作的提案》收悉，现答复如下：

一、为促进全民健身事业的发展，增强国民体质，国家有关部门将继续指导、督促各地在城乡规划编制、实施中落实体育设施配建要求，加强对各类体育场地和设施建设的投入，满足群众文化体育活动的需要。

在城乡规划、建设的法律法规体系中，体育用地是城市重要的公共设施用地，包括体育场馆和体育训练基地。根据《城乡规划法》的要求，人民政府在编制城市总体规划时，应当根据城市经济社会发展需求和人口、资源情况、环境承载能力，统筹安排城乡各类建设用地，合理配置城乡各项基础设施和公共服务设施，其中包括体育用地和设施。在控制性详细规划中应当落实总体规划对体育设施分级设置的要求，形成完善的市、区、社区级体育设施体系。国家标准《城市居住区规划设计规范》对居住区公共服务设施（包括体育设施）分级配建做出了明确的规定，并对各级设施作了设置规定，包括建设内容、指标规模、设置要求等。针对社区体育设施，2005年9月批准发布的《城市社区体育设施建设用地指标》，进一步加强了对城市社区体育设施规划建设的规定，为城市社区科学、合理设置体育设施提供了依据。

根据《中华人民共和国体育法》第四十一条规定："县级以上各级人民政府应当将体育事业经费、体育基本建设资金列入本级财政预算和基本建设投资计划，并随着国民经济的发展逐步增加对体育事业的投入。"因此，各级政府财政部门将根据《中华人民共和国体育法》的要求，增加对体育事业的经费投入，也包括对群众体育经费的投入。

2006年，中共中央、国务院下发了《关于推进社会主义新农村建设的若干意见》，明确提出"推动实施'农民体育健身工程'，积极开展多种形式的群众喜闻乐见、寓教于乐的文体活动"。全国人大十届四次会议批准通过《中华人民共和国国民经济和社会发展第十一个五年规划纲要》，将"推动实施农民体育健身工程"列为今后五年的重点任务。同年7月国务院常务会议讨论通过关于实施《国民经济和社会发展第十一个五年规划纲要》主要目标和任务的意见，"农民体育健身工程"被列为新农村建设重点工程之一。国家将实施"农民体育健身工程，列为《"十一五"群众体育事业发展规划》和《〈全民健身计划纲要〉第二期工程第二阶段（2006～2010年）实施计划》主要任务，并制定下发了《关于实施农民体育健身工程的意见》。2007年，体育总局与国家发改委、财政部联合制定下发了《"十一五"农民体育健身工程建设规划》（以下简称《规划》），对"十一五"农民体育健身工程的建设内容与标准、资金安排、保障措施等做出了规定。《规划》提出：5年内投资30亿元完成10万个行政村的农民健身场地设施建设，使全国1/6的行政村都建有公共体育场地设施。建设资金以地方资金为主，中央适当支持。中央和地方按4∶6的比例投入，中央投资12亿元，地方投资18亿元。截至2008年年底，中央和地方总投入资金超过26亿元，建成87000个"农民体育健身工程"，场地设施类型包括水泥地面篮球场、户外乒乓球台等。

根据相关规定，中央级体育彩票公益金，主要用于《全民健身计划纲要》和《奥运争光计划纲要》所确定的使用范围(如资助开展全民健身活动,弥补大型体育运动会比赛经费不足,修整和增建体育设施以及体育扶贫工程专项支出等),其中,全民健身活动经费占60%,奥运争光经费占40%。考虑到西部经济困难地区、少数民族地区、边远贫困地区和农村地区体育基础设施建设相对比较落后的状况,政府财政在分配彩票公益金时,已对上述地区给予了适当倾斜和支持。

与教育部门合作继续抓好学校体育场馆向社会开放工作。遵循依托政府、教体协作、齐抓共管的原则,推广各地区在学校体育场馆向公众开放方面的经验和有效措施,适时召开试点经验交流会议。在广泛征求各方意见的基础上,会同教育部联合制定学校体育场馆向公众开放的指导性文件,探索建立学校体育场馆向公众开放的长效机制,使开放工作有序、有效、可持续地进行。

二、不断完善和加强群众体育组织与队伍建设。坚持城市体育以社区为重点、农村体育以乡镇为重点的原则,积极探索社区体育和农村体育新的工作机制,完善全民健身组织网络。

中央和国家有关部门将加大对社区体育、农村体育工作的支持力度,组织有关部门联合开展社区体育和农村体育相关工作调研,并在此基础上,研究出台进一步推进社区体育工作和加强农村体育组织建设的指导性文件;使社区和农村体育工作更加规范化。随着体育体制改革的不断深化,各级体育行政部门转化职能,实行管办分离,普遍建立开展群众体育工作的专门机构,直接负责全民健身计划的实施工作。

在总结以往经验的基础上,鼓励各地创建不同形式、不同层次的社区体育俱乐部,形成比较完善的社区体育组织网络。积极探索农村基层体育组织建设模式,通过重点扶持乡镇文化体育站建设,创新农村体育工作机制,逐步建立行之有效的农村体育组织网络。

进一步规范职工体育示范基地创建活动,发挥其在推动职工体育工作中的示范作用;适时颁布相关法规文件,指导全国职工体育工作更加深入开展。继续调动和发挥各行业体协、全国性单项体育协会在组织开展群众体育活动中的资源优势和作用,鼓励和支持各协会重点组织开展好群众参与面广、有特色、形成品牌的体育健身活动,创新活动形式,提高活动质量,扩大活动影响,讲求活动实效。

三、社会体育指导员制度是我国改革开放后一项重要的体育制度创新。1993 年年底原国家体委发布《社会体育指导员技术等级制度》并经《中华人民共和国体育法》确认,在建立群众性健身指导服务队伍方面发挥了积极作用。为适应体育健身市场发展对从业指导人员的需要,国家体育总局组织制定并由劳动和社会保障部于 2001 年颁布了《社会体育指导员国家职业标准》。为协调这两支队伍的发展并明确其工作政策,国家体育总局 2003 年发文提出有关指导意见,2005 年又下发了《关于进一步加强社会体育指导员工作的意见》。

根据开展工作的实际,国家体育总局针对我国这方面现行的两个制度标准、两套队伍培养管理体系,同时都称为社会体育指导员的现状,自 2006 年起,就着手深入探讨如何通过统一的法规制度进行整体规范,促进两类指导人员在为全民健身服务中并行发展,解决好各自类型结构、管理模式、发挥作用等方面的问题,构建完整的制度模式并转化为立法形式,并已拟制出法规草案文本,为颁布《全民健身条例》提供相应基础。主要从以下几个方面进行研究:

(一)深入调查和全面总结我国社会体育指导员法规制度、社会体育指导员队伍发展、社会体育指导员管理工作的状况、经验与问题。

(二)在分析国内外社会背景、体育发展需求的基础上,探寻社会体育指导工作的规律和机制,提出进一步加强我国社会体育指导员队伍、管理和制度建设的发展方向与宏观思路。

(三)对社会体育指导员进行统一制度框架的基础上,立足于社会体育指导的实际需要,具体研究各类社会体育指导员的类型结构、培训审批、管理体系、作用形式、激励保障等操作措施。

(四)在对社会体育指导工作的各类关系进行法理分析的基础上,进行社会体育指导员制度法规内容与立法形式的设计与论证,并对法规制度的实施方案提出建议。

四、2007 年 5 月 7 日，中共中央、国务院下发了《关于加强青少年体育增强青少年体质的意见》，当前和今后一个时期，我们将进一步贯彻落实《意见》的精神，继续采取强有力的措施，解决学校体育工作存在的主要问题，进一步推进学校群众性体育工作的蓬勃开展。

（一）积极制定政策，健全 7 号文件的配套措施。近年来，教育部会同国家发改委、财政部、卫生部、保监会等部门制定并出台了一系列贯彻落实中央 7 号文件的配套性文件，包括《国家学校体育卫生条件基本标准》、《推进校方责任险完善校园伤害事故风险管理机制》、《中小学生健康体检管理办法》、《中小学体育专项督导评估指标体系》、《中小学生健康教育指导纲要》、《教育部办公厅关于假期、公休日学校体育场地向学生开放的通知》等建立健全学校体育工作机制建设、基本条件制度保障建设，为开展学校群众性体育工作提供了制度保障。

（二）确保每天锻炼一小时，保障学生体育锻炼的需求。教育部要求各级各类学校认真执行国家课程标准，保质保量上好体育课。目前，体育课已经成为了中小学生的必修课，小学 1～3 年级为每周 4 课时，4～6 年级和初中为每周 3 课时，高中学生每周为 2 课时。在没有体育课的当天，学校必须组织学生进行一小时集体体育锻炼。

（三）大力提倡学校群体活动，推进群众性体育活动开展。教育部、国家体育总局 2008、2009 年连续召开了“全国亿万学生阳光体育现场推进会”，近年又在全国 15 个实验区开展了“体育、艺术 2 + 1 项目”活动，注重培养学生的体育运动特长，并将施行的范围逐步推广到全国 31 个省市。此外，教育部推广了“阳光伙伴”、“中华少年团队竞技大赛”、“中国校园健康行动——篮球春风计划”、“系列校园青春健身操”等一系列群体性学生体育活动；最近，国家体育总局和教育部又联合启动了全国青少年校园足球工作，在全国推行校园足球工作规划。进一步鼓励全国青少年到阳光下、到操场上、到大自然中广泛地参与体育活动，使“健康第一”的锻炼理念真正深入人心。

（四）加强学校体育设施建设，提供条件保障。教育部会同卫生部、财政部印发了《国家学校体育卫生条件基本标准》，要求各级各类学校按照《标准》配齐、配足学校体育卫生场地器材设施。国家体育总局发文要求农民健身工程选址要充分考虑建在学校附近,缓解了农村学校体育场地缺乏的矛盾。地方上,不少地区加大了对学校体育经费的投入力度,设立了学生阳光体育运动器材支持项目,制约群众体育事业发展的场地、器材问题将会得到改善。

感谢你们对群众体育工作的关心和支持!

全国政协十一届二次会议提案第4412号

案　　由:关于实施适宜医疗,解决民众就医负担的提案

审查意见:建议国务院交卫生部会同人力资源和社会保障部研究办理

内　　容:坚持公共医疗卫生的社会公益性质,指明了我国卫生改革发展的方向。坚持政府为主,市场为辅公立医院的发展模式。在保证医疗质量的前提下,降低不必要的成本。

当前医疗发展已达到一定规模、水平和速度,在短短30年的改革开放高速发展中,我国的医疗机构已接近了发达国家水平,如CT拥有率约10台/百万人,医生拥有率1.52/千人,已完成了现代化医院的发展阶段。但随之而来的一是医疗机构的盲目攀比,恶性竞争,建设相互攀比,设备相互竞争。从各级医疗机构建设的负债率可见一斑:如2006年全国公立医院的平均负债率为27.6%,不少医院负债率高于50%,还有2%的医疗机构资不抵债。2007年平均为30.1%,增幅近10%。二是城乡差别过大,资源配置极不均衡,全国医疗机构总资产中大医院占85%以上,城市占80%以上,农村占10%以下。三是政府支出偏低,看病难、看病贵得不到根本解决,2006年我国卫生费用支出政府仅占18.1%,个人支出占49.3%,而1978年个人支出仅占20.4%。江苏省人大常委会教科文卫委员会公布的一份调研报告表明,由于政府财政拨款不足,省级医院财政拨款占所需经费比例只有5%左右,但1996～2004年全省城镇居民可支配收入年均增长9.2%,消费总支出年均增长7.8%,而同期医疗费用年均增长高达24.2%,过度医疗导致广大患者不堪重负。

导致我国医疗费用快速增长的主要因素:一是国民收入的增长带

来的人们医疗需求的增长；二是医疗技术的进步；三是全民医疗保险的推广；四是国民经济的持续增长带来的医疗产业的商业化过快增长；五是人口老龄化。

全面深入地剖析群众看病难看病贵的现状和成因，提出相关对策和建议。建议：

一、实行城市医疗机构的总量控制

一是要对医院实行数量的控制，2007年我国医疗病床使用率除了城市三级大医院达到97.6%外，一二三级医院的平均使用率仅为78.2%，乡镇卫生院仅为48.8%，因此，我国医疗机构的绝对数已经饱和，而且三级医疗机构的规模也已能满足现阶段我国生产力发展水平和人民群众生活水平。当前一是控制医院增长规模：包括病床总数，尤其是三级医院的。二是控制适宜的医疗技术水平。三是控制医疗收入的增长幅度，以适度高于国家、地区GDP 3～5个百分点为好。

二、实行医保政策下的医院管理模式

世界各国几十年来和我国镇江14年来的医保经验和教训表明，医保的推广和实施是一把双刃剑，在保证群众就医的同时，也扩大或激发了群众的医疗需求。建议：一是必须严格实施以收定支的医保收支政策，医保的总筹资确定了一个地区的医保水平，这一水平既保证群众基本的医疗需求，同时也能控制过度的卫生资源的消费。二是尽快建立双向转诊的就医服务体系和制度，兴建一个完整、可靠的社区卫生服务体系，实行由社区医生首诊、分诊的医疗服务体系十分重要。三是实行在医保政策引导下的医院竞争服务，形成一个为群众提供质优价廉的良性卫生服务市场。

三、实行医保统一的基本适宜诊疗技术

医疗技术的进步是医疗费用上涨的主要原因之一。一是国家统一规定适宜的医疗技术选择和推广，如宁夏卫生、科技、计生等部门正在宁夏5个示范县乡村医疗机构推广使用22项廉价适宜技术，以降低一些常见病多发病的诊疗费用。应用适宜诊疗技术，控制高血压每天只需要9分钱，大大降低了病人的医疗负担。

适宜诊疗技术是相关专家组根据当地居民的常见病、多发病现状,经过反复论证、评估、筛选出的,有的技术是经过筛选的适合本地医疗消费水平和特点的。项目通过邀请区内外专家对县乡级卫生和计生机构相关人员以及村医进行培训和实训,帮助相关医技人员掌握廉价适宜诊疗技术,并通过他们将技术应用到日常诊疗工作中,以降低群众看病费用。

主题词: 　**医疗　改革**
提案人: 　宋余庆

中华人民共和国卫生部2009年9月25日以卫提函〔2009〕391号文函复:

您提出的《关于实施适宜医疗,解决民众就医负担的提案》收悉。经商人力资源和社会保障部,现答复如下:

《中共中央、国务院关于深化医药卫生体制改革的意见》要求进一步完善医疗服务体系,健全各类医院的功能和职责,优化布局和结构,充分发挥各级医疗机构的作用。目前,各地正在积极落实上述要求。为指导各地做好工作,我部正在修订《医疗机构设置规划指导原则》,拟按照各地人口、地理环境、经济发展水平和疾病谱等具体情况,制定各行政区域的医疗机构设置规划,使当地医疗机构数量和布局合理。同时,我部将修订《医院机构基本标准》,提高医疗机构的准入门槛,保证医疗机构基本医疗质量。同时加快建设以社区卫生服务中心为主体的城市社区卫生服务网络,完善服务功能,以维护社区居民健康为中心,提供疾病预防控制等公共卫生服务、一般常见病及多发病的初级诊疗服务、慢性病管理和康复服务。转变社区卫生服务模式,不断提高服务水平,坚持主动服务、上门服务,逐步承担起居民健康"守门人"的职责。采取增强服务能力、降低收费标准、提高报销比例等综合措施,引导一般诊疗下沉到基层,逐步实现社区首诊、分级医疗和双向转诊。

为加强医疗技术管理和控制医疗费用不合理增长,我部制定了《医疗技术临床应用管理办法》,同时正在制定多个病种的临床路径,开展病种质量管理,还将对部分病种开展单病种收费管理。为加大对医院医疗服务和收费行为的监管力度,我部成立了医疗服务监管司,将继续在全国深入开展医院管理年等活动,力争将医药费用控制在合理范围内。

我国的城镇医疗保险制度是通过社会共济的方式化解参保人员的疾病经济风险,根据财政、企业和个人的承受能力,合理确定筹资水平,保障参保人员基本医疗需求的社会保险制度,要通过医疗卫生机构提供服务才能实现待遇保障。医疗保险管理部门作为全体参保人员的代表,需要对医疗机构的服务行为进行监督和管理,以切实落实参保人员各项基本医疗保障待遇政策,实现保障参保人员基本医疗的制度目标。同时,促进医疗服务质量和改善成本控制,促进医疗卫生事业的健康发展。

从医疗保险制度建立起,关于强化医疗服务管理,管理部门先后采取了一系列措施:一是建立了药品、诊疗项目和医疗服务设施三个目录,按照“诊疗必须、安全有效、费用适宜”的原则,明确了基本医疗保险支付范围。其中对于同类药品或诊疗项目中价格较低的,医疗保险基金给予全额支付,价格相对较高或容易滥用的,医疗保险基金予以部分支付,以促进药品和诊疗项目的合理使用。二是加强就医管理,实行定点医疗机构和定点零售药店管理,促进医疗机构之间和药店之间,以及医疗机构和药店之间公平竞争。对不同级别的医疗机构制定了不同的支付比例,引导参保人员合理利用医疗卫生资源,配合有关部门探索建立社区首诊和双向转诊制度。三是加强协议管理,医疗保险经办机构与定点医疗机构签订协议,明确双方的权利和责任,将有关部门制定的诊疗规范等医疗服务相关标准列为协议内容,将违规行为和费用支付挂钩。四是制定合理的结算办法,探索实行按病种收费付费,按定额付费,总额控制等多种方式相结合的综合结算办法,以调动定点医疗机构参与管理，提高服务质量，降低医疗费用的积极性。五是加强监督检查，建立日常审核、重点监控、问题稽查与反欺诈相结合的管理机制。近年来，通过不断细化完善医疗服务管理，规范医疗服务行为，减少了不合理医疗费用的支出。

下一步将按照深化医药卫生体制改革的要求，进一步提高医疗服务管理水平，加强就医管理，充分发挥各级各类医疗机构的作用；探索建立医疗保险经办机构与医药服务提供方的谈判机制；完善结算办法，控制医疗服务成本，更好地发挥医疗保险第三方对医疗服务的监管作用，提高医疗保险基金的使用效率，保障参保人员的基本医疗服务需求。

感谢您对卫生工作的关心和支持。

全国政协十一届二次会议提案第4649号

案　　由:关于进一步推动"体教结合"进程的提案

审查意见:建议国务院交国家体育总局会同教育部研究办理

内　　容:长期以来,我国竞技体育一直实行举国体制,集中有限资源,统筹社会力量,形成了符合国情、独具特色、富有实效的发展模式和管理体制,表现出强大的凝聚力、动员力、协调力和战斗力,推动了我国竞技体育事业的飞速发展。同时,国家高度重视运动员文化素质的提升,不断出台有效措施,积极促进体育与教育的结合,取得了显著成效。

随着我国经济社会的稳定发展和改革开放事业的不断推进,竞技体育后备人才的培养与可持续发展遇到了前所未有的挑战,训练和教育资金不足,选拔途径愈加狭窄,文化学习严重缺失,使得退役运动员的生存与发展问题日渐凸显,严重制约了我国竞技体育事业的可持续发展。

为了进一步完善竞技体育的举国体制,我们认为应以科学发展观和"以人为本"的思想为指导方针,进一步推动体教结合的深入,切实将体教结合落到实处,保证优秀运动员源源不断地涌现,使我国在继续保持世界体坛领先地位的同时,将运动员培养成为适应社会发展需要的全面人才,继续为社会做贡献。为此,我们提出如下建议:

第一,创新"体教结合"的组织管理体制。"体教结合"涉及体育和教育两大系统,能否对组织管理体制进行创新,切实加强两个部门的密切合作,将对体教结合的实施效果起到决定性的作用。建议国家体育总局牵头,联合教育部成立"国家体教结合促进领导小组",研究并制定进一步促进“体教结合”的政策措施；同时，通过领导小组的推动和促进，加强各省市体、教部门的合作，充分调动其积极性，进一步优化资源配置，切实做到资源共享，责任共担，义务共尽，成果共用。

第二，创新体教结合的激励机制。建议国家体育总局联合教育部，对原有体教结合的激励机制进行完善并创新，充分调动参与体教结合工作实践的运动队、学校以及相关单位的积极性。可设立体教结合优秀组织奖、成果奖等奖项，对实施体教结合培养体育后备人才的单位给予表彰奖励；研究改革运动员输送奖励办法，提高奖励标准；设立体育后备人才培养奖励基金，其增值部分用于奖励在体教结合方面做出贡献的单位和个人；组织安排自主择业，进一步放宽优秀运动员免试上大学等一系列优惠政策，实现“宽进严出”目标，扩大运动员受益范围。

第三，积极推广“清华模式”和“人大模式”，充分发挥其在体教结合方面的示范作用。近年来，以清华大学和人民大学为首的著名高等学府积极探索以大学为基地，横向与体育系统合作、纵向与中小学衔接，培养高素质、高水平体育人才的新模式，培养出了一大批优秀的跳水、射击、田径、篮球运动员。建议在全国有条件的大学大力推广这一模式，加强各级学校与体育部门的合作，由体育部门主抓训练并承担相关经费，同时将专业运动队建制放在大学和各级中学，这样，既有利于培养优秀运动员，又可以推动学校体育工作的广泛开展。

第四，拓宽运动员文化教育的覆盖面，加强对运动员的职业教育和技能培训。建议国家体育总局继续做好运动员保障工作，针对现役运动员开展专门的职业辅导与培训，同时，积极支持和帮助退役运动员完成职业过渡，引导其利用体育专长和其他技能进行创业，并提供相应的优惠政策。

第五，创新体教结合的市场运作和开发机制，进一步调动社会各行业参与体教结合事业的积极性，加强全社会对体教结合的重视、认可与支持力度。建议由体育部门、学校和部分社会企业联合出资，将部分运动场馆和设施建在有条件的各级学校内，在不影响训练和教学前提下，对社会开放，既有利于实现教育与体育资源的有机整合，又可避免场馆资源浪费和重复建设。

第六，建立体教结合、加强运动员文化教育联席会议制度和督导制度。建议国家体育总局牵头，与教育部协调建立联席会议制度，定期商讨体教结合的相关问题；建立体教结合督导制度，对全国各地体教结合、运动员文化教育工作进行监督和指导。坚持培养既能攀登竞技体育高峰，又能适应社会发展需求的综合性人才。

主题词： **体育　教育**

提案人： 叶乔波

国家体育总局2009年6月29日以体办字〔2009〕130号文函复：

您提出的《关于进一步推动“体教结合”进程的提案》收悉，现答复如下：

做好运动员文化教育工作是现行运动员培养体制中的一个难点，多年来党和政府一直在努力通过多种途径提高运动员的文化水平和综合素质。在教育部门的大力支持下，经过不断完善有关政策，通过单招、免试、高校招生高水平运动员等方式，已经在很大程度上缓解了运动员的学历教育问题，但运动员综合文化素质偏低这一现象依然普遍存在，并受到社会的广泛关注。如您所知，运动员的首要任务是不断提高训练质量，争取更好的运动成绩。在这一前提下，繁重的训练、比赛任务占据了运动员大部分时间，学习时间极为有限，造成运动员学训矛盾问题突出。再加上目前缺少适合运动员学习特点的教育标准、教学大纲、课程设计和教材体系，各级各类体校经费不足、师资素质不高、教学条件和设施落后等因素，要让运动员在追求运动极限的同时，还要有好的学习成绩是有很大难度的。

奥运会前后,中央领导多次表达了对运动员文化教育工作的关注。胡锦涛主席在奥运会、残奥会总结表彰大会上指出,要关心运动员的长远利益和全面发展,高度重视并切实加强运动员社会保障工作。国务委员刘延东同志、前国务委员陈至立同志、全国人大副委员长韩启德同志多次指示要扎实做好运动员文化教育工作,切实提高运动员思想道德素质和科学文化素质,为运动员的全面发展创造条件、打好基础。根据中央领导的指示,国务院副秘书长项兆伦同志亲自召集有关部委人员成立调查组,赴辽宁等地对运动员文化教育和体教结合情况开展了调研。刘鹏局长在学习实践科学发展观活动中将做好运动员文化教育工作作为重点整改内容,并亲自带领总局调研组赴江苏、福建等地进行体教结合专题调研,查找问题,总结经验,提出解决思路。

目前,由国务院牵头,财政部、教育部、人力资源和社会保障部和体育总局共同起草的《进一步加强运动员文化教育和做好运动员保障工作的若干意见》已完成征求意见工作,上报国务院。文件中提出了一系列有关教育部门和体育部门共同合作,加强体教结合,抓好运动员文化教育工作的政策和措施,主要有:各级政府要成立“体教结合”工作领导小组,各级体育部门与教育部门要建立运动员文化教育联席会议制度和督导制度,制定并完善关于加强“体教结合”、加强运动员文化教育的法规制度,将文化教育经费纳入同级财政预算,教育部门加强对各级体校文化教育工作的督导等。

今年,总局向财政部争取了3000万元专项经费,用于运动员文化教育工作,并成立了由总局领导负责,相关司局和中心人员参与的运动员文化教育工作组,全面制定国家队运动员文化教育方案、管理机制和实施细则、运动员基础教育阶段教学标准、课程设置和教材建设方案及网络远程教育建设方案并组织实施。

针对您提出的“积极支持和帮助退役运动员完成职业过渡,引导其利用体育专长和其他技能创业,并提供相应的优惠政策”的建议,国家体育总局联合其他部委先后出台了一系列的政策、办法。2007年8月,国家体育总局联合教育部、公安部、财政部、人事部、劳动和社会保障部共同印发了《运动员聘用暂行办法》，规定“优秀运动员实行职业转换过渡期制度”，总局同时出台的《关于进一步做好全国优秀运动员保障工作的意见》和《关于做好运动员职业转换过渡期工作的意见》两个文件，进一步明确运动员职业转换过渡期指运动员从停训到办理退役手续、解除聘用合同之间的时期，一般不超过一年。要求体育行政部门负责做好技能培训、就业辅导等工作，为运动员就业积极创造条件，拓宽就业渠道。其主要任务是帮助运动员转变就业观念和适应社会的能力，提高运动员综合素质，帮助运动员将运动技能优势转化为职业技能优势，培养和提高运动员职业技能，帮助退役运动员成功社会就业，实现职业转换。

运动员职业辅导工作开展一年多以来，在总局的推动和各省市体育局的共同努力下，运动员职业辅导工作已经取得初步成效。今年，我们将进一步解放思想，广开思路，积极借鉴社会成功经验，加强工作机制、制度、人员队伍建设，加强与社会各方力量的合作，以推动运动员职业辅导工作在全国范围内更好地开展。

为了探索退役运动员安置的新途径，国家体育总局去年提出设立退役运动员创业扶持基金的思路，并制定了具体的工作方案，此事得到了国务院领导和有关部委的支持，运动员创业扶持基金已经设立。我们将利用运动员创业扶持基金开展三个方面工作：一是创业培训扶持；二是创业经营扶持；三是创业推广项目的扶持三个层面。目的是引导和扶持退役运动员在体育领域和其他领域成功创业，探索退役运动员安置的新渠道，以创业带动就业，为运动员就业创造更多的渠道。

我们深知体教结合和运动员文化教育工作面临很多困难，但是我们相信，在各级领导的重视和社会各界的关注下，通过不断努力研究、制定更加行之有效的新政策，推出新措施，体教结合和运动员文化教育工作能够取得更大的进展，运动员的文化素质和综合素质也将不断提高，从而促进我国体育事业更好地健康、可持续发展。

感谢您对体育工作的关心和支持。

全国政协十一届二次会议提案第0419号

案　　由:关于修定《中华人民共和国义务教育法》的提案

审查意见:建议国务院交教育部研究办理

内　　容:2006年6月29日第十届全国人民代表大会常务委员会第二十二次会议修订的《中华人民共和国义务教育法》对保障适龄儿童、少年接受义务教育,保证义务教育的实施发挥了重大作用。但客观形势不断变化,新的问题不断显现,特建议:人大常委会根据宪法和有关法律,结合我国国情,尽快修定《中华人民共和国义务教育法》。

《中华人民共和国义务教育法》应增加全国各地方的区、县教育行政部门应当根据适龄儿童、少年的数量和分布状况,合理确定本行政区域内每所公办学校的就近招生范围和招生人数,并向社会公布。另外,学校应当按照教育行政部门的规定接收学生,并将招生结果向社会公布。

《中华人民共和国义务教育法》应增加适龄儿童、少年免试入学,学校不得采取或者变相采取考试、测试、面试等形式选拔学生,不得将各种竞赛成绩、奖励、证书作为招生依据。

《中华人民共和国义务教育法》应增加学校不得组织义务教育阶段的学生参加商业性的演出和庆典等活动;任何单位和个人不得以任何形式强迫学校、学生订购教学辅导材料和报刊杂志。

《中华人民共和国义务教育法》应增加公办学校教师在工作日期间不得到校外社会办学机构兼职兼课;不得组织所在学校的学生接受有偿家教。

《中华人民共和国义务教育法》应增加学校和教师应当按照国家确定的教育教学内容和课程设置开展教育教学活动，保证教育教学质量。不得违反规定增加学生课业负担，增加考试科目的课时或者减少非考试科目的课时；不得按照考试成绩对学生进行排名，也不得动员、组织本校学生参加社会力量举办的文化课补习班。

《中华人民共和国义务教育法》应增加教育、卫生行政部门应当对教师进行精神卫生知识培训，提高其促进学生精神健康的能力。

《中华人民共和国义务教育法》应增加学校培养学生消防安全意识、自我保护能力以及在地震等各种自然灾害发生时的自救能力。

主题词： 法律　教育

提案人： 吴　刚

中华人民共和国教育部提案办理2009年8月18日以教提案〔2009〕第112号文函复：

您提出的《关于修订〈中华人民共和国义务教育法〉的提案》收悉，现答复如下：

新修订的《中华人民共和国义务教育法》在明确义务教育的管理体制和经费保障体制的同时，将素质教育上升到法律规定，规定了有关入学制度、学校办学活动等，为我国全面普及九年义务教育、提高义务教育质量、促进人的全面发展奠定了坚实基础。在各级党委、人大、政府和社会各界的共同努力下，《义务教育法》的实施取得了巨大成效，义务教育逐步进入全面提高质量的新阶段。但目前一些地方和学校仍然存在着办学行为不规范的突出问题，不符合素质教育的要求，不能很好地适应教育发展的新形势，成为人民群众普遍关注的热点问题。您关于修订《义务教育法》的提案中所涉及的问题，正是当前义务教育发展面临的困难和挑战的突出反映。

为贯彻实施《义务教育法》，解决以上问题，我部采取了以下措施：一是根据《义务教育法》的原则和精神，相继出台了一系列配套规章制度，如2006年8月制定的《教育部关于贯彻〈义务教育法〉进一步规范义务教育办学行为的若干意见》和2009年制定的《教育部关于当前加强中小学管理规范办学行为的指导意见》（教基一〔2009〕7号），指导各地各部门加强对义务教育阶段学校的规范和管理。二是推动各地进行了积极有益的探索和实践，引导各地通过地方立法等形式保障义务教育均衡发展，提高普及水平。目前全国已经有不少省区市制定或修订了《义务教育法实施办法》，就实施素质教育及规范办学行为提出有针对性的措施。三是加强教育督导，加大对政府部门和学校落实《义务教育法》和各项政策的监督检查力度等。您在提案中所提建议涉及的问题，教育部近年来制定和实施的相关政策规章大多作出了比较明确的规定。

1. 关于就近免试入学问题。《义务教育法》第12条规定："适龄儿童、少年免试入学。地方各级人民政府应当保障适龄儿童、少年在户籍所在地学校就近入学。"《教育部关于贯彻〈义务教育法〉进一步规范义务教育办学行为的若干意见》（2006年8月）提出："各地要依法坚持就近免试入学制度，不能采取各种形式的考试、考核、测试选拔学生，不能将各种竞赛成绩作为招生的依据。"《教育部关于当前加强中小学管理规范办学行为的指导意见》（教基一〔2009〕7号）提出："加强招生管理，严格规范招生秩序。义务教育阶段学校坚持免试就近入学原则，不得违规提前招生和举行任何形式的选拔性考试。制止各种学科竞赛、特长评级与义务教育阶段学校录取相挂钩。要及时根据生源变化情况合理调整学校招生范围，每学年向社会公布行政区域内各义务教育阶段学校招生范围、招生时间、招生计划及有关要求。"

2. 关于不得组织学生参加商业性活动问题。《中小学幼儿园安全管理规定》（教育部令第23号）第33条规定："学校不得组织学生参加商业性活动。"

3. 关于不得以任何形式强迫学校、学生订购教学辅导材料的问题。《义务教育法》第25条规定:“学校不得违反国家规定收取费用,不得以向学生推销或者变相推销商品、服务等方式谋取利益。”《教育部关于贯彻〈义务教育法〉进一步规范义务教育办学行为的若干意见》(2006年8月)指出:“地方各级教育行政部门必须在教育部发布的《中小学教学用书目录》中选用教材。任何单位和个人不得以任何形式强迫学校、学生订购教辅材料。”

4.关于公办学校教师到校外机构兼职兼课及组织学生接受有偿家教的问题。《义务教育法》第28条规定:“教师享有法律规定的权利,履行法律规定的义务,应当为人师表,忠诚于人民的教育事业。”《中华人民共和国教师法》第8条规定:“教师应当履行下列义务:……(二)贯彻国家的教育方针,遵守规章制度,执行学校的教学计划,履行教师聘约,完成教育教学工作任务。”《教育部关于贯彻〈义务教育法〉进一步规范义务教育办学行为的若干意见》(2006年8月)提出:“地方各级教育行政部门和学校……要认真贯彻落实《教育部关于进一步加强和改进师德建设的意见》(教师〔2005〕1号),强化师德教育和考核,引导广大教师热爱学生,教书育人,为人师表。……尤其是对教师本职工作、校外兼职等方面要提出明确的职业要求,加强教师工作考核,对严重违约者可予以解聘。坚决纠正一些教师把主要精力用于校外补课的错误做法。”

5.关于学校和教师严格执行课程计划、提高教育教学质量问题。《义务教育法》第25条规定:“学校和教师按照确定的教育教学内容和课程设置开展教育教学活动,保证达到国家规定的基本质量要求。”《教育部关于当前加强中小学管理规范办学行为的指导意见》(教基一〔2007〕7号)中规定:“省级教育行政部门要研究制定实施国家课程、地方课程和学校课程的相关政策和管理制度。地(市)、县(区)教育行政部门要全面监督督促本地区课程实施计划,并坚决纠正任何违背教育规律,随意加深课程难度、随意增减课程和课时、赶超教学进度和提前结束课程的现象。”《教育部关于贯彻〈义务教育法〉进一步规范义务教育办学行为的若干意见》(2006年8月)提出:“依法规范教育教学秩序,严格执行国家有关规定。地方各级教育行政部门和学校要严格执行国家课程方案，不得随意增加考试科目的课时，也不得随意减少非考试科目的教学时间。……省级教育行政部门要根据本地实际提出中小学学期、寒暑假和学校作息时间安排的指导意见，严格控制学生在校学习时间。学校和教师不得占用节假日和休息时间组织学生上课和集体补课，不得要求和统一组织学生参加各种学科辅导班和学科竞赛。……要严格控制学生在校考试次数，不得公布学生考试成绩，不得按考试成绩对学生进行排名。”

6. 关于对教师进行精神卫生知识培训的问题。《义务教育法》第32条规定：“县级以上人民政府应当加强教师培养工作，采取措施发展教师教育。”《中小学教师继续教育规定》第8条规定：“中小学教师继续教育要以提高教师实施素质教育的能力和水平为重点。中小学教师继续教育的内容主要包括：思想政治教育和师德修养；专业知识及其更新与扩展；现代教育理论与实践；教育科学研究；教育教学技能训练和现代教育技术；现代科技与人文社会科学知识等。”我们认为，对义务教育阶段教师进行精神卫生知识培训，对提高和促进学生的精神健康能力十分重要。教育行政部门、学校及相关培训机构应根据实际需要，在中小学教师继续教育中予以安排。

7. 关于培养学生消防安全等意识和能力的问题。《义务教育法》第23条规定：“各级人民政府及其有关部门依法维护学校周边秩序，保护学生、教师、学校的合法权益，为学校提供安全保障。”《中小学校园环境管理的暂行规定》（1992年6月）第13条规定：“学校要建立安全教育制度。”《学生伤害事故处理办法》（2002年6月）第5条规定：“学校应当对在校学生进行必要的安全教育和自护自救教育……学校对学生进行安全教育、管理和保护，应当针对学生年龄、认知能力、法律行为能力的不同，采用相应的内容和预防措施。”《中小学幼儿园安全管理办法》（教育部令第23号）第4条明确规定：“学校应加强安全宣传培训，提高师生安全意识和防护能力。”

《义务教育法》作为全国人民代表大会通过的法律，其内容主要是义务教育阶段的基本法律制度。在掌握《义务教育法》基本原则和精神的基础上，针对义务教育全面普及和提高面临的各种矛盾和问题,制定和实施相关配套的规章、规定和政策等,才能真正将《义务教育法》的作用落到实处。您所提出的建议为我部制定和实施有关政策和规范提供了重要参考。在今后的工作中,我们将一方面认真研究和吸收各方面的意见建议,针对实践中存在的各种问题,进一步修改和完善有关义务教育的规范和政策,特别是按照党中央国务院的要求,抓紧研究制定国家中长期教育改革和发展规划纲要,明确今后十多年义务教育的发展思路和重大战略;另一方面通过立法、督导等手段,指导和督促地方各级教育行政部门,严格落实《义务教育法》等法律法规的规定。

感谢您对教育工作的关心和支持。

全国政协十一届二次会议提案第0184号

案　　由:关于尽快制定《国家预防职务犯罪法》的提案

审查意见:建议国务院交监察部、全国人大常委会法工委、最高人民检察院分别研究办理

内　　容:胡锦涛总书记1月13日在中纪委第十七届三次全体会议上强调“要严肃查处领导机关和领导干部中滥用职权、贪污贿赂、腐化堕落、失职渎职的案件,决不让腐败分子逃脱党纪国法的惩处”,再次擂响打击职务犯罪的战鼓!

职务犯罪,实际上就是滥用权力犯罪。与其他犯罪相比,职务犯罪对社会主义改革开放和经济发展的危害更直接、更严重、更久远。它不仅危及着国家的政治生活、经济发展和中国特色社会主义的建设,更为严重的是危及党在人民心目中的形象,危及国家的长治久安和社会安定。

一、职务犯罪形势十分严峻

(一)职务犯罪呈难扼之势。去年年底至今年年初各省及全国检察长会议上公布的职务犯罪人数,足以看出职务犯罪涉及的领域之广、问题之严重、手段之不择十分惊人,医务人员、教师队伍、乡村官渐成职务犯罪的新群体。当前职务犯罪还呈现一个新的特点,就是“窝案”增多,“查处一个案件时带出一个单位、一个行业、一个系统的其他案件”。

(二)贪官外逃与日俱增,所携金额特别巨大。从20世纪90年代中期以来,我国外逃官员人数高达1.8万人,外逃携带款项达8000亿元人民币,在国内外已产生极大影响。

（三）"人治"抬头成为职务犯罪的保护伞。近期来，某省相继出台保护企业主管的意见，提出"查处国企高管须报党委政府"、企业领导犯罪"可不采用拘留、逮捕等措施"等等，法学界认为这是公然挑战司法公平的行为，完全背离了党和社会主义法制建设的轨道。

（四）现有法律体系的严重局限导致预防职务犯罪无法可依。现有的刑法、刑事诉讼法等法律法规规范更多的是关注和惩罚已然的职务犯罪。无论是党中央、国务院、中纪委、中组部及最高人民检察院关于处罚、预防职务犯罪的通知、意见和决定，还是预防职务犯罪的地方性条例，也都有相当的局限性，其中很多内容都只是一些原则性规定，明显缺乏可操作性，造成我国目前实际上预防职务犯罪"无法可依"的局面。

（五）保护"举报人"制度存在严重缺陷。大量案例证明，举报人受到的打击还相当严重。人身受到侵害、财产被非法剥夺、工作上受迫害如被调动、降职、降级、撤职、开除，甚至受到刑事追诉、刑事拘留、劳动教养屡见不鲜。

（六）我国预防职务犯罪工作与国际社会存在较大差距。我国在预防职务犯罪上与国际社会差距越来越大。如，在犯罪主体上，《联合国反腐败公约》不但包括本国公职人员，还包括外国公职人员和国际公共组织，而中国仅仅主指本国公职人员；在贿赂内容上，中国刑法强调受贿内容仅限于财物，《联合国反腐败公约》中贿赂则指任何好处。另外，中国目前还没有完善的反腐败程序规则，如贪污贿赂等腐败行为一般作案隐蔽，取证难度大，一些国家规定了证据排除规则、证据推定规则等，但中国法律没有。

（七）制定《国家预防职务犯罪法》迫在眉睫且时机成熟。单靠司法惩治远不能遏制职务犯罪的势头，为预防和减少公职人员职务犯罪，必须将"预防为主"作为治本之策。特别是国家为应对金融危机提供4万亿元扩大内需，必须谨防新一轮职务犯罪潮的泛滥。

二、关于制定《国家预防职务犯罪法》的建议

对治理职务犯罪，必须坚持党中央坚持标本兼治、综合治理、惩防并举、注重预防的战略方针。因此，由立法机关制定一部专门的《国

家预防职务犯罪法》不仅符合当前的需要，而且和我国刑法、刑事诉讼法可以互为补充，从而形成一个立体预防职务犯罪法律体系。

（一）完善财产申报和公开制度。(1)国家工作人员财产申报除我国现行规定的个人收入申报外，还应包括动产、不动产；债权、债务、无形资产等。(2)申报范围还应包括配偶、子女的收入和家庭财产。(3)国家专门机构应建立统一的申报财产信息发布制度和快捷查询平台，实现专门机构与公众媒体监督相结合。

（二）建立党政领导干部问责制度。严格执行中纪委三次全会精神，切实推行党政领导干部问责制，对党政领导失职、渎职、违法违纪行为和所管部门、单位、行业出现的职务犯罪案件实行严格监督制度，同时赋予纪检监察部门和司法机关查核管理的权力。

（三）对受贿与行贿人员共同治罪。我国贪污贿赂案件之所以屡禁不止，其中一个重要原因是只抓贪官，不惩治行贿者，其结果行贿者可明目张胆地为获取利益继续贿赂下一个官员。因此，应根据《刑法》第三百八十九条、第三百九十条、第三百九十一条、第三百九十二条、第三百九十三条规定，对行贿人、介绍贿赂人与受贿人共同治罪，从源头上斩断行贿黑手。

（四）完善举报人保护制度。我国目前有关举报人权益保障的规定散见于《刑法》、《刑事诉讼法》、《人民检察院刑事诉讼规则》、《人民检察院举报工作规定》和《关于保护公民举报权利的规定》，起不到保护作用。因此必须明确举报人在刑事诉讼中处于什么样的法律地位？具备哪些权利义务？举报人受打击报复后应采取什么样的救济手段？同时必须落实举报人奖励制。

（五）建立"污点证人"制。这是一条为国外、境外司法部门证实有利于破案的成功经验。设立"污点证人"制。只要愿意做污点证人，都能在一定程度上减轻徒刑，这样既有利于案件侦查，又容易通过以抓获的罪犯揪出其他的害群之马。

（六）预防职务犯罪列入年度述职制。国家机关、国有公司、企业、事业单位、人民团体应制定、实施内部预防职务犯罪工作条例和廉政建设责任制。担任领导职务的国家工作人员，将预防职务犯罪工作情况及自身履行情况列入年度述职报告，接受同级人大、政协和群众评议、考核。

（七）健全公职人员出入境管理和官员外逃预警机制。首先，建立和完善党员领导干部配偶子女移居海外并申请“绿卡”的报告和备案制度；其次，建立健全以财产申报为主要内容的领导干部廉政档案制度；第三，认真执行《护照法》以及护照管理有关规定，严厉禁止一人有多本外交、公务和普通护照；第四，加强国际间的情报信息合作，及时掌握腐败分子在国外购置地产、转移资金、申请移民等信息，让贪官外逃难以得逞。

（八）设立“引咎辞职”制度。保证财产申报和公开制度、年度述职制度、领导干部配偶子女移居海外报告和备案制度等一系列监督制度真正落到实处，建议学习借鉴国际先进经验，建立“引咎辞职”制度。对出现不如实进行申报、报告或备案，纵容、包庇配偶、子女、身边工作人员利用其职务之便，进行违纪违法活动，本单位人员在其任期内连续或者多次出现严重职务违纪、违法行为等造成恶劣影响的领导干部，责令其引咎辞职。违法情节严重的，依法追究其法律责任。

（九）实行“行贿黑名单”及档案查询制。此制与在银行不良信用的污点类似。检察机关应建立和完善行贿犯罪档案查询制度，受理行贿犯罪档案查询。只要有过一次行贿犯罪记录，就应当永远被纳入“黑名单”，排除其在政府投资建设项目、经营性土地使用出让、政府采购等招标活动之外，从而对行贿人产生巨大威慑力，从源头上预防这类腐败行为。

（十）完善监督体系制。建立健全“党委统一领导、党政齐抓共管、职能部门协调、相关部门各负其责，依靠群众的支持和参与”的职务犯罪预防社会化的监督体系；任何单位和个人及媒体对国家工作人员利用职权实施的违法犯罪行为，有权控告和举报，受理部门应当依法调查处理；建立全国性预防职务犯罪网络，开通全国“行贿黑名单”查询服务，即时向公众发布预防职务犯罪信息，将职务犯罪置于全民监督的天罗地网之中。

（十一）建立宣传、教育、就职宣誓制。利用平面媒体、电视、社区宣传栏因地制宜，刊登、张贴、播放预防警示教育材料、影视片，形成社会、家庭、单位三位一体的预防体系；干部就职施行宣誓制，构筑职务犯罪的思想防线。营造“信任干部、爱护人才、服务经济、保护发展”的政务环境。

主题词： **法律　廉政建设**

提案人： 黄少良

中华人民共和国监察部2009年6月9日以监提复字〔2009〕14号文函复：

您提出的《关于尽快制定〈国家预防职务犯罪法〉的提案》收悉，现答复如下：

预防职务犯罪，是反腐倡廉建设的重要组成部分，是检察机关履行法律监督职能的重要内容。您在提案中围绕预防职务犯罪立法，提出了11条建议，其中有的在纪检监察工作中已经得到推进，有的正在研究论证之中。

一、关于完善财产申报和公开制度问题。财产申报制度是预防腐败的一项重要措施。建立财产申报制度，需要一系列的相关配套措施。比如，落实金融账户实名制，建立财产申报核查机制等。目前，这些外部基础条件还不具备。我们正在会同有关部门积极推动建立各项配套措施，同时，认真总结基层实践经验，如新疆阿勒泰、浙江慈溪、湖南浏阳等地方的领导干部财产申报（或者公示）制度，借鉴国外成功的做法，在此基础上，研究论证建立国家公职人员财产申报方面的法律制度。

二、关于建立党政领导干部问责制问题。为进一步规范党政领导干部问责工作，中央纪委与中央组织部共同研究起草了《关于实行党政领导干部问责的暂行规定》。2009年5月22日，中央政治局会议审议并通过了《暂行规定》。

第十七届中央纪委二次全会和国务院廉政工作会议对推行行政问责制作出了部署，《国务院2008年工作要点》把这项工作分解到监察部。2008年12月，监察部已将《关于推行行政问责制的意见》（代拟稿）上报国务院办公厅。2009年，中央纪委监察部将根据国务院的意见，进一步修改完善《关于推行行政问责制的意见》。

三、关于完善举报人保护制度问题。我国一直重视对举报人的保护，《宪法》、《刑事诉讼法》和《人民检察院组织法》等都对公民的举报权利作了原则性规定，一些地方和部门也建立了相关制度，如海南省出台了《海南省保护公民举报权利条例》。2008年，中央纪委、监察部、人力资源和社会保障部、国家信访局颁布实施了《关于违反信访工作纪律适用〈中国共产党纪律处分条例〉若干问题的解释》和《关于违反信访工作纪律处分暂行规定》，进一步严格了举报保密制度，要求对举报人的姓名、工作单位、家庭住址等有关情况及举报的内容必须严格保密，严禁将举报材料转给被举报单位、被举报人；加强对举报人的保护，凡打击报复举报人的，一经查实，依照有关规定严肃处理，构成犯罪的，移送司法机关依法处理。

四、关于建立健全公职人员出入境管理和官员外逃预警机制问题。针对官员外逃问题，2008年年底，中央纪委会同有关部门，就共同构建防范腐败分子外逃工作机制问题进行了研究。中央纪委建立了追逃工作部际联席会议制度；中组部正在抓紧研究起草《关于进一步加强因公出国（境）人员审查管理工作的意见》；中央纪委、监察部、国家预防腐败局正在会同中组部等单位，对修改完善《党员领导干部报告个人有关事项规定》等防止贪官外逃的配套制度进行研究论证。

五、关于反腐倡廉宣传教育问题。加强教育是反腐倡廉的基础性工作。近年来，面向全党全社会的反腐倡廉教育不断深入。各级纪检监察机关采取廉政勤政先进典型教育，警示教育，推进廉政文化进机关、进社区、进学校、进家庭、进农村、进企业等多种形式，利用报刊、杂志、电视、网络、社区宣传栏等多种载体，大力开展反腐倡廉宣传教育，取得了较好的效果。例如,2008年开始,中央纪委、中央宣传部、国家工商总局、国家广电总局四部委(总局)相关部门联合开展了“扬正气,促和谐”全国廉政公益广告创作展播评选活动,目前中央电视台及各地方电视台正在对优秀作品进行展播,引起社会广泛好评。中央纪委正在起草《关于加强廉政文化建设的指导意见》,将在总结廉政文化建设实践经验的基础上,对当前和今后一个时期的廉政文化建设作出总体规划,提出指导性意见。

您在提案中提出的其他方面的问题,我们将会同有关部门认真研究。

感谢您对我们工作的关心和支持,希望您今后继续提出宝贵的意见和建议。

全国人民代表大会常务委员会法制工作委员会2009年6月10日以法工委议〔2009〕73号文函复:

您提出的《关于尽快制定〈国家预防职务犯罪法〉的提案》收悉。现答复如下:

国家工作人员的职务犯罪行为,严重败坏党风和社会风气,损害党和政府在人民群众心目中的形象,危害极大。为了全方位地构建起预防和惩治腐败的基本制度体系,我国法律除在刑法中对惩治职务犯罪行为作出明确规定外,为从源头上预防职务犯罪,还在许多相关法律中设立了国家工作人员的行为规范。比如,公务员法对国家工作人员的基本行为准则作了规定;针对司法机关和一些重点行政执法机关中国家工作人员执行职务的特点,在法官法、检察官法、人民警察法、海关法等法律中,对法官、检察官、警察、海关工作人员等的基本行为规范作了特别规定。行政审批、行政处罚是行政权力中的两项重要权力,又很容易因滥用而滋生腐败。行政许可法、行政处罚法分别对这两项权力的行使作了规范。使用公共资金进行的工程建设承发包和公款采购活动,往往成为一些国家工作人员职务犯罪的高发领域。借鉴国外有关规范公共资金使用的成熟制度,结合我国实际,制定了招标投标法和政府采购法,规定了使用公共资金进行工程和货物采购的基本制度。为了依法加强会计监督和审计监督,制定了会计法和审计法。为了加强行政监察工作,维护行政纪律,促进廉政建设,制定了行政监察法,确立了行政监察的法定制度。这些法律规范明确、具体,针对性较强,对于预防职务犯罪发挥了重要作用。制定预防职务犯罪法,需要研究如何处理好与上述有关法律的关系。

您提到的加大对行贿人员治罪的力度、完善举报人保护制度、建立"污点证人"制度等,既是预防职务犯罪涉及的法律问题,也是刑法、刑事诉讼法修改中需要研究的重要问题。本届全国人大常委会已将修改刑法、刑事诉讼法列入立法规划,我们将会同有关部门广泛听取意见,深入调研论证,从反腐败制度建设的实际需要出发,进行认真研究。您提出的尽快制定国家预防职务犯罪法的意见,我们将在立法工作中认真加以考虑。

最高人民检察院办公厅2009年6月26日以高检办字〔2009〕148号文函复:

全国政协十一届二次会议第0184号《关于尽快制定〈国家预防职务犯罪法〉的提案》由高检院和全国人大常委会法工委、监察部分别办理,现答复如下:

近年来,检察机关认真履行检察职能,不断加强预防职务犯罪工作,建立健全了一系列规章制度。一是"建立和完善行贿犯罪档案查询制度"。2006年1月,高检院制定了《关于行贿犯罪档案查询工作暂行规定》,建立了检察机关行贿犯罪档案查询系统。自该项工作开展以来,共受理查询近6万次,涉及被查询单位6万余家,个人近5万人,对预防职务犯罪和商业贿赂犯罪发挥了警示和威慑效应。今年,高检院修订了《关于行贿犯罪档案查询工作暂行规定》的有关条款,将行贿犯罪档案录入、查询范围扩大到了所有行业和领域。二是严肃惩处行贿犯罪。1999年高检院会同最高法院下发《关于各地在办理受贿犯罪大要案的同时严肃查处严重行贿犯罪分子的通知》,要求人民法院、人民检察院"把严肃惩处行贿犯罪作为反腐败斗争中的一项紧要和迫切的工作,在继续严肃惩处受贿犯罪分子的同时,对严重行贿分子,必须依法严肃惩处、坚决打击"。三是"完善举报人保护制度"。自1988年3月检察机关成立全国第一个举报中心以来,高检院先后制定了《关于保护公民举报权利的规定》、《关于加强举报工作的规定》、《奖励举报有功人员的暂行规定》等文件。今年4月,高检院重新修订了1996年制定的《人民检察院举报工作规定》,并已向社会公布。这些规定对维护举报人的合法权益,保护群众举报的积极性,起到了积极作用。

预防职务犯罪立法是国家廉政立法的重要组成部分。近些年来,全国政协委员已多次提出制定预防职务犯罪法的提案。鉴此,我们已建议全国人大组织力量,进行专题研究。待全国人大将职务犯罪预防法纳入立法计划后,我们将积极提出调研论证意见。

感谢您对检察工作的关心和支持!

全国政协十一届二次会议提案第0549号

案　　由:关于深入贯彻落实科学发展观　行政官员问责制科学化的提案

审查意见:建议国务院交监察部研究办理

内　　容:2008年3月21日,国务院第一次全体会议通过了《国务院工作规则》。新规则第三十四条明确规定"国务院及各部门要推行行政问责制度和绩效管理制度,明确问责范围,规范问责程序,严格责任追究,提高政府执行力和公信力。"这是行政问责制第一次正式写进《国务院工作规则》,成为国家行政部门的法规。

早在2003年"非典"时期,当时包括两名省部级高官在内的上千名官员,因隐瞒疫情或防治不力而被查处,行政问责制开始走入中国民众的视野。2005年通过的《公务员法》第八十二条也对问责制明确规定:"领导成员因工作严重失误、失职造成重大损失或者恶劣社会影响的,或者对重大事故负有领导责任的,应当引咎辞去领导职务。领导成员应当引咎辞职或者其他原因不再适合担任现任领导职务,本人不提出辞职,应当责令其辞去领导职务。"

众所周知,执行力是政府工作的生命力,而提高政府执行力的关键在于加强对权力运行过程和结果的监督与问责。行政问责制的实施,在松花江污染事件、重庆开县"12·23"特大井喷事故、北京密云踩踏事故、三聚氰胺毒奶事件、山西"黑砖窑"事件……在一次次震惊国人的责任事故发生后,高层一次次"铁腕问责"让一批批行政不作为、乱作为者丢掉"乌纱帽",各级政府官员的责任意识、法治意识和服务意识从中不断增强,有效地提升了政府的公信力。

但是,如果"行政问责制"缺乏制度保障和科学化管理,就难脱"人治"色彩,其效用就会大打折扣。

在问责制不断取得实效、深入人心的同时,时有发生的"问责秀"、"假问责"暴露出问责制的缺陷。例如,安徽省太和县上报国务院调查组已将劣质奶粉事件的相关责任人撤职、开除,但是两个月后记者暗访发现这些人仍在上班。因洪洞"黑砖窑"事件被撤职的山西临汾市尧都区原副区长,前不久突然被违规任命为区长助理(这一复出任命在媒体曝光后被废止)。类似事件的负面影响很大。如何防范行政问责制在执行中走样、弱化?怎样才能最大限度杜绝"假问责"?这些在问责制实践中暴露出的具体问题,需要通过科学化、制度化和法律化来完善。下面是我的建议:

1. 对公共权力进行监督和责任追究,这是行政问责制的本质。需要建设指向明确、措施刚性、反应快速的行政问责制度体系,才能有效监督和约束政府的权力,确保各级领导干部和公务人员真正做到有权必有责、用权受监督、违法受追究。

2. 行政问责制要具体落实职责范围和具体评价指标,避免职能不清和职能交叉问题,使得责任落实和责任追究过程中责任主体难以明确。例如,在山西省襄汾重大尾矿库溃坝事故中,应根据全省煤矿安全生产法规,明确事故的直接负责人,对于政府管理部门,则应该通过人大制定相应的政府责任法规,明确各级政府在国民生产中担负的社会责任和公共管理责任。在山西省襄汾重大尾矿库溃坝事故中,应该根据相应的法规追究有关政府领导人的责任。由于目前我国还缺乏对政府社会责任和社会管理的法规,笼统地让一个省的省长承担问责,对省长本人来说很不公平,实际上也没有问责到应该负责的个人,影响了"行政问责制"的权威性、公正性和科学性。

3. 要明确根据"行政问责制"免职人员的再任职问题,否则,行政官员在A地因为重大事故被"行政问责",过不了多久,又到B地复职,甚至升官,这样,"行政问责制"变相成了重大事故的安慰剂,对于教育官员严于职守成为儿戏,没有人会因为畏惧"行政问责制"而努力工作,反正出了乱子换个地方当官就行了。"行政问责制"免职人员的再任职需要公众监督的法律程序,诸如审计、公示、竞选、第三方评估、上级审查等。

4. 针对目前行政问责制度相关的配套制度尚不完善,制约了行政问责制度的推行。问责制度作为现代行政体系的一个重要组成部分,需要和行政责任制度、依法行政等相关制度共同发展,互相推进。因此,需要根据"行政问责制"的实施和发展的需要,通过政协人大,制定出与"行政问责制"配套的相关法规,以保证"行政问责制"的落实。目前的"行政问责制"太笼统,无法操作,缺乏实施细则。对"行政问责制"的配套法规应该详细说明:什么事件可以实行"行政问责制"、对谁实行"行政问责制"、谁来实行"行政问责制"、如何实行"行政问责制"、如何监督"行政问责制"处理人员、如何再用已经被"行政问责"的人员、有关的具体法律程序等。

总之,在行政问责问题上,要落实科学发展观,科学问责。

主题词: 行政

提案人: 葛均波

中华人民共和国监察部2009年7月20日以监提复字〔2009〕19号文函复:

您提出的《关于深入贯彻落实科学发展观　行政官员问责制科学化》的提案,现答复如下:

建立健全行政问责制,是深化行政管理体制改革的重要内容,是加强行政监督的有效形式。我国近年来特别是2003年"非典"以后,行政问责工作逐步发展,取得了一定成效。

党中央、国务院对开展行政问责制高度重视,多次提出明确要求。温家宝总理在2008年召开的国务院第一次廉政工作会议上要求,"要选择部分省市和国务院部门开展试点,加快实行行政问责制度"。按照《国务院2008年工作要点》中的部门分工和工作安排,推行行政问责制工作由监察部具体负责。中央纪委监察部领导十分重视这项工作。2008年以来,针对三鹿奶粉事件、山西襄汾尾矿库溃坝事故、广东深圳火灾事故等,监察机关按照中央的要求,提前介入,深入调查,对失职渎职、监管不力,给人民群众生命财产造成重大损失的相关责任人员作出严肃处理,取得良好社会反响。同时,认真总结经验教训,完善相关制度和措施,努力做到"问责一人、教育一片"的效果。近日,中共中央办公厅印发了《关于实行党政领导干部问责的暂行规定》(中办发〔2009〕25号)(以下简称《规定》),对党政领导干部实行问责的情形、问责方式与适用、责任划分与承担、问责的实施主体与程序以及免职人员再任职等作出了具体规定,形成了党政领导干部问责的制度框架。监察机关将从自身职能出发,加强监督检查,促进《规定》的贯彻落实。

感谢您对我们工作的关心和支持,希望您今后继续对我们的工作提出宝贵的意见和建议。

全国政协十一届二次会议提案第1493号

案　　由:关于对预付费式消费卡实行强制监管制度的提案

审查意见:建议国务院交中国人民银行会同国家工商总局、国家税务总局研究办理

内　　容:持卡消费,消费者确能享受到便利和实惠。然而,一些发卡商家的不当经营行为,造成预付费式消费卡纠纷时有发生,让消费者吃了不少苦头。有关美容店、健身房、餐馆、音像租赁连锁商店等以办卡优惠名义在收取押金、会员卡费后卷款逃逸或恶意破产倒闭事件经常见诸于报端,消费者投诉不断,有关部门不胜其扰,一定程度上影响了市场秩序和社会稳定。

其实,早在1998年国家有关部门就制定了《会员卡管理试行办法》,只是因为与形势不适应在2007年已废止,目前处于无法可依状态。为保护消费者利益,建议根据《中华人民共和国立法法》、《中华人民共和国行政处罚法》和《中华人民共和国消费者权益保护法》的相关规定,制定《预付费式消费卡、会员卡管理办法》,实行对预付费式消费卡和会员卡(以下简称消费卡)的强制监管。

具体建议如下:

一、制定政府法规。国务院法制办牵头制定有关管理规定,明确政府各管理部门的职责、业务开办机构应承担的义务等。

二、法规主要内容:

1. 申报制度:凡发行消费卡,无论向消费者收取预付费与否,一律必须向省级工商管理部门、金融管理部门申报。事先未申报或未获批准者而擅自发行消费卡者,一律以非法集资论处,坚决取缔并处高额罚款。凡举报者按查获比例予以奖励。

2. 专款账户管理：会员卡、消费类预付款收据由专业商业银行统一出具专款专户监管，商家以实款向银行购买或当日解款，确保资金到位。

3. 解款监管：引进有奖发票机制、开通特服号短信提醒业务、网络公共平台查询业务，确保消费者获得的是专业商业银行专款监管的正式卡和收据。

4. 使用监管：规定消费卡使用分零星消费和大额使用两种模式，由消费者自由选择。

零星消费，由消费者在发卡商家的营业场所内，通过监管商业银行提供的刷卡机刷卡消费。消费者可以自由选择设定密码与否及签名方式。如果是签名方式，消费者所签姓名必须与卡上预留的一致，监管商业银行应当开通短信通知业务或者其他通知方式，以方便消费者以短信、网络、柜台等方式了解资金使用情况。

大额使用，只有在消费者购卡的同时，明确以书面方式签署协议同意发卡人大额使用的情况下，发卡人才可以在监管商业银行的监督下，按照原来向中国人民银行的申请用途使用该笔资金。监管商业银行按照自有资金贷款程序（非委托贷款）重新审核该商家资信状况并责令其提供足额担保。日后发生资金无法回收事件，由监管商业银行承担赔偿责任。

监管商业银行疏于监管，致使对仅同意零星消费的消费者资金被发卡人挪用而未及时制止的，由监管商业银行承担赔偿责任。

5. 企业无力经营处理：工商、法院按照法定程序清算，将消费卡类资金所有权人列为优先顺序债权人，对违法企业主记入诚信档案。

6. 恶意逃债处理：公安以诈骗论处，法院处理并追究其相关个人财产，媒体报道揭露，记入诚信档案。

7. 卡类消费风险金制度：借鉴美国银行联邦储蓄保险基金做法，建立风险基金，实行不足额赔付。

8. 经营者连带责任承诺制：人民银行、工商部门建立对预付费式消费业务开办机构的申报、登记制度。强化市场准入和对失信企业的惩罚、追究机制。建立经营者连带责任承诺制，要求经营者在申报此类业务时，即书面承诺对无力支付等事项承担连带赔偿责任。同时，对违法违规行为给予严厉制裁。

主题词： 消费

提案人： 郑惠强

中国人民银行2009年7月14日以银函〔2009〕157号文函复：

您提出的《关于对预付费式消费卡实行强制监管制度的提案》收悉，经商工商总局、税务总局，现答复如下：

正如提案所指出的，预付费式消费卡能给消费者带来一定的便利和实惠，但是也存在单方面限制消费者权利、卡内资金安全无法保障等风险，可能影响正常的市场秩序和社会稳定。

提案建议对预付费式消费卡单独制定管理办法，就申报制度、账户管理、风险基金等进行强制监管，该建议具有一定的可行性，有必要认真研究和积极推进。但是，预付费式消费卡按照发行主体、使用范围等标准，可划分为单法人单用途、单法人多用途、多法人单用途、多法人多用途等不同类型，其相应的运作模式、风险类型存在着显著差异。因此，短期内出台规范所有类型预付费式消费卡发行和使用行为的管理办法还有较大难度。目前，人民银行、工商总局、税务总局根据相应的职责，已经分别出台了一些政策措施，对预付费式消费卡进行有针对性的引导和规范。

一、加强支付清算监管

人民银行十分重视以预付费式消费卡为代表的电子货币的发展，通过多种形式跟踪调查有关情况，并积极研究拟定相关政策措施。

一是积极推动《支付清算组织管理办法》(以下简称《办法》)出台。自2005年以来,人民银行依据《中国人民银行法》等法律法规,深入调研、广泛征求意见,研究制定《办法》,拟对包括电子货币发行机构在内的非金融机构实行市场准入管理制度,引导这类机构的支付清算业务规范、持续发展,切实维护消费者合法权益。《办法》对客户预付资金的安全使用提出了严格的监督管理规定。例如,接收客户预付资金的非金融机构必须将已接收预付资金专户存放商业银行,并按照已接收预付资金的一定比例从其自有资金中提取担保资金。担保资金应专户存放商业银行,专门用于偿付客户预付金的损失。《办法》从中国人民银行的监督管理、商业银行的协作监督、支付清算组织的合规自律以及社会公众的广泛监督四个方面建立共同协作的监督管理机制。其中,特别突出商业银行的协作监督作用,以加强客户预付金的安全管理。如,强调非金融机构应于提出许可申请时提交商业银行出具的合作管理意向书;并应于取得许可后与商业银行签订相应的存管协议。若因商业银行疏于管理导致客户预付资金或担保资金被挪作他用等,应由商业银行根据存管协议承担先行偿付责任或先行补偿责任。

二是全面开展非金融机构支付清算业务登记工作。2009年4月,人民银行向社会发布《中国人民银行公告》(〔2009〕第7号,以下简称《公告》),决定对从事支付清算业务的非金融机构进行登记。《公告》明确要求在我国境内从事网上支付、电子货币发行与清算等支付清算业务的非金融机构应在规定时间内办理登记手续。只要非金融机构发行的电子货币涉及多种用途,或者可在不同法人之间使用,都应当进行登记。《公告》要求,非金融机构办理登记时应提交与业务管理、内部控制、风险防范等相关的翔实材料,以便为人民银行掌握市场发展情况,客观评判非金融机构从事支付清算业务的能力、业务运营的规范程度、风险防范意识和经营管理能力等提供重要的参考。目前登记工作正在有序进行中。

二、加强工商行政监管

预付费式消费"陷阱"是近几年消费者投诉的热点问题之一,为切实维护消费者权益，工商总局积极采取措施，加强对预付费式消费卡的监管。一是强化日常巡查，对监督检查发现或消费者举报的预付费式消费中销售不合格商品、虚假宣传等侵害消费者合法权益的违法行为依法查处。对发现以预付费式方式进行非法集资或者诈骗的，按照规定及时移送有关部门依法处理。二是加强“12315”行政执法体系建设，建立健全“12315”信息网络体系，优化工作流程，及时受理和依法妥善处理包括预付费式消费卡持卡人在内的广大消费者的咨询、申诉和举报。三是加强对经营者的经济户口管理和信用分类监管，完善巡查记录和违法行为记录制度，推进执法办案系统和企业信用分类监管系统的信息共享，健全经营者诚信档案。

三、加强税务监管

消费领域中普遍存在着不开、虚开发票现象，在预付费式储值卡的发行和使用中，这一问题也非常突出，不仅不利于切实监督商户依法纳税，同时也不利于持卡人明确与商户的资金预付关系和有效维护预付资金的安全。

为提高消费者索要发票的主动性和积极性，监督纳税人逐笔开具发票，税务总局2004年联合财政部、信息产业部、质检总局联合发布《关于推广运用税控收款机加强税源监控的通知》（国税发〔2004〕44号），决定在适当的行业推行使用税控收款机，并实行发票有奖办法。有奖发票办法在实践中收到了很好的效果，目前全国已经有十多个省市开展即开即奖式和摇奖式等多种形式的有奖发票活动，推动发票使用量增加30%以上。

下一阶段，人民银行、工商总局等有关部门将进一步完善相关政策措施，切实维护预付费式消费卡持卡人的合法权益，确保市场的健康、有序运行。在非金融机构支付清算业务登记工作开展期间，人民银行将陆续对已登记的非金融机构提交材料的真实性等进行现场核实。此外，人民银行正在抓紧制定专项检查工作方案，视登记情况适时会同有关部门共同依法打击损害消费者权益的行为及违法犯罪活动。同时，抓紧研究拟定相关管理办法，专门就电子货币的发行与清算业务进行规范管理。工商总局将把规范预付费式消费行为作为

《消费者权益保护法》修订的一项重要内容,通过强化经营者的信息披露义务、严格格式条款监管、明确以预付费方式提供商品或者服务的行为规范等措施,加大对消费者的保护力度。同时,推动行业协会开展预付费式经营的行业自律、畅通新闻媒体对预付费式经营的监督渠道。此外,人民银行、工商部门将加强与公安、商务等部门的沟通协调,开展对预付费式消费卡发行和使用所存在问题的联合治理,不断提高监管执法的整体效能。

感谢您对金融工作的关心和支持。

全国政协十一届二次会议提案第1689号

案　　由:关于建立我国海外投资保护机制的提案

审查意见:建议国务院交商务部研究办理

内　　容:我国于2001年12月加入WTO后,进一步促进了我国经济与世界接轨。在越来越多的外国企业纷纷涌向我国市场的同时,中国企业也逐渐开始到国外尝试投资创业。在世界各国面临金融危机、我国部分企业加速到海外投资步伐的今天,急需建立我国海外投资保护机制,保护我国海外投资者的合法权益,预防海外投资风险的发生。

一、制定有关海外投资立法

必须承认,我国海外投资实践目前尚处于起步阶段,其发展规模既无法与发达国家的海外投资相提并论,也无法和我国对外开放吸引外资规模同日而语,在管理水平和法制建设等方面较之世界平均水平也相去甚远。海外投资的许多法律领域还是一片空白,海外投资管理经营仍处于无法可依状态。我国当务之急应尽快制定《中国企业海外投资法》、《海外投资企业所得税法》、《海外投资公司法》、《海外投资保险法》、《对外援助法》等法律,使海外投资企业生产、经营和合法权益不致受到侵犯。同时,制定上述法律,使我国签订的双边投资保护协定及缔结的多边投资保护公约有了国内法上的支持。

二、建立海外投资保险制度

根据商务部的统计数据,我国海外投资绝大多数分布在亚非拉的发展中国家,发生政治风险的可能性较大。而一个有效运行的海外投资保险制度能有效地分散、消化我国海外投资者的政治风险损失,使投资者得到更充分、有效的保护。因此,建立我国海外投资保险制度,预防东道国的政治风险的发生,保护我国海外投资及投资利益,已是当务之急。

三、重视双边投资协定签署

由于海外投资具有跨国性,不仅涉及海外私人投资者与投资东道国之间的关系,而且还涉及投资母国与投资东道国之间的关系。

促进和保护海外直接投资,仅靠投资母国或投资东道国的国内立法远不够。资本输出国为了鼓励与保护本国的海外投资,往往需要借助双边投资保护协定,以保证其国内的海外投资立法的效力和作用。资本输入国为了吸引外资,在国内创造良好的投资环境和法制环境的同时,也必须借助国家间的双边投资协定,保证外国投资者投资的安全和利益。到目前为止,我国已和106个国家签订了双边投资保护协定,还和美国、加拿大分别通过换文签订了投资保险(保证)协议。通过国家间缔结专门协定,相互承担保护投资的国际义务,不仅可以增强外国投资者来中国投资的信心与安全感,也可以对中国的海外投资者及其公司或企业提供国际法上的保护。

四、充分利用已加入的国际公约

中国是《多边投资担保机构公约》和《解决国家与他国国民间投资争端的公约》的成员国,中国应尽量利用这两大公约来保护自己的海外投资。理由是:1.为中国海外投资者提供政治风险保险。中国作为资本输出国,尚未在国内建立海外投资保险制度,多边投资担保机构则为中国海外投资者弥补了国内立法的不足。2.即使中国国内已经建立了海外投资保险制度,设置了相应的担保机构,按照国际惯例,某些行业的海外投资项目可能没有投资担保机构可供利用。例如海外能源开发、矿藏采掘等,因工程庞大、投资数额巨大,需要联合其他投资者,包括国籍不同的投资者一起才能完成。多边投资担保机构则可以对不同国籍的投资者投资于同一项目的投资进行承保。3.多边投资担保机构作为一个政府间的国际组织,比国内投资担保机构更利于消除海外投资者与东道国之间的猜疑。

五、采用外交保护方法

国家基于属人管辖权,有权利亦有义务为在外国经营事业并受到侵害的本国国民实施外交保护,这是一项被各国普遍接受的习惯法规则。所谓外交保护,是指允许一国按照一般国际法对另一国违反国际法使其国民遭受损失的行为要求赔偿的权利。根据国际法的一般原则来推断,我国的海外投资者在东道国受到不法侵害或不公正待遇,得不到合理的司法或行政救济时,我国政府应当通过正当的外交途径,对该东道国提出求偿要求,这完全符合国际法属人优先权原则。

经济全球化已经成为当今世界潮流,海外直接投资正在日益成为经济全球化进程中各国经济相互联系、相互依赖的基本途径。海外直接投资的规模、流向和结构的迅速变化对世界各国的经济增长、国际收支平衡、产业结构调整、企业国际竞争力乃至一国经济持续稳定发展产生了重要影响。中国作为发展中国家中的海外投资大国,从保护和促进我国的海外投资,增强我国的国际竞争能力和地位的角度出发,必须尽快建立我国海外投资保护机制,以便解决海外企业的现存问题,改进海外企业的经营管理,使我国的海外投资事业进一步蓬勃发展。

主题词: **投资**
提案人: 何 悦

中华人民共和国商务部2009年8月11日以商合函〔2009〕42号文函复:

您提出的《关于建立我国海外投资保护机制的提案》收悉,现答复如下:

一、关于制定有关海外投资立法

国务院十分重视境外投资方面的立法工作,商务部、国家发展和改革委员会、国务院法制办等单位为此项工作开展了大量的调查研究，包括听取企业意见、与国务院和地方政府有关部门共同研究境外投资的有关政策等。考虑到我国在境外投资方面的实践经验和境外投资管理方面的制度经验都不够丰富，因此，在境外投资立法方面，先由国务院制定境外投资管理条例，实施一段时间后再总结经验、予以完善，上升为法律规定，可能较为适宜。

我们认为，境外投资立法应体现以下几个基本原则：一是便利化原则。贸易投资便利化原则是目前世界各国在经济全球化进程中达成的基本共识，是消除投资贸易壁垒、促进国际资本流动、实现互利共赢发展目标的主要手段；便利化既应包括为我国企业"走出去"扫除国外壁垒的内容，也应包括在国内为企业创造良好政策环境的内容。二是市场化原则。针对境外投资工作，国家领导人多次强调要"企业自主决策、自负盈亏"。因此，认真贯彻国务院投资体制改革的精神，使企业的市场主体地位在境外投资立法中得到真正体现是我们必须坚持的工作方向。三是实现政府职能的转变。在当前国家外汇储备较为充沛、资本项下改革逐渐深入、企业跨国经营能力大幅提高的情况下，政府主要应从国别投资环境、地区安全状况、投资地与我双边关系、我境外投资导向、国别合理布局、履行相关国际协定义务、保障企业合法权益等角度对境外投资实施管理。

在今后工作中，商务部一方面将继续会同国务院有关部门加快境外投资立法进程；另一方面也将进一步加强对国内企业境外投资的促进、服务、指导、保障、监管等方面的工作。

二、关于建立海外投资保险制度

近年来，保监会等有关部门一直高度重视并稳步推进出口信用保险业务的发展，我国出口信用保险的业务规模和覆盖面显著提高，有力地促进了我国对外贸易和对外投资。随着我国对外投资的快速增长，我国出口信用保险的境外投资保险业务也快速发展。下一步，保监会将在防范投资风险、发挥融资功能、防范收汇风险、提供风险咨询等方面稳步推进和完善出口信用保险，将进一步加强与有关部门的沟通合作，开发适合市场需求的产品，促进信用保险业务又好又快发展，切实提高出口信用保险业务的覆盖面，为我国的境外投资提供更多的保险服务。

三、关于重视双边投资协定签署和充分利用已加入的国际公约

国家高度重视加强对外工作，为我国企业的境外投资营造良好环境。通过商务部牵头的各类多双边经贸机制和制度性安排，加强多双边政策协调，推动解决重大问题和照顾彼此关切，表明我与其他国家共同应对金融危机，共克时艰的态度；通过与其他国家的战略对话和沟通，增进互信、扩大共识，与 129 个国家签订了“双边投资保护协定”，与 89 个国家签订了“避免双重征税协定”，有效保障了我国对外投资企业的合法权益。商务部等部门在日常工作和专项培训工作中，也积极指导我国企业在境外投资中充分利用多双边条约保护自身利益。

四、关于采用外交保护方法

中央高度重视在外交工作中保护我海外投资者的利益，外交部等部门将根据国际法、我对外签订的双边投资保护协定及有关国家的国内法等继续做好该领域的工作。同时，外交部等部门还将在领事保护和服务的立法过程中对如何更好维护我公民、法人海外正当权益予以研究。

感谢您对我国商务事业的关心与支持。

全国政协十一届二次会议提案第2658号

案　　由:关于完善看守所管理制度,制定《看守所法》的提案
审查意见:建议国务院交公安部研究办理
内　　容:云南"躲猫猫"事件的发生不是偶然的。此案和类似事件的发生不仅暴露出执法部门存在有法不依、玩忽职守的问题和监督部门监督不到位的问题,还暴露出相关法律制度存在严重缺陷。为防止类似事件的发生,应当在总结和吸取教训的基础上,完善有关立法。

看守所是羁押依法被逮捕、刑事拘留的犯罪嫌疑人和被告人的机关,并且承担部分短刑犯的刑罚执行(根据《刑事诉讼法》,对于被判处有期徒刑的罪犯,在被交付执行刑罚之前,剩余刑期在一年以下的,由看守所代为执行)。为保障刑事诉讼活动顺利进行,维护在押人员合法权益,必须依法对看守所进行严格管理。目前,看守所管理的主要法律依据是国务院在1990年颁布的《中华人民共和国看守所条例》。这个条例发挥过积极的作用,但许多内容落后于司法实践的要求,有的规定、概念(如"人犯")也不符合《刑事诉讼法》等法律,应当予以更新。更根本的问题是,看守所的活动是在刑事诉讼过程中进行的,超出了行政管理范畴,仅由行政法规加以规范,既是不够的,也是不妥的。根据《中华人民共和国立法法》有关原则,有关犯罪、刑罚和诉讼的事项,必须由全国人民代表大会及其常务委员会制定法律,之后国务院可根据执行法律的需要制定行政法规。因此,完善看守所管理制度,不是修改《看守所条例》的问题,而是应由全国人大常委会制定《中华人民共和国看守所法》的问题。而且,《看守所条例》实施近20年,积累了丰富的经验教训,从行政法规"升格"为法律的条件已经成熟。

制定《看守所法》,不仅可以更好地完善看守所管理制度,提升有关规范的法律效力,而且有利于人民检察院对看守所工作实施检察监督。这次"躲猫猫"事件经最高人民检察院的直接检察得以真相大白,说明了看守所检察的重要性。但是,普宁县检察院驻看守所检察室,懈怠职守,没有尽到监督的责任,也说明看守所检察工作还存在一些问题。其中一个重要问题是法律制度问题。根据《人民检察院组织法》的明确规定,对于看守所的活动是否合法,人民检察院实行监督。但是,监督的标准即看守所的活动规范却未有法律(狭义的)加以规定。2008 年 2 月,最高人民检察院出台了《人民检察院看守所检察办法》,但其第一条却规定:"为规范看守所检察工作,根据《中华人民共和国刑事诉讼法》、《中华人民共和国看守所条例》等规定,结合看守所检察工作实际,制定本办法。"根据《刑事诉讼法》是应当的,但依据《看守所条例》这个行政法规,有悖于《宪法》第一百三十一条规定的"人民检察院依照法律规定独立行使检察权,不受行政机关、社会团体和个人的干涉"的原则,也不符合《刑事诉讼法》第七条"人民法院、人民检察院和公安机关进行刑事诉讼,应当分工负责,互相配合,互相制约,以保证准确有效地执行法律"的规定。检察的独立性因此打了折扣,从而其公正性也容易受到怀疑。但可以给予一定理解的是,由于《刑事诉讼法》并没有关于看守所管理的具体规定,除《看守所条例》外,看守所检察也没有其他较高级别的具体规范可以依据了。从根本上说,人民检察院实施看守所检察,其标准应依据法律而不应依据行政法规。如果制定《看守所法》,人民检察院对看守所的检察便有了强有力的法律根据,有利于独立公正地进行监督。

制定《看守所法》应着重解决以下几个方面的问题:

(一)改变看守所的管辖

看守所由公安机关管辖弊大于利,建议改由司法行政部门管辖。主要理由是:(1)公安机关也是侦查机关,由公安机关管辖看守所,固然方便公安机关采取讯问、鉴定、辨认等侦查措施,但不利于避免刑讯逼供、超期羁押等问题。改由司法行政部门管辖后,司法行政部门与公安机关互相配合，互相制约，有利于而不是妨碍侦查工作的合法进行。(2)看守所具有一定的监狱职能，而监狱工作正是由司法行政部门主管的。由司法行政部门管辖看守所，理顺了关系，更有利于刑罚的依法执行和对罪犯的管理。

在改变一般看守所管辖体制的同时，对国家安全机关和军队的看守所，因其具有特殊性，仍应规定分别由国家安全机关和军队管辖。

(二)加强对在押人员合法权益的保护

根据《刑事诉讼法》"未经人民法院依法判决，对任何人都不得确定有罪"的原则，看守所羁押的犯罪嫌疑人、被告人并不是罪犯。《看守所法》应根据他们的特殊法律地位，明确规定他们依然享有的权利，并制定措施加以切实保护。对于《刑事诉讼法》第九十六条和《律师法》第三十三条规定的但《看守所条例》没有规定从而在实践中经常遇到阻力的"律师会见权"，《看守所法》应有具体的保障条款。

(三)进一步细化看守所羁押执行程序

《看守所条例》对看守所羁押执行程序的规定比较原则。1991年公安部印发《中华人民共和国看守所条例实施办法》(试行)，有关规定比较详细。根据公安部印发《实施办法》的通知，该办法暂在内部试行，待试行一年后由公安部修订发布，但自1991年"试行"了这么多年也没有修订并正式发布。《看守所法》应吸收《看守所条例》以及《看守所条例实施办法》(试行)的有关合理内容，并根据社会主义法治和人权保护的要求，加以修订完善。

(四)明确看守所违法行为和事故的处理程序和法律责任

特别是应当规定，在押人员在羁押期间死亡，而其家属对死亡原因有疑义的，应由人民检察院主持死亡原因的鉴定，并根据鉴定结论进行处理。

(五)加强对看守所活动的法律监督

《看守所条例》也有关于人民检察院监督的规定，但比较"软"，例如它规定："看守所应当教育工作人员严格执法，严守纪律，向人民检察院报告监管活动情况"、"看守所对人民检察院提出的违法情况的纠正意见，应当认真研究，及时处理，并将处理结果告知人民检察院”、“人犯揭发、控告司法人员违法行为的材料，应当及时报请人民检察院处理”。《看守所法》应改变这种被动的监督模式，建立人民检察院主动监督机制，对监督的职责、程序、效力、法律责任和看守所相应的义务等问题作出具体规定。另外，《看守所法》应妥善协调侦查机关与看守所之间的关系，保证侦查活动依法顺利进行。

主题词： **法律**
提案人： 刘白驹

中华人民共和国公安部2009年6月26日以公提字〔2009〕第101号文函复：

您提出的《关于完善看守所管理制度，制定〈看守所法〉的提案》收悉，现答复如下：

一、关于制定《看守所法》

《看守所条例》颁布以来，对于规范看守所执法和管理，保障刑事诉讼顺利进行发挥了重要作用。但是，随着国家民主与法制建设的进步，《看守所条例》与形势、任务的需要不相适应的问题日渐突出，有的规定与《刑事诉讼法》相冲突，有的规定已经落后于实际工作需要，实践中出现的新情况、新问题也无执法依据，因此，完善看守所立法十分必要。对此，我们考虑从以下两个方面进行：一是修改《刑事诉讼法》，明确看守所法律地位和羁押问题。看守所作为刑事羁押机关，虽然不直接参与刑事诉讼活动，但与刑事诉讼活动密切相关，是直接为刑事诉讼服务的。但《刑事诉讼法》在这方面存在严重缺位，因此，我们将积极参与《刑事诉讼法》修改工作，建议立法机关在修改《刑事诉讼法》时，明确看守所的性质和羁押的对象、条件、程序、期限等问题，将羁押纳入刑事诉讼程序，进一步完善诉讼制度。二是修改《看守所条例》,完善看守所管理制度。看守所的刑事羁押性质,决定了看守所立法必须要以《刑事诉讼法》为依据,在《刑事诉讼法》相关规定缺位的情况下,制定《看守所法》的条件还不成熟。因此,看守所立法应采取循序渐进的方式,先修改《看守所条例》,等条件成熟时再制定《看守所法》。目前,我们已经着手《看守所条例》修改工作。

二、《看守所条例》拟重点解决的问题

修改《看守所条例》过程中,我们将认真吸取您在提案中提出的意见,重点解决以下几个问题:

(一)依法充分保障在押人员合法权益。修改《看守所条例》拟将保障在押人员合法权益作为重要内容,明确规定看守所依法保障在押人员合法权益的原则、内容和方式方法,将保障权益工作具体化。一是建立告知制度。收押时告知在押人员在羁押期间依法享有的权利和必须遵守的管理规定。二是保证在押人员会见、通信权,规定会见、通信的对象、程序等。三是保证在押人员辩护和获得律师帮助权,特别是要保障律师会见权,规范凭证、程序等。四是保证在押人员控告、举报权。看守所要实行在押人员约见所领导和驻所检察官制度;对在押人员的申诉、控告、举报材料,公安机关应当调查、核实,并将结果通知当事人。五是保障在押人员必要的生活、卫生条件。按照国家规定标准供应伙食,保证每日必要的室外活动和休息时间,在押人员的医疗保健列入当地卫生防疫计划,由当地卫生行政部门指定医院在看守所设立门诊或者医疗机构承担看守所在押人员的医疗任务等。

(二)明确并细化收押、异地羁押、换押等羁押执行程序。为了有效解决刑讯逼供和超期羁押问题,使看守所严格依法实施羁押,并对办案机关实施监督制约,拟对羁押的条件和程序进行严格规范。一是规范收押的对象、凭证和不予收押的情形等。二是规范异地羁押的条件和审批程序。三是规范换押的情形和程序等。

(三)完善监督制度,明确法律责任。为了保证看守所严格、公正执法,拟对看守所的监督和法律责任作出规定。一是规范监督的主体和看守所接受监督的方式方法等;二是规范看守所接受人民检察院法律监督的范围和程序;三是规范看守所人民警察的禁止性行为,以及违反之后应当承担的法律责任；四是规范看守所事故的处理程序。

三、关于看守所管理体制

我们认为公安机关管理看守所的体制符合中国国情，不宜改变。主要理由是：

（一）看守所由公安机关管理，有利于更好地打击犯罪，保证安全。当前，我国正处于人民内部矛盾凸显期、刑事犯罪高发期、对敌斗争复杂期，公安机关肩负的打击犯罪、维护社会治安稳定的任务十分繁重。看守所由公安机关管理，一是有利于违法犯罪信息的采集和研判。看守所每年收押犯罪嫌疑人、被告人上百万人次，日均在押几十万人，这些人员信息是“国家违法犯罪人员信息库”的基础信息源，对公安机关预防和打击违法犯罪有着重要作用。公安机关管理看守所，方便数据的统计和分析，有助于提高预防和打击犯罪的效率。二是有利于提高公安机关侦破案件能力。看守所在押人员掌握较多的犯罪线索，是名副其实的“刑事犯罪情报库”。公安机关管理看守所，可以及时掌握这些犯罪线索，扩大侦查范围，拓宽侦破渠道，加快破案速度，提高侦查破案能力。三是有利于公安机关处置看守所突发事件，保证安全。确保看守所安全稳定，是看守所保证刑事诉讼活动顺利进行的首要任务。看守所设置分散，不仅每天人员进出频繁，成分复杂，流动性大，而且犯罪嫌疑人、被告人在诉讼中的思想和心理极不稳定，容易发生暴力袭警、劫持人质、暴力脱逃等突发性事件。公安机关管理看守所，可以跨警种及时调集警力、物力，迅速处置突发事件。如果由两个部门管理，一旦发生重大突发事件，跨部门的沟通、协调、配合可能会延误战机。

（二）看守所由公安机关管理，符合我国的法律制度和司法实践，体现了社会主义法制文明。其一，刑事羁押场所的管理体制与所在国的刑事法律制度有密切关系。在国外，审前保释是常规，羁押是例外，羁押是为庭审服务的；而在我国，审前羁押是常规，保释是例外，羁押是为侦查、起诉、审判服务的。从我国刑事诉讼的程序看，侦查是刑事诉讼的开始和基础，侦查质量直接影响起诉和审判工作。根据《刑事诉讼法》的规定，除法律另有规定的以外，刑事案件的侦查由公安机关进行，公安机关是侦查破案的主要力量。看守所由公安机关管理，有助于侦查办案部门与监管部门的协调配合，保证侦查办案工作的顺利进行。看守所由公安机关管理，符合我国的法律制度和法制精神。其二，看守所与监狱分开的管理体制体现了社会主义法制文明。我国法律规定，未经法院判决，对任何人都不得确定有罪。看守所的性质、任务与监狱有着本质的不同，我国现行法律将审前羁押职能与对罪犯的刑罚执行职能分别配置给不同的国家机关的做法，从制度上确立了犯罪嫌疑人、被告人不同于罪犯的法律地位，既便于有关部门各司其职、各负其责，也便于对犯罪嫌疑人、被告人和罪犯实行区别对待、区别管理，从而有利于保证其合法权益的实现，是我国法制文明的具体体现。

（三）刑讯逼供和超期羁押问题与看守所管理体制没有必然联系。刑讯逼供和超期羁押的发生是由多种因素造成的，既有执法人员法制观念淡薄，人权保护意识不强，执法监督不力的主观原因，也有法律制度和监督制约机制不完善的客观原因，与看守所管理体制没有关系。

关于刑讯逼供。刑讯逼供主要发生在送押之前。1998 年以来，全国公安机关共查处刑讯逼供案件中，发生在看守所的占总数的 1%。由此可见，刑讯逼供并不是主要发生在看守所内。相反，看守所为遏制刑讯逼供采取了很多制约措施。比如，凡新入所人员一律进行体检，除询问疾病史外，重点检查体表有无伤痕。体表有伤的，要求送押人员出具说明并签名，看守所将在押人员受伤情况报告案件主管机关和人民检察院；伤情严重的不适宜羁押的，不得收押。要求看守所提讯室一律用铁栅栏隔离，提讯人员和在押人员分别走不同的出入口，避免人身接触等。

关于超期羁押。超期羁押不是看守所超期关押，而是公、检、法三家办案机关超过法定羁押期限在办案，因此，三家都存在超期羁押问题。2003 年，公、检、法三家在全国范围内开展了清理超期羁押专项行动，超期羁押问题已经得到有效遏制。截至 2009 年 5 月底，公安、检察机关超期的不足 10 人，法院超期的也只有 20 几人。因此，在没有改变看守所管理体制的情况下，超期羁押现象仍在逐年减少。

感谢您对公安工作的关心和支持。

全国政协十一届二次会议提案第2667号

案　　由:关于出台“个人信息保护法”的提案

审查意见:建议国务院交工业和信息化部研究办理

内　　容:在电信、银行、保险、互联网等诸多行业,都有不少专门吃“信息饭”的“生意人”。只要掏钱,诸如公民姓名、性别、年龄、生日、住址、婚姻状况、电话、银行账号等信息就可以轻易得到。在利益的驱使下,个人信息的流向无法得到有效控制,私密信息被广泛传播、出卖就成了一种常态。与空气污染、噪音污染等等相比,信息骚扰的污染有过之而无不及,有些犯罪分子甚至利用个人信息进行诈骗和敲诈,成了民生中无法言说的痛。

由于没有个人信息保护法,使国内企业的经营活动面临越来越多的困扰。个人信息保护法已经成为一些西方国家设置贸易壁垒的重要借口,并且有加重趋势。在国际贸易层面上,欧盟各国可以根据《关于涉及个人数据处理的个人保护以及此类数据自由流动的指令》和《关于个人数据自动化处理之个人保护公约》对欧盟以外国家的个人信息保护水平进行判断,对个人信息跨国流动做单方面限制,进而影响国际贸易的正常进行。

为保护个人信息安全,合理正当使用个人信息,保护个人隐私,治理目前个人信息随处泄露的混乱状况,建议尽快出台我国的《个人信息保护法》。

目前世界上已经有50多个国家和组织制定了个人信息保护相关法律法规。美国有《隐私权法》、《信息保护和安全法》、《防止身份盗用法》、《网上隐私保护法》、《消费者隐私保护法》、《反网络欺诈法》

和《社会安全号码保护法》。其他国家如德国制定了《联邦数据保护法》;加拿大制定了《隐私保护法》和《个人信息保护及电子文档法案》;英国制定了《数据保护法》;日本制定了《个人信息保护法》。另外,欧盟先后制定了《关于涉及个人数据处理的个人保护以及此类数据自由流动的指令》(1995 年 10 月 24 日)、《关于个人数据自动化处理之个人保护公约》(欧洲条约系列第 181 号)和《关于保护自动化处理过程中个人数据的条例》。上述各国及地区性立法不仅利于保护个人信息,更为各国设置贸易壁垒和提高信息服务外包门槛创造了法律条件。

《最高人民法院关于贯彻执行〈民法通则〉若干问题的意见(修改稿)》虽然规定,以书面、口头等形式宣扬他人的隐私,应当认定为侵害公民名誉权的行为。但在实践中,由于泄露个人信息的渠道很多,很难认定侵权主体,因此也就难以追究侵权者的责任。

据悉由中国社科院法学研究所课题组起草的《中华人民共和国个人信息保护法》专家建议稿目前已呈交至国务院,将个人的手机号码、家庭住址、医药档案、职业情况等列入了保护范围。规定除犯罪及税收调查、媒体调查以外,禁止任何团体在未经个人同意的前提下将个人信息泄露给第三方。对于这个和民生高度相关的法律,基层群众高度期待。

建议:对于涉及公民私权的如此重要的个人信息立法,并希望在立法过程中能充分吸纳民意,确保立法的最终实现。

主题词: **信息**

提案人: 张礼慧

中华人民共和国工业和信息化部2009年8月17日以工信提案〔2009〕150号文函复：

您提出的《关于出台“个人信息保护法”的提案》收悉，现答复如下：

我们非常重视您在提案中反映的现象，不法分子利用个人信息牟取私利给人民的正常生活带来痛苦，国际贸易中由于个人信息保护不完善形成障碍，困扰国内企业经营活动。也非常赞同您关于出台《个人信息保护法》的提议，以及在立法过程中充分吸收民意的建议。

在国内，根据中国社会科学院法学研究所研究人员的调查，个人信息的滥用正在威胁着人们的生活安宁、生命财产安全，令公众感到压力或者心情不快。有42.5%的被访者表示，曾经遇到过个人信息遭不当处理的情况。如何对个人信息进行保护已经成为非常迫切和急需解决的问题。在国际服务贸易中，个人信息保护已经成为服务贸易保护的一种新形式。目前，世界上有50多个国家制定了个人信息保护法，对个人信息跨境传输进行严格的限制，是继关税、技术标准、绿色标准之后，又一种新型且具有极强隐蔽性的贸易壁垒措施。目前，我国承接的信息服务外包业务中，按地区排序依次是，日本(32.3%)、美国(24.6%)、港澳台(12.9%)和欧洲(7.8%)。日本外包给我国的信息处理业务绝大部分包给了大连。分析原因，除地理、语言因素外，大连与日本实现了个人信息保护评价结果的互认，起到了重要的作用。另一方面，我国不能满足欧盟所列可以接收欧洲公民信息的目标国基本条件，给欧洲公司向我国转包数据处理和业务流程处理(BPO)业务带来了极大的不便。关键原因之一也正是我们在个人信息保护制度和政策上的缺失，在个人信息保护立法方面的滞后于社会和经济发展的需要。

关于加强个人信息在法律层面的保护，我国的一些法律中已经有了明确的规定。今年修订的《刑法》增加了“国家机关或者金融、电信、交通、教育、医疗等单位的工作人员，违反国家规定，将本单位在履行职责或者提供服务过程中获得的公民个人信息，出售或者非法提供给他人，情节严重的，处三年以下有期徒刑或者拘役，并处或者单处罚金”的内容。此外，在《合同法》、《居民身份证法》、《商业银行法》等法律中，都涉及个人信息的使用和保密条款，在相关领域规范了个人信息的使用。

我国已颁布的法规和部门规章中，也有部分条款明确规定了对个人信息的保护。如《电信条例》第58条规定“任何组织和个人不得利用电信网从事窃取或者破坏他人信息、损害他人合法权益的活动”，第66条规定“电信用户使用电信的自由和通信秘密受法律保护”。今年4月份发布的《旅行社条例实施细则》也增加了“旅行社不得向其他经营者或者个人，泄露旅游者因签订旅游合同提供的个人信息；超过保存期限的旅游者个人信息资料，应当妥善销毁”的规定。

我们认为，在信息网络和信息系统应用日益普及的情况下，使得单单依靠分散的法规和规章已经不能全面有效地保护个人信息，应该制定一部个人信息保护的综合法。同时，鉴于个人信息的广泛性和保护个人信息工作的复杂性，涉及个人信息保护立法的许多问题需要充分和深入的研究，在目前制定个人信息保护法尚存在一定的难度。我们将会继续努力工作，就您提出的问题会同有关部门深入调查，开展相关领域的研究工作，广泛听取意见，力争早日取得进展，并适时向国务院和全国人大提出立法建议。

感谢您对个人信息保护工作的关注。

全国政协十一届二次会议提案第0192号

案　　由:关于积极应对我国人口老龄化问题的提案

审查意见:建议由中国老龄协会研究办理

内　　容:我国已经进入并将长期处于人口老龄化社会。到2007年年底,60岁及以上老年人口已达到1.53亿人,占总人口的11.6%。我国人口老龄化呈现出两大特点:一是速度快,受现行人口政策影响,我国人口老龄化发展迅速。65岁以上老年人占总人口的比例从7%提升到14%,发达国家大多用了45年以上时间,而我国只用27年就将完成。二是“未富先老”矛盾突出,发达国家是在基本实现现代化的条件下进入老龄社会的,我国则是在尚未实现现代化、经济尚不发达的情况下提前进入老龄社会,现有经济和社会保障水平不足以应对来势凶猛的老龄化问题。随着老龄化程度的不断加深,不久的将来我国将进入劳动力短缺时代。同时,我国养老服务极为薄弱,家庭养老负担日益加重,相关社会问题凸显。

为此建议:

1.完善社保制度,建立共享型的养老保障体制。

我国现行社会保障体系还不健全,养老保险制度覆盖人口仅占总人口的15%。60%的老年人口分布在农村,而97%的农村人口仍未解决养老保障问题,社会供养水平远远不能满足养老需要。建立起覆盖广泛的社会保障机制,不仅可以解决养老问题,而且将有效刺激消费,减少经济下行对社会的震荡。养老保障体制的未来发展方向,应该是扩大其覆盖面和保障水平。具体地说,一要解决“农转非”及失地农民的养老与医疗保险问题,建立覆盖农村的社会养老保险制度,解决农村老年人的养老金问题；二要提高农村“低保”标准与五保供养水平；三要提高企业退休人员老年生活保障水平，包括提高基本养老金水平及生活补贴水平；四要解决因各种原因无法正常享受养老金与基本医疗保险的历史遗留人员问题。

2. 发展老龄产业，鼓励多方参与养老保障服务。

现代社会的多元化发展趋势，为养老问题的有效解决提供了多种途径。政府应当发挥主导作用，鼓励、引导社会力量积极参与养老服务。在当前，这是应对经济困难、扩大内需的有效手段之一。服务业是现代社会就业增长的主渠道，发展养老产业特别是养老服务业需要大量简单劳动力，是缓解就业压力的有效选择。长远看，逐步实现养老保障社会化，可以减轻国家负担，促进经济社会良性循环。具体而言，一要清除阻碍非公有资本参与营利性养老服务机构的体制性障碍，制定和完善扶持老龄产业发展的优惠政策，培育老年产品市场；二要鼓励非政府组织、社会团体参与养老事业。非政府组织在我国发展快速，它们具有独特的运作模式、管理方式和全新的理念，为养老问题的解决增加了选择方案；三要合理分配稀缺性养老资源，为社会、企业与市场的养老服务提供有效监管与服务。

3. 倡导居家养老，发展全方位养老模式。

发达国家的经验证明，社会化是解决老龄化国家养老问题的必由之路。我国养老社会化起步较晚，基础设施不足，传统养老观念一时难以改变。当前应在积极宣传、大力倡导养老社会化的同时，集中发展居家养老模式。居家养老除接受家庭照顾外，主要依托社区提供的居家养老网络和义工自愿养老服务，兼具家庭养老和社会养老的优点，是当前最为可行的选择。

4. 适时逐步延长退休年龄，应对未来劳动力短缺。

老龄化无疑将减缓经济增长速度，20 年后我国劳动力供求关系将出现根本性转变，人力资源市场将需要老年劳动者参与。因此，尽早研究、制定方案、稳妥实施逐步延长退休年龄，是当前应未雨绸缪的重大政策课题。应在未来择取适当时机采取小步渐进的方式延长退休年龄。起步阶段实施选择性的灵活退休政策，根据自愿适当延迟退休，而后以月为单位逐步延长法定退休年龄。应注意避免短时间内大幅度提高退休年龄，或不分产业结构和劳动强度，一刀切式地延长。

主题词： 人口 老年
提案人： 民盟中央

中国老龄协会文件 2009 年 8 月 30 日以中老提案字〔2009〕5 号文函复：

你们提出的《关于积极应对我国人口老龄化问题的提案》收悉，现答复如下：

一、关于完善社保制度的问题

1. 关于"农转非"人员及失地农民的养老保障问题

国家高度重视城乡各类群体的养老保障问题。随着企业职工基本养老保险制度的不断完善，基本养老保险覆盖面不断扩大。"农转非"人员及失地农民在城镇就业的，可以随企业或以灵活就业人员身份参加当地保险，按时足额缴费，并享受相应的养老保险待遇。

同时，国家对做好被征地农民的社会保障工作提出了明确要求。2004 年以来，国务院及有关部门出台多个政策文件，对被征地农民社会保障对象、资金来源、待遇水平等内容都作了原则规定，并强调被征地农民社会保障费用不落实的不得批准征地。截至今年 3 月底，全国已有 29 个省级政府或政府部门出台或转发了关于做好被征地农民社会保障工作的政策文件，有 1201 个县（市、区）启动了探索建立适合被征地农民特点的社会保障制度的工作，1324 万被征地农民纳入基本生活或养老保障。今后一个时期，我们将继续协同有关部门，切实做好这项工作。

2. 关于“农转非”人员和失地农民医疗保障问题

目前我国已经建立起了城镇职工基本医疗保险覆盖包括农民工在内的城镇从业人员、城镇居民基本医疗保险覆盖学生儿童等城镇非从业人员、新型农村合作医疗制度覆盖农村居民，三项基本医疗保障制度实现了对城乡居民的全面覆盖。“农转非”人员及失地农民，可以根据自身的情况，按照有关规定参加其中一项制度。对于困难人员，可以按照有关规定，由城乡医疗救助制度对其进行帮助。

3. 关于提高企业退休人员基本养老金水平问题

国家十分重视企业退休人员养老保障问题。自 2005 年以来，已经连续五年较大幅度调整企业退休人员基本养老金，并坚持在调整时向退休早、基本养老金相对偏低的人员适当倾斜，较好地保障了企业退休人员的基本生活。按照国务院统一部署，2010 年将继续调整企业退休人员基本养老金，我们将会同财政部抓紧组织实施，使他们分享经济社会发展成果。同时，抓紧研究建立基本养老金正常调整机制，不断提高企业退休人员基本养老金水平。

4. 关于因各种原因未能享受养老和医疗待遇人员的历史遗留问题

我国企业职工基本养老保险实行权利与义务相对应的原则，在职人员按规定参保，按时足额缴纳基本养老保险费，退休后享受相应的养老保险待遇。部分人员由于各种原因没有参加企业职工基本养老保险，未能享受基本养老保险待遇。这一问题确实需要妥善研究解决。按照国家确定的到 2020 年建立覆盖城乡居民社会保障体系、人人享有社会保障的目标，有关部门正在抓紧研究城镇未参保人员和无收入老年人的养老保险问题。

2008 年和 2009 年，中央财政均安排补助资金，采取地方政府负责，多方筹集资金的方式，解决关闭破产国有企业退休人员参加医疗保险问题，并要求地方统筹解决关闭破产集体企业退休人员、困难企业职工等其他城镇未参保人员的医疗保障问题。按照深化医药卫生体制改革的要求，准备用两年左右的时间，将关闭破产企业退休人员和困难企业职工纳入城镇职工基本医疗保险，确有困难的，经省人民政府批准后,参加城镇居民基本医疗保险,保障他们的基本医疗需求。

二、关于发展老龄产业问题

老龄产业这一提法,是按市场需求对象——老年群体而划分的。老龄产业并不是传统意义上的一个独立的产业部门,它是由老年消费市场需求增长带动而形成的新兴产业,包括所有有关老年人物质和精神需求以及其他特殊需求的商品生产和服务。老龄产业是综合性的产业,是从第一、第二、第三以及其他产业派生出来的特殊产业,具有经济和社会双重属性。至于老龄产业的具体内容,到目前为止,还没有形成较为一致的看法,但至少应包括两个层面:从产品来说,老龄产业包括适合老年人衣、食、住、行及丰富精神文化生活的所有产品的开发、生产和销售等方面;从服务来说,应包括老年福利服务、医疗保健服务、老年教育、老年文化、老年体育等方面。老龄产业日益被发达国家或老龄化形势较为严峻的国家或地区所重视,相比之下,我国对老龄产业的认识还比较肤浅,起步比较晚。尽管如此,随着我国经济社会的发展和老年人收入水平的提高,加之相关法律法规的健全以及老年人消费观念的转变,我国老龄产业的发展前景将越来越广阔,是一项名副其实的阳光产业。

老龄产业在整个老龄事业中占据重要的地位,发展老龄产业具有重要意义。为加快老龄产业的发展,近年来,我们与有关部门共同研究,先后出台了一些政策措施,作出了一些优惠规定,鼓励多方参与养老保障服务。如,2000 年财政部、国家税务总局联合下发的《关于对老年服务机构有关税收政策问题的通知》(财税〔2000〕97 号)中明确规定对社会力量投资兴办的福利性、非营利性的老年服务机构,暂免征收企业所得税,以及老年服务机构自用房产、土地、车船的房产税、城镇土地使用税、车船使用税。2006 年国务院办公厅转发全国老龄委办公室和发展改革委等部门《关于加快发展养老服务业意见的通知》(国办发〔2006〕6 号)中明确提出要积极支持以公建民营、民办公助、政府补贴、购买服务等多种方式兴办养老服务业,鼓励社会资金以独资、合资、合作、联营、参股等方式兴办养老服务业。2008 年全国老龄办和发展改革委等部门《关于全面推进居家养老服务工作的意见》

(全国老龄办发〔2008〕4号)也强调,要加大政府投入力度,合理配置资源,贯彻落实国家现行关于养老服务机构的税收优惠政策等。地方各级政府积极贯彻落实文件精神,出台了一系列更具操作性的措施。这些政策措施对加快发展老龄产业起到了一定的积极作用。同时,我们也应看到,相关扶持政策的力度还不够,社会组织参与养老服务业的积极性还没有充分调动,对养老自身的监督管理工作相对滞后。今后还需要进一步加强研究,制定出台更有力的措施,加快老龄产业的发展。

三、关于发展居家养老社会化服务问题

鼓励和引导社会力量参与养老服务事业,是解决养老问题的有效途径,也是应对人口老龄化挑战的必由之路。国家历来十分重视对社会力量兴办养老机构进行政策扶植和资金支持。2000年《国务院办公厅转发民政部等部门关于加快实现社会福利社会化的意见的通知》(国办发〔2000〕19号)和2005年民政部下发的《关于支持社会力量兴办社会福利机构的意见》(民发〔2005〕170号),在规划、建设、税费减免、用地、用水、用电等方面出台了一系列扶持保护政策,鼓励和支持企事业单位、社会团体和个人等社会力量投资兴办福利性、非营利性养老机构。在中央政策的指引下,一些地方也纷纷立足实际,出台了许多新的优惠政策,使得民办养老机构蓬勃发展,成为我国养老机构的一支重要力量。

居家养老是指政府和社会力量依托社区,为居家的老年人提供生活照料、家政服务、康复护理和精神慰藉等方面服务的一种服务形式,由于其既符合我国的传统,又成本低廉,非常适合在未富先老的情况下解决数量庞大的"空巢老人"的养老服务需求,在我国养老服务体系中居于基础和核心地位。2008年1月,全国老龄办、民政部等部门联合下发了《关于全面推进居家养老服务工作的意见》(全国老龄办发〔2008〕4号),对全面推进居家养老服务工作的重要意义、基本任务、保障措施作出了规定,促进了居家养老服务的发展。在养老服务社会化的过程中,各地普遍把居家养老列入发展养老服务事业的重要日程,采取措施,大力加以推进,取得了突破性进展。一是根据老年人的经济条件和生活状况，实行由政府购买服务与个人购买服务相结合，对孤寡老人、特困老人由政府出资，提供无偿或低偿服务，其他老人由个人出资购买服务。二是以社区服务设施、组织为依托，实行日托照料与上门服务相结合，普通服务和包户服务相结合，许多地方尝试服务人员与老年人的结对帮扶，以“一带一”、“一帮一”等形式开展包户服务。三是逐步拓展服务领域，从解决居家老人最迫切的实际困难入手，提供多种服务，从基本的生活照料延伸到医疗康复、精神慰藉、法律服务、紧急援助等多个方面，有效地满足了老年人的多元化需求。

四、关于延长退休年龄问题

我国现行退休年龄规定为男 60 周岁、女干部 55 周岁、女工人 50 周岁。这一规定是 20 世纪 50 年代制定的。随着我国经济社会的不断发展，以及人口平均寿命、尤其是女性平均寿命的不断延长，适当延长退休年龄是一种必然趋势。有关部门将根据养老保险制度的不断完善和就业形势的发展变化，研究探索延长退休年龄问题，适时出台可行性政策。

感谢你们对老龄事业的关心和支持。

全国政协十一届二次会议提案第0270号

案　　由:关于健全和发展社区志愿者组织的提案

审查意见:建议国务院交民政部研究办理

内　　容:和谐社区是和谐社会建设的重要内容和基础。其中,社区志愿者组织的健全和发展是建设和谐社区的重要指标之一。长期以来,社区工作中活动着一支由社区居民委员会牵头、老中青社区居民自发形成的社区志愿者队伍,包括老年协会、环保志愿队、社区治安巡逻队、社区党员志愿者队、义务服务队、义务调查(统计)队等。在社区居民委员会带领下,社区志愿者队伍坚持为社区提供力所能及、简单易行的义务服务,如清扫卫生、联防治安、热线救助等,同时也配合政府有关部门开展一些临时性社会志愿活动。社区志愿者队伍是创建和谐社区的主力军,也是社区居民相互了解和交流的纽带。

但是,社区志愿者组织在实际运作中还存在很多潜在的问题:

一是缺乏统一管理。目前,社区志愿服务活动大多是由社区居民委员会以及相关区属部门临时组织安排的,没有真正意义上的主管部门和业务指导部门。很多社区志愿者参与活动比较随机,临时被指派参与志愿服务的热情很高,但长期坚持参与活动很难。

二是缺乏统一组织。绝大部分社区志愿者没有进行身份和资质登记注册,服务内容和功能无法做到定向、定位。由于没有组织机构统一安排活动,志愿服务资源得不到整合,社区里相当一部分志愿者活动存在着散兵作战、各自为政的现象,使志愿服务长期徘徊在无组织的低水平重复之上,科学的志愿服务理念并未真正确立。

三是缺乏宣传和引导。社区志愿者服务并未得到社会的普遍认知和充分肯定，甚至有时志愿者的义务劳动被质疑为目的不纯。这在一定程度上挫伤了志愿者的积极性，降低了志愿者为民服务的热情。

四是缺乏经济扶持。有些志愿活动需要购置工具、耗材和零件，有的大型志愿活动需要一定的物质支撑，需要社会提供相应的经济扶持和资助。然而由于社会信任度低等因素，社区志愿服务活动很难得到社会组织的定向捐助。

五是缺乏必要的信息平台。在社区志愿活动中，需要帮助的居民和能够提供人力和技能帮助的志愿者之间并没有建立起沟通联系的有效方式和平台，存在着志愿者活动无的放矢的现象。

为此，我们建议：

1. 建立良性运转的管理机制。成立专门的社区志愿服务组织机构，由民政部门主管，通过政策和经济上的扶持，促进社区志愿者组织的整合、组建、培育和运作。

2. 加大志愿事业的宣传力度。志愿服务事业，不仅需要志愿者的参与，更需要全社会的理解、支持和参与。要普及社区志愿服务相关知识，弘扬社区志愿服务的精神，形成关心志愿服务事业、支持志愿服务事业的良好氛围。

3. 完善志愿者注册登记制度。建立规范、详细的志愿者档案分类信息管理，明确个人志愿服务内容和服务对象，整合资源，统一组织和安排各类志愿者社区服务活动。

4. 建立健全志愿者激励机制。在适当给予志愿者精神或物质奖励的同时，开办各地联网的志愿者“时间银行”，对志愿者的社区服务进行计量登记，使他们在需要帮助时能够及时得到志愿者组织和其他志愿者的服务和回报，以鼓励更多人来参与志愿事业，推动社区志愿服务健康、可持续发展。

5. 加强对社区志愿者的培训。定期组织社区志愿者进行统一培训并给予指导，不断提高社区志愿服务活动的水平和质量，促使志愿服务行为科学化、规范化。

6. 建立社区服务信息资源共享平台。服务需求者和提供者都要在这个平台上建立互动的交流机制，提高社区志愿服务的效率和功能。

主题词： **民政**
提案人： 台盟中央

中华人民共和国民政部2009年8月17日以民函〔2009〕643号文函复：

你们提出的《关于健全和发展社区志愿者组织的提案》收悉，现答复如下：

一、关于建立良性运转的管理机制。目前，在中国社会工作协会下设有志愿者工作委员会，开展社区志愿服务是其主要任务之一。中国社会工作协会是在民政部正式注册、并由民政部主管的全国性社会团体。自2003年志愿者工作委员会成立以来，一直与民政部保持着良好的合作关系，我部不仅在业务上予以指导，而且通过政府购买服务的方式提供必要的资金支持。

志愿服务在发展过程中也遇到了不少障碍和问题，最突出的是缺乏统一管理、服务资源分散、没有形成整体合力等，与经济社会快速发展的形势不相适应，与社会公众对志愿服务庞大的需求不相适应。目前，全国性志愿服务组织有隶属共青团中央的中国青年志愿者协会，但他们的会员仅限于青年志愿者，前边提到的中国社会工作协会志愿者工作委员会，是二级分会，工作范围受到局限。因此迫切需要建立一个全国性的志愿服务组织，一方面为社会志愿者提供服务，维护志愿者的合法权益，另一方面为整合志愿服务资源提供平台，加强对社区志愿服务的组织协调和管理，为早日建立与政府服务、市场服务相衔接的社会志愿服务体系奠定基础。目前,我部正在积极成立中华志愿者协会,并得到了有关方面的大力支持,该组织正式成立后,对整合志愿服务资源,推进社区志愿服务将发挥重要作用。

二、关于加大志愿事业的宣传力度。一是在每年的国际志愿者日(12月5日),向全社会通报社区志愿服务的发展情况,包括开展活动情况、取得的效果、存在的问题、下一步的发展思路等。二是发行报刊,中国社工协会志愿者工作委员会办有《志愿者》杂志,双月刊。三是广泛开展社区志愿服务活动。通过志愿服务活动本身宣传志愿服务,扩大志愿服务影响,吸引更多的人积极参与社区志愿服务。截至2008年年底,全国共有3000多万志愿者参加了不同形式的社区志愿服务活动。2009年元旦前,《中央文明办民政部关于元旦春节期间开展社区志愿服务活动的通知》(文明办〔2008〕30号),动员社区志愿者积极参加各类社区志愿服务活动。但是,总体上讲,宣传力度仍有待继续加大。

三、关于完善志愿者注册登记制度。为了大力培育社区志愿者,更好地发挥社区志愿者的作用,民政部于2007年下发了《民政部关于在全国城市推行社区志愿者注册制度的通知》(民函〔2007〕343号),并开发了电脑注册系统。截至2008年12月4日,全国23个省、自治区、直辖市的32个城市、120个城区使用了社区志愿者电脑注册系统,社区志愿者注册人数达到600多万人,每天约有50多万人次在使用这套电脑注册系统。

四、关于建立健全志愿服务机制。对优秀志愿者进行精神、物质奖励或通过"时间银行"的方式,将志愿者的劳动储存起来,以备志愿者本人未来之需,是当前各地采用比较多的激励方式。然而,从总体上看,一个科学的志愿服务绩效评估计量体系、一套完善的激励机制尚未建立起来,下一步我们将重点研究解决这个问题。

五、关于加强对社区志愿者的培训。我部的做法是:定期或不定期地对管理人员、志愿服务人员进行培训,其中有民政部基层政权和社区建设司举办的培训班,也有委托中国社会工作协会志愿者工作委员会举办的培训班。社区志愿者的培训虽然在定期或不定期地进行,但是系统的培训仍然不足，没有志愿者培训经费，没有专为志愿者培训建立的基地，没有专为志愿者培训编制的教材，没有专门从事志愿者培训的人员，没有一套志愿者培训效果评估体系等。总之，对志愿者的培训目前尚处于初级水平，这是今后需要重点推进的工作。

六、关于建立社区服务信息资源共享平台。近年来，我国社区信息化工作取得了一定进展，但总体上仍处于起步阶段，与建设和谐社区的要求不相适应。为了改变这种状况，我部联合有关部门起草了《关于推进社区信息化工作的指导意见》，提出了推进社区信息化工作的指导思想、工作原则、目标要求、重点任务、技术支撑、保障措施。目前，我们正在争取早日下发这个意见。相信随着这个意见的下发落实，对于推动社区信息化的健康发展，建立社区服务信息资源共享平台，使服务的需求与供给实现对接，从而提高社区志愿服务的效率和功能，必将发挥积极的作用。

感谢你们对民政工作的关心和支持。

全国政协十一届二次会议提案第0446号

案　　由:关于加快推进社会养老服务体系的提案

审查意见:建议由中国老龄协会研究办理

内　　容:“老吾老以及人之老”,自古以来人们就非常关心、关注老年人生活。实现“老有所养”是十七大报告突出关注民生、改善民生,推动和谐社会建设提出的重要目标任务。

2007年年底,我国60岁以上的老年人口已达到1.53亿,占总人口的11.6%,并且增长速度越来越快,预计到2020年,我国60岁以上的老年人口将达到2.48亿,2050年,将超过4亿,老龄化水平将高达30%以上。与此同时,人口高龄化日益突出,80岁以上高龄老人的数量将超过1亿。人口老龄化问题将对我国经济社会的全面协调可持续发展带来巨大压力:在养老保障方面,今后较长时期,退休人员将以6%的速度递增,预计到2020年,领取养老金的人员将会超过1亿人;在医疗保障方面,老年人消耗的卫生资源是全部人口平均消耗卫生资源的1.9倍;在养老服务方面,社会对养老护理的需求将会越来越大。目前,我国有3250万老年人需要不同形式的长期护理,但是能为老年人提供的服务远远落后于时代、社会和人们的需求。

近年来国家相继出台了一些加快养老服务发展的政策,标志着我国在解决老龄化问题上的政策体系基本建立,着力构建以居家养老为基础、以社区服务为依托、以机构养老为补充的养老服务体系的思路也基本确立,并在条件较好的局部地区形成了较快的发展态势和适度普惠型的养老服务格局。但是,由于社会转型、政府职能转变、家庭养老功能弱化,为老年服务业发展严重滞后,以及随之呈现的体制机制不顺、政策扶持乏力、定性定位缺失、服务规范缺少、制度监管缺位、发展极不平衡等问题日益凸显，居家养老多数地区也只处在起步探索阶段。全国现有各类养老福利机构4.1万个，床位163万多张，平均每千名老人11.6张，与发达国家平均每千名老人拥有50～70张的水平相差甚远。从总体上看，当前我国老年人照料服务远远不能满足老年人多层次、多样化的需求，还没有形成适应经济社会发展水平、应对老龄化挑战、良性循环的老年人照料服务体系。

21世纪，中国社会经济发展的战略目标是在2020年全面实现小康，在2050年基本实现现代化，2050年以后进而实现中华民族的伟大复兴。要实现这一宏伟目标，就必须积极应对人口老龄化迅速发展的严峻挑战，就必须采取切实可行的措施，解决社会养老问题。当前，党中央、国务院关于扩大内需、促进就业等重大决策，为推进养老服务事业发展提出了新的任务，也提供了重要的战略机遇。进一步加快发展养老服务事业，推进养老服务社会化，也是目前拉动内需、增加就业、保障民生的客观需要。为此提出如下建议：

一、完善政策，发挥政府主导作用。国家对人口老龄化问题应从战略高度，把养老服务事业纳入国民经济发展总体规划，并作为国家扶持行业给予大力支持。同时理顺体制、机制，建立党政主导、民政牵头、部门配合、社会参与的工作运行机制。出台促使各级政府转变职能，逐步加大社会养老服务的相关政策措施，制定鼓励和支持社会力量参与举办养老服务机构和居家养老服务的操作规范，推动养老服务快速健康发展。

二、创新制度，积极推进社会福利社会化。在建立健全社会保障体系的基础上，解放思想，转变观念，突破"国家福利"藩篱，推动社会福利投资主体逐步由国家、集体单一投资变为国家、集体、企业、社团、个人、外资等多元化投入。在加大财政资金投入养老服务业的同时，积极探索公有制多种有效实现形式，形成经营模式由原来单纯国营转变为国办民营、民办公助、私营、股份制、合资经营等多种形式并存。改变福利供给方式，对政府必须承担的福利养老如"五保"老人的供养问题，可采取"按收住五保老人人数给养老机构补贴"的办法解决，国家用福利资金购买服务，企业机构提供服务，老年人享受服务。建立市场准入制度和服务标准评价体系，规范养老服务工作，拓展养老服务社会功能；建立适应城乡不同需求的多元化、多层次养老服务体系，大力发展家政照料、医疗保健、护理康复乃至临终关怀等养老服务项目，满足社会养老的不同需求。同时，要调动社会各方力量兴办养老服务业的积极性，使广大老年人能够自主选择优质的个性化服务。

三、加大投入，积极扶持开展养老服务事业。国家在完善政策的同时，将老年服务业列入国家扶持行业，加大中央资金投入，提高公共财政支出比例，大力加强各地各类养老设施建设。针对西部少数民族地区和贫困地区财政困难的实际，加大资金扶持力度，积极支持这些省区搞好养老基础设施建设，并在实施政府购买服务，鼓励社会参与养老服务工作上给予资金倾斜、扶助，以促进欠发达省区经济社会的协调可持续发展。

主题词： **老年**
提案人： 孙贵宝

中国老龄协会文件 2009 年 8 月 24 日以中老提案字〔2009〕3 号文函复：

您提出的《关于加快推进社会养老服务体系的提案》收悉，经认真研究，我们认为，该提案认真地分析了我国老龄化的严峻形势，准确把握了养老服务发展遇到的问题，从三大方面提出了具有建设性的措施，既具有较高理论水准，又具有实践指导意义。现就有关问题答复如下：

一、关于完善政策，发挥政府主导作用。我国已进入人口老龄化社会，随着老龄化速度的加快，老龄化形势日益严峻，充分发挥政府的主导作用是应对人口老龄化挑战的必然要求。为此,经中央国务院批准,于1999年10月成立了全国老龄工作委员会,为国务院主管全国老龄工作的议事协调机构,由28个成员单位包括全国老龄办、民政部等中央国家机关部委组成,地方各级政府也成立的相应老龄工作体制,这充分体现了党中央国务院对应对人口老龄化挑战的重视。并且始终坚持"党政主导、社会参与、全民关怀"的工作方针,积极研究出台政策措施。近年来,为加快养老服务的发展,各有关部门先后出台了扶持性政策,包括财政部、国家税务总局联合下发的《关于对老年服务机构有关税收政策问题的通知》(财税〔2000〕97号)、《国务院办公厅转发民政部等部门关于加快实现社会福利社会化的意见的通知》(国办发〔2000〕19号)、民政部《关于支持社会力量兴办社会福利机构的意见》(民发〔2005)170号)、国务院办公厅转发全国老龄委办公室和发展改革委等部门《关于加快发展养老服务业意见的通知》(国办发〔2006〕6号)以及全国老龄办、发展改革委等部门《关于全面推进居家养老服务工作的意见》,在规划、建设、税费减免、用地、用水和用电等方面作出了一系列扶持规定。地方各级政府也采取了一系列更具操作性的措施,对于引导和支持社会力量兴办养老机构、促进民办养老机构发展起了重要作用。目前,全国老龄办正与有关部门开展应对人口老龄化战略研究,以为制定老龄事业发展规划和出台重大政策提供依据。

二、关于创新制度,积极推进社会福利社会化。社会福利社会化是符合我国国情的社会福利的发展道路。逐步推进社会福利由补缺型向普惠型转变,坚持以人为本,是使人民群众享受经济社会发展成果的重要举措。自20世纪80年代提出"社会福利社会化"的工作思路以来,经过二十多年的实践探索,我国老年社会福利事业已经基本上改变了过去单纯依靠政府财政投资、完全由国家包办包管的状态,出现了多种所有制成分、多方面社会力量共同兴办老年社会福利事业的可喜局面。一是探索公建民营。近年来,在养老服务社会化的过程中,我国的部分地区探索实行由社会力量管理运营公办老年福利机构,一些地方将已经建成的公办养老服务机构委托给民间组织来管理和运营，取得了一定实效，有利于盘活公办养老机构的存量，为养老服务事业发展注入生机和活力。二是实施民办公助。各地积极争取财政资金，对民办养老机构实施扶助，对于处在建设阶段的民办养老机构，按照规模、投资额等给予相应的开办补贴资助；对于正式开业的民办养老机构，按床位数和实际收住老年人数给予一定的运营补贴。三是建立政府购买服务制度，培育发展非营利养老服务中介机构和组织。面对家庭日益小型化的趋势，我国东部部分地区，如大连、青岛、南京等城市，在居家养老中探索建立了政府购买服务制度，采取资金保障和服务保障相结合的方式，以提供补贴、发放服务券等形式，购买社区养老机构、养老服务中介组织的服务，为符合条件的老年人提供生活、家政料理、精神慰藉、信息咨询等服务。

三、关于加大投入，积极扶持开展养老服务事业。不断加大资金投入，是养老服务可持续发展的重要基础和前提。在政府公共财政支出比例上，加大中央预算资金的支出，也是国家对养老服务鼓励和支持的重要体现。在区域发展中，坚持对经济社会发展较为落后地区的资金倾斜和支持力度，是促进区域经济协调健康发展的重要保障。国务院决定今年在全国10%的县(市、区)开展新型农村社会养老保险试点。新出台的医改方案近期重点实施方案明确提出，2009～2011年三年内，城镇职工基本医疗保险、城镇居民基本医疗保险和新型农村合作医疗覆盖城乡全体居民，参保率均提高到90%以上。包括广大老年人在内的越来越多的城乡居民被纳入到社会保障制度体系当中，城乡经济社会运行的“安全网”正在逐步形成。

据统计，全国财政用于社会保障和医疗卫生的资金分别从2003年的2712亿元和831亿元增加到2008年的6770亿元和2826亿元，年均增长分别达到了20.1%和27.7%。重点支出方面，2003～2008年，中央财政共安排基本养老保险补助资金4422亿元，城乡低保补助资金995亿元，新型农村合作医疗补助资金416亿元。今后，各级财政将进一步调整和优化财政支出结构，加大对包括老年事业在内的各项社会保障制度的投入力度，更好地满足包括老年人在内的城乡居民的社会保障需求。有关部门充分发挥政府在发展养老服务事业中的主导作用，从资金上加大对西部少数民族地区和贫困地区的支持力度，积极支持这些地区养老基础设施建设。从2001年起，民政部连续三年实施“社区老年福利服务星光计划”，总投资134亿元，建成3.2万个“星光老年之家”，涵盖老年人入户服务、紧急救助、日间照料、保健康复和文体娱乐等多种功能，受益老人超过3000万。2008年民政部下拨5860万元部本级福利彩票公益金用于支持人口较少民族聚居地区新建和改造县区综合社会福利中心。

感谢您对老龄事业的关注和支持。

全国政协十一届二次会议提案第 0524 号

案　　由:关于大力发展中小金融机构,切实解决小企业融资难问题的提案

审查意见:建议国务院交中国银监会研究办理

内　　容:在我国,占全国企业总数 90% 以上的小企业已经成为拉动经济增长、增加国家税收、推动自主创新、稳定城镇就业的重要企业群体。然而,这样一个在经济社会生活中占据重要地位、做出重要贡献的群体,却长期受困于融资难问题。近来,尽管中央为应对金融危机陆续推出了一系列缓解中小企业融资难问题的重大举措,但多数中小企业、特别是小企业并未真正感受到阳光政策的温暖。2008 年短期贷款数据显示,虽然个体私营短期贷款余额同比增长了 20.4%,高于全国短期贷款增长 8.9 个百分点,但如果将乡镇企业也包括在内,其同比增长仅为 10%,还低于全国短期贷款增长 1.5 个百分点。

造成小企业贷款难的主要原因一方面在于多数小企业因资本规模小、财务管理差、抗风险能力弱、可供抵押资产少而无法得到大银行认可的信用记录,进而无法取得贷款;另一方面,也是更重要的一面则在于我国金融机构的体制机制尚不健全,尤其是机制创新的专门为小企业服务的中小金融机构体系建设严重不足。数据显示,目前全国中小金融机构中仅有城市商业银行不足 100 家,农村商业银行 20 多家,农村合作银行近 150 家,村镇银行等新型农村金融机构 100 多家。这样的银行数量规模已远远滞后于小企业发展的需要。其实,小企业融资难问题在美、日、韩等发达及新兴国家也都存在,只是这些国家通过大力发展中小金融机构,不断健全中小金融服务体系,有效缓解了小企业融资难问题。如在美国,资产在10亿美元以下的小银行就有7000多家,这对满足小企业的资金需求起到了重要的保障作用。对此我国应予以积极研究和借鉴。

当前,我国一定要树立“大金融富国、小金融富民”的观念,既要对大银行从放宽利率浮动范围、降低营业税费、扩大抵押品范围、改进风险管理与考核制度等多方面着手,从利益机制上刺激其扩大中小企业贷款额度,又要认真贯彻2007年国务院《关于全面深化金融改革促进金融业持续健康安全发展的若干意见》,下大力发展多种形式的中小金融机构,不断健全中小金融服务体系,切实从体制机制上解决中小企业融资难问题。为此建议:

1. 在城市开发区大力发展科技银行。科技银行是专为科技型中小企业量身定做的、机制创新的、专业化的区域性商业银行。在科技型企业聚集区域大力发展科技银行,同时实现科技银行与风险投资机构的有机结合,可以有效规避传统商业银行过于强调安全性、盈利性的弊端,能够充分满足科技型企业在技术研发和成长阶段的资金需求。为此建议参照美国硅谷银行模式,在城市开发区、高新技术园区广泛建立专门支持中小科技型企业发展的科技银行。近期可先在北京中关村、上海浦东等高新区进行由社会出资、风险自担的试点。

2. 在大中城市大力发展社区银行。社区银行是指在大中城市的特定区域内组建并独立运营,主要为当地中小企业和居民提供个性化金融服务的小银行。社区银行在目标市场方面主要服务于周边中小企业、个体工商户和家庭,在客户关系方面中高层管理人员可以广泛接触居民、深入了解社区事务,在贷款审批方面拥有更完备的贷款人信息等特点,使其在促进社区小企业发展、稳定社区居民就业方面发挥了重要作用。因此建议在我国大中城市广泛建立社区银行。一方面可以推动城市小型金融机构向社区银行转变;一方面可以引导城市大中型商业银行部分引入社区银行经营模式。

3. 在城镇和农村地区大力发展村镇银行。在我国城镇和农村地区,金融支持不足始终是小企业发展的重要瓶颈。尤其是在农业发展银行主要转向粮棉收购、农业银行大量撤并,县及其以下分支机构重点转向中心城市后，农村地区金融支持不足问题更加突出。如今，我国已提出要加快城乡经济社会一体化建设的目标，而实现这一目标，首先就要解决农村地区的融资难问题。为此，建议在城镇和农村地区抓紧建立专门服务于当地小企业和个体工商户，服务于农业、农村、农民的村镇银行，一个县至少设立1至2家。

4. 积极建立和发展小额贷款公司。不吸收公众存款、只从事小额贷款业务的小额贷款公司在解决小企业融资难方面日益发挥着重要作用。特别是那些产业链条上龙头企业发起组建的小额贷款公司，在支持上下游配套企业发展过程中，由于信息比较对称，显著增强了贷款风险的可控性。因此建议加快建立和发展小额贷款公司，尤其是要加大对具备条件的龙头企业组建小额贷款公司的支持。

5. 积极建立和发展小额贷款担保公司。截至2007年年底，我国有小额贷款担保公司3700多家，加上未统计进来的大大小小有上万家。这些担保公司在完善中小企业信用担保体系，支持小企业融资方面发挥着积极作用，但总体规模小、作用有限，有些担保机构自身也存在很大的生存压力。为此建议政府：一要加大对小额贷款担保公司的扶持力度。要安排一定的专项资金用于建立信用担保补偿基金，对符合条件的中小企业信用担保机构，特别是一些比较小的信用担保机构实行免征营业税的优惠政策。二要积极探索与企业、担保机构相互合作的机制。有条件的地方应从财政拿出部分资金专门用于对企业贷款和担保公司进行贴息支持。三要推动再担保机构的建立。应在财政预算中设立再担保基金，以提高担保机构运作中的安全性和稳定性，帮助其有效分散风险。

6. 加速推进民间金融的公开化、规范化、合法化。长期以来，民间金融在我国一直存在，且在小企业融资方面发挥了重要作用。然而由于民间金融非法的地位，使其失去了正常的监督和管理，由此也造成了其贷款利率过高、易引发民间纠纷等一系列社会问题。为此，建议政府尽快出台《放贷人条例》，抓紧启动民间资本解决小企业融资难问题。

主题词： **企业　金融**

提案人： 全国工商联

中国银行业监督管理委员会(函)2009年9月7日以银监函〔2009〕334号文函复:

你们提出的《关于大力发展中小金融机构,切实解决小企业融资难问题的提案》收悉。现答复如下:

一、中小企业融资难是全球普遍存在的问题,也长期困扰着我国中小企业的发展。近年来,党中央、国务院出台了一系列政策解决中小企业融资难问题。银监会成立以来一直高度重视中小企业金融服务工作,指导和督促银行业金融机构从履行社会责任、支持经济发展、增加社会就业、构建和谐社会的高度和完善风险管理、发展战略调整的角度,积极贯彻落实中央扶持中小企业发展的政策精神,着力加强和改进中小企业金融服务。近年来,银监会先后修订和发布《银行开展小企业授信工作指导意见》,提出"六项机制"建设;建立了小企业信用信息共享机制;重新研究制定比较切合实际的小企业授信划分标准;制定了小企业贷款的分类标准,提倡对中小企业贷款实施分账考核;在财政部的大力支持下,对银行的坏账核销实行特别鼓励优惠政策;2008年出台《银行建立小企业金融服务专营机构的指导意见》,引导鼓励各家银行结合自身特点,探索建立多种形式的专营机构,进一步强化中小企业金融服务工作。通过多方坚持不懈的努力,中小企业金融服务得到比较明显的改善,中小企业融资难的问题也得到了一定程度的解决。截至2008年年底,中小企业人民币贷款余额10.3万亿元,占企业贷款总额的53.06%,不良贷款比例5.9%。银监会将协同有关部门,认真贯彻党中央国务院的部署,继续采取有效措施,有效缓解中小企业融资难问题。

二、关于发展科技银行。银监会非常关注科技型中小企业发展及其融资问题,一直与有关部门一起,引导和推动银行业金融机构在产品机制创新和信贷投放方面向科技型中小企业倾斜。为进一步推动银行业支持科技型中小企业发展，今年6月，银监会、科技部、中国银行业协会共同构建科技专家推荐体系，为银行业金融机构的科技型中小企业贷款审批提供科学中立的专业性咨询意见。各级政府也相继出台多项政策，加大对包括科技型中小企业在内的各类中小企业的资金支持力度。2009年4月证监会发布了《首次公开发行股票并在创业板上市管理办法（征求意见稿）》，加快推进创业板，将对缓解科技型中小企业融资难问题起到一定作用。科技型中小企业融资体系的构建包括多种渠道和措施，成立专门的科技发展银行是其中值得探索的形式，但能否作为长远解决办法还需要进一步论证。银监会将与相关部门一起，加强这方面的研究工作。在发展社区银行方面，目前，我国已经初步建立了遍布城乡各个领域涵盖大、中、小银行业金融机构的体系和网点布局。大型银行基层机构和以城市商业银行为代表的中小商业银行，把服务城市居民、服务社区作为市场定位之一和业务拓展的重点内容，在促进社区中小企业发展和为城市居民及社区提供完善的、多元化的金融服务方面做出了积极的努力。推动城市类银行业金融机构向社区银行转变和引导部分城市大型商业银行基层网点引入社区经营模式是今后的工作重点之一。银监会也将根据你单位的建议，结合我国国情和银行业金融机构发展的实际，进一步研究和论证单独建立社区银行的必要性和可行性。

三、关于发展村镇银行、小额贷款公司和完善担保体系问题。为有效解决农村地区金融服务不足问题，银监会自2006年起按照“低门槛、严监管、先试点、后推开”的原则，开始组建村镇银行等新型农村金融机构的试点工作，并取得了明显的成效。截至2008年年末，全国已有107家新型农村金融机构开业，农村金融服务得到积极的改善。根据党中央国务院要求，银监会结合两年试点工作评估结果和当前农村金融服务现状，在商地方政府意见的基础上制定了《新型农村金融机构2009～2011年总体工作安排》上报国务院审批，拟在未来三年发展1294家新型农村金融机构，并主要分布在农业占比高于全国平均水平的县域、中西部地区、金融机构网点覆盖率低的县域，以及国定、省定贫困县和中小企业活跃县域。通过实施三年总体工作安排，实现培育一批运行良好的新型农村金融机构，改善农村金融服务状况，提升农村金融服务质量，完善农村金融组织体系，更好地支持社会主义新农村建设的目标。在小额贷款公司方面，目前，财政部等相关部门加大了对小额贷款公司等机构的财政和政策支持，鼓励和推动建立小额贷款公司。同时，各级政府非常重视建立和完善中小企业信用担保体系，已经出资或引导设立了各类中小企业信用担保机构，并给予了税收优惠、风险补偿等支持措施。国务院高度重视中小企业信用担保体系建设，已明确建立融资性担保业务监管部际联席会议制度，研究制定促进担保业务发展的政策措施。对你单位提出的各项建议，我们将在工作中予以充分考虑。

感谢你们对银行业监管工作的关心与支持！

全国政协十一届二次会议提案第0989号

案　　由:关于加强大学毕业生创业服务的提案

审查意见:建议国务院交人力资源和社会保障部会同教育部、国家工商总局、中国银监会研究办理

内　　容:随着近年来高校扩招,大学生就业压力越来越大,就业难已成为一个不争的事实。尤其是近段时间,我国受国际经融危机的影响,毕业生就业更是不容乐观。国家人力资源和社会保障部劳动科学研究所研究员张丽宾说:"2008年毕业大学生实际就业率不到70%。"据中国社会科学院发布的2009年《经济蓝皮书》预计,2008年年底将有100万高校毕业生不能就业,2009年又将有近611万大学生面临就业,比2008年增加52万,比2007年增加了116万。毕业生就业难将成为一个严重的社会问题,一定程度上将会影响社会的和谐与稳定。按教育部周济部长的话说"2009年高校毕业生就业面临的形势十分严峻,工作任务十分艰巨"。

近年来,从中央到地方各级政府都非常重视大学生就业工作,把大学生就业作为民生工程来抓,做了不少工作。一方面加大了政策的落实力度,把高校毕业生就业纳入整个就业规划中,明确了任务。另一方面是鼓励毕业生自主创业和自谋职业。然而,据了解,在我国,大学生创业的比重相当低,还不到1%。在西方发达国家,大学生自主创业非常普遍,美国大学生创业的比重高达20%~23%。大学生毕业后都是自谋职业,社会和学校更大力提倡他们进行自主创业。美国大学生创业,从个人角度而言,是他们实现自我价值的重要途径;对高校和国家而言,则是保持学术和经济活力的重要环节。甚至有人说美国的经济发展，是由创业经济和创业规则带动的。

国内毕业生自主创业滞后，分析起来有以下几个方面的原因：一是创业教育的缺乏与滞后，二是资金的困扰，三是传统就业观念的影响，四是经验不足，五是办事手续繁杂且艰难。这就使得一部分有自主创业意识的学生望而生畏。

为此，特提出以下建议：

1. 建议各级政府部门每年定期组织开展系列活动，加强创业引导。通过多方联动，加强教育，树立创业意识，打破家长传统的思维模式，有意识地在大学毕业生中灌输创业的思想。

2. 在高校教育方面，构建创业教育机制，包括课程改革、教学模式改革、考试改革和创业指导等环节。提高毕业生对市场的分析、判断、处理等方面的能力，帮助他们储备创业知识和创业经验。

3. 政府相关部门应该进一步简化创业行政手续，降低手续准备门槛。建议各级政府有关部门对毕业生创业尽可能提供各方面的支持．规定从事个体经营的高校毕业生，可享受一定时期内免交登记类、管理类和证照类的各项行政事业性收费的优惠政策。

4. 政府应建立针对毕业生创业的风险评估机制，并出台相关金融政策，对自愿到西部或基层自主创业而自筹资金不足的高校毕业生进行信贷，并对他们小额贷款提供申请担保。对从事微利项目的，贷款利息由财政承担50%，展期不贴息等。

5. 建议各地公共就业服务机构设立高校毕业生专门服务窗口，进一步加大大学生创业政策的宣传力度，对相关政策进行系统梳理，撰写成集，向社会发行，并定期更新。

6. 由各级人力资源和社会保障部门牵头，尽快建立起集创业培训、开业指导、政策咨询、项目论证、创业手续办理，项目跟踪服务和后续扶持等“一条龙”的高校毕业生创业服务常设机构，提供免费政策咨询、职业指导和职业介绍服务，帮助他们找准创业项目，成功创业。

主题词： **学生　就业**

提案人： 胡旭晟

中华人民共和国人力资源和社会保障部2009年9月11日以(2009)人社提字第247号文函复：

您提出的《关于加强大学毕业生创业服务的提案》收悉，经商教育部、工商总局、银监会，现答复如下：

一、关于建议政府部门开展宣传活动，树立创业意识，营造自主创业氛围

千方百计鼓励支持劳动者自主创业、自谋职业、灵活就业，是扩大就业的有效途径。2008年国务院转发人力资源社会保障部等11部门《关于促进以创业带动就业工作指导意见的通知》(国办发〔2008〕111号，以下简称国办发〔2008〕111号文件)，全力推进以创业带动就业工作。文件要求从增强创业意识、提高创业能力和改善创业环境着手，加快形成政策扶持、创业培训、创业服务“三位一体”的工作机制，使更多有创业意识和创业能力的劳动者成功创业，营造有利于创业的良好社会氛围。各有关部门和地方各级政府部门积极贯彻落实文件精神，我部会同中宣部积极开展创业政策和典型的宣传。辽宁、上海等省市充分利用电视、广播、报纸、网络等新闻媒体，大力宣传鼓励创业的政策措施、经验做法和典型事迹。上海积极策划开展“创业论坛”、“创业先锋评选”等创业主题活动。甘肃设立“甘肃省创业创新奖”开展“创业甘肃”系列活动。宁夏每2年评选奖励“十佳创业企业”、20名“创业指导专家”和100名“创业之星”。工商部门举办“自主创业我先行”全国高校大学毕业生创业系列报告会、召开创业带动就业动员会、街头宣传咨询等形式的活动，积极帮助重点就业人群转变择业观念、了解创业知识、树立创业意识、增强创业信心，各项活动均取得较好效果。下一步，我们将继续加大创业政策宣传力度，促进

更多的劳动者自主就业。

二、关于在高校教育方面构建创业教育机制

在高等学校开展创业教育，是改善大学生就业形势、促进经济社会科学发展的重要举措，是深化高等教育教学改革的重要内容，有利于提高人才培养质量。教育部门十分重视大学生创业教育，采取多项政策措施推动高校深化教育教学改革，增强学生的实践能力、创造能力、就业能力和创业能力，适应经济社会发展需要。一是开展创业教育试点工作，将创业教育纳入人才培养过程。目前已确定中国人民大学、清华大学、北京航空航天大学、黑龙江大学、上海交通大学、南京财经大学、武汉大学、西安交通大学、西北工业大学 9 所高校为创业教育试点学校。经过几年探索，已初步建立了较为完善的创业课程体系，设立了创业教育学分制，建立了必修课与选修课相结合的课程结构；同时，创新教学内容，强调案例教学以及案例的典型性和现实针对性，增强学生的创新精神和创业技能。二是设立创业教育人才培养模式创新试验区，推进培养模式改革。在全国建立 30 个创业教育人才培养模式创新实验区建设项目，鼓励和引导高校推进创业教育人才培养模式的综合改革，探索教学理念、培养模式和管理机制的全方位创新，形成创新人才成长的培养体系，提高人才的创新精神和创业能力。三是加强创业教育师资培训，提高教学水平。目前已为全国 400 多所高校培训骨干教师 700 余人，提高了创业教育的教学水平。四是进一步深化教学改革，着力培养大学生创业精神和实践能力。2007 年年初，教育部与财政部联合启动了“高等学校本科教学质量与教学改革工程”。在专业设置、培养模式等方面进行改革，从国家经济社会发展对人才的实际需求出发，加大专业结构调整力度，优化人才培养结构，注重知识传授向更加重视能力和素质培养的转变，充分考虑职业岗位和人才需求。

三、关于建议政府相关部门简化创业行政手续

国办发〔2008〕111 号文件明确提出：进一步清理和规范涉及创业的行政审批事项，简化立项、审批和办证手续，公布各项行政审批、核准、备案事项和办事指南，推行联合审批、一站式服务、限时办结和承

诺服务等,开辟创业“绿色通道”。依法保护创业者的合法私有财产,对严重侵犯创业者或其所创办实体合法权益的违法行为,有关部门要依法查处。对创业者提出的行政复议申请,政府部门要及时受理,公平对待,限时答复。登记失业人员、残疾人、退役士兵,以及毕业 2 年以内的普通高校毕业生从事个体经营的,要按有关规定,自其在工商部门首次注册登记之日起 3 年内,免收管理类、登记类和证照类等有关行政事业性收费。各地工商行政管理部门积极为高校毕业生到服务行业和中小企业求职提供便利条件,特别是对申办私营企业和个体工商户的高校毕业生开辟“绿色通道”,简化办照程序,提高办事效率。银行业金融机构对大学生自主创业优先给予信贷支持,建立青年创业小额贷款“绿色通道”,简化贷款手续,合理确定授信贷款额度,在一定期内周转使用。下一步,金融机构将以不同形式帮助大学生提高创业获取金融服务和运用金融工具的能力。

四、关于政府建立针对毕业生创业的风险评估机制,出台相关金融政策

国办发〔2008〕111 号文件提出要健全服务体系,提供优质服务。在完善服务内容方面,要根据城乡创业者的需求,组织开展项目开发、方案设计、风险评估、开业指导、融资服务、跟踪扶持等“一条龙”创业服务,建立创业信息、政策发布平台,搭建创业者交流互助的有效渠道。建立政府支持并监管、企业与个人开发、市场运作的创业项目评估和推介制度,建立创业项目资源库,形成有效采集和定期发布制度。如辽宁省建立全省创业项目资源库,依托辽宁省就业培训网,实现全省联网,资源同步共享,同时积极发展从事创业项目筛选、评估、推荐的市场中介机构。

我部会同财政部共同制定了《小额担保贷款财政贴息资金管理办法》,其中明确了经办银行、财政部门、专员办、劳动保障部门的监督管理责任,进一步改进小额担保贷款管理,积极推动创业促就业,加大对劳动密集型小企业的扶持力度,充分发挥其对扩大就业的辐射拉动作用,放宽对劳动密集型小企业的小额担保贷款政策。对当年新招用符合小额担保贷款申请条件的人员达到企业现有在职职工总数

30%（超过100人的企业达15%）以上，并与其签订1年以上劳动合同的劳动密集型小企业，经办金融机构根据企业实际招用人数合理确定小额担保贷款额度，最高不超过人民币200万元，贷款期限不超过2年。今年1月出台的《国务院办公厅关于加强普通高等学校毕业生就业工作的通知》（国办发〔2009〕3号）规定，企业招用符合条件的高校毕业生，可按规定享受相关就业扶持政策；对劳动密集型小企业招用登记失业高校毕业生等城镇登记失业人员达到规定比例的，可按规定享受最高为200万元的小额担保贷款扶持。

五、关于人力资源保障部门牵头，为高校毕业生提供创业就业服务

多年来，各级人力资源社会保障部门努力完善公共就业服务体系。目前，全国各地县区以上都建立了综合性就业服务机构（包括政府举办的人才交流服务机构和劳动就业服务机构），街道（乡镇）社区也都建立了基层劳动保障工作平台，基本形成了覆盖城乡的公共就业服务体系。所有这些公共就业服务机构都向高校毕业生开放，免费提供就业信息、政策咨询、职业指导和职业介绍等就业服务。此外，各地还有很多民营职介机构，作为公共就业服务体系的必要补充。

今年以来，各有关部门在继续发挥就业服务体系作用的基础上，实行一些新的服务举措。有关部门和高校加强协作，采取多种招聘方式，开展就业服务系列活动，为应届高校毕业生提供更多、更快、更好的免费就业信息和服务。如今年5月份举办的“民营企业招聘周”活动、“大中专毕业生就业服务月”活动等。此外，我部还将会同有关部门适时组织开展就业政策宣传、就业指导进校园等各种就业服务活动。各地各有关部门也举办了各类就业服务活动。各相关部门也将积极配合高等院校做好就业指导工作。同时，加强人力资源市场管理，维护毕业生就业权益，保种类招聘活动安全有效，确保毕业生就业权益不受侵害。

感谢您对人力资源和社会保障工作的理解和支持。

全国政协十一届二次会议提案第3869号

案　　由:关于加强对农民工进行职业技能培训的提案

审查意见:建议国务院交人力资源和社会保障部研究办理

内　　容:去年11月15日杭州市地铁1号线湘湖站工段施工工地突然发生地面塌陷,从而发生了"中国修建史上最大的事故"。三天后,国家安监总局通报,在此次事故中暴露了承建企业和地方政府五个方面的问题。其中,在如此重大的基础设施建设中缺乏过硬的管理队伍和经过培训上岗的施工队伍是造成此次重大事故的两个原因。我们知道,这些年许多重大基础设施建设的工程项目都是通过竞标来实现承包的。然后又通过层层分包、转包才能完成开工建设,这好像已经成了建筑业内的规则了。在这个过程中,为了能得到承建项目,各承包商想尽办法,以最低标中标。以低价夺标后的这些资质企业,为节约成本,又不得不聘用毫无经验的却十分廉价的农民工。难怪,一位业内人士分析说:这样的惯例在大型工程,特别是基础建设中早已是公开的秘密。对这些刚上岗的民工有没有进行过系统、有针对性的培训呢?据有关媒体介绍,此次杭州地铁工程事故出来后,他们走访了20多位民工,得到的答复,所谓培训就是"要求戴安全帽"。

去年,为了刺激经济发展,国务院决定拿出四万亿财政资金上项目,拉动内需,保增长,解决民生问题。一时,各地建设项目蜂拥而上。全国各省一下子要上那么多项目,考虑没考虑施工能力,包括技术人员和施工人员。如此多的项目上马,是可以拉动就业,拉动内需,但是技术熟练的,特别是专业技术熟练的工人,可不是一蹴而就的。上项目要科学,各项工程建设更要科学。否则,不可避免会出现豆腐渣工程,出现死人事件,出现腐败。

不容质疑,这些年,农民工已经成为我国经济建设、社会发展,特别是城市经济发展、基础建设中一支不可缺少的生力军。据有关方面统计,目前全国农民工数量已达1.3亿左右,也有说是1.5亿的。在有些城市,农民工已经占了最大比例:例如,深圳市的人口中80%是外来人口,而外来人口中80%就是农民工。他们把最好的青春年华,贡献给了国家经济建设事业,特别是城市的经济建设和社会发展。但是,也应该清楚地看到,目前这支庞大的农民工大军面对国家经济建设的迅速发展,出现了极大的不适应,主要是自身素质,特别是从事经济建设各项工作的知识和技能,急需通过培训,迅速提高。最近几年,许多地方政府已经意识到这个问题,并已经开始着手摸索对农民工的培训工作,并取得了一定的成效和经验。例如,深圳等地区。深圳的劳动力资源是丰富的,但是深圳的产业结构,对技术型工种的劳动力需求是大量的,而现实是,缺乏一技之长的农民工比重太大。为解决这个问题,深圳从2006年启动了“农民工技能提升培训行动计划”,计划5年内组织500万在深圳的农民工进行技能提升培训,每年100万。费用是政府给埋单。中央转移支付一笔钱,地方还要拿一部分。东莞随后也开始了培训农民工的行动。这些地区培训工作最大的特点是针对性强,不是一般的学习培训,而是根据地区经济发展的需要进行技能培训(包括电子、机械、家具、服装、玩具、餐饮及服务业。)而且不仅是从低到高的技能转型,还包括转变工种,转变行业的培训。同时还有激励机制。这样就真正给广大农民工就业提供了广阔的空间,不仅为农民工的自主创业打下了基础,也为新农村的建设培养了力量。当然,也有相反的例子,山东济南等地也是比较早开展农民工培训的,但是由于针对性不强,缺乏就业指导和明确的就业方向,时间短,也就根本没有解决了农民工就业的问题。也有些地方把对农民工的培训任务交给用工企业,实践证明也有问题,实际上,企业对农民工的培训大部分是没有什么技术含量的,因为,企业担心培训后的农民工会流动走,或被其他企业挖走。所以许多企业也成立了工人夜校,但这种夜校更像是俱乐部,学习培训主要是形势、政策、纪律等方面教育，更主要是从稳定队伍，加强管理出发，避免农民工工余时随便出去惹事，这样的培训起不到真正的职业技术培训效果。

所以建议，一、国家有关部门要根据我国经济建设发展的需要，认真总结这些年大批农民工进城务工，参加国家经济建设的经验，针对存在的问题，应该在近期制定出对广大农民工进行职业培训的制度。这个制度要求对各级政府应该有刚性的要求。二、对农民工的技术培训必须要有非常强的针对性。必须要改变有些地方对农民工的培训，只满足于应付上级要求，做表面文章；或者做些“大路货”的培训，解决不了地区社会经济建设的需求。对于农民工的培训，可以以用工地区为主，由政府出面，劳动部门针对该地区的经济发展、基础建设需求，设置培训内容。三、对农民工的职业技术培训，应该注意农民工自身的学历、文化程度，要进行分类分工种施教，要有一定的时间要求，时间不能太短。四、也是最重要的，对农民工进行培训的资金来源，必须是国家财政和地方财政，而不是推向企业，更不能转嫁到农民工身上。应该把对农民工的职业技术培训作为政府的责任。当然，也可以政府、行业（企业）结合起来，针对本地区、本行业发展需要制定对农民工的技能培训。这样也就可以在一定程度上解决农民工的就业问题，也才能保持社会的稳定。

在当前经济增速出现下滑，就业问题凸显的时候，政府更应该利用这个时段，拿出专项资金，有计划地组织农民工培训工作，以缓解就业的社会压力，更主要是通过培训，不断提高农民工的自身素质和再就业的能力，也为我国经济形势摆脱困难后，继续发展时提前做了人力方面的准备。

以上建议供人力资源和社会保障部有关领导研究参考。

主题词： **农民　就业**

提案人： 黄小同

中华人民共和国人力资源和社会保障部2009年8月12日以〔2009〕人社提字第100号文函复：

您提出的《关于加强对农民工进行职业技能培训的提案》收悉，现答复如下：

中共中央、国务院高度重视农民工培训问题，近年来，先后下发了一系列文件，对加强农民工职业技能培训做出明确规定。按照中共中央、国务院的要求，我部积极采取措施，大力开展农民工职业技能培训，提升农民工职业技能水平和整体素质。

一、关于在制度上保障农民工接受职业培训的问题

近年来，我部认真落实《中华人民共和国就业促进法》，逐步建立健全农民工职业培训制度体系，从制度上引导和保障进城就业的农村劳动者参加职业技能培训，增强其就业和创业能力。

一是实施劳动预备制度。根据《国务院办公厅转发劳动保障部等部门〈关于积极推进劳动预备制度加快提高劳动者素质的意见〉的通知》（国办发〔1999〕60号）规定，从1999年起，对城镇未能继续升学的初、高中毕业生，以及农村未能继续升学并准备从事非农产业工作或进城务工的初、高中毕业生进行为期1～3年的就业前职业培训和职业教育，使其掌握一定的职业技能或取得相应的职业资格。

二是完善职业培训补贴制度。为进一步发挥职业培训补贴的引导和激励作用，促进就业与培训的紧密结合，根据《国务院关于做好促进就业工作的通知》（国发〔2008〕5号），我部与财政部联合下发了《关于就业专项资金使用管理及有关问题的通知》（财社〔2008〕269号），明确规定县级以上人民政府要根据就业状况和就业工作目标，在财政预算中安排就业专项资金用于促进就业工作，对各地职业

培训、职业技能鉴定等方面的支出,中央财政通过专项转移支付的方式给予适当补助。补助资金实行年初和年中分两次拨付、年度全面考评、全年重点跟踪检查的办法。

三是健全定点机构选择和动态管理制度。针对农村劳动者转移就业技能培训工作中存在的培训内容针对性不强,管理不规范,监管措施不到位等突出问题,今年5月份,我部会同财政部印发了《关于进一步规范农村劳动者转移就业技能培训工作的通知》(人社部发〔2009〕48号,以下简称人社部发48号文件),明确要求各地必须坚持公开、公平、公正的原则,面向社会各级各类职业院校和职业培训机构,通过招投标方式认定承担各类培训任务的培训单位,并对其办学资金、教学设备、教学计划大纲、师资状况等进行重点考察、公示。要求定点培训机构要与当地人力资源社会保障部门签订培训项目合同,明确双方责任、权利和义务,实行动态管理。

四是实施职业资格证书制度。为全面提升劳动者素质,促进就业和社会经济发展,原劳动保障部印发的《关于大力推进职业资格证书制度建设的若干意见》(劳社部发〔2000〕27号)规定,要推进职业资格证书制度建设,并与就业制度、职业培训制度和企业劳动工资制度相衔接,使职业资格证书成为引导培训方向、检验培训质量的重要手段,在全面提高劳动者素质,促进培训与就业结合方面发挥重要作用。

二、关于增强职业培训针对性的问题

我部紧扣农村劳动力转移就业工作实际,围绕强化培训工作的针对性和实效性,制定和实施好相关的培训计划。一是组织实施农村劳动力技能就业计划。从2006年开始,利用5年时间,对4000万农村劳动者进行非农职业技能培训,每年培训800万人。根据农村劳动力的特点,将培训分为三类进行:组织农村初、高中毕业未升学者、农村退役士兵和其他农村新生劳动力参加劳动预备制培训;组织有意愿外出务工的农村富余劳动力参加劳务输出培训;组织在城镇务工的农村劳动者参加技能提升培训。据统计,2006～2008年,全国共有2650多万农村劳动者参加培训。二是实施特别培训计划。针对国际金融危机对我国就业的影响,今年年初,我部会同发展改革委、财政部联合下发《关于实施特别职业培训计划的通知》(人社部发〔2009〕8号),决定在2009～2010年实施特别职业培训计划,积极组织开展四类培训:对困难企业职工开展在岗培训和转岗培训;对失去工作返乡的农民工,根据其转移就业要求和劳务输出意愿开展实用技能培训;紧密结合当地重点拓展的就业领域、符合产业调整政策的行业和需要发展的职业(工种),对城镇失业人员(包括在城镇继续找工作的失业农民工)开展为期3～6个月的再就业培训;对新成长劳动力(包括农村应届初、高中毕业生未能继续升学的人员)开展技能储备培训,以提升其技能水平和就业能力。

为进一步增强职业培训的针对性,人社部发48号文件要求各地人力资源社会保障部门要不断健全完善职业培训工作机制:首先是实施分类指导机制,根据各类人员的不同需求,分别组织开展实用技能培训、技能提升培训、劳动预备制培训和创业培训,切实提高培训的针对性和有效性。其次是建立与培训质量、就业效果挂钩的培训考评机制,完善补贴办法,提高经费使用效率。第三是完善培训监督检查机制,逐步建立全省(区、市)统一的信息管理系统,对定点培训机构实行动态管理,对参训人员实行实名制管理,加强对培训过程的监督。通过现场测评、设立举报电话、网上投票、电话访谈等方式,重点了解培训效果、培训后就业率以及培训对象满意程度。

下一步,我们将在总结各地经验的基础上,继续抓好特别职业培训计划的组织实施工作,不断提高职业培训的针对性。

三、关于培训资金来源的问题

按照《国务院关于解决农民工问题的若干意见》(国发〔2006〕5号)的规定,农民工培训实行政府、用人单位和个人共同负担的培训投入机制。这种对农民工培训的投入方式,既体现了农民工培训由政府、企业和个人共同负担的原则,也有利于调动农民工本人的培训积极性,提升培训质量和效果,提高培训补助资金使用效益。据统计,2006～2008年期间,各级财政安排的用于农村劳动力转移就业培训的资金支出累计达到80亿元。下一步,我部将与财政部研究建立包括农民工职业技能培训在内的职业技能培训专项资金。同时,进一步增加投入和加强监管力度,保证专项资金的使用效果和职业技能培训的质量。

感谢您对人力资源和社会保障工作的理解和支持。

全国政协十一届二次会议提案第1269号

案　　由:关于农村低保问题的提案

审查意见:建议国务院交民政部研究办理

内　　容:继1997年实行城镇低保后,2007年8月农村最低生活保障制度(以下简称低保)在全国农村铺开很得人心。2007年年底全国有3000万人受惠。农村低保标准最低600元/年(甘肃),最高2560元/年(上海)。农村低保补助平均水平为月人均28.8元。这是我国福利制度与国际接轨的重大举措。广东省从1997年起已在全省建立覆盖城乡的低保制度,是全国最早建立城乡一体化低保制度的省份之一。低保资金投入逐年增加,标准和补助水平逐年提高。继2009年春节前中央财政拨付城镇和农村低保对象每人150元和100元一次性生活补贴,广东省财政还给低保对象增发一个月低保补助金。低保制度建立以来取得可喜成绩。但是农村低保在全国实施一年多来,有的地方并未很好落实,出现压低标准,将贫困户拒之门外等现象,“人情保”、“关系保”时有发生。农村低保问题不少,亟待解决。

一、存在的主要问题

1.低保资金投入明显偏少,经济欠发达县(市)难以承担本级低保资金,农村低保标准和补助水平偏低、发展很不均衡,据“应保尽保”相差甚远

据民政部统计2008年11月全国城镇低保标准为人均月补助208元,城镇低保对象人均月补助132元,农村低保对象人均月补助44元。部分省、地区相应标准分别为,北京390元、302元、103元,上海400元、248元、76元,浙江295元、240元、111元,天津400元、243

元、102 元，广东省 236 元、138 元、64.9 元。而有的市县农村低保对象人均月补助只有 45 元。甚至更低，有的在规定的 50 元/月人的农村低保标准中省级财政出 10 元，其余由地方解决，地方财政能力有限，难以兑现。农村低保人群靠如此低的补助生活难以为继。

各省对低保投入比例不均衡。以广东为例，民政部 2008 年 11 月统计显示，广东城乡居民低保人口为 198 万多人，占全国的 3.17%；低保资金支出共 17.4 亿多元，占全国的 3.36%。到 2008 年 12 月底，广东省 14 个经济欠发达地区和恩平市低保人数为 167 万人，约占全省低保人数的 84% 低保资金投入 13.07 亿元，占全省的 68%。虽然 2008 年省级财政对欠发达地区低保资金补助比例调高了 10 个百分点（即城镇从原来 30% 提到 40%，农村从 50% 提到 60%），但地级市以下财政承担本级低保资金压力仍很大。有的地方通过调低标准减轻负担。例如，2008 年以来某省万宁市群爱村委会没有向镇政府上报一份低保申请。如果严格按该市下发的 2008 年低保方案办，很少有人符合低保条件。该省自 2005 年开始试行农村低保，2007 全年该市民政局没有批准过一户农村低保户。到 2008 年 12 月上旬止全市只批准了 13 户共 29 人。

2. 尚未建立科学合理的家庭收入核算标准，缺乏有效监管，“关系保”、“随意保”时有发生，真正的贫困户被拒之门外

实施农村低保是政策性很强的工作，但是目前普遍缺乏相应配套细则。没有严密的制度化操作办法核算申请人家庭收入和财产，无法科学合理地计算家庭收入。各省缺乏相对统一的核算标准，各地市、县（区）的计算方法和标准也不相同，给通过偏紧计算和压低补助标准、减少补助金额提供了方便。操作的随意性给“关系保”和“随意保”留下较大空间。

在某省部分市县农村低保制度一开始就走了样，农村低保成“关系保”，优先干部，困难户没份。据新华网 2008 年 12 月 9 日报道，居住在某市群爱村的 84 岁老人郑琼昌双目失明、长期卧床，一家 10 口人，4 个残疾，3 个重病，完全符合该省从 2005 年开始实施的农村低保救助条件，但他家从 2006 年开始申请低保却迟迟得不到。而条件

较好的村干部亲属却很容易拿到低保。某直辖市城口县干部家属一人独吃3份低保,按月领取540元,激起民愤。

3. 基层低保工作队伍薄弱,影响低保工作效果

农村低保是民政部门一项新增工作,目前各省多数市、县(区)还没有设立相应工作机构。以广东省为例,低保救济人数已从1997年10.5万人增加到逾200万人,增加了19倍,但大部分地区没有专职低保工作人员和相关工作网络,影响低保动态管理效率与效果。

二、建议

我国经济快速增长为加大财政对低保资金投入奠定了坚实的物质基础。改革开放成果由人民共享的指导思想为农村低保提供了温暖人心的承诺。为推动和谐社会建设,应该进一步完善我国农村低保制度:

1. 增加各级财政对低保资金的投入,提高低保标准和补助水平

据民政部2007年测算,各级财政总计每年拿出200亿元就可以实施好农村低保制度,这几年地方财政已经投入的和中央转移支付的总计已拿出约100亿元。今后中央财政只要每年拿出80～100亿元就可以将低保制度真正落实。对于每年数万亿元收入的中央财政而言不难做到。据我国经济水平和中央、地方的财政状况,综合农村困难家庭维持最低生活水平必须的费用、物价指数等因素。

建议:

(1)中央财政应逐步增加对农村低保的投入。目前农村低保覆盖逾3000多万人只是农村中生活最困难的人群,绝大多数为鳏寡孤独。农村中还有大量急需低保救助的人群目前尚在低保之外。特别是2008年以来食品价格快速上涨,已影响到农村低保家庭的基本生活。地方政府对农村低保投入已很尽力,如果中央财政不增加低保资金,有可能会使2007年在最低生活保障线上的人群生活水平下降。

(2)省级财政适度增加对农村低保资金的投入,以广东为例,可将省财政对14个经济欠发达县(市)农村低保补助比例从原来的60%调整到70%。各省级财政应适当调高低保投入资金的比例。

(3)应严格要求将省级以下地方低保资金纳入本级财政预算，确保农村低保资金足额到位。

(4)调整福利彩票公益金中央与地方的分成比例，由原来的50:50改为30:70。明确要求地方分成的福彩公益金绝大部分投入低保救助。

2. 加强低保制度化建设，建立最低生活保障底线机制

(1)加强低保制度化建设，制定和完善全省统一的家庭收入认定办法和可操作性细则。准确的认定低保家庭各种收入。结合政务公开、村务公开、民主管理、低保对象听证制度合理解决低保对象的隐性收入、外出劳务收入等难以核实的问题。

(2)要求各省级政府有关职能部门在充分调研的基础上，科学合理地制定出所辖各市县的相应的低保救助底线标准。标准一经定出不可随意降低，并列入干部业绩考核的依据之一。为真正意义的"应保尽保"提供机制保障。

建立与农民纯收入挂钩、低保底线标准随物价指数同步增长的机制。在有条件的地区，建立给低保对象每年增发一个月低保补助金的制度。

(3)尽快建立分类施保救助办法。对低保人群进行分类，按不同贫困等级分类救助。对已纳入最低生活保障范围的危重病人、老年人、重度残疾人、孤儿、非义务教育阶段的学生等，按补助标准酌情增发一定比例的补助金。

政府可协调教育、供电、电视等部门及相关企业，对低保家庭的非义务教育费、水电费、医药费、有线电视费等适当减免。减免医疗保险、养老保险费中由个人承担的部分。

(4)完善配套措施，将低保与扶贫、促进就业及其他社会保障政策衔接，鼓励有劳动能力低保对象通过劳动脱"保"致富。对有劳动能力无正当理由拒绝自食其力者，不予低保救助。

(5)加强监管，将低保纳入法制化管理。建立有效的监督机制，民政等有关部门应定期、不定期对低保工作抽查监督，确保低保资金安全发放、低保对象有进有出、补助标准有升有降、低保对象和标准公开、公正，杜绝"人情保"、"随意保"发生。

3. 拓宽筹资渠道,大力提倡社会互助

拓展财政之外的筹集低保资金渠道,大力发展慈善事业,鼓励社会团体、企业单位和热心人士为低保提供捐赠和资助,并在税收上给与相应优惠。发挥社会力量作用。

4. 健全低保工作机构,鼓励低保义工,充实工作力量

加强低保工作队伍与机构建设,建议在各省、市、县(市、区)民政局设立低保工作机构和低保受理视窗。成立"城乡居民低保救济中心",配备专职工作人员。鼓励义工。依托各级工会的"困难职工帮扶中心"和"低保义工",帮助申请、调查、审核困难职工低保申请。缓解工作人员少、困难人群多等矛盾,确保农村低保工作正常有序运作。

主题词: **农村 救济**

提案人: 李竟先

中华人民共和国民政部 2009 年 7 月 29 日以民函〔2009〕596 号文函复:

您提出的《关于农村低保问题的提案》收悉。经研究,现答复如下:

一、关于增加财政投入,提高保障标准和补助水平国务院《关于在全国建立农村最低生活保障制度的通知》(国发〔2007〕19 号,以下简称《通知》)明确规定,农村最低生活保障(以下称农村低保)资金的筹集以地方为主,地方各级人民政府要将农村低保资金列入财政预算,省级人民政府要加大投入,中央财政对财政困难地区给予适当补助。财政部、民政部《关于加强农村最低生活保障资金使用管理有关问题的通知》(财社〔2007〕108 号,以下简称《资金管理通知》),进一步明确省与市、县(市、区)资金筹集比例由省级财政、民政部门报省

级人民政府确定。《彩票管理条例》规定,彩票公益金专项用于社会福利等社会公益事业,不用于平衡财政一般预算。因此,农村低保资金筹集应以政府财政投入为主,不宜明确彩票公益金使用比例。

农村低保全面开展以来,中央财政补助资金连年大幅增加。2007年中央财政安排补助资金30亿元,2008年中央财政支出补助资金93.65亿元,占当年全国农村低保资金总支出的42.%,2009年中央财政安排农村低保补助资金216亿元,较2008年增加131%。各省级财政资金投入也在逐步增加。下一步,我们将会同有关部门督促省级财政继续加大农村低保资金投入,并在分配资金时向经济欠发达地区作重点倾斜。

二、关于加强制度化建设,建立农村低保底线机制

(一)关于完善家庭收入认定办法,科学制定低保标准。《通知》规定,农村低保标准由县级以上地方人民政府按照能够维持当地农村居民全年基本生活所必需的吃饭、穿衣、用水、用电等费用确定,并报上一级地方人民政府备案后公布执行,农村低保标准要随着当地生活必需品价格变化和人民生活水平提高适时进行调整,农村低保家庭收入具体核算办法由地方人民政府确定。广东省人民政府以政府令的形式出台了《城乡居(村)民最低生活保障制度实施办法》,对本省农村低保的保障标准制定、家庭收入计算及保障资金管理等问题做了明确规定。2007年年底,全国农村低保平均标准为每人每年840元,2008年年底为988元,今年一季度达到了1019元。您提出的省级职能部门制定农村低保底线标准、为低保对象每年增发一个月补助金等建议,对我们很有启发,我部将认真加以研究和吸收。

(二)关于尽快建立分类施保办法。《通知》规定,农村低保对象是家庭年人均纯收入低于当地低保标准的农村居民,主要是因病残、年老体弱、丧失劳动能力以及生存条件恶劣等原因造成生活常年困难的农村居民。各地在实践中,在将符合条件的困难群众及时纳入农村低保范围,努力实现应保尽保的基础上,根据低保对象的困难程度、致贫原因等予以分类分档救助,提高了对重病重残人员、高龄老人等重点对象的补助水平。广东省民政厅、财政厅联合下发的《关于进一步

做好最低生活保障工作的通知》,对分类施保对象、分类施保标准和具体实施程序等都做了明确规定。

(三)关于实现社会保障政策衔接,建立有效监督机制。《通知》规定,在农村低保制度实施后,仍要坚持开发式扶贫的方针,扶持有劳动能力的贫困人口脱贫致富。要做好新型农村合作医疗和农村医疗救助工作,防止因病致贫或返贫。要加强监督检查,县级以上地方人民政府及其相关部门要定期组织检查或抽查,对违法违纪行为及时纠正处理,对工作成绩突出的予以表彰,并定期向上一级人民政府及其相关部门报告工作进展情况。《资金管理通知》要求各地采取有效措施,实行动态管理,及时将符合条件的农村困难群众纳入低保范围,并根据其家庭经济状况的变化,及时按程序办理停发、减发或增发低保金手续,做到保障对象有进有出,补助水平有升有降。下一步,我部将会同有关部门,进一步加大指导力度,落实上述要求。

三、关于拓宽筹资渠道,提倡社会互助

《通知》提出,鼓励和引导社会力量为农村低保提供捐赠和资助。《资金管理通知》进一步要求各地通过完善财税优惠政策,鼓励和引导社会力量提供捐赠和资助,多渠道筹集农村低保资金。这既是传承民族传统美德的需要,更是营造尊重、理解和关心他人的良好社会氛围,增强社会凝聚力和向心力,促进社会稳定和谐的需要。您提出的拓宽筹资渠道,大力提倡社会互助的建议我们完全同意。

四、健全工作机构,充实工作力量

《通知》明确规定,地方各级人民政府要统筹考虑建立农村低保制度的需要,科学整合县乡管理机构及人力资源,合理安排工作人员和工作经费,切实加强工作力量,提供必要的工作条件。近几年来,许多地方利用机构改革的有利时机,将富余人员充实到了基层社会救助工作岗位,并采取搭建救助工作平台、加强信息化建设、购买服务等有效手段,合理整合救助资源,加强了基层工作机构建设。江苏、湖北等省份部分县(市、区)通过开设低保便民服务大厅,为城乡困难群众提供"一站式"咨询、投诉、发证和审批事务性服务。不仅方便了困难群众,也提升了自身能力建设水平,很有推广价值。但就整体而言,您提出基层低保工作队伍薄弱，影响低保工作效果非常符合很多地方的实际情况，关于设立低保工作机构、配备专职工作人员、鼓励义工的建议具有很强的针对性，今后我们将积极协调有关部门，总结推广经验，推动基层能力建设，提高规范化管理水平。

感谢您对民政工作的关心和支持。

全国政协十一届二次会议提案第2367号

案　　由:关于尽快建立和完善我国各级领导干部及公务员财产申报制度的提案

审查意见:建议由中央纪委研究办理

内　　容:近几年来,我国在党风廉政建设方面加大了力度,取得了一些成果。但许多贪官外逃,追回成效不高,影响了党的执政能力和威望。虽然我国逐步推行了处级以上领导干部每半年一次收入申报制度,但这一申报的内容核实与否、伪报追究与否、公布监督与否都没有下文,使得这一制度流于形式,没有多大效果。唯有尽快建立和完善我国各级领导干部及公务员财产申报制度,才能使财产申报制度与收入申报制度相得益彰,相互印证,更具有约束力、监督力和公信力。在新加坡,公务员只要有超出收入的财产,如果无法说明来源,就要被推定为贪污。我们应有一个强悍的官员财产申报制度,才能取信民,才能有效约束官员。如果以个人隐私为由,不愿披露个人财产信息,就不要为官,不要做公务员。我们应当有决心、有信心将财产申报制度进行到底。现就如何建立和完善我国各级领导干部及公务员财产申报制度,特提出以下几点建议:

1. 对各级领导及公务员都列入财产申报制度,对公职人员一视同仁,对领纳税人的钱的公职人员(包括国有企业领导人)都有向纳税人公布其财产年度变化的义务,这对党风廉政建设和反腐倡廉工作也是必要的,这也是一种制度性保障措施,这也是西方政治文明成果值得我们借鉴经验之一。

2. 将申报收入与申报财产结合起来管理、审计与追究,以便了解与判断其财产变化与收入是否相符合，并将其子女是否在国外读书、工作等也列入申报内容。

3.各级领导干部根据不同级别申报其家人与子女的收入和财产也纳入申报范围。尤其职务变动和岗位变动前后都应向公众公布其财产前后情况。并且在事前、事中可为领导干部提醒、警告，减少案发率，保护我们的干部队伍和公务员队伍健康廉洁。

4.应明确规定各级领导干部及公务员应申报收入与财产的范围、类别和计算方法。明确规定相应的亲属应申报的范围和年度收入财产的公示办法。

5.对参照公务员管理的对象和国有企业领导人都应参照执行。今后可逐步向乡镇官员及村官财产收入申报制度延伸。

主题词： 干部

提案人： 骆沙鸣

中共中央纪律检查委员会 2009 年 8 月 6 日以中纪〔2009〕78 号文函复：

您提出的《关于尽快建立和完善我国各级领导干部及公务员财产申报制度的提案》收悉，现答复如下：

建立公务员财产申报制度是预防和惩治腐败的重要举措。公务员按照规定进行财产申报作为一项防止其个人财产非法增值的有效手段，现已被越来越多的国家所采用。

对建立公务员财产申报制度，党中央国务院历来高度重视。1995 年，中共中央办公厅、国务院办公厅印发了中央纪委监察部起草的《关于党政机关县(处)级以上领导干部收入申报的规定》，标志着我国收入申报制度初步确立。2006 年 9 月，中共中央办公厅印发了中央纪委起草的《关于党员领导干部报告个人有关事项的规定》，其中规定报告的事项也包括了有关经济、财产等事项。2008 年 5 月中央发布的《建立健全惩治和预防腐败体系 2008～2012 年工作规划》，对今后几年的反腐倡廉法规制度建设提出了明确目标和具体任务，其中就包括对制定财产申报制度的研究论证。

中央纪委监察部一直在对公职人员财产收入申报制度进行研究论证。一是收集了大量国（境）外关于公职人员财产申报制度的资料。二是通过出国（境）考察等方式，了解有关国家和地区的法律制度。三是结合我国实际进行了制度设计的研究论证。四是组织各有关部门就金融实名制、大额现金提取使用监控机制、个人金融资产监控机制的现状与存在的问题、困难和解决方法等与公职人员财产申报法相关的问题进行了深入研究。

建立财产申报制度，需要建立与之相配套并较为完备的社会信用体系和信息化体系，以及普及相关知识、转变人们的思想观念，为制度的建立和实施营造良好的社会氛围。同时，要从中国实际出发，对制度的设计进行充分的研究论证，以使这项制度能符合中国国情，立得住，行得通，取得实效。包括您提到的申报主体应该界定在什么范围，申报的财产范围应当包括哪些，还有公职人员财产收入申报后是否公开等等，这些问题都要深入调研论证。

目前，我们正在抓紧落实该项工作，充分听取方方面面的意见和建议，统筹考虑，全面权衡利弊得失，对相关问题进行更深入的研究论证。

另外，关于您在电话沟通时提出的选择部分地区进行试点的建议，考虑到现在已有一些地区率先开展了党政干部财产收入申报工作，我们会密切关注上述地区的工作进展情况，继续跟踪了解，进行深入分析，提出研究报告。

您提出的建议很有针对性，对于我们进一步做好这方面的工作很有帮助，在此表示衷心的感谢，欢迎继续提出宝贵的意见和建议。

全国政协十一届二次会议提案第4174号

案　　由:关于如何应对大量失业外来务工人员的提案

审查意见:建议国务院交国家税务总局、人力资源和社会保障部、国家信访局分别研究办理

内　　容:次贷危机导火线下引发的全球经济危机,对我国刚刚开始的城市化进程中的大量外来务工人员就业问题带来极大冲击,城市外来务工人员的失业不仅会给我国城市和农村经济带来巨大冲击,也会给社会的稳定和发展带来较大影响。

一是这场由美国的次级债危机演变而来的金融危机已经对全球经济造成了巨大伤害,危机带来的全球性经济下滑以及消费下降已经严重影响了中国的出口。随着出口状况的急转直下,作为以劳动密集型产品及外来加工型产品为主出口形态的中国出口工业,将有很多工厂倒闭,并产生大量的失业外来务工人员。

二是楼市从去年起就萎靡不振,全国性的房产成交量萎缩,导致房地产企业不再开发和建设新项目,同时也导致装修行业的萎缩,这又造成大规模的外来务工人员失业。

三是这两年国内的粮食价格与前两年相比基本没有什么变化,但是生产资料,尤其是化肥、农药、种子、柴油等产品的价格却大幅飙升,很多生产资料的价格上涨了一倍以上。生产成本大幅度提高,导致了农产品利润的降低,农民增产减收,甚至是投入和产出成亏空状态。这种情况下,那些城市失业务工人员不可能回家从事农业生产。

为避免大量失业外来务工人员对经济社会带来的不利影响,建议:

1. 尽快出台外来务工人员失业救济制度。

2. 重起出口退税、减税等优惠制度,扶持出口企业。

3. 规范政府土地出让价格,减轻房地产企业的税赋,从而保证房地产行业健康有序的发展。

4. 出台预防失业外来务工人员发生群体性事件的预案和落实处理突发事件的责任部门。

5. 通过财政拨款及社会捐助的多种形式,筹备救助生活困难的外来务工人员专用基金。

6. 通过平抑农用生产物资价格,适当提高农产品价格,使外来务工人员愿意回家务农。

7. 在强调经济转型的同时,要兼顾到劳动密集型企业的生存和扶持。

主题词: **就业**

提案人: 盛昌黎

国家信访局2009年6月19日以国信函〔2009〕60号文函复:

您提出的《关于如何应对大量失业外来务工人员的提案》,已由全国政协办公厅转送人力资源和社会保障部、国家税务总局、国家信访局等部门分别研究办理。我局现从信访工作角度答复如下:

一、您提出的建议很有针对性。目前,实际情况正如您在提案中所说的那样,我国受国际金融危机影响,一些工厂倒闭,许多外来务工人员失业,其中一些人无意回乡务农,将会长期滞留城市,有的会为解决工作、生活问题群体聚集"上访",影响社会稳定。因此,我们认为您提出的相关建议很有针对性。您对外来务工人员的关注,对信访工作的重视和支持,使我们深受感动。为了“保增长、保民生、保稳定”和促进社会和谐,必须高度重视相关问题,并像您在提案中建议的那样,出台预防失业外来务工人员发生群体性事件的预案和落实处理突发事件的责任部门。

二、预防、应对各种群体性事件,已有既定政策、措施。一是已经建立了相关制度,明确了责任单位。2004 年 8 月,根据胡锦涛总书记的指示,针对新时期群体性事件多发的新形势,建立了“中央处理信访突出问题及群体性事件联席会议制度”。中央联席会议由中央和国家机关有关部门包括国家信访局以及北京市政府等 28 个成员单位组成,周永康等中央领导同志为联席会议召集人,联席会议办公室设在国家信访局,办公室主任由国务院副秘书长、国家信访局局长王学军同志担任。联席会议下设 6 个专项工作小组,包括负责解决拖欠农民工工资等问题的城建拆迁问题专项工作小组,该小组由住房和城乡建设部牵头负责。地方各级党委、政府也按中央要求,建立了处理信访突出问题及群体性事件联席会议制度。联席会议及其专门工作小组定期召开会议,研究、部署处理信访突出问题及群体性事件工作。二是各级联席会议都制定了相关工作措施、预案和责任追究办法。如中央联席会议制定了《关于积极预防和妥善处置群体性事件的工作意见》(已由中办、国办转发全国)、《关于加强对在京非正常上访行为依法处置工作和完善非正常上访人员劝返接回机制的实施意见(试行)》、《关于深入贯彻落实〈实施意见〉继续加强非正常上访处置工作的通知》;国家信访局制定了预防非正常上访和群体性事件的工作预案,强调了责任单位和责任人员的责任;广东、江苏等省制定了《预防和处置群体性事件责任追究暂行办法》,等等。这些措施和规定,已经得到贯彻落实,并在实际工作中发挥了重要作用。

三、国家信访局高度重视解决外来务工人员信访问题。扬汤止沸不如釜底抽薪,防止发生外来务工人员群体性事件,最佳办法是未雨绸缪,及时妥善解决他们反映的信访问题。目前外来务工人员信访反映的主要是拖欠工资、加班未加薪、工伤待遇等问题,此外还有医保社保、求职受骗、子女上学等问题。鉴于其中有的问题可能引发群体性事件，国家信访局一直积极指导各地信访部门认真履职，主动超前做好相关工作。一是及时反映外来务工人员的合理诉求，推动出台维护其合法权益的政策、规定。各级信访部门确保信访渠道畅通，及时向各级党委、政府反映相关信访问题，特别是国家信访局通过及时上报相关信访信息，引起中央领导同志重视，促使有关部门或地方陆续出台了一系列新的政策规定，如《劳动合同法》，限期清偿建筑领域拖欠（农民工）工资、工程款问题的规定，关于农民工参加工伤保险有关问题的规定，鼓励农民工回乡创业的优惠政策，免除外来务工人员子女在义务教育阶段入城借读费的规定，外来务工人员医保、社保等关系可随当事人一起异地转移的规定，去年下半年以来对农民工采取的专门的促进就业措施，等等，有力维护了外来务工人员特别是农民工的合法权益。二是进一步落实"事要解决"，把群体性事件化解在萌芽状态。全国各级信访部门为此做了大量工作。以国家信访局为例，自2005年以来，每年都通过实施"百、千、万工程"，交办上万件信访事项，推动"事要解决"。其中，凡是农民工反映工资被拖欠的信访事项，件件都向有关地方或部门交办，限期办结。许多原来扬言"若不解决问题就要闹事"的农民工，在其反映的问题得到妥善解决后，纷纷来信致谢。

四、我局将继续加强相关工作。一是从思想上进一步提高对办理外来务工人员信访问题重要性的认识，按照中央领导同志指示精神，进一步做好这项工作。二是将农民工问题作为我局今年的调研题目之一，不断研究新情况、新问题，及时上报相关综合信息，促使有关部门不断完善解决信访突出问题和群体性事件的政策法规。三是进一步加大对于外来务工人员信访事项的交办力度，及时解决问题，把可能发生的群体性事件化解在萌芽阶段。

国家税务总局2009年7月31日以国税函〔2009〕413号文函复：

对您提出的《关于如何应对大量失业外来务工人员的提案》中涉及的税收问题，现答复如下：

一、关于重启出口退税、减税等优惠制度，扶持出口企业问题

（一）关于出口退税问题。自2008年以来，财政部、国家税务总局多次发文对出口退税率进行调整，提高出口退税率的商品（产品）范围涉及劳动密集型产品、机电产品、纺织品服装以及轻纺、电子信息等商品。这些措施的实施，对企业应对金融危机、走出困境起到了积极作用。例如，由于提高了纺织品服装出口退税率，有自营出口业务的企业普遍反映"原来接不下来的单子现在都能接了"，企业的国际市场份额进一步提高。

（二）关于对出口企业减免税问题。增值税属中性税种，对经济的调节作用有限。目前，为完善税制，国家正致力于取消或者减少增值税优惠政策。因此，不宜再开增值税优惠政策的口子。2008年开始实施的企业所得税法及其实施条例，统一了内外资企业所得税政策，主要表现在统一税率、税基和税收优惠。税率由原来33%的法定税率适当降低到25%；在税基方面，内资企业由原税法下实行的计税工资标准扣除改为据实扣除；在税收优惠方面建立了"产业优惠为主、区域优惠为辅"的所得税优惠体系。上述所得税政策的改进，减轻了企业的所得税税负，同时对内资企业而言，实行工资据实扣除也在一定程度上降低了企业的用工成本。

经济危机使近期国内就业形势严峻，为发挥税收政策对经济的调节作用，应综合各税种统筹考虑对就业困难群体的税收扶持政策。

二、关于减轻房地产企业的税赋问题

我局认为，减轻房地产企业税负和避免外来务工人员失业，两者之间并无直接关系。在现行税收政策下，房地产企业的税负并不重，企业的税后利润并不低，因此，没有充分理由对房地产企业实行减免税政策。

全国政协十一届二次会议提案第4737号

案　　由:关于加强对公众开展危机应对教育的提案

审查意见:建议国务院交民政部会同教育部研究办理

内　　容:我国是遭受自然灾害最严重的国家之一,加上多方面的原因,自然灾害、事故灾难、公共卫生和社会安全暴露的不和谐问题日益突出。我国位于地震烈度为VII度的省会城市有25个,占总数的74%,20世纪全球发生的破坏性地震我国占1/3,死亡人数占全球的1/2。我国有2/3的国土面积不同程度地受到洪水威胁。全国70%以上的大城市、半数以上的人口分布在气象灾害、海洋灾害、洪水灾害和地震灾害都十分严重的地区,每次重大灾害事件都会产生重大影响。特别是2003年的"非典"疫情,2008年南方部分地区严重低温雨雪冰冻灾害和四川汶川特大地震,给人民群众的生命财产带来巨大损失。近年来,国内外危机频发,也使整个社会的危机感大大加重。目前,我国在公共危机教育和紧急状态下的体验性训练机制尚未有效形成。如何在频繁的自然灾害和其他公共危机面前,使公众能比较从容地面对,把可能造成的损失降低到最小,尽快建立一套比较完善的公共危机教育机制,已经成为和谐社会的重要课题,也是政府的一项紧迫任务。为此,提出如下建议:

一、确定危机应对教育的目标。目前,我国公众普遍缺乏危机意识、超前防范意识,对可能发生的各种灾害,缺乏基本的了解和自我保护能力,心理承受能力较差,一旦危机来了往往出现集体性恐慌和非理性行为,主要原因是我国对公众的危机宣传教育和体验性训练等方面还十分欠缺。强化危机应对教育的目标,就是要使公众了解发生各种灾害的常识、灾难发生的过程，掌握一定的自我保护方法，增强忧患意识，提高危机应对能力。

二、危机应对教育的主要措施。一是纳入国民教育体系。危机教育要从娃娃抓起。可以借鉴日本做法，在小学课程中将危机教育分别安排在地理、历史、语文等课程中，使危机意识在幼小的心灵就深深扎根。二是充分利用广播、电视、报刊、网络等媒体，广泛宣传如何预防、避险、自救、互救、减灾以及相关法律等知识，增强公民的应急意识和社会责任意识，提高公众应对各种危机的综合素质和能力。要经常性地做好这方面的工作，不要只在危机发生后才集中进行。三是强化对领导干部的教育培训。各级领导干部在应对公共危机中处于重要位置，承担重要责任。要利用党校、各类干校开展对各级领导干部应对危机的教育，增设相关课程，使他们能够正确认识和处理各种突发公共事件，善于驾驭复杂局势，科学判断、准确行动、有序应对危机。四是加强体验性训练，定期组织一些专项演习，体验性训练要在一线展开，使广大民众真正能掌握技能、熟练预案。在这方面，要向四川桑枣中学校长叶志平同志学习，桑枣中学紧邻北川，在汶川大地震中也遭遇重创，但由于叶校长平时非常重视对师生的危机应对教育，组织多次演习，地震发生后，全校2300多名师生，从不同的教学楼和不同的教室中全部冲到操场，以班级为单位站好，用时仅1分36秒，无一伤亡，创造了一大奇迹。如果我们各个部门都有忧患意识、防范意识，平时加强教育，注意演练，就会尽可能地避免很多悲剧。

三、危机应对教育的责任主体。我们的政府是人民的政府，以人为本是我们的执政理念，应对各种公共危机，是政府义不容辞的责任。加强危机应对教育，增强公众危机意识，提高应对能力，是妥善处理危机的重要条件。各级政府应当把加强对公众进行危机应对教育作为重要工作来抓，切实提到政府工作的议事日程，各有关部门要各司其职，密切配合。建议国务院有关部门抓紧制定危机应对教育计划，编写危机应对教育大纲，落实危机应对教育所需的物质、经费保障，真正把这件事关国家利益和人民生命财产安全的大事抓紧抓好。谢谢！

主题词： **其他**

提案人： 杨启儒

中华人民共和国民政部2009年7月30日以民函〔2009〕608号文函复：

您提出的《关于加强对公众开展危机应对教育的提案（第4737号）》收悉，经商教育部，现答复如下：

国家高度重视减灾工作，把减灾作为实现国民经济可持续发展总体目标的重要保障。国家相关法律法规和政策等已对防灾减灾宣传教育工作提出明确要求。《义务教育法》第二十四条明确规定要“对学生进行安全教育”。国务院颁布的《国家综合减灾“十一五”规划》提出要加强减灾科普宣传教育能力建设，强化地方各级人民政府的减灾责任意识，建立政府部门、新闻媒体和社会组织协作开展减灾宣传教育的机制；将减灾知识普及纳入学校教育内容，纳入文化、科技、卫生“三下乡”活动，开展减灾普及教育和专业教育，加强减灾科普教育基地建设；开展面向减灾工作者的教育培训，提高减灾队伍的整体素质。国务院颁布的《中小学公共安全教育指导纲要》将预防和应对社会安全、公共卫生、意外伤害、网络和信息安全、自然灾害以及影响学生安全的其他事故或事件6个公共安全教育模块纳入了中小学校教育。此外，《中小学幼儿园安全管理办法》明确规定“加强安全宣传教育培训，提高师生安全意识和防护能力”是学校安全管理工作的重要内容之一。《中小学安全工作指南》进一步加大了防灾减灾宣传教育力度，加强了对地方中小学安全工作的指导。在2001年制定的全日制义务教育课程标准中，已结合中小学地理、科学、品德与生活、历史与社会等学科课程，将减灾和防灾知识纳入国家的学校课程。

民政部作为国务院组织协调救灾的职能部门，同时承担着国家减灾委员会具体工作。近年来，民政部注意发挥协调职能，协同国家减灾委员会有关成员单位，组织全国性的防灾减灾知识宣传普及活动，通过组织开展防灾减灾宣传活动、建设全国综合减灾示范社区、组织灾害管理培训班、开展灾害应急避险演练、编制发放防灾减灾相关书籍图册等进行防灾减灾宣传，提高群众的防灾减灾意识。教育部从1996年起，结合"全国中小学生安全教育日"，组织各地中小学校因地制宜，积极采取多种形式开展安全教育主题活动，并针对各类灾害事故发生的规律和特点，要求各地结合本地实际，结合学生认知特点，开展减灾知识教育和自救逃生演练活动。同时，指导各地中小学校将安全教育纳入学校日常安全管理工作，组织向中小学校提供图书、挂图、光盘等安全教育资源，并在每年开学初、放假前，有针对性地部署中小学校集中开展安全教育。

四川汶川特大地震发生后，国务院于2009年确定每年的5月12日为防灾减灾日。在今年5月我国首个"防灾减灾日"和防灾减灾宣传周期间，国家减灾委员会在全国范围内组织开展了声势浩大、主题鲜明、内容丰富、形式多样的防灾减灾宣传教育活动。据不完全统计，各地共举办各类防灾减灾科普宣传活动数万场，参与群众上亿人；在城乡社区、中小学校、人群密集区等公共场所以及防灾减灾专业基地开展防灾减灾演练活动数千场次；发放防灾减灾宣传挂图数百万张，科普书籍约十万本，其他宣传资料千万份；举办各类培训讲座3000多场，有数十万人参加。各地还通过电视、手机短信、网络、报纸、文艺演出等方式进行宣传教育，中央和地方主要媒体积极参与宣传报道，确保了宣传的广度和深度，营造了全社会良好的防灾减灾氛围。下一步，国家减灾委员会及其成员单位将以"防灾减灾日"为依托，进一步发挥国家减灾委员会和地方各级减灾委员会的综合协调职能，逐步建立我国防灾减灾宣传教育的长效机制，针对全体国民开展经常性的防灾减灾宣传教育。

您的建议对我们的工作有很好的借鉴意义，我们将在今后工作中认真研究。感谢您对民政工作的关心和支持。

全国政协十一届二次会议提案第0104号

案　　由:关于建立涉诉信访长效机制的提案

审查意见:建议国务院交国家信访局研究办理

内　　容:信访工作是构建社会主义和谐社会的基础性工作,而涉诉信访是社会矛盾在人民法院司法活动中的集中体现,是信访工作的重中之重。做好人民法院的涉诉信访工作,是"三个至上"原则和全面落实科学发展观的基本要求,关系人民群众的根本利益。当前,由于司法对新利益冲突应对的不及时和人民法院涉诉信访工作机制的不完善,涉诉信访形势严峻:总量高位运行;重访率较高,冤、错案件依然存在;闹访、暴力访、集体访时有发生;越级上访情况普遍等等。

针对上述问题,我们建议:

第一,加强源头治理,减少和化解涉诉信访。

一是加强法院内部各审判一线发现矛盾、调处矛盾的司法能力,大力提高审判质量,切实加强信访部门的协作、加强纠纷矛盾排查力度,形成快速反应机制,确保涉诉信访问题得到有效处理。

二是在立案、审判、执行各个阶段大力开展涉诉信访的预防工作。要妥善受理、处理敏感性、群体性纠纷案件,既要保护当事人的合法权益,又要防止激化矛盾。加强诉讼风险提示,增强当事人的证据意识、程序意识。

三是完善建立多元化纠纷解决机制。做好人民调解与诉讼调解的制度衔接;充分发挥人民陪审员、特邀调解员和律师在化解矛盾纠纷中的作用;正确处理审判与仲裁的关系,尊重依法作出的仲裁。

四是确立化解纠纷矛盾为审判工作的重点,探索法官司法裁判权的恰当运用，实现裁判说理与判后、执行释疑的工作结合。坚持判后答疑、执行答疑的运行机制，并将其与司法裁判权的恰当运用结合起来。

第二，实行多层次问责机制。

一是实行涉诉信访首问责任制度，实现纠纷矛盾的及时发现。发现问题及时汇报，接受汇报的领导要作出相应处理，明确责任部门和责任人。

二是实行重大涉诉信访案件领导负责制度，实现纠纷矛盾的精准把握。由责任单位的主要领导为第一责任人，推动案件及涉案问题的解决。分管信访工作的领导为直接责任人，抓好案件处理工作的落实。

三是实行涉诉信访问题解决责任追究制度，实现纠纷矛盾的穷尽解决。对在审判环节，由于司法行为不规范、不公正，案件存在质量问题造成涉诉信访的，实行责任倒查制，追究有关责任单位、责任人的责任。

第三，完善立案机关协调、研究、指导的综合工作职能。

一是完善再审案件审查、涉诉信访流程管理机制。人民法院要严格遵循审判规律，建立完整的覆盖全院的再审案件审查、涉诉信访流程管理体系。

二是加强处理涉诉信访工作调研、指导与信息交流。将处理信访突出问题及群体性事件工作纳入法制化轨道；加强与党委、人大、政府之间以及本单位其他部门之间的信息沟通交流；上级法院立案、信访机关应加强对下级法院信访工作的综合指导。

第四，做好涉诉信访案件督查督办工作。

一是确定上级交办、进京上访老户案件为督查督办的工作重点。严格规范程序，原则上要公开案情、公开诉求、公开办案过程、公开处理结果。

二是确定督查督办的工作机制。制定信访案件的协调、转移、督办及考核考评制度，整合信访资源，实现信息互联，建立起督查督办常态化机制。

第五,建立法官一线接访和涉诉信访工作绩效考评机制。

一是建立法官轮流一线接访机制。使审案法官有针对性的对自己所承办案件给予答疑,使法官在接访中提高对上访问题的认识。

二是建立涉诉信访工作绩效考评机制。对工作成绩突出的要给予必要的精神、物质奖励,对不重视涉诉信访工作导致工作效能低下,甚至工作失误的单位和责任人,视情节给予必要处罚。

第六,推进涉诉信访“文明窗口”建设。

积极开展信访“文明窗口”建设,加强窗口软件建设,建立健全岗位责任制度、值班制度、突发事件应急处理预案等规章制度;提供便于操作的信息查询系统,公开信访办事流程,推行一站式服务。配备必要的警力维持信访秩序,配备安检设备,保障接访人员和人民群众的人身安全。

主题词: 信访

提案人: 民进中央

国家信访局国信函2009年6月19日以〔2009〕61号文函复:

你们提出的《关于建立涉诉信访长效机制的提案》收悉。首先感谢你们对信访工作的关心和支持!你们提出的建立涉诉信访长效机制的建议非常好,很有参考价值,针对性和操作性也比较强,对于完善和推动新时期涉诉信访工作具有积极的作用。现就所提建议答复如下:

涉法涉诉信访是群众来信来访的重要组成部分,是信访分类的一种,主要是因当事人对政法机关执法办案有意见而引起的。中共中央、国务院高度重视涉法涉诉信访工作,多次对妥善处理涉法涉诉信访突出问题作出部署。经过近几年的集中治理,全国涉法涉诉信访出现较大幅度的下降,但涉法涉诉信访数量占全国信访总量的比例仍然较高,进京非正常上访仍然偏多,甚至出现你们提案中所反映的"重访率较高,冤、错案件依然存在;闹访、集体访时有发生;越级上访情况普遍"的现象。涉法涉诉信访居高不下的原因是多方面的,从客观上看,是社会矛盾多发并以案件形式汇聚到政法机关的综合反映;从主观上看,是政法机关执法理念、执法能力与所承担的任务和人民群众的期望不相适应的重要表现。依法按政策妥善处理好涉法涉诉信访问题,关系到人民群众合法权益,关系到社会和谐稳定,关系到司法权威,事关重大。

近日,中共中央办公厅、国务院办公厅转发《中央政法委员会关于进一步加强和改进涉法涉诉信访工作的意见》(中办发〔2009〕22号,以下简称《意见》)。《意见》以科学发展观为指导,进一步明确了加强和改进涉法涉诉信访工作的基本思路、阶段性目标和创新性政策措施,是指导当前和今后一个时期涉法涉诉信访工作的纲领性文件。《意见》强调,各级党委和政府要切实加强对涉法涉诉信访工作的领导,坚持科学决策、民主决策、依法决策,从源头上预防和减少涉法涉诉信访问题的发生;要推动涉法涉诉信访工作重心下移,充分发挥基层党组织、基层政权和其他社会组织的作用,充分运用调解手段,动员各方面力量共同排查化解矛盾纠纷;要支持司法机关依法独立行使职权,维护司法机关依法作出的公正结论,切实维护法律尊严和司法权威;要通过建立和完善司法救助基金等办法,为解决涉法涉诉信访问题提供资金保障。《意见》从 10 个方面系统地回答了当前涉法涉诉信访工作中的一些热点、难点问题,其中已经涵盖您们建议的源头治理及多元化纠纷解决机制问题、法官一线接访及文明窗口建设问题、加强督查督办及分层级受理问题、绩效考评及问责机制等问题。

目前,中央政法委员会已起草《〈关于进一步加强和改进涉法涉诉信访工作的意见〉实施方案》,正在征求有关部门的意见和建议。我们将按照《实施方案》的责任分工和工作要求,抓紧研究相关工作衔接,确保把《意见》确定的各项工作落到实处,为涉法涉诉信访形势的根本好转做出应有的贡献。我们坚信，随着《意见》的贯彻实施，涉法涉诉信访问题必将进一步得到有效解决和化解，涉法涉诉信访居高不下的状况必将得到极大改变。

再次感谢你们对信访工作的关心和支持。

统战综合(012)

全国政协十一届二次会议提案第0453号

案　　由:关于对侨资企业实行专项贴息扶持政策的提案

审查意见:建议国务院交国务院侨办会同财政部、商务部研究办理

内　　容:2008年以来,美国次贷危机引发的国际金融危机对中国经济造成极大的影响和冲击。广大侨资企业作为中国改革开放事业的积极参与者,由于其与国际市场的联系密切等原因,首当其冲成为"重灾区"。

此次金融危机中,依赖出口的外向型加工企业、金融以及劳动密集型的侨资企业受影响较为严重。在上海侨办和上海侨商会调查走访的100家侨资企业中,受金融危机影响的企业占61%,其中影响较大的企业占15%。据我们了解,侨资企业面临的普遍问题是市场急剧萎缩,海外订单大幅减少,企业运营困难。最为严重的是,侨资企业融资困难,中小企业融资成本持续走高。2007年以来,央行实施适度从紧的稳健货币政策,数次上调了贷款利率,放贷门槛不断抬高,审批时间延长,导致企业资金成本快速上升。金融危机发生后,尽管国家出台了相关金融扶持政策,但由于银行考虑自身风险,反而对企业的还款能力更加谨慎,放贷审核更加严格,使得侨资企业获贷非常困难,流动资金不足的问题较为突出。大部分侨资企业都反映盈利减少、欠账增加、投资压缩,形势不容乐观。

众所周知,改革开放之初,当其他外资仍然踌躇不前、犹豫观望的时候,华侨华人、港澳同胞率先投资,成为外商在华投资的先锋和主力,有力促进了中国沿海、沿江和内陆地区的对外开放,邓小平同志誉之为中国大发展的"独特机遇"。随着改革开放的深入发展,现在侨资企业已成为中国国民经济重要组成部分。他们提供了大量的就业岗位,引进了先进技术和经营理念,带进了海外销售网络。据统计,改革开放近三十年来,侨资企业约占我国三资企业总数的70%,投入的资金约占我国实际利用外资总额的60%。

在中国投资兴业的侨商是海外侨胞中最具代表性的群体,他们不同于一般意义的外资企业,他们心系祖(籍)国,不论是我国的改革开放和现代化建设,还是国家面临特大自然灾害的危急时刻,他们都勇担责任,和祖(籍)国共患难。难能可贵的是,改革开放以来,广大侨商热心公益、扶危济困,在自身事业发展的同时,不忘回馈社会,造福桑梓,捐赠公益事业和扶贫救济款高达600多亿元。2008年汶川大地震后,仅侨商捐赠的款物超过15亿元。

特别值得关注的是,基于国家发展战略的考虑,我国社会主义现代化建设需要在海外争取良好的国际环境,需要在海外不断发展壮大对我友好的民间社会力量,而广大侨商海外联系广泛,拥有语言、文化和经济上的优势,正是这支友好力量的中坚分子,是开展民间外交的重要桥梁。

总之,广大侨商和侨资企业作为改革开放事业的开拓者、参与者和贡献者,为我国的和谐发展、科学发展、和平发展发挥了不可替代的作用。在他们的事业也遇到困难的时候,祖(籍)国如果能伸出援助之手,对调动他们进一步参与中国的发展大业具有重要意义。

遗憾的是,金融危机发生后,国家针对台商出台了1300亿的融资支持政策,针对港澳地区的企业也出台了类似的扶持政策,而把侨资企业当作外资的一部分,对这部分特殊群体没有区别对待。因此,如何积极帮助侨资企业应对全球金融危机,不仅是涵养中国特有的海外侨务资源、实现侨务资源可持续发展的需要,也是服务国家核心利益和发展战略的必然要求。为此,我们更应积极主动,保护好、涵养好、发展好侨资企业,切实解决好他们最关心、最直接、最现实的利益问题。

建议国家有关部门从中央财政拨款10亿元,对侨资企业实现专项贴息扶持政策。在操作过程中,可以会同商务部门对扶持对象进行甄别,对已取得银行贷款、符合国家产业政策的侨资企业按贷款基准利率的一定比例给予财政贴息或全额贴息，重点帮扶中小企业解决流动资金不足问题，支持企业不裁员，鼓励企业克服时艰，承担社会责任，增强战胜危机的信心和勇气。

主题词： 侨务　财政
提案人： 致公党中央

国务院侨务办公室2009年8月20日以侨秘函〔2009〕189号文函复：

你们提出的《关于对侨资企业实行专项贴息扶持政策的提案》收悉。经商财政部、商务部，现答复如下：

全球金融危机发生后，对我国侨资企业，特别是出口加工型、贸易型和房地产类等企业也形成了较大冲击，侨资企业面临融资难、市场紧等诸多困难。为贯彻落实中央“扩投资，促消费，调结构”的精神，帮助侨资企业排忧解难，化“危”为“机”，国务院侨办高度重视，去年下半年以来和全国25个省、自治区、直辖市侨办对来自海外30多个国家和地区的1000多家侨资企业进行了调研、走访，深入了解企业的困难和问题，及时向有关部门提出政策性意见和建议。通过举办“中国经济形势分析高端报告会”、开展各类送服务送温暖活动、组织“侨资企业西部行”、促进“为侨资企业服务法律顾问团”和侨商组织建设等，帮助侨资企业战胜金融危机的影响，拓展发展空间。2009年在全国侨办系统开展“维护侨商投资权益行动年”活动，努力为侨企发展营造和谐环境。

财政部认为，近年来，中央财政扶持中小企业发展的各项政策不断完善，支持力度逐年加大，重点立足于发挥财政资金对社会资金的引导作用，促进改善中小企业发展环境。针对中小企业流动资金不足、融资难的突出问题，自2006年起中央财政安排专项资金对担保机构开展中小企业信用担保业务实施奖励和补助政策，引导担保机构扩大对中小企业的贷款担保规模，提升中小企业的信用能力和融资能力。去年下半年以来，为帮助中小企业解决面临的困难和问题，中央财政加大了财政投入力度，预算追加16亿元用于支持中小企业信用担保体系建设，加大对中小企业信用担保业务的补助力度，减轻中小企业财务负担，增强中小企业融资能力。此外，自1999年起，中央财政先后设立有科技型中小企业技术创新基金和中小企业发展资金，主要用于支持中小企业技术创新、结构调整、产业升级以及改善中小企业融资环境、公共服务环境等方面。

为了避免重复安排资金，保证财政政策的公平和有效，有关主管部门认为不宜针对某一类中小企业实行专项贴息扶持政策，但对符合有关资金办法规定条件的侨资中小企业，可按要求向各地政府部门提出项目申请。

商务部认为，侨资是我国吸收外资的重要组成部分，稳定和扩大吸收外资规模，应继续鼓励吸引侨资，为侨资企业营造良好的经营环境。尤其是在当前金融危机影响下，应给予侨资企业和港澳台胞投资企业同等扶持政策。

为更好地帮助侨资企业应对金融危机，切实加强为侨资企业服务工作，我办将主要做好以下工作：

一是加强对侨资投向的引导，鼓励利用好与国家产业调整振兴规划相关的配套政策，充分发挥好侨资在推动结构优化、产业升级和区域协调发展中的积极作用。继续办好第九届“华侨华人创业发展洽谈会”；进一步深入调研国际金融危机对侨资企业的影响，及时提出完善相关政策措施的意见建议，着力改善侨资企业融资环境；继续组织“侨资企业西部行”，帮助侨资企业利用中西部地区在人力、土地、原材料等方面的比较优势，发展优势产业和特色产业。

二是扎实推进“走出去”战略，帮助优质企业与海外侨商合作，将部分过剩产能向境外有序转移，实现国际化发展。抓住世界经济增长明显减速造成国际能源资源和资产价格回落的有力时机，积极推动华商大企业与国内相关企业合作,争取以较低成本获取更多更好的能源资源。评选表彰“百家明星侨资企业”和华侨华人专业人士“杰出创业奖”,增进社会各界对侨资企业的了解,提升侨企信用度。鼓励侨企拓宽融资视野,除从银行融资外,采用通过风险投资、创业投资等股权融资和租赁、担保、合作、购并等多种融资方式以达到融资目的。

三是切实维护海外侨胞在中国的投资权益。加大力度,完善机制,切实保护侨资企业合法权益,帮助侨资企业战胜金融危机的不利影响。我办正抓紧制定《关于加强新形势下侨商投诉协调工作的若干意见》,推动建立以政府分管领导牵头、相关部门参加的维护侨商投资权益工作机制,建立健全侨商投资法律服务网络和全国侨商组织网络等,促进涉侨经济纠纷和案件的妥善解决。

今后我们将继续加强和致公党中央及其他涉侨部门的联系和合作,多形式帮助侨资企业渡过难关,实现新的更大发展。同时,我办将加强与国家有关部门的沟通和联系,争取其在制定相关政策和措施时针对侨资企业尤其是侨资中小企业予以更多的支持和照顾。

欢迎对我们的工作提出意见和建议。

全国政协十一届二次会议提案第3937号

案　　由:关于应加强政协对外政治交流平台作用的提案

审查意见:建议由全国政协办公厅研究办理

内　　容:进入二十一世纪后全球的经济一体化进程不断加速,中国在这一进程中经济实力和综合国力得到了长足的发展,特别是在取得抗击自然灾害的伟大胜利和成功举办北京奥运会和残奥会后,世界各国政府和人民对我国改革开放以来所取得的成果有了深刻的感性认识。我国经济所取得的举世瞩目的巨大发展和人民生活水平的巨大提高充分反映了我国政治制度的巨大优越性。然而,在全球经济一体化的进程中,潜在的危机和矛盾也不断深化和显现。发生在去年年底的世界范围内的金融风暴在不断扩大其对世界范围内实体经济影响的同时也存在着由于利益冲突而引发政治风暴和危机的可能性。从长远来看中华民族在其伟大复兴的道路上还将遇到各种挑战,为了实现中华民族伟大复兴的宏伟目标我们必须深刻总结我国百年多以来的历史经验,必须进一步增强忧患意识,必须坚持改革开放,将目光放远世界,将中华民族的发展和伟大复兴放在人类发展的大进程中来加以谋划,在注重构建世界和谐经济的同时更应注重构建世界和谐政治。我们应未雨绸缪,坚定我们的政治信心,以一种自信和开放的心态参与构建世界和谐政治的伟大工程,以便我国增强规避和应对世界范围内可能出现的政治风暴和危机的能力。中国共产党的十七大报告向世界庄严宣告,中国要坚定不移地发展社会主义民主政治,要坚持中国特色社会主义政治发展道路,坚持党的领导、人民当家作主、依法治国有机统一,坚持和完善人民代表大会制度、中国共产党领导的多党合作和政治协商制度、民族区域自治制度以及基层群众自治制度，不断推进社会主义政治制度自我完善和发展。同时，报告指出中国的政治体制改革作为我国全面改革的重要组成部分，必须随着经济社会发展而不断深化。

中国政协是实行中国共产党领导的多党合作和政治协商这一基本政治制度的重要政治形式和组织形式，是中国政治体制的重要组成部分。中国政协作为中国共产党领导的多党合作和政治协商的重要机构，在发展中国社会主义多党合作事业中具有重要的作用。在构建世界和谐政治的过程中，中国政协应发挥其独特的政治作用，加强中国政协对外政治交流的平台作用，立足于国家外交大局为我国在世界范围内政治交流、理解与合作，为营造出有力于我国长期可持续发展的、和平的外部政治环境做出更大的贡献。

为此特建议：

1. 全国政协进一步加强中国政协对外政治交流的平台作用，加大我国政党制度和政治制度的对外宣传力度，积极主动地向世界主要西方国家派出由中国共产党和八个民主党派组成的党派代表团，并争取在相关国家议会发表演讲介绍我国政党制度和政治制度。

2. 主动邀请主要西方国家政党领袖，特别是重要的在野党领袖访问全国政协，并在全国政协发表政治演讲，进行平等的政党及政治制度的交流，达到互相理解、互相尊重、求同存异的政治目的。

3. 通过不同渠道和方式加大中国的悠久历史、新中国的建立与发展、特别是改革开放30年来所取得的巨大成就的舆论宣传力度，加强西方普通民众对我国政党和政治制度的认识和理解。

4. 加大中国共产党和各民主党派对外政治交流人才的培养力度，提升党派对外政治交流人才的觉悟、能力和水平。

简言之，加强政协对外政治交流平台作用有利于取得对我国长期稳定地发展所必须的和平的国际政治环境，有利于提升我国在国际上的国家政治核心竞争力，有利于实现中华民族的伟大复兴。望全国政协明察。

主题词： **政协**

提案人： 高　杰　王荣宝　林晓昌　陈励君　董中原　张　茵　曾文仲　潘庆林　浦　江　陈成秀　屠　杰　瞿弦和　朱奕龙　王晓玉

政协全国委员会办公厅2009年5月27日以政全厅字〔2009〕43号文函复：

你们提出的《关于应加强政协对外政治交流平台作用的提案》收悉。对此我们做了认真研究，现就提案中涉及政协方面的内容答复如下：

全国政协的对外交往作为国家总体外交的重要组成部分，是加强官方交往和促进民间交流的有效平台。做好全国政协的对外交往工作，有利于我国与相关国家互相学习，借鉴治国理政经验，增进政治互信，促进双边关系发展和人民友谊。自八届全国政协以来，人民政协的对外交往工作有效配合国家总体外交部署取得显著成就，"21世纪论坛"、"中国经济社会理事会"、"中国宗教界和平委员会"等交往平台的建立扩展了人民政协对外交往的领域和范围，双边高层交往日益频繁，多边领域活动更加活跃，以人民政协独有的特色和优势，加强同世界各国人民的友好往来与合作，为国家的现代化建设争取良好的周边环境和国际环境，为建设持久和平、共同繁荣的和谐世界贡献了应有的力量。截至2009年5月，全国政协已经与世界上125个国家、218个机构和13个国际或区域性组织建立了友好关系或开展了友好交往。

全国政协领导人一直非常重视人民政协的对外宣传。特别是在高层互访活动中，全国政协领导人以介绍人民政协为切入点，强调人民政协具有鲜明的中国特色，在国家政治生活中具有不可替代的重要作用，既反映了中国特色社会主义民主政治的本质要求，又体现了中华民族兼容并蓄的优秀文化传统，赢得了外方的广泛认同和理解。同时，全国政协领导人在与外国领导人的会谈、会见活动中，通过发表重要演讲，全面、系统地阐述中国坚持走和平发展道路、致力于构建社会主义和谐社会、推动建设和谐世界的理念，赢得了广泛理解和支持。不仅如此，全国政协还利用多边舞台，推动国际合作、促进共同发展、建设和谐世界，例如通过举办“21 世纪论坛”会议，中外政要、专家学者和公民代表共同参与研讨，把我国科学发展、和平发展的理念，与世界各国追求可持续发展与环境保护的总体趋势统一起来，实现共同发展；借中国经济社会理事会担任经社理事会和类似组织国际协会主席之际，在北京举办国际协会第十次全体会议，通过《北京宣言》，将我国倡导的“推动建设和谐世界”的理念变成国际协会近 50 个国家和地区成员组织的普遍共识和集体宣言；按照“友好、和平、发展、合作”宗旨，中国宗教界和平委员会积极参加国际会议，宣传我国的宗教政策和宗教信仰自由的真实情况，表达中国宗教界维护和推动和平事业、共建和谐世界的祈愿。

全国政协十分重视各界代表人士在对外交往工作中的作用。全国政协组团出访时，代表团成员中既有中共党员又有民主党派成员，既有民主党派中央领导人又有基层民主党派代表人士，既有无神论者又有不同宗教的教职人员，还有政协专门委员会的专家学者。代表团成员的组成本身就是对中国共产党领导的多党合作和政治协商制度、民族平等团结和宗教信仰自由等政策的一种展示，由这些不同方面人士介绍我国的相关政策，更容易使人信服，具有很强的说服力和感染力。同时，在对外交往活动中，我们把《中国人民政治协商会议简介》和《中国人民政治协商会议章程》的英文版赠送给往访国接待方有关机构和人员，以及来华访问的外国代表团，积极宣传人民政协和中国的民主政治建设。

随着中国在国际上的影响越来越大，人民政协对外交往前景广阔，工作大有可为。我们将认真研究听取各位委员对人民政协开展对外交往工作的意见建议，在总结过去工作的基础上，继续发挥自身的优势和特点，按照国家总体外交部署，不断开辟新的交往渠道、拓展新的交往领域，有计划、有重点、多层次地发展同外国相关机构、国际组织和咨询机构的友好往来。要大力宣传中国特色社会主义民主政治发展道路，展示中国和平、民主、开放、进步的形象。让更多的人了解中国、了解人民政协，增进中国人民同各国人民之间的了解和友谊，为我国现代化建设创造良好的国际环境、为推动世界的和平发展与共同繁荣做出积极贡献。

关于中国共产党和各民主党派的对外交往方面的建议，全国政协办公厅已商中联部和统战部，请他们研复。

感谢你们对全国政协工作的关心和支持，欢迎继续提出宝贵意见。

全国政协十一届二次会议提案第1981号

案　　由:关于扶持新疆柯尔克孜、锡伯、达斡尔三个民族发展的提案

审查意见:建议国务院交国家民委研究办理

内　　容:新疆世居民族柯尔克孜、锡伯、达斡尔(以下简称"三个民族")是全国总人口10万至20万的少数民族。由于历史的原因、自然条件的制约,这"三个民族"经济和社会发展仍面临较大困难。发展水平还比较低,贫困面还比较大。建议参照国家扶持人口较少民族发展政策,国家有关部委对柯尔克孜、锡伯、达斡尔"三个民族"采取特殊政策加以扶持。

一、人口分布情况

全国第五次人口普查(2000年年底)柯尔克孜、锡伯、达斡尔"三个民族"人口分别为160823人、132394人、188824人,总人口均超过10万,未列入人口较少民族,新疆维吾尔自治区柯尔克孜、锡伯、达斡尔"三个民族"截至2006年年底人口统计为175868人、41934人、6568人(据2007年新疆统计年鉴)。分布在伊犁哈萨克自治州、阿勒泰地区、塔城地区、阿克苏地区、喀什地区、克孜勒苏柯尔克孜自治州、和田地区等聚居地。在上述7个主要聚居地州中,柯尔克孜族人口140202人,主要分布在克孜勒苏柯尔克孜自治州和塔城、阿克苏、喀什和阿勒泰等地区,占当地总人口的比例为0.02%,人口比例超过15%的聚居村有51个;锡伯族人口27357人,主要分布在伊犁哈萨克自治州和塔城地区,占当地总人口的比例1.16%,人口比例超过15%的聚居村有25个;达斡尔族人口4405人,主要分布在边境城市塔城,占当地总人口的比例3%,人口比例超过15%的聚居村有17个,新疆

“三个民族”总人口224370人，相对集中的村有93个，由于“三个民族”聚居地多地处偏远，环境恶劣，自然灾害频繁，加之基础设施落后，产业结构单一，社会经济发展缓慢，多是国家或自治区扶贫重点。

二、主要困难

1. 聚居地区分散。我区柯尔克孜、锡伯、和达斡尔“三个民族”在新疆各地州市都有分布，主要集中聚居在伊犁、阿勒泰、塔城、阿克苏、喀什、克州、和田等地，其中柯尔克孜族聚居村分布在帕米尔高原、喀喇昆仑山和天山荒僻地区及其附近；锡伯族聚居村分布在天山和伊犁河谷一带；达斡尔族在新疆人口较少，聚居在塔城农村牧区。分散居住的现状极不利于经济的发展。

2. 世代奉献戍边。我区“三个民族”聚居区地处祖国西北边陲，历史上他们维护祖国统一，抵御外来侵略，与反动势力进行英勇斗争，表现出了崇高的爱国主义精神。柯尔克孜族以其居住的特殊地理环境，造就了一个戍边的民族。达斡尔族、锡伯族分别是17和18世纪清政府为巩固西北边防，西迁来到新疆。长期以来，由于各种原因，处在镇边一线的“三个民族”聚居区经济发展滞后，农牧民收入大都处于贫困线以下。

3. 基础设施落后。受自然条件和经济条件的限制，“三个民族”聚居区的水、电、路、医疗等基础设施建设落后，水资源匮乏，取水，引水设施不配套，安全饮水问题没有从根本上解决，居住分散，水电、道路不畅，给聚居区农牧致富和生活带来了极大的不便，乡村医疗条件差，设备落后，医护人员不足且水平低，卫生防疫和医疗保健体系不完善，农牧民看病难、保健条件差。

4. 经济发展受限。由于“三个民族”聚居村大都坐落在较为偏僻的山脚下或大山之中，自然条件恶劣，抵御自然灾害的能力弱，人均耕地面积少，生产方式单一，经济作物产量低，畜牧品种老化，加之草场退化，经济效益较差，贫困农牧民的粮食不能自给，农牧民文化程度不高，缺乏致富技能，受传统观念和信息不畅等影响，制约了“三个民族”发展的步伐，农牧民迫切要求加快发展的愿望与落后的生产力现状和由此造成的自我发展能力低下的矛盾日渐突出。

5. 民族文化面临严峻挑战。柯尔克孜族悠久的历史和牧业生产生活，造就了柯尔克孜人豪放爽朗的性格和丰富多彩的文化生活，最著名的柯尔克孜族传记性英雄史诗《玛纳斯》，是一部思想性和艺术性很高的口头文学。锡伯族有自己的语言和文字，但仅有新疆的锡伯人通晓锡伯语，还有认识古满文，达斡尔族使用达斡尔语，无本民族文字，始于1763年的马鞍等民族用品有"达斡尔戍边纪念碑"之称。由于我区"三个民族"所处周围环境的影响和文化设施、文化手段的缺乏，在继承和发展本民族文化传统、发展民族教育方面有着特殊困难。

三、建议

根据新疆"三个民族"的发展水平，经济和文化类型、基础条件以及面临的困难和问题，本着先易后难的原则，参照扶持人口较少民族发展政策，国家有关部委对锡伯、柯尔克孜和达斡尔"三个民族"采取特殊政策加以扶持。

主题词： 民族　发展

提案人： 法蒂玛·马合木提

中华人民共和国国家民族事务委员会2009年8月20日以民委(经济)函〔2009〕309号文函复：

您提出的《关于扶持新疆柯尔克孜、锡伯、达斡尔三个民族发展的提案》收悉，现答复如下：

党中央、国务院高度重视少数民族和民族地区的发展问题。为改变少数民族贫困地区的落后面貌，促进少数民族贫困群众生产生活水平的提高，中央财政在积极支持地方整体扶贫开发工作的同时，还在财政扶贫资金中专门安排少数民族发展资金，专项用于帮助少数民族贫困地区改善生产生活条件，增加群众收入，发展教育、卫生、文化等社会事业,加快少数民族和民族地区发展。2008 年,中央财政认真贯彻落实《国务院关于进一步促进新疆经济社会发展的若干意见》(国发〔2007〕32 号)的有关精神,拨付新疆维吾尔自治区扶贫资金 8.29 亿元,比 2007 年增加 1.63 亿元,其中少数民族发展资金 1.4 亿元,比上年增加 6400 万元。

根据扶贫开发“责任到省、任务到省、资金到省、权力到省”的原则,新疆维吾尔自治区结合中央财政安排的扶贫资金,按照资金管理办法的各项规定,统筹支持了包括锡伯族、柯尔克孜族、达斡尔族在内的少数民族经济社会发展。今后,中央财政将根据财力状况,进一步加大对包括锡伯族、柯尔克孜族、达斡尔族在内的新疆少数民族发展的投入力度。

此外,为促进少数民族文化事业的发展,最近,国务院专门召开了“全国少数民族文化工作会议”,并出台了《国务院关于进一步繁荣发展少数民族文化事业的若干意见》(国发〔2009〕29 号),提出了繁荣发展少数民族文化事业的十七项政策措施。随着这些政策措施的进一步贯彻落实,您提出的锡伯族、柯尔克孜族、达斡尔族语言文字及文化遗产保护与传承等文化事业发展问题将得到逐步解决。

下一步,在国家实施新扶贫标准的新形势下,国家民委将配合国务院有关部门加强对包括锡伯族、柯尔克孜族、达斡尔族在内的特困少数民族和民族地区的调查研究,并在编制“十二五”有关发展规划时,予以认真研究。

感谢您对民族工作的关心和支持。

全国政协十一届二次会议提案第3915号

案　　由:关于加强对彝族古籍保护工作的提案

审查意见:建议由贵州省政府研究办理

内　　容:中华民族大家庭中,彝族是一个分布面广,人口众多的民族,主要分布在云南全境,四川西南部,贵州西北部和广西隆林各族自治县、那坡县,国外如越南、老挝、缅甸等国都有彝族居住。据2000年统计,贵州彝族共有84万多人,主要分布在威宁、赫章、毕节、大方、黔西、纳雍、金沙、水城、盘县、六枝、钟山、兴义、兴仁、普安、晴隆、安龙等县。20世纪70年代在威宁自治县中水出土的战国至西汉的刻画陶文符号,经有关专家认定是彝族文字,可见至迟在西汉已有彝族先民进入黔西北。彝族先民和其他民族一道为开发黔西北作出了卓越的贡献,同时也创造了自己光辉灿烂的文化,用彝文写上了许多珍贵的典籍。

贵州西部与滇东北、川西南毗邻,彝族先民在这块土地上曾先后建立过水西、乌撒、扯勒、芒部、播勒、阿望惹等地方政权,在史书和地方志中记载的就有罗甸国、罗殿国、罗施鬼国、自杞国等小方国。这些地方政权曾统治贵州西部长达一千多年,由于政治上的相对稳定,推动了彝族文化的发展。彝族地方政权中的布摩(祭司)和摩吏(乐官兼吏官)用彝文撰写了大量的古籍,贵州彝文古籍虽在历史上多次遭到兵燹之灾,损失十分惨重,但藏书量至今仍为全国之冠,据不完全统计,仅毕节地区就有7000多册。其他如贵州省博物馆、贵州民族学院彝文文献研究室,六盘水市民族宗教事务局,威宁、赫章、大方、六枝、盘县民族宗教事务局等单位均有彝文古籍藏书。

解放前西方殖民主义者打着"传教"、"探险"、"旅游"、"科学考察"的幌子,在祖国的大西南广泛搜集政治、经济、军事情报,进行文化侵略,许多彝文古籍也成了他们掳掠和盗窃的对象。法国亲王奥尔良曾在云南、四川将大批的彝文古籍运送到巴黎东方语言学会图书馆。在云南"旅行"的保尔博厄尔也将收集到的彝语词汇送到巴黎东方人学会。法国 Dolon 在其《最原始的野蛮人》一书中说仅在清朝末年就有 2000 多本彝文古籍流落到欧洲。至今在法国巴黎东方语言学校、法国巴黎东方博物馆藏书室、法国巴黎国立图书馆、法国巴黎天主教外国教会、法国巴黎民族志博物馆、安南河内法国远东学院、迷哇基博物馆、美国车会图书馆、日本京都大学文学部、英国不列颠博物馆等均有彝文古籍藏书。

贵州彝文古籍按学科分类,可分为哲学、政治、经济、历史、文学、谱牒、天文历法、地理、伦理、民俗、医学、建筑、宗教、工艺、美术等门类。

新中国成立后,特别是中国共产党十一届三中全会以来,党和国家对民族古籍的翻译整理工作十分重视。1977 年 10 月经贵州省委批示恢复了原毕节彝文翻译组的建制。1979 年国家民委〔79〕341 号文件中指出:"彝族历史文献需要继续搜集和整理研究,请各有关地区和部门引起足够重视。"中共中央〔81〕73 号文件指出:"整理古籍,把祖国的宝贵遗产继承下来,是一项十分重要的关系到子孙后代的工作。"国家民委〔79〕81 号文件再次指出:"少数民族古籍目前亟待抢救、收集整理的研究。"在上述文件的正确指导下,彝族古籍的收集、整理、翻译和研究工作得到了迅猛的发展。贵州彝文古籍的整理工作在全国开展得最早贵州省毕节地区专员公署民族事务委员会于 1955 年成立了彝文翻译组,从 1955 到 1966 年间共翻译了彝文古籍 25 部 51 卷约 80 万字。

随着改革开放的不断深入,受市场经济的冲击。彝文古籍保护越来越加困难。主要表现在以下几个方面:一是随着社会经济的飞速发展,彝族古籍的消亡速度也在加快;二是研究和翻译古彝文的人材后继无人,出现人材断层;三是由于少数民族地区都是经济欠发达地区,地方政府财政困难，导致经费严重短缺。因此建议：

一、由中央财政直接给予贵州省彝文古籍保护下拨专项经费5000万元；

二、由贵州省进一步加强贵州省彝文古籍保护工作机构建设，提出方案由国家劳动人事部门明确工作人员的职称评定等有关工作；

三、加强对后继人材的培养和培训工作。

主题词：　民族　财政

提案人：安　南

贵州省人民政府2009年8月4日以〔2009〕黔府提复字第2号文函复：

您提出的《关于加强对彝族古籍保护工作的提案》收悉，现答复如下：

彝族是我省两个有自己民族文字的少数民族之一，历史悠久，主要分布在毕节地区、六盘水市及黔西南州的部分县市，彝文古籍数量众多、内容丰富，且在彝区分布很广。近年来，在全省古籍保护工作者的努力下，我省有11部彝文古籍列入《国家珍贵古籍名录》，《彝文典籍目录·贵州卷》按42个类别登录了1274册彝文古籍目录。同时，按照国家民委《关于印发〈中国少数民族古籍总目提要〉编写纲要的通知》（民办（文宣）字〔1997〕114号）精神，已完成彝族卷的条目撰写3800条，其中毕节地区2500条，六盘水市1300条。

一、关于由中央财政直接给予贵州省彝文古籍保护下拨专项经费5000万元的问题。根据《国务院办公厅关于进一步加强古籍保护工作的意见》（国办发〔2007〕6号），文化部、财政部于2007年开始正式实施中华古籍保护计划，拟用3～5年的时间，在全国范围内组织开展古籍普查登记工作，全面了解和掌握各级图书馆、博物馆等单位及民间所藏古籍的基本情况，编辑《国家珍贵古籍名录》，命名“全国古籍重点保护单位”，改善古籍收藏条件，培养古籍保护专业人员，加强古籍的整理、出版和研究利用，逐步形成完善的古籍保护工作体系，使我国古籍得到全面、科学、规范的保护和利用。2008、2009年中央财政通过文化部部门预算分别安排2500万元和3000万元，用于对包括彝族古籍在内的珍贵古籍开展普查和保护工作。我省将进一步加强与国家有关部委的沟通和联系，积极争取资金支持，用于民族古籍（包括彝文古籍）的抢救和保护工作。

二、关于进一步加强贵州省彝文古籍保护工作机构建设等问题。我省十分重视民族古籍的保护工作，2007年9月建立了省古籍保护工作厅际联席会议制度，并相继成立了省古籍保护中心、省古籍保护专家委员会，使全省古籍保护工作得到全面实施和有力推进。此外，省民委设有民族古籍整理办公室，负责组织、联络、协调、指导全省少数民族古籍的搜集、整理、翻译、出版等工作。毕节地区在1955年就成立了彝文翻译组，专门负责搜集、整理、翻译彝文古籍。威宁、赫章、大方等县也成立了彝文古籍翻译室，六盘水市及所辖区县都设立了民族古籍办。关于古籍保护工作人员的职称评定问题，省有关部门将按照有关政策认真研究解决。

三、关于加强对后继人才的培养和培训工作问题。近年来，我省将古籍保护后继人才的培养纳入日常工作，不断加大培训力度。2008年4月，举办了第一期古籍普查培训班，来自全省23个公共图书馆、高校图书馆、博物馆、档案馆的35名学员参加了培训。同年11月，与国家古籍保护中心联合举办了全国第七期古籍修复技术培训班，来自全国各地36家古籍藏书单位的39名学员参加了培训。今年2月，又派出20名少数民族古籍专业人员参加由国家古籍保护中心举办的全国民族语言古籍鉴定与保护研修班。此外，还安排全省古籍藏书单位的10余名专业人员，分别参加全国古籍鉴定与保护高级研修班、全国古籍普查培训班、全国古籍修复技术培训班、全国古籍普查平台应用技术培训班、全国古籍普查平台管理人员培训班的培训。

彝文古籍整理翻译专业技术人才的特殊性在于既要具有相当的母语基础，又要具备一定的汉语专业水平，两者缺一不可。下一步，我省将通过省古籍保护工作厅际联席会议制度、省古籍保护中心和省古籍保护专家委员会协调有关部门，进一步加强对彝文古籍保护人才的培养和培训。

全国政协十一届二次会议提案第4886号

案　　由:关于建议国家制定配套政策提高少数民族地区村、组干部工资待遇的提案

审查意见:建议由中央组织部会同民政部、财政部研究办理

内　　容:国家对少数民族地区的扶持力度不断加大,在党的爱民、亲民、富民政策的指引下,少数民族地区的经济加快发展,民主法制得到健全,科教工作取得进步,社会走向和谐,人民生活越过越好,农村经济社会显现出了日新月异的变化。

在这其中,广大的村、组干部始终恪守职责,无私地服务于基层,服务于农村、服务于广大群众,作为党在农村各项方针、政策的最基层的宣传者、贯彻者、落实者,发挥着巨大的、不可替代的作用。他们大多是村寨的能人,是社会主义新农村建设的领头羊,为了各族群众的公益事业,成年累月的奔走于田间地头,风里来雨里去,披星戴月,带领下乡工作队深入农户,谋划发展,宣传政策,调解纠纷,深受各族群众的爱戴。他们无私的工作,为加快农业产业发展的步伐,实现群众增收,产业增效,推动地区的经济发展、社会稳定、民族团结起到了积极的推动作用。

然而在成绩的背后,少数民族地区村、组干部的大量付出和得到的回报却不成正比,例如:在德宏州梁河县,目前的村干部正职每人每月补贴520元,每年补贴6240元,村干部副职每人每月补贴500元,每年补贴6000元,村民小组干部每人每月补贴20元,每年补贴240元,而同一地区刚参加工作的公务员的工资已经提高到了1800元/月以上。近两年来,物价大幅上涨,村、组干部的工资却没有随之得到提高,巨大的收入差距,对村、组干部的工作积极性和队伍稳定性产生了消极的影响。有的地区甚至出现了群众选的村官因为工资待遇低不愿意干,愿意当的群众又不选的情况。民族地方党委政府因为财政困难,心有余,而力不足,无法从根本上解决这个问题。村、组干部是国家大力开展"三农"工作和社会主义新农村建设的重要力量,为了农业农村的发展,解决这个问题刻不容缓。

建议:国务院有关部门制定配套政策,提高少数民族地区村、组干部工资待遇:

1. 提高少数民族地区村、组干部的工资,村干部(村民委员会支书、副支书、主任、副主任、)提高到1000元以上,组干部(村民小组组长)提高到200元以上。

2. 为解决村、组干部的后顾之忧,提高其工作积极性,给予履职20年以上的村、社干部相应的适当的退休待遇,将其纳入国家财政保障。

主题词: 民族　干部
提案人: 梁晓丹　艾　徐

中共中央组织部2009年9月15日以中组提字〔2009〕48号文函复:

你们提出的《关于建议国家制定配套政策提高少数民族地区村、组干部工资待遇的提案》收悉。经商民政部、财政部,现答复如下:

长期以来,少数民族地区村干部克服工作、生活环境艰苦的困难,为推动本地区经济发展、社会稳定、民族团结付出了辛勤的劳动,做出了积极的贡献。但由于受当地经济社会发展水平等因素的制约,一些地方的村干部待遇还比较低,缺乏有效的激励保障,队伍不稳、动力不足、后继乏人问题急需解决。中央高度重视农村基层干部队伍建设，多次下发文件要求关心爱护农村基层干部，充分调动他们的工作积极性。去年召开的党的十七届三中全会和今年的中央一号文件，再次对落实和提高村干部报酬待遇，解决好农村干部养老保险等问题提出了明确要求。今年5月，中央办公厅、国务院办公厅又下发了《关于完善村级组织运转经费保障机制促进村级组织建设的意见》(中办发〔2009〕21号)，进一步明确了村级组织运转经费各级财政补助责任，以确保村干部报酬、村办公经费和其他必要支出的资金保障。

按照中央的部署和要求，近年来，中央组织部多次就建立村干部激励保障机制等问题开展专题调研，会同财政部、民政部等部门研究提出具体政策意见。去年12月，中央组织部召开全国农村基层组织建设工作座谈会，并于今年4月印发了《关于加强村党支部书记队伍建设的意见》(中组发〔2009〕7号)，对建立健全村党支部书记队伍培养选拔、岗位责任和监督、教育培训、激励保障机制作出了部署，推广了河北省以"定职责目标和工作有合理待遇、干好有发展前途、退岗有一定保障"为主要内容的村干部队伍建设"一定三有"经验，明确提出按照不低于当地农村劳动力平均收入水平确定村党支部书记基本报酬，并统筹解决其他村干部的报酬待遇问题。同时，对建立村干部养老保险、离任补助等制度也提出了明确要求。财政部通过安排奖补资金等措施，支持引导地方做好村级组织运转经费保障工作，并重点向粮食主产区、民族地区和贫困地区倾斜。民政部、人力资源和社会保障部等有关部门已经建立和完善了五保供养、农村最低生活保障、农村新型合作医疗等社会保障制度，并正在积极推行农村新型社会养老保险制度，帮助村干部解决基本生活、基本医疗和社会养老等方面的实际困难。各地认真贯彻落实中央和中央组织部等部门的部署和要求，积极推动工作落实。目前，全国已有24个省(区、市)出台了落实"一定三有"的具体措施，明确了村干部的报酬标准和资金解决渠道，其他省份正在抓紧研究出台有关政策；一些地方已经出台了办理村干部养老保险的具体办法。新疆、四川、云南等一些省区还出台了针对少数民族聚居地区的特殊优惠政策，加大财政扶持力度。但总的来看，这项工作开展还不平衡，一些地方还存在政策宣传不充分、配套政策不完善、资金保障机制不健全、报酬兑现不到位等问题。为此，今年6月，中央组织部又召开了加强村党支部书记队伍建设情况汇报会，中央政治局委员、中央书记处书记、中央组织部部长李源潮同志亲自听取了各地落实"一定三有"的情况汇报，对进一步抓好工作落实提出了具体要求。

下一步，我们将进一步加大工作力度，做好以下几项工作：一是指导各地抓紧制定和完善有关政策规定，对于财政有困难的少数民族地区，加大财政转移支付力度，确保按照不低于当地农村劳动力平均收入水平确定村干部合理经济待遇。二是指导各地逐步推行村干部社会养老保险制度。按照个人缴费、集体补助、政府补贴相结合的原则，逐步为村干部办理社会养老保险。积极协调有关部门，加大对少数民族地区村干部办理养老保险的补贴力度。对正常离任但没有享受养老保险的村党支部书记，可根据任职年限和贡献，给予一定的生活补助。三是指导各地加大从优秀村干部中选拔乡镇领导干部、考录乡镇公务员、招聘乡镇事业编制人员的力度。积极推荐政治素质好、参政议政能力强的优秀村干部作为各级党代会代表、人大代表、政协委员人选。同时，定期评选和表彰优秀的村干部，加大典型宣传力度，为他们干事创业营造良好的社会舆论氛围。四是全面落实"一定三有"，指导各地在提高村干部报酬待遇的同时，切实加强管理监督，通过对村干部定职责、定目标、定监督、定考核，确保村干部的责、权、利相统一。

感谢你们对农村基层干部队伍建设工作的关心和支持，欢迎继续对我们的工作提出意见和建议。